21世纪 餐饮企业职业经理人
旅游院校餐饮专业 系列教材

餐饮企业楼面经理管理

蔡万坤 刘宝民 ◎ 编著

北京大学出版社
PEKING UNIVERSITY PRESS

图书在版编目(CIP)数据

餐饮企业楼面经理管理/蔡万坤,刘宝民编著. —北京:北京大学出版社,2008.3

(21世纪餐饮企业职业经理人和旅游院校餐饮专业系列教材)

ISBN 978-7-301-13508-2

Ⅰ.餐… Ⅱ.①蔡… ②刘… Ⅲ.餐厅-经济管理-教材 Ⅳ.F719.3

中国版本图书馆CIP数据核字(2008)第034878号

书　　　名:餐饮企业楼面经理管理
著作责任者:蔡万坤　刘宝民　编著
责　任　编　辑:任旭华
标　准　书　号:ISBN 978-7-301-13508-2/F·1861
出　版　发　行:北京大学出版社
地　　　址:北京市海淀区成府路205号　100871
网　　　址:http://www.pup.cn
电　　　话:邮购部 62752015　发行部 62750672　编辑部 62752926
　　　　　　出版部 62754962
电　子　邮　箱:em@pup.pku.edu.cn
印　　　刷　者:三河市新世纪印务有限公司
经　　　销　者:新华书店
　　　　　　730毫米×980毫米　16开本　23.75印张　414千字
　　　　　　2008年3月第1版　2008年3月第1次印刷
印　　　数:0001—4000册
定　　　价:38.00元

未经许可,不得以任何方式复制或抄袭本书之部分或全部内容。
版权所有,侵权必究
举报电话:010-62752024　电子邮箱:fd@pup.pku.edu.cn

21世纪 餐饮企业职业经理人 系列教材
　　　　旅游院校餐饮专业

丛书主编 赵　鹏
执行主编 蔡万坤
常务编委 王美萍　宁泽群　石美玉
编　　委 （以姓氏笔画为序）
于铭泽　王美萍　石美玉　田　彤
宁泽群　刘宝民　刘胜玉　刘　捷
许荣华　李　进　李　享　李爱军
肖轶楠　张玉凤　陈　军　郝四平
高　山　郭亚东　靳　星　蔡万坤
蔡华莹　蔡华程

内容简介

本书着眼于培养餐饮企业职业经理的高度,在阐述餐饮企业的楼面经理,即餐饮企业的餐厅部经理或楼面部长的职场认知、职责任务、应聘条件、素质要求的基础上,以提供优质服务为中心,全面介绍了楼面经理的餐厅环境创造、环境卫生管理、餐厅机构设置、员工队伍管理、餐饮产品与服务质量管理、设备用品与安全管理、目标效益管理和楼面经理任期考核的各种方法和技术。本书理论简洁、条理清楚、案例丰富、适用性和可操作性强,主要适于各种饭店宾馆、酒楼饭庄的餐厅部经理、楼面经理、各种类型的餐厅经理作为业务指导用书和旅游院校、商业院校师生作为专业教材使用。

执行主编简介

蔡万坤 旅游专业资深教授。男,1944年6月出生,四川渠县人。1968年毕业于北京第二外国语学院。曾任北京旅游学院学术委员,《旅游学刊》编委、教研室主任,北京市饭店总公司、东方饭店、京丰宾馆顾问,北京立波宾馆总经理,北京中江之旅酒店管理公司(集团)技术总监,自学考试委员会课程委员,北京市旅游局职称评定委员会副主任,商务部国家经理统考专业负责人,北京市旅游战略规划课题组负责人。1980年起从事旅游教育和科研工作,主要从事旅游战略、旅游经济和旅游管理研究,是中国旅游管理科学研究的开拓者和奠基人。曾完成《北京国际旅游市场战略规划和战略对策》、《北京旅游战略研究方法》等重要课题,获北京市哲学社会科学和政策研究优秀成果一等奖。曾主持国家旅游局研究课题《中国旅游企业管理大全》、《中国旅游服务质量等级管理全书》,并担任主编。负责制定《北京市旅游饭店质量标准》,是国家"十五"规划重点教材、北京市精品教材《餐饮管理》一书的编著者。曾任《中国旅游饭店业务管理经典全书》、《酒店职业经理丛书》(六本)、《21世纪餐饮企业职业经理人和旅游院校餐饮专业系列教材》(八本)的主编。出版论文集《旅游经济与管理探索》和二十多本专业书籍。同时,先后在众多饭店总经理、部门经理培训班讲授专业课程和专题讲座,是享誉国内外的著名旅游专家。

总序

　　《21世纪餐饮企业职业经理人和旅游院校餐饮专业系列教材》是为适应21世纪我国全面实现小康社会和建成中等发达国家、餐饮行业蓬勃发展、职业经理人队伍迅速成长的需要而组织编写的一套教材性质的餐饮管理专业丛书。全套丛书包括《餐饮企业市场准入管理》、《餐饮企业总经理管理》、《餐饮企业人力资源管理》、《餐饮企业市场营销管理》、《餐饮企业行政总厨管理》、《餐饮企业楼面经理管理》、《餐饮企业财务管理与会计核算》、《饭店餐馆业集团化管理》八本。这套丛书的读者对象主要包括两个层面：一是餐饮行业中各种在职的和流动的餐饮企业投资人、董事长、总经理、主管及部门经理以上的广大人员；二是全国旅游院校、商业院校餐饮专业的广大师生，即未来的餐饮企业职业经理人。正因为如此，本套丛书在北京大学出版社的关心和支持下，在丛书编委会的策划、组织和编写过程中重点考虑了三个问题，遵循了三个思路。

　　第一，体例安排和内容选择务求反映现代餐饮管理的科学性和先进性。现代餐饮管理已经发展成了一项设施设备先进、消费环境舒适和经营管理复杂的系统工程，餐饮职业经理则是驾驭企业方向、指挥部门业务的领头人和顶梁柱。他们只有破除传统的餐饮经营以经验管理为主的思想束缚，转而采用科学、先进的管理思想和技术，才能适应现代餐饮企业社会化生产管理的需求。为此，本套丛书在选题设计、体例安排、内容选择和提纲编写过程中，站在培养餐饮职业经理人、普及专业知识及管理技术的高度，以已经达到现代化水平的中高档饭店、宾馆、酒楼、饭庄和餐饮集团企业为学习对象,广泛吸收国际一流的餐饮企业的经营管理经验及科学管理方法全面而系统地介绍了从市场准入的企业选址、规划建设、投资筹划,到总经理管理、人力资源管理、市场营销,再到财务管理、会计核算和集团化管理等餐饮企业管理的方方面面,并且每一分册都紧紧围绕不同等级的职业经理人的工作内容、工作职责、管理技术和操作方法来安排其内容结构,较好地反映了现代餐饮管理的科学性、系统性和先进性。

第二,理论研究和业务管理力求反映现代餐饮管理的前瞻性和客观规律。没有理论指导的企业管理是不成熟的管理,脱离实际业务的管理理论是没有实用价值的理论。恩格斯说:"历史从哪里开始,思想进程也应当从哪里开始,而思想进程的进一步发展不过是历史过程在抽象的、理论上前后一贯的形式上的反映;这种反映是经过修正的,然而是按照现实的历史过程本身的规律修正的,这时,每一个要素可以在它完全成熟而具有典型性的发展点上加以考察。"① 本套丛书正是运用了这种"历史和逻辑相结合"的理论研究方法,从一开始的选题策划、提纲编写、内容选择、体例安排到组织编写、统稿审查、书稿修改都十分注重餐饮管理的历史和逻辑的结合,不仅介绍了餐饮企业的市场准入管理、总经理管理、人力资源管理、市场营销管理、行政总厨和楼面经理管理,还包括餐饮企业集团的管理,充分体现了餐饮企业管理的客观规律,而且每一分册都以不同层次、不同岗位的职业经理为对象,坚持以管理理论为指导,以职业经理的工作内容和业务活动为中心,以科学管理技术和方法的运用为主要内容,按照不同岗位的职业经理业务管理的逻辑顺序和实际工作的先后次序来安排内容结构。由此形成了章节内容清晰、概念观点明确、理论概括具有前瞻性、文字简明扼要的科学体系。全套丛书采用实证研究、流程分析、案例佐证和逻辑推演相结合的方法,提出了不同层次的餐饮企业职业经理人必须掌握的各种餐饮管理的新概念、新思路、新方法。这对提高现代餐饮企业职业经理人的专业素质和管理水平是十分有益的。

---

① 《马克思恩格斯全集》第2卷,人民出版社1995年版,第43页。

第三,管理方法和专业技术充分体现了现代餐饮管理的实用性和可操作性。现代餐饮管理是一门融合了经济学、管理学、市场学、行为科学和财务管理等各种理论之精华,以实用性和可操作性为特色的管理科学。本套丛书与一般教材的主要区别是:每一分册都以特定的餐饮职业经理为对象,以岗位职责和工作任务为中心,以业务管理过程为主线来设计各个章节的内容,而每章每节又通过案例介绍和点评来引入主题,研究职业经理人员的管理方法和技术,从而充分体现了各级职业经理做好现代餐饮管理的必要性和可操作性。所以,我们将这套丛书定位为教材性质的餐饮管理专业丛书。它们既可以作为职业经理人员的专业和案头指导用书,又可以作为餐饮企业职业经理的培训用书和全国旅游院校、商业院校餐饮管理专业的教材使用。

餐饮业是一个古老而新兴的行业。说它古老,是指自从有人类社会交往开始就有了餐饮业,而传统的餐饮管理多以夫妻店、父子店和经验管理为主。说它新兴,是指现代餐饮管理随着社会生产力的迅速发展和人类生活水平的广泛提高,已经发展成设施设备舒适、豪华,消费环境美观、幽雅,产品与服务质量迅速提高,经营管理过程科学、先进而复杂的社会化生产方式。改革开放以来,特别是21世纪初(2003年开始)我国人均国民总收入超过1 000美元以来,餐饮行业进入了快速发展时期。到2005年,全国餐饮业的零售总额已突破8 640亿元,比2004年增加1 156亿元,同比增长15.42%,连续15年实现了两位数的高速增长。根据国际发展经验,一个国家或地区的人均国民生产总值达到1 000—3 000美元时,餐饮业将进入快速发展时期;人均国民生产总值达到3 000—8 000美元时,餐饮业将进入社会大发展时期,地区人口平均250—300人就会有一家餐饮企业。随着我国全面建设小康社会与和谐社会宏伟目标的实现,未来5—10年必将迎来我国餐饮业的黄金发展时期,从而迎来餐饮行业职业经理人队伍的大发展。我们相信本套丛书的出版,对培养、教育餐饮行业职业经理人,规范餐饮行业职业经理人的行为,推动餐饮行业职业经理人队伍的发展,必将起到积极的作用。

组织编写《21世纪餐饮企业职业经理人和旅游院校餐饮专业系列教材》是一个复杂的系统工程。整套丛书涉及范围广泛,专业知识全面系统,科学性、专业性、实用性和可操作性很强。本套丛书虽然主要由拥有长期实践经验的餐饮管理专家、教授和实际工作者合作编写,但由于时间紧迫、内容广而杂,缺点、错误在所难免,欢迎广大读者批评指正。

《21世纪餐饮企业职业经理人和旅游院校餐饮专业系列教材》编委会
2006年3月

前言

　　随着中国小康社会的到来,带来了新一轮的发展机遇,同时也意味着餐饮行业竞争范围的扩大和竞争白热化程度的加深。因此,急需一批懂经营、善管理、思想先进,掌握餐饮管理所需基本理论、知识、技能,具有较强操作能力,适应现代餐饮业一线工作的应用型专业人才。本套丛书和这本《餐饮企业楼面经理管理》就是为了适应这种发展需要而编写的。

　　楼面经理又称餐厅部经理、楼面部长,是餐饮企业负责餐厅服务全面工作的中层职业经理人员。他们的价值在于以其丰富的专业化管理方略、匠心独具的管理技巧和科学合理的工作方法等引导企业走现代化管理之路。因此,餐饮企业必须转换机制、强化人才观念,为楼面经理的成长壮大营造良性发展空间。同时,应重视楼面经理素质的不断提升。只有楼面经理的素质提升,才能引导餐厅员工整体素质的提升。为此,楼面经理必须不断进行系统的自我培训,这既是餐饮行业日益激烈的市场竞争和整个服务业不断发展的要求,也是楼面经理职业生涯规划及日益激烈的职场竞争的需要。

　　现代餐饮企业的楼面管理,是一项实用性很强、专业化程度很高的经营管理活动,对餐饮企业职业经理人员提出了更高的要求。目前餐饮企业广泛存在着管理水平不高、不稳定,经营不够灵活,缺乏创新性等问题。为适应餐饮行业发展,提高餐饮企业管理水平和楼面经理人员的素质,本书编写体现了三个特点:第一,突出了内容的系统性。本书描述了餐饮楼面经理的社会角色和主要职能范畴,介绍了与楼面经理密切相关的餐饮接待服务管理的基本常识和现代管理技术在餐饮管理中的运用,力求内容的系统性。第二,注重方法、技术的创新性。本书注重把国内外楼面经理管理的理论方法和技术吸收到书中来,使本书具有新鲜感和时代感,使餐饮楼面经理能够面临新形势、运用新方法解决新课题。第三,密切联系实际。楼面经理管理是一种实践性很强的工作,其管理理论直接来源于实践,又要为实践服务。本书各章节紧扣楼面经理的实际工作需要,既有理论阐述,又有很强的实用性和可操作性。全书围绕楼面经理的职场描述、职务应聘、环境布置、优秀餐厅团队打造、餐厅销售、服务接待、专业技术、设备与安全管理和楼面经理才能展示等进行了论述,介绍了38个经典案例,针对每个案例总结出得与失的原因,通过相关理论对照,引导读者进入章节论述,希望能为读者提供实用参考与借鉴。

　　本书提纲和初稿由刘宝民撰写,提纲经主编和编委会成员审定,书稿内容由主编蔡万坤教授全面修改,补充、调换了部分章节的内容,最后定稿。本书适合酒楼、饭庄、宾馆、公寓和餐饮集团的楼面经理、餐饮部经理、楼面部长、餐厅部经理等餐饮企业的中层职业经理培训使用,并可作为旅游院校、商业院校的饭店和餐饮管理专业教材,也是餐饮职业经理人员从事实际工作的必备业务用书。

　　本书案例主要来自作者和编委会成员的亲身实践和调查资料,除在案例后面注有出处的外,其余案例内容和企业名称均由作者根据书稿要求编写,特此声明。由于作者水平有限、时间较紧,本书中存在的缺点、错误敬请广大读者批评指正。

编者
2007 年 12 月

目　录

第一章　餐饮企业楼面经理的职场认知
　　——认清你的职场地位与角色 …………………………… 1
　第一节　优秀楼面经理的职场描述 ……………………………… 2
　　案例　百胜餐饮公司"餐厅经理第一"的经营理念 …………… 2
　第二节　作为下级的楼面经理的职场认知 …………………… 15
　　案例　Sabel Wilderness 酒店的客人期望管理 …………… 15
　第三节　作为上级的楼面经理的职场认知 …………………… 25
　　案例　陈经理的许诺和员工的跳槽 ………………………… 25
　第四节　作为同事的楼面经理的职场认知 …………………… 39
　　案例　客人都要求方便和快捷——签单的改进 …………… 39

第二章　餐饮企业楼面经理的任务、职责和职务应聘
　　——做好你的应聘资格准备 ………………………………… 49
　第一节　餐饮企业楼面经理的任务和职责 …………………… 50
　　案例　Burger King 的管理职责 …………………………… 50
　第二节　餐饮企业楼面经理的任职条件 ……………………… 59
　　案例　餐厅经理的三个候选人 ……………………………… 59
　第三节　餐饮企业楼面经理的职务应聘 ……………………… 66
　　案例　深圳市某观光中心人事部经理对应聘者的忠告 …… 66

第三章　餐饮企业楼面经理的环境气氛与卫生管理
　　——创造美观、舒适的客人就餐环境 ……………………… 81
　第一节　餐厅装饰布置 ………………………………………… 82
　　案例　人造自然:名师设计的餐厅视觉冲击波 …………… 82
　第二节　餐厅气氛与环境美化管理 …………………………… 96
　　案例　图腾柱餐厅的垃圾处理 ……………………………… 96

第三节　餐厅环境卫生管理……………………………………… 114
　　案例　一只小虫子引起的风波…………………………………… 114
第四章　餐饮企业楼面经理的员工队伍管理
　　　　——餐厅部门优秀服务团队打造………………………………… 133
　　第一节　餐厅部门的机构设置…………………………………… 134
　　案例　凤凰饭店餐饮部的组织构成……………………………… 134
　　第二节　餐厅部门的员工团队缔造……………………………… 145
　　案例　一次突发事件的巧妙应对………………………………… 145
　　第三节　餐厅部门的员工队伍配备……………………………… 158
　　案例　陆先生的两难境地………………………………………… 158
　　第四节　餐厅部门的员工队伍管理……………………………… 168
　　案例　强化管理，严格服务规范——小康被解雇了…………… 168
　　第五节　餐厅部门的员工培训管理……………………………… 182
　　案例　里兹-卡尔顿酒店的培训…………………………………… 182

第五章　餐饮企业楼面经理的优秀品质服务管理
　　　　——餐厅优秀品质服务创建……………………………………… 191
　　第一节　餐厅优秀品质服务管理的相关知识…………………… 192
　　案例　消失的蒸鱼头……………………………………………… 192
　　第二节　餐厅优秀品质服务管理方法…………………………… 205
　　案例　旅游团迟到后……………………………………………… 205
　　第三节　不同类型餐厅的优秀品质服务管理方法……………… 215
　　案例　突出个性化服务，赢得大批回头客……………………… 215
　　第四节　餐厅优秀品质服务的质量控制………………………… 232
　　案例　香格里拉饭店集团的"亚洲式接待"……………………… 232

第六章　餐饮企业楼面经理的餐饮设备用品与安全管理
　　　　——创造享受成分，确保客人安全……………………………… 243
　　第一节　餐厅设备用品配备……………………………………… 244
　　案例　贵都大酒店餐厅用品与设备管理模式与规范…………… 244
　　第二节　餐厅设备用品使用与保养……………………………… 253
　　案例　破损餐具引起的问题及处理……………………………… 253

第三节　餐厅安全管理……………………………………… 266
  案例　危险的安全通道……………………………………… 266

第七章　餐饮企业楼面经理的预算目标与效益管理
　　　——瞄准预定目标,确保优良效益 …………………… 279
  第一节　餐厅预算目标确定方法…………………………… 280
  案例　一家星级酒店餐饮成本控制带来的投诉…………… 280
  第二节　餐厅预算目标促销方法…………………………… 290
  案例　歌舞晚宴——北京凯莱大酒店餐厅"逍遥游"倾倒宾客 …… 290
  第三节　餐厅预算目标的销售控制和利润考核…………… 300
  案例　餐厅收款签字笔迹不符的风波处理………………… 300

第八章　餐饮企业楼面经理的成效考核与职业发展
　　　——把握职业发展的成功之路 ………………………… 315
  第一节　优秀楼面经理的成功标志………………………… 316
  案例　团队餐厅的歌声……………………………………… 316
  第二节　楼面经理的任期目标考核………………………… 332
  案例　百胜全球集团餐厅经理的考核激励………………… 332
  第三节　楼面经理向高级管理者的职业发展……………… 347
  案例　麦当劳经理的成长…………………………………… 347

主要参考书目……………………………………………………… 363

第一章
餐饮企业楼面经理的职场认知
——认清你的职场地位与角色

第一节　优秀楼面经理的职场描述

 案例

百胜餐饮公司"餐厅经理第一"的经营理念

美国百胜餐饮公司是全球财富500强之一,以肯塔基州的路易斯怀尔为基地在世界各地经营着五个餐饮品牌:肯德基、塔科-贝尔、必胜客、艾德熊和银质约翰,是当前世界上第二大特许连锁快餐集团。

"餐厅经理第一"是百胜集团门店餐饮经营的核心理念,也是其楼面经理职场地位的最好说明。"餐厅经理第一",即餐厅经理被充分授权,在经理、主管层提倡自主管理,然后再充分授权给下级。"餐厅经理第一"是百胜餐饮集团的企业文化,它体现了公司重视提高生产率,一切围绕餐厅一线服务,鼓励各餐厅积极进取,展开良性竞争。每年,在百胜集团中国区年会上,总裁苏敬轼先生会向上百位来自全国各地取得优异业绩的餐厅经理颁发刻有飞龙的金牌——"金龙奖",极富中国特色和激励性。

群策群力,共赴卓越

在中国百胜餐饮集团下属的所有企业里,不仅企业要成长,个人也要成长,连协作厂商、合作合资伙伴都能有所提高和成长。即"群策群力,共赴卓越"。

目前,肯德基餐厅每一位经理都具有良好的教育背景,他们一步步从基层餐厅成长起来。从管理一家餐厅,到管理四至五家餐厅和管理七至十家餐厅,甚至管理一个市场。肯德基的阶梯形职业发展通道,使每一位具有潜质的员工都能够看到职务升迁和事业攀登的希望。对于供应商来说,肯德基带来的不仅仅是快速的成长机遇,还包括增强它们的市场竞争力。企业、员工、协作厂商、合作合资伙伴在肯德基远景目标的引导下,通过沟通、积极配合和共同努力,结成了紧密利益相关体,达到了整体绩效远大于个体绩效的结果。每年的年会上,集团内各管理部门与合作伙伴、供应商之间都能够就相互合作和未来发展方向进行探讨,交流经验,彼此加强沟通和理解,增进企业凝聚力,增强不断追求卓越发展的信心。

20万元培养一名餐厅经理

培训是为了让员工尽快得到发展,它贯穿于员工的整个职业规划。因为餐厅经理是餐厅的核心人物,是餐厅经营成败的关键,更是餐饮企业品牌成功的根基。因此,肯德基培养餐厅经理从来就不遗余力。在肯德基,培训是永无止境的,每个餐厅经理的培养成本约为20万元人民币。

通常培养一名称职的餐厅经理至少需要1—4年的时间,在此期间他们要学习很多的知识和专业技能。企业一般采取内部晋升机制,因为只有从基层做起的员工,才能切身体会到肯德基的企业文化理念。

餐厅是肯德基的基本业务单元,因此针对餐厅管理人员所建立的"教育培训系统"是肯德基人力培训战略的重要环节,这套系统被某些业内人士称为"制造核心竞争力的永动车"。1996年,肯德基专门建立了为餐厅管理人员进行专业训练的基地——教育发展中心,每年为来自全国各地的两千多名肯德基餐厅管理人员提供上千次的培训课程。

系统培训打造精英员工

作为世界上最大的餐饮连锁企业,肯德基自进入中国以来,带给中国的不仅是异国风味的美味炸鸡、上万个就业机会,还有全新的国际标准的人员管理和培训系统。肯德基的人才体系就像一棵圣诞树,只要你的能力足够大,企业就会让你提升一层,成为一个分支,再上去又成为一个更高的分支,你永远有升迁的机会。

 点评

百胜全球餐饮公司是举世闻名的最成功的餐饮企业之一,2004—2005财政年度,百胜旗下在全球运营的餐饮连锁店已上升至34 000家,比麦当劳多了两千多家。当年,中国区(含中国内地、台湾、香港与澳门地区)的市场收益率增长了11%,高于百胜全球增长率的平均值7%。尤其是2005年7月百胜集团在全球市场超过"老冤家"麦当劳,中国市场成为其赢得全局的关键。

百胜餐饮公司取得成功的秘诀之一,就是"餐厅经理第一"理念。即一切围绕一线餐厅展开良性竞争,餐厅经理被充分授权,在经理、主管层提倡自主管理。

餐厅楼面经理是餐饮企业的餐厅服务的主要领导者和经理人,是餐厅的核心人物和经营成败的关键,也是餐饮企业品牌成功的根基。因此,肯德基极其重视培养餐厅经理。按照肯德基对餐厅管理人员的职责要求,每一位餐厅经理必须熟悉并详细了解餐厅内从产品介绍、库存管理到人员管理、危机处理,再到品质控制和人力成本控制的全部运作流程。

除了培训,肯德基还有温情激励的一面。每年,百胜全球餐饮集团旗下的三万多家肯德基、必胜客、TacoBell(墨西哥式食品)餐厅按照全球统一标准共同举办一项竞赛活动,百胜集团总部则派出专家从服务、顾客、利润三个方面对各餐厅进行综合测评。经过严格筛选,综合成绩都达到优秀的餐厅经理将获得全球冠军俱乐部大奖。公司给予这些优秀的餐厅经理特别礼遇,他们会从世界各地飞到百胜集团总部,由名贵轿车接送,与总裁共进晚餐。为此,本节通过美国百胜公司餐厅经理的案例介绍,论述楼面经理在餐饮企业中的核心价值,并从工作特点、工作准则等方面论述楼面经理的职务特征,以使读者在开篇之际,对楼面经理有一个全新的认识。

一、楼面经理的工作特点

(一)楼面经理的职业特点

楼面经理又称餐厅部经理、楼面部长,是酒楼、饭庄等餐饮企业中专门负责各餐厅接待工作的中层职业经理人员。在现代餐饮企业中能够真正适应现代化管理,具有市场意识、竞争意识和责任意识的楼面经理非常短缺。要想切实发挥楼面经理的作用,就必须认真研究楼面经理的职业特点,这些特点主要体现在以下四个方面:

(1)职业层级较高。楼面经理职业层级较高,在企业中担负餐厅部门经营管理的重任,是企业中层业务管理的主要负责人,是企业的业务骨干。他们的直接上级是企业总经理,下属是各餐厅经理、主管。

(2)工作独立性较强。楼面经理要做好策划、管理、沟通、协调等工作,必须要具有较高的文化水平、业务知识、行业素质与管理能力。因此楼面经理在工作中都具有较强的自主性和独立性。

（3）自我价值起点较高。楼面经理大多有抱负，从行为目标看，他们对工作环境、成就感和个人发展的需求比其他管理层次上的员工相对要高一些。

（4）职业地位特殊。楼面经理在餐饮企业中既是领导者和管理者，又是被领导者和被管理者。从工作特点看，企业对楼面经理的领导能力、专业技能要求更高。

（二）楼面经理的工作特点

（1）工作量大、节奏快。楼面经理全面负责餐饮企业各餐厅的组织工作，处理客人投诉，同社会各界联系，总体工作量较大，因此必须时刻保持快节奏。尤其是规模较大、档次较高的企业的楼面经理，早、中、晚三餐都需要亲自现场督导。从经营管理角度来看，楼面经理总是处于为企业生存和发展而紧张奋斗的工作状态中，工作范围广泛，工作内容繁杂，没有一个明确的工作结束标志。正因为餐厅经营需要不断地争取生存、进步和发展，楼面经理必须具有较高的管理水平，他们永远不能肯定何时已获得成功或何时可能失败，必须永远以快节奏的步调工作。

（2）活动短暂、多样、琐碎。根据专业性调查发现，餐饮企业楼面经理平均每天要处理580件以上的事情。他们每天的各种活动大多是庞杂、琐碎而不连贯的。这与一般员工的工作不同。一般员工的工作大多是重复的，且不经常中断。楼面经理很难每天从头到尾去处理同一项工作。尽管如此，楼面经理往往无法采取措施改变这种状况，因为他们每天的工作头绪太多，能够意识到自己对企业的价值，因而对时间的机会成本（由于做某件事而不做另一件事所造成的损失）特别敏感，从而只得使用这种短暂、多样而琐碎的方式来工作。但是，这样很容易造成管理工作的肤浅性。这是一位优秀的楼面经理必须要努力克服的。

（3）随机性强、计划性不足。楼面经理趋向于把注意力和精力放在现场的、具体的、非常规性的活动上。他们要对现实的、涉及具体问题和用餐客人需求以及员工当前最关心的问题做出积极的反应。他们强烈地希望了解最新情况。因此，楼面经理要经常通过闲谈、传闻、推测等来收集非正式的、及时的信息。一项调查表明，在楼面经理的14次口头联系中，只有1次是事先计划的，其余13次都是在现实工作中随机或突然发生的非常规性的活动。

（4）多用口头交流方式。楼面经理使用的业务联系方式主要有五种：现场督导检查（直观的）、未经安排的请示汇报和处理投诉（非正式的面谈）、经过安排的请示汇报和处理投诉（正式的面谈）、电话、邮件（书面交流）。这几种联系方式有很大的差别。书面交流要使用正式的语言,并且要经过很长时间才能得到答复。口头交流(包括电话交流),除了话语中所包含的信息外,还能通过音调的变化和反应的快慢来传递信息。当面交流则还可借助于面部表情传递信息。在这五种方式中,口头交流是楼面经理最爱用、最常用的,也是最重要的工作与交流方式。

(5) 联系广泛。楼面经理经常同三个方面保持联系,即上级、外界(指楼面经理所管理单位以外的人)和下属。楼面经理实际上处于这三方面人员的信息包围之中,又通过信息把他们联系起来。调查资料表明:楼面经理与下属联系所花费的时间通常占他们全部口头联系时间的3/4—4/5;他们与上级联系的时间一般只占1/10;与外界(包括处理客人投诉)联系的时间约占全部联系时间的1/5—1/4。总之楼面经理的联系十分广泛,需要处理的事项也很庞杂。

(三) 楼面经理的管理特点

楼面经理是专门从事餐厅服务管理的中级管理人员。这是餐饮企业经营管理职业化发展的必然结果。一位合格的楼面经理具有以下管理特点:

(1) 业务能力要求较高。楼面经理要运用全面的管理经验,独立对餐饮企业或酒店各个餐厅行使管理职权。他们必须了解行业特点,精通业务,并参与餐饮企业的决策研究。他们必须有智慧,有理性思维能力,有成功的经营业绩。因而,楼面经理的业务能力要求较高,需要接受专业的职业教育,必须经过较长时间的训练和实践才能获取到所应具备的专业知识和技能。

(2) 专业知识涉及面广。楼面经理要有较强的创新意识和能力,要具有引进开发新产品、新技术、新市场等方面的能力。因此,楼面经理要通过长期培训、自我修养、实践磨炼等过程,掌握行政管理、财务管理、营销管理、信息管理等管理知识和技能,具备创新、学习、合作、沟通、信息处理、解决问题等职业能力,具有控制、指挥、协调、决策、适应环境、调度人员的能力。

(3) 职场意识要求高。楼面经理要以餐厅管理为职业,把餐饮服务管理作为自己的事业来追求,对餐饮企业的现状永不满足。因此,楼面经理应该是餐厅的管理专家和职业经理人。根据餐饮业未来发展的状况,楼面经理的未来趋势是成为拥有专业管理知识、丰富实践经验,对职业忠诚、具有优良职业道德的人。他们对职业的忠诚度要比对一家企业的忠诚度还要高。一位楼面经理一旦投身于某一餐饮企业,便能很快将他的职业忠诚转化为对企业的忠诚。

(4) 具备现代经营理念。这主要表现在四个方面:一是市场观念。这是楼面经理最根本的观念。楼面经理要树立市场观念,要以市场为导向,为市场提供服务,向市场要效益。二是竞争观念。楼面经理要遵循优胜劣汰的市场经济法则,能够制定出一套应付市场竞争的策略,包括生产策略、营销策略、服务策略、人才策略等,并能充分调动员工的积极性和创造性。三是质量观念。楼面经理要具备高度的特色意识和质量意识,能够建立全面的质量管理体系,采用现代质量管理手段对餐饮服务进行全过程的质量管理。四是风险意识。楼面经理要具备风险经营意识。风险包括销售风险、成本风险、利润风险、汇率风险、社会风险和自然风险等。所有这些风险因素都会对餐饮企业的经营管理造成影响。因此,楼面经理要学会辨认风险,能够确定获取风险收益的可行性方案,采取积极的规避风险措施,追求风险收益。

二、楼面经理的核心价值

在传统的餐饮企业中,投资人是企业的所有者和管理者,企业的所有权和经营权是统一的。随着餐饮企业规模日益扩大,经营管理工作日趋复杂,对企业管理的要求越来越高。一些投资人将企业交给具有一定才能、符合企业发展要求的管理者去管理。因此,楼面经理实际上是市场经济和现代餐饮企业发展的产物,是传统餐饮企业管理模式向现代企业模式发展过程中社会分工的必然结果。

现代餐饮企业成功的关键之一,是建立一支优秀的管理团队,并依赖于高层核心管理者才能的发挥。楼面经理即是推动餐饮企业业务发展的核心骨干。楼面经理的核心价值体现在坚持管理方的立场,成功履行岗位职责,是企业服务质量和经济效益的直接责任人。楼面经理必须最大限度地解决员工需求,运用激励手段充分调动广大员工的主动性和积极性,促使员工各负其责,做好本职工作。只有这样,企业的餐饮产品和服务质量才能得到保证,才能由此创造良好的经济效益。这就是现代餐饮企业楼面经理核心价值的体现。楼面经理的这种核心价值主要体现在三个方面:执行力、领导力和创新力。

(一) 楼面经理的执行力

所谓执行力,准确地说,就是正确执行上级决策、整体方案、规章制度、计划目标,即执行系统化的管理流程。它主要包括参与决策方案、管理方案和目标讨论、研究,坚持不懈地跟进执行,落实责任;对企业经营环境做好日常管理;对各餐厅、各岗位的工作进行协调;将企业经营战略与餐厅业务运营结合起来。换言之,楼面经理执行力的价值主要体现在对餐厅管理所暴露的问题采取各种行动,实现系统化管理。

在一些餐饮企业中,楼面经理经常存在执行力不强的问题,主要表现在三个方面:一是楼面经理不能将一种好的思路落实在具体的执行时间表上,导致这种思路与企业经营策略变成空谈;二是楼面经理在组织、安排工作任务时不到位,执行中拖拖拉拉,没有紧迫感;三是在工作任务的执行过程中马马虎虎、得过且过、敷衍了事。

执行力低下是楼面经理在餐饮企业管理活动中最大的黑洞。再好的经营和管理策略只有通过全体执行者的努力、成功执行后才能够显示其价值。企业整体及每一项经营指标和工作任务成败的关键都在于执行的力度。如果楼面经理的执行力差,将会直接导致企业经营理念、企业文化和经营目标的管理与落实上大打折扣。更重要的是,将会削弱楼面经理本身和下属员工的斗志,破坏工作氛围,影响企业的整体利益。长此以往,将会断送企业的前途和生命。IBM公司前总裁路易斯·郭士纳认为:"一个成功的企业与管理者应该具备三个基本特征,即明确的业务核心、卓越的执行力及优秀的领导能力。"因此,楼面经理的执行力已成为决定餐饮企业发展状况的核心竞争力。

(二) 楼面经理的领导力

楼面经理不但是餐饮企业战略目标的执行者,也是餐饮企业的管理者,因此其领导力对于一个餐饮企业也极为重要。领导力就是领导他人的能力,就是楼面经理激发他人跟随自己一起工作,以获取共同目标的能力。这种能力通常是通过日常工作和生活经验积累获得的。领导力的主观性很强,无法运用客观手段去测量,也不能通过学校中的学习来掌握。如果楼面经理在这方面的能力能够有显著的体现,也只是因为他在工作过程中,能够更多地依赖个人的感召力来吸引他人在麾下努力工作,而没有任何现成的优良物质条件可以凭借。

"领导力就是榜样"。楼面经理要想实现餐饮企业的经营指标和管理目标,做好管理者,十分重要的一点就是要树立榜样。榜样的力量是无穷的。因为员工更多的是通过眼睛来获取各种信息,他们看到管理人员的实际行动所产生的影响力远比他们听说所产生的影响力要大得多。如果楼面经理言必行、行必果,做到言而有信,员工就会信任他,愿意追随他为企业的目标努力工作。反之,楼面经理言而无信,就会在员工中产生负面影响,失去对员工的感召力和领导力,甚至失去员工对整个企业的信任和希望。因此,楼面经理一定要言而有信,做努力工作的榜样,增强在员工中的感召力和领导力,以充分体现出核心价值。

（三）楼面经理的创新力

创新力也是楼面经理的核心价值之一。楼面经理的创新能力主要表现在管理创新、服务创新、处理实际问题的创新等方面。餐饮企业战略目标的执行过程不会是一帆风顺的,有时会遇到各种各样的问题。当楼面经理来不及接受上级领导指示而必须立即采取对策时,创新能力就显得极为重要。有时,餐饮企业的战略目标与餐厅经营管理的实际情况存在着一定差距,也需要楼面经理通过一定的创新能力来进行调整和融合。所以,创新能力也是餐饮企业楼面经理本职工作的核心价值的重要体现。

三、楼面经理的工作准则

（一）楼面经理的一般工作准则

1. 优质产品和优质服务并重

在餐厅,用餐客人的核心需求就是享受到满意的餐饮产品。如全聚德、麦当劳、肯德基等享誉中外的品牌餐饮,都是因为其出色的产品而获得巨大成功的。因此,楼面经理要想保证企业获得成功和发展,必须重视菜点质量,用优的产品开拓市场、巩固市场、不断壮大市场。

楼面经理要把好质量关。首先要选择满足目标市场客人需求的风味和菜系,其次要保持质量的稳定性和一致性,为此,楼面经理必须从色、香、味、形、营养、卫生等各个方面对产品质量进行控制。

餐饮企业的质量体现在为客人服务的全过程中,除产品质量外,还要做好服务、环境、用具等质量管理。就服务本身来讲,服务意识是优质服务的指导思想,服务规范是保证质量标准的关键手段,服务程序是确保产品销售的工作准则,品质服务则是上述诸要素能够实现的基础。因此,优秀的餐饮企业的楼面经理在重视产品、环境的同时,应更加注重服务质量。

2. 诚信经营和价格合理、稳定

楼面经理应明确,优秀的餐饮企业往往是诚信经营的典范。因此,楼面经理要经常对员工实施有效的培训与督导,使企业诚信服务,保证员工对待客人态度友好。为此,首先要始终坚持"来者都是客"和一视同仁、童叟无欺的原则,严格按照标准为客人服务,绝不欺诈和愚弄客人。其次,要十分重视菜品如人品,只有餐饮产品制作者具有敬业精神和对客人负责的态度,才能提供令客人满意的菜点,调配出出色的酒水。楼面经理在服务和餐饮产品质量上一定要管理到位,才能形成良好的口碑,赢得客人的信任,培养出更多忠诚的客户。

价格始终是客人选择和重新选择餐厅的重要因素。成功的餐饮企业往往能制定出既与企业规格、档次相吻合,又能为用餐客人所接受的产品价格。然而,价格并不是越低越好。对于某些客人来讲,昂贵的价格有时恰好是被吸引的一个重要因素。但对多数餐饮企业来说,价格必须合理,必须能迎合绝大多数消费者的心理需求。因此,楼面经理要正确判断客人对餐饮产品价格的认同程度,协同企业经营者针对季节、餐厅档次、服务对象、餐饮类型、产品规格来制定合理的价格。

同时,餐饮企业产品价格要稳定。为此楼面经理切莫以开始的低价为诱饵,哄骗消费者上钩,待产品小有名气或稳住销售后,再提升价格或变相提价。此种手段由于早已为消费者所识破,为常客、回头客所鄙视,一旦采用,必然很快名誉扫地,最多只能起到短暂经营成功的效果。所以,楼面经理要防止"头三个月亏本出名,后三个月稳定现场,以后逐渐加码"的经营思路,以免使大批客人不再回头并造成企业信誉和品牌形象受损。

3. 强化现代经营理念

餐饮企业现代经营理念要求餐厅在环境、菜点、酒水、服务等方面均能达到物有所值。因此,楼面经理要重视餐厅内部装潢和文化氛围,讲究服务意识、服务特色、服务环境、服务设施和服务用具,讲究礼节、礼貌、菜点风味和特色,讲究菜点与酒水的装饰与包装。楼面经理还要讲究营销方法和管理模式,重视人力资源开发与管理,通过成本控制,提高产品竞争力,并把客人满意作为自己的工作准则;要将传统的供应型经营转变为现代的差别营销,引导和创造客人消费;要加强与新闻界和企业界的沟通,提高餐饮企业的知名度,重视内部销售,举办赠送菜点、打折优惠等活动,重视与客人沟通,增强信任感等。

4. 促进餐饮品牌建设

品牌建设是规范餐饮企业质量的核心内容,是确立企业形象的重要活动。做好品牌建设,一要建立品牌的信任度。即通过建立严格的质量保证体系来增加客人满意度,实现优秀的品质、优良的服务,保证品牌信誉,保持品牌信任度和忠诚度。二要建立品牌形象。即通过加强质量管理和技术创新,不断创新产品,满足日益发展的餐饮市场需求,保持品牌的生命力。三是建立品牌声誉。即通过各种渠道塑造餐厅形象,做好品牌宣传,建立优秀的餐饮文化,树立人才观和价值观,建立科学的管理模式,以提高餐饮企业品牌的知名度和美誉度。

餐饮企业品牌建设的具体内容很多,楼面经理第一要做好品牌制度文化建设,保证制度的科学性、合法性和可操作性,以利于调动员工的积极性;第二要做好企业文化建设,使精神文化发挥导向功能、激励功能、稳定功能和凝聚功能;第三要组织员工开展各种活动,如优质服务竞赛活动、业余文化体育活动、员工爱好竞赛活动等,以增强员工凝聚力和向心力,促使餐饮企业展现品牌文化;第四要做好服务文化建设,楼面经理要根据中、西餐厅特点分别融和中、西方文化理念,开发新的文化项目,满足客人求新、求奇的用餐消费和服务需求。

(二)楼面经理的成功准则

楼面经理要想获得职业生涯和事业的成功,必须不断提高自己的综合素质和工作能力,同时要尊重科学,遵守如下工作准则:

1. 像高层领导者一样思考

餐饮企业的发展,归根到底取决于管理团队的素质,而团队领导者的素质对于团队素质的稳定与提高更是起着举足轻重的作用。因此,楼面经理的素质与能力直接影响到餐厅经营的成败与兴衰。楼面经理在餐饮企业中不仅是一名员工,而且还是餐厅的领导者。企业高层领导对企业所面临的环境情况的了解大多源于楼面经理的汇报,这就需要楼面经理具备前瞻性的思考能力。在餐饮企业经营活动中,企业在战略计划、创新方法、信息获取、客源市场等方面主要靠高层领导决策,但企业战略计划的执行、新技术的采用、新信息的获取与客源市场的拓展等最终还是依赖楼面经理这一管理层级来实现。

楼面经理要想使自己在企业中不断成长,应虚心向企业的高层领导学习,学习他们处理问题的得当之处和思考问题的方式,即"像老板一样思考"。只有这样,才能使楼面经理自身能力得到升华,使自己离成功的目标越来越近。楼面经理要想在工作实践中提升自身能力,还应进一步追求管理的细节。由于楼面经理要在餐饮企业中晋升到一个比较高的位置,还有一段比较长的时间,因此必须要加强自身的业务能力。特别是要不断汲取知识,使自己具备合理的知识结构,并像高层领导者一样思考问题。只有既有专长、又有综合素质,楼面经理在管理工作中才能够得心应手。

2. 具备中层经理的基本能力

楼面经理首先必须具备四种最基本的能力:一是精神力,要有足够精力来处理一切事务;二是鼓动力,要能够鼓励下属勇于创新,调动下属的积极性;三是判决力,遇事必须有主见,有果断的决断能力,不能优柔寡断;四是执行力,即要能够把企业经营者的决策很好地贯彻到业务过程中。

在四种最基本的能力中,执行力是比较容易发生问题的。因此,在对楼面经理进行绩效考评时,企业领导者往往以能否很好地将企业决策贯彻到最基层作为绩效考评的主要内容。企业领导者需要的是战略规划能力,楼面经理则需要对实际事务进行计划、组织、控制、领导和激励等管理能力。因此,如何合理分解餐饮企业的计划、整合和优化资源、激发团队智商和潜能便成为楼面经理的必备执行力。

楼面经理还必须具有较强的沟通能力。由于楼面经理在企业中发挥着重要的枢纽、桥梁和媒介作用,他们不但要让下属知道和理解企业的战略目标,而且还要使企业目标和具体的执行情况为高层领导者所了解。因此,楼面经理必须要善于沟通,而且是360度的沟通。对下属要调动他们的积极性,与同事要分工合作,还要和企业领导者建立健康、开放、和谐的关系。有些专家、学者认为,制约楼面经理晋升的瓶颈是他们不知道如何来与企业的领导者相处。楼面经理要突破这个瓶颈,就要与企业领导者建立良好的关系,要取得相互信任。为此,首先要把自己透明化,让企业领导者了解自己的长处和短处。这样,当楼面经理偶尔失误时,就会取得领导者的原谅;而取得成绩时,会使领导者看到自己的优点。总之,有能力的楼面经理应该善于沟通,让企业领导者看到自己的能力,获得企业领导者的信赖感,这是楼面经理成功晋升的一个很重要的环节。

3. 善于学习,专才与博学兼备

在现代管理知识不断膨胀、爆炸的年代,学习能力是任何一位管理者适应社会的最基本的能力。因此,楼面经理更应该具备出色的学习能力。他们不仅要不断学习社会发展所需要的新知识,还需要不断学习企业发展过程中所需要掌握的最新知识。同时,要成为一名成功的楼面经理,还需要具备精深的专业技能和广博的知识面,即实现"专与博"的完美结合。专,是指专业技术能力。博,是指要具备七个方面的综合能力:第一,善于领导团队的能力,能实现1+1>2的效果;第二,管理团队的能力,对各个业务流程实施具体化、规范化的管理;第三,项目管理的能力,即能做好每个重要服务项目的组织督导、检查工作;第四,具有360度的沟通能力,即能沟通上下级,可以说服他人;第五,前瞻判断能力,看问题具有前瞻性,可以看得深远一些,有判断是非的能力,最忌对上级唯唯诺诺,没有主见;第六,解决问题的能力,即遇到问题时有自己的想法、主见,有时要替企业领导者行使权力;第七,适应市场的能力,对市场竞争状况的嗅觉要灵敏,要帮助企业经营者判断形势。如果楼面经理在工作中不断学习,具备了上述能力,就离自己的成功目标不远了。

4. 善于授权,扮演好自己的角色

楼面经理的管理工作通常都是经过全体员工的精诚团结和努力工作才能达到预定目标。而楼面经理只有对下属有效授权,才能调动、激发下属员工为实现共同目标而努力。因此,善于授权对楼面经理也是非常重要的。只有放心让自己的下属去工作,才能使自己从日常的琐碎业务中解放出来,使个人的能力得到发挥,使下属员工的能力也得到提升。与此同时,楼面经理还要在企业中扮演好管理者、领导者、被管理者、被领导者四种角色。这些都是餐饮企业楼面经理获得成功所必须遵循的准则。

四、楼面经理的地位和作用

(一)楼面经理在餐饮企业中的地位

1. 餐饮企业的中层职业经理人员

楼面经理是具体负责餐饮企业餐厅服务管理的业务领导者和组织者,是企业的中层职业经理人员。楼面经理和行政总厨或总厨师长一样,都是餐饮企业业务管理的中间台柱。他们一方负责厨房行政管理工作,保证餐饮产品的质量;一方负责对各餐厅服务的组织领导工作,保证餐厅服务质量。他们是餐饮企业总经理驾驭企业不断前进的两大车轮。作为中层职业经理人员,两者十分重要,缺一不可,都是企业餐饮业务管理的中坚骨干。为此,楼面经理既要在总经理领导下,针对不同餐厅的特点、客源对象、消费需求,组织各餐厅主管和领班,认真做好餐厅、酒吧、宴会厅的服务管理工作,确保餐厅服务质量,培养、创造大批回头客和忠诚客户,又要搞好与行政总厨或总厨师长的协调与配合,才能充分发挥中层职业经理人员的作用,共同在总经理领导下做好餐饮企业的业务管理工作。

2. 企业餐厅设备用品和就餐环境管理的主要负责人

餐厅设备用品是满足客人需求、提供优质服务的物质凭借。这些设备用品都是根据餐厅等级规格来配备的。其中,固定设施又是经过精心设计、精心装饰布置,才形成美观、大方、舒适的消费环境的。楼面经理的职责就是组织各餐厅员工利用这些设备用品和消费环境来满足客人的消费需求,从而提供优质服务。所谓"利用",就是要做好这些设备用品的日常管理,要每天每餐维护、保养好各餐厅美观、大方、舒适、典雅的消费环境。而这些工作都是在楼面经理的领导下完成的。所以,楼面经理是餐厅设备用品和用餐环境管理的主要负责人。餐厅的环境质量、设备用品质量的优劣,主要取决于楼面经理的职责履行的好坏，也直接影响餐厅管理的成本费用消耗。为此，楼面经理必须对自己在这方面的地位和作用具有清醒的认识。

3. 企业餐厅服务质量管理的领导者和责任人

从业务经营的角度来考察，菜点产品质量和餐厅服务质量是现代餐饮企业的生命线。菜点产品质量管理主要依靠行政总厨或总厨长。餐厅服务质量管理则主要依靠楼面经理来完成。因而，楼面经理必然成为餐饮企业各个餐厅服务质量管理的领导者和责任人。楼面经理的这种地位主要表现在两个方面：其一，作为餐厅服务质量的领导者，他们必须做好人员安排，制定和落实质量管理的制度、规章，制定质量标准和程序，并督导主管领导贯彻落实。他们还必须认真做好服务质量的监督、检查、评估、奖罚，以保证餐厅服务质量的稳定性。其二，作为餐厅服务质量管理的责任人，他们对餐厅质量的好坏负有直接的领导责任。餐厅质量优良，得到客人的广泛好评是他们的成绩；餐厅服务质量差，客人投诉多，上座率因服务质量差而下降，则是他们的过失和责任。

（二）楼面经理在餐饮企业中的作用

1. 餐饮企业决策制定的参与人和执行人

现代餐饮企业经营决策、发展规划、经营方针、市场开发、经营计划、客源组织方案的制定，美食节、食品节、大中型宴会接待方案的制定等决策，都是在企业总经理的领导下制定的。但这些决策方案的研究与制定，必然会吸收行政总厨和楼面经理等中层职业经理人员参加。其中，涉及餐厅服务的客源组织方案、美食节、食品周、大中型宴会接待等决策方案的制定，往往还会请楼面经理和行政总厨事先提出草案，再由总经理审批。而这些方案一经确定并报总经理批准，又必须由楼面经理或行政总厨等中层事业经理人员来贯彻执行。所以楼面经理在餐饮企业的决策管理中，必然发挥着参与人和执行人的重要作用。这要求楼面经理必须具备较广泛的专业知识，熟知餐饮市场和企业内部的特点和长处，具有较强的决策参与和执行能力。

2. 餐厅管理规章制度和标准程序贯彻落实的保证人

规章制度与标准程序是餐饮企业管理水平和餐厅优质服务的前提和基础。"无以规矩，不成方圆"。没有程序和标准，优质服务就没有遵循的依据。但餐饮管理的"规矩"，即规章制度要靠楼面经理来研究制定，要靠楼面经理组织各餐厅经理和餐厅领班来贯彻实行。餐厅服务的各项程序和标准，也要靠楼面经理汇合各餐厅经理来制定和贯彻执行。只有将这些餐厅管理的规章制度以及餐厅服务的程序和标准都逐项落实到员工中去，并由楼面经理组织各餐厅经理与领班每天做好巡视、督导、检查,才能切实提高管理水平和各餐厅的服务质量,确保提供优质服务。所以,楼面经理必然在餐饮企业各项规章制度和餐厅标准程序的贯彻落实中,起到十分重要的保证人的作用。

3. 餐饮企业营业收入和餐厅形象与声誉创造的组织者与监控人

追求经济效益和社会效益是餐饮企业管理的主要目的所在。经济效益是营业收入扣除各项成本费用后的余额。而餐饮企业的营业收入都是由楼面经理即餐厅部经理组织服务人员,通过销售餐饮产品,提供现场服务来创造的。社会效益则主要表现为企业的餐厅形象和声誉,它也是由楼面经理组织服务人员为客人提供优质服务来创造的。所以,楼面经理在餐饮企业营业收入的创造和餐厅形象和声誉的创造中都发挥着十分重要的组织者和监控人的重要作用。它要求楼面经理必须熟悉餐厅服务管理业务流程,具有"员工第一,宾客至上,服务第一"的人员管理技巧,熟悉餐厅营业收入构成,了解影响餐厅形象和声誉的各种因素,认真做好餐厅服务的组织工作。只有这样,才能有针对性地做好服务管理,充分发挥企业营业收入和餐厅形象与声誉创造的组织者和监控人的作用。

楼面经理的作用是多种多样的。在发挥上述三个方面的主导作用的同时,他们在实际工作中还必然发挥着餐饮企业信息接收者和传播人的作用、企业领导者和员工之间的沟通人和调解员的作用、餐厅管理与服务操作的故障排除人的作用,以及企业产品销售和客人消费之间的纽带联系的重要作用。这些都需要楼面经理有比较充分的认识,由此才能当好现代餐饮企业的中层职业经理。

第二节 作为下级的楼面经理的职场认知

Sabel Wilderness 酒店的客人期望管理

Sabel Wilderness 酒店位于斯堪的那维亚半岛的一个野生自然公园内,拥有80张床位,以高标准的服务水平而闻名。这家酒店在宽敞的餐厅和温馨的客房装饰装修和用品配备上投入了大量资金。在餐厅里,客人可以品尝到当地和世界各地的美食。多年来,公司在员工培训上投入巨资,以使这些员工能够为客人提供充满人情味的优质服务。

公司董事会确定的最新服务主题是"服务补救",并建立了服务补救支持系统。近年来,公司所做的客人满意度调查均显示,酒店服务质量基本达到了客人满意。75%的客人对酒店的服务非常满意,只有5%的客人对酒店的服务表示不满意。几乎所有的客人都是回头客。但是,近几年来该地区由于有新旅游者的流入,酒店新客人的比重越来越大。

为此,Sabel Wilderness酒店的管理层最近做出了一项战略性的举措,即将酒店改造成为该地区最高档的酒店。但是酒店直接负责营销和客人接待方面的总经理Leopold却坚决反对这项决策。虽然Leopold先生认为酒店应该为客人提供一流服务,但他不想将客人的期望值提升得太高。他认为:"让客人带着较低的服务期望值来到我们酒店是一件好事,因为我们这样做,通过一流服务的提供总是可以超越客人的期望值,给客人以惊喜。较少的承诺、高水平的服务永远都是最好的策略。"按照Leopold的观念,客人感受到他们享受到了更好的服务,会使酒店的品牌形象得到提升,同时这种策略也可以强化社会的口碑效应。

Sabel Wilderness酒店的董事会经过研究,认为Leopold先生的观点符合一流服务的管理目标,并且可以降低成本,使客人的服务期望值能够得到更好的实现,因此采纳了Leopold先生的建议。

 点评

从市场营销的基本工作方针来看,餐饮企业应始终坚持以客人需求为中心的营销思想。在企业营销策略中,客人的期望值总是处于不断提升的状态中。他们总是希望在消费场所能够得到比他们的期望值更高的享受。本案例中,Sabel Wilderness酒店负责营销和客人接待方面的总经理Leopold正是运用这个规律,在上级管理层已经做出将该酒店改造成为当地最高档的酒店的战略性举措后,提出了不同看法。Leopold先生认为客人本身对酒店经验已经有了比较固定的评价,如果让客人带着原有的那种较低的期望值来到酒店消费,而酒店通过为客人提供一流服务将会带给客人以惊喜,这会使酒店的品牌形象得到提升,还能够强化社会的口碑效应。对于餐厅楼面经理来讲,Leopold先生的观念和做法无疑是企业经营管理和服务策略的最好运用,给了我们一个重要的启示。

从上述案例中,我们还能够得到另外一个重要启示,那就是 Sabel Wilderness 酒店的管理层是如何理解、对待和处理上下级关系的。当企业管理层已经确定了战略性举措之后,下级提出了截然不同的看法,董事会并没有采取坚决压制的做法,而是认真研究,充分地从下级建议的合理性来探讨,一致得出了 Leopold 先生的观点既符合一流服务的管理目标,又能降低成本,使客人的期望值得到更好的实现,因此采纳了 Leopold 先生的建议。

第三点就是 Leopold 先生的工作态度值得钦佩,他完全出于公心,为企业获取更高的经济效益、品牌形象和社会口碑效应着想,而并没有过度地去考虑其提出不同意见会不会使自己的众多上司感到反感,会不会因此使上司大失脸面而给自己的未来职业生涯造成非常不利的后果。在此,Leopold 先生摆正了自己的位置和态度。对楼面经理来讲这是当处于下级位置时,如何处理好同上级关系的一个重要启示。

楼面经理作为下级,要妥善处理好与上级之间的关系。要支持上级的工作,自觉服从、认真完成上级交给的任务;对上级的失误,要出于公心,开诚布公地当面指出;要注意说话的态度和语气,不为难上级;与上级发生意见分歧时不要当面顶撞,可以婉转地表达自己的看法,主动加强和上级的沟通与联系,设身处地来体谅上级的难处,主动承担工作重担,为上级出谋划策,分忧解难。

楼面经理作为下级,其角色会经常发生一些变化。本节将依据 Sabel Wilderness 酒店案例的启示,探讨楼面经理在处于下级位置,担当枢纽、助手、总管角色时应持有的一些正确观念和做法,指明作为下级的楼面经理如何正确看待与上级的关系误区,以更有效地开展工作,协同上级共同为促进企业管理水平和服务质量的提高而努力。

一、楼面经理的枢纽角色认知

在餐饮企业的经营与管理活动中,楼面经理的地位非常特殊,他们上与总经理、下与各餐厅经理和员工、外与市场客人和客户、内与各厨房和各职能保障部门都有着密切的联系。他们在工作中承前启后、承上启下,处处发挥着桥梁、沟通、协调、调和的重要作用。从企业运营角度来看,楼面经理始终发挥着企业经营者与员工,餐厅与厨房、工程、人事、财务、保安等各部门之间的枢纽作用。对此,楼面经理要有充分的认识。

(一)楼面经理枢纽角色的作用与地位表现

在餐饮企业管理中,楼面经理在企业总经理和餐厅员工之间,在企业销售和客人之间,总是处于中间地位,扮演着企业对客服务的枢纽角色。这种枢纽角色的地位和作用主要表现在以下四个方面:

(1)在领导意图的贯彻执行中,起着承上启下的重要作用。楼面经理是企业餐厅服务的主管人员。他们在领导意图的贯彻执行中,对上要充分理解、吃透上级的精神,对下要熟悉各餐厅的具体情况,结合实际认真贯彻执行,保证领导意图落到实处。餐饮企业如果没有楼面经理这种承上启下的作用或其作用发挥受阻,企业领导意图的贯彻执行就是一句空话,会流于形式。

(2)在餐厅服务质量管理中起着组织中枢的重要作用。楼面经理又称餐厅部经理,是专职负责餐饮企业各个餐厅对客服务的组织工作的。对上他们要贯彻企业质量管理的方针、政策、制度、标准和程序要求。对下他们要组织各餐厅经理和领班做好对客服务的组织工作,还要协调与厨房、财务、工程等部门的关系。因此,他们事实上扮演着企业各餐厅服务质量管理的组织中枢即直接指挥人和组织者的角色,对餐厅整体服务质量负有领导责任。

(3)在企业人力资源管理中起着利益调节人的重要作用。利益调节是企业人力资源管理的重要内容,也是调动员工积极性的重要手段。为此,楼面经理既要对企业领导负责,认真执行上级人事劳动政策和工资奖金制度,又要对下属员工负责,代表员工向上级领导争取必要的权益、维护员工合法利益。只有做好上级与下级之间的利益沟通和利益调节,才能发挥人事管理中的枢纽作用。

(4)在企业销售服务过程中起着沟通与调节作用。餐饮企业的楼面经理既要对餐厅销售和上座率的高低负责,又要对客人的就餐服务的质量负责,还要负责处理好客人的投诉,搞好与厨房、工程、安全、财务等各部门的关系。所以,在整个餐厅销售服务过程中,楼面经理始终起着十分重要的上下、左右之间的沟通和调节作用。他们只有充分认识和发挥好这种枢纽作用,才能提供优质服务。

(二)楼面经理履行枢纽责任的要求

具体来讲,楼面经理履行枢纽责任,让企业经营者满意,必须按照如下要求行事:

(1)做好分内工作。楼面经理必须完成企业经营者交办的各项任务,担当好经营者的助手;要如实向领导反映餐厅的经营、管理和服务状况,如实地反映下属员工的思想和行为动态,反映客人对餐厅服务的表扬、抱怨、投诉及处理情况;并能谋善谏,为企业经营者排忧解难。

(2)正确对待成绩。楼面经理在取得工作成绩时,既要注意不要让人误解自己功高盖主,对自己产生防范及不满心理;也不能将功劳集于一身,忽视下属员工的共同努力及特殊人员做出的特殊成绩和贡献。

(3)正确对待上下级关系。对上要了解企业经营者的为人和工作方式,留意其习惯,注意其忌讳,尤其不要与下属员工讨论企业经营者的不足,以避免下属员工对上级人员产生嘲弄、不屑和不尊重感。在讨论问题或在会议上不要用过激的语言,要尽量避免和下级或他人发生直接争执。有不同意见可在非正式场合沟通。即使不能达成共识,至少也要做到理解。但对已经形成的决定要服从和执行。楼面经理对企业经营者的决定、指令有不满时,一定不要向下属员工表露、发泄、抱怨,要维持企业经营者在下属员工中的绝对领导形象。

(4)正确对待额外工作。楼面经理对企业经营者委派的不在自己职责范围内的工作,要乐于接受并尽力做好。需要授权下属执行的工作任务,要明确表达要求,避免使员工产生为领导做私事的不满心理。在回复工作任务已圆满完成时,应将员工功劳向上反映,必要时为员工提出奖励申请。

(5)正确对待才能和缺点。楼面经理在上级面前不可恃才傲物。要明确自己之所以能够担任现有职务,完全是企业领导者的信任和给予机会。同时,当下属的某些能力、观念超越自己时,不要嫉贤妒能,要根据下属能力安排更重要的工作。人无完人,企业经营者同样会有缺点和弱点,要理解企业领导的难处,委婉地帮助领导正确认识其不足,真诚而有技巧地从侧面鼓励其改进,但不可强求。楼面经理绝不能将企业经营者的缺点、弱点及难处随意向下属员工传播。如果员工有解决的方法或能力,应鼓励该员工积极协助领导解决,脱离困境。

(6)要善于思考,能谋善谏。楼面经理要善于将自己与下属员工的建议整理成文,向企业经营者推荐。在这种信息转达时,楼面经理要立足全局,一切从团结的愿望出发,即使某些负面信息的传达,也是为了企业整体利益,最终目的是克服沟通障碍、合理解决冲突,实现相互理解,提高工作效率,保证企业经营管理的正常运作。

以上都是楼面经理实现枢纽作用的核心内容和要求,这些细节处理得好坏会影响楼面经理与企业经营者、下属员工的关系,影响企业经营者与员工之间的关系,影响企业经营成功、个人职业发展及员工队伍的稳定。因此,楼

面经理要认真处理好这些具体事务,有效地发挥枢纽作用。

二、楼面经理的助手角色认知

作为餐饮企业的中层领导者,楼面经理理所当然地要成为企业领导的助手。为此,必须解决好以下三个方面的认识问题:

(一)正确认识楼面经理的助手作用

俗话说:"金无足赤,人无完人。"在餐饮企业管理中,经营者难免会出现过失,楼面经理一定要起到助手的作用,要在方方面面扶持,竭尽所能地在智力、经验、技能等各方面给予补充,使经营者能够从繁杂琐碎的事务中解脱出来,面向全局,考虑大事。

有一种观念将楼面经理看做是高层管理者的"外脑"。在餐饮企业中,楼面经理与企业经营者之间的关系也可以这样理解。这是因为,一位出色的楼面经理由于具有与企业经营者思维的同一性,因而使得两者的思维能够联系在一起。如果二者的配合形成默契,就会相得益彰,甚至可达到天衣无缝的境界。即使楼面经理与企业经营者有时会出现"反向思维",楼面经理用不同的建议提示经营者,也是为了相互切磋、砥砺,使经营者的思维更富于操作性、更具有完善性。

一位学者在总结某企业成功的经验时说,在优秀的企业团队中,只有高层领导,没有中层领导是不行的。在传统的餐饮企业管理中,企业决策,往往由企业领导者个人敲定,这样很容易因管理者的决策不够科学、完善、周密而使企业陷入困境,这是不明智甚至愚昧的做法,往往会使企业走向经营的死穴。因此,精明的餐饮企业领导者会竭尽所能地引进"外脑",即楼面经理的聪明才智为餐饮企业谋生存,求发展。

(二)楼面经理助手作用的发挥方法

餐饮企业楼面经理的一切工作首先要对企业经营者负责。如果一位楼面经理在餐饮企业经营管理各方面都表现非常出色,不仅对自己提升发展有益处,而且对企业经营者晋升或扩大发展经营区域也有着不可估量的作用。楼面经理可以按照期望下属对待自己负责的工作的标准去对待上级,发挥好助手作用。

(1)尽力帮助上级。作为下属,楼面经理应尽一切努力协助企业上级领导实现既定的经营管理目标,在预算限度和企业的政策范围允许内,及时向企业经营者汇报工作,报告企业经营者所需要的各种工作情况和经营报表,遵守各项制度和规程,以体现对企业经营者负责的态度。

(2) 发挥表率作用。在推行企业计划和安排步骤上,楼面经理要发挥表率作用,按照上级领导的指令有条有理地开展工作。楼面经理必须随时加强对市场发展现状和趋势的了解和探索,经常吸取同行业的成功经验和失败教训,做好参谋,协助企业经营者进行改革。楼面经理要坚决克服与企业经营者的改革主张相悖的情绪与态度;否则,就不能起到企业经营者的助手作用,也就辜负了企业经营者的信任与栽培,无法成功与进步。

(3) 找准当好助手的着力点。楼面经理发挥助手作用的着力点主要体现在四个方面:一是达到企业经营者提出的质量标准,二是通过不断努力达到餐厅的经营目标,三是做好工作记录,四是按时报告工作。

(三) 楼面经理当好助手的技巧

(1) 加强对经营策略的理解。楼面经理应做到凡是向领导呈交的工作报告、营业报表,所列举的各种数据(如销售额预算与实际业绩)应十分准确、清楚。在具体管理中还需要掌握领导的思考方法。特别是在上级经营思想、方针等政策变更时,楼面经理对自己应该怎样适应变化必须有明确的思路,只有知晓自己应该为企业领导做些什么,才能正确地将上级指令准确传达给员工,才能准确地要求员工去做什么。

(2) 甘于当好被管理者和被领导者。实干无疑是楼面经理首要的诀窍,即兢兢业业工作,脚踏实地做事。对待企业领导的指令不轻易说"做不到"、"不可能"、"干不了"这些话。日常要养成请示、汇报的习惯,让企业经营者来判断和决定。要甘于当好被管理者和被领导者,乐于处理企业经营者交代的细碎杂事。要诚恳地征求别人的意见,收集别人的想法,综合自己的意见,向企业领导提出建议。回答与重复企业经营者的要求,这会让企业经营者感到楼面经理很尊重他,对楼面经理的工作开展和职业成功是非常有利的。

三、楼面经理的总管角色认知

(一) 楼面经理的总管角色

做最好的楼面经理,开创成功的人生。这是每一位有志于创造出色业绩的餐饮企业楼面经理的最豪迈的心声。楼面经理是餐厅服务管理的核心和灵魂,在成功的餐饮企业中,楼面经理在餐厅服务舞台上担负着最重要的导演、指挥、设计、监制等总管角色;同时,他又是这一舞台上最出色的表演家,是舞台上全体演员(餐厅员工)的主心骨。

楼面经理接受企业经营者的委托,成为对餐饮场所、产品、资源、人员、设备和相关环境进行管理、服务、养护,为用餐客人提供多层次、全方位服务活动的主要指挥者、管理者,这就是餐厅服务总管角色的体现。

在整个餐厅服务过程中,担任总管角色的楼面经理,直接发挥着组织、带头、督导和协调的作用。他既是员工的带头人,也是现场服务的主要管理者。对内,楼面经理需要经常与企业高、中级管理人员、员工、其他部门的同级管理者发生工作联系,需要对各种餐具、用品、资金、信息进行管理;对外,楼面经理要与客人、客户和公众直接接触,负责公关、解决投诉,需要对员工进行领导、指挥,充分调动下属的主动性、积极性、创造性,圆满完成企业经营指标和管理目标。可见,楼面经理的总管角色在餐饮企业经营管理和服务过程中是非常重要的。

(二)楼面经理的总管职责

楼面经理的总管职责是在总经理领导下管好企业餐厅的设备、家具、餐具用品等资产,管好餐厅营业活动,实现经营目标和品牌管理目标。换言之,就是提高餐饮产品和服务质量,提高营业额,最终创造出更多的利润。为此楼面经理要行使总管职责,要带动、督导、关心下属,增加部门凝聚力,把所有下属团结在自己周围,具体职责包括以下方面:

(1)体现人性化管理。现代企业管理推崇"以人为本",餐厅员工是企业的财富,是企业经营成功最重要的因素。楼面经理应尊重员工,把员工看成是在不同岗位中具备相应态度和要求的独立的团队成员。楼面经理应该意识到,在帮助员工的同时,也是在帮助自己。

(2)注重员工培训。管理就是通过自己的影响力引导员工按照自己的意愿达到既定目标。而"影响"、"引导"与"培训"紧密联系,培训是最好的目标实施手段。因此,楼面经理应为下属经常提供培训机会,其中包括工作岗位介绍、专业培训、考核、绩效考评与管理评估等。

(3)对下属负责。作为总管,就是代表下属行使代言人的权力,通过致意上司,为下属争得必要的权益。如果楼面经理只想保住自己的位置,阻止下属的发展,或对下属的希望、要求、困难、问题不闻不问,不仅表示他轻视下属、自私自利,而且也表明他对自己与餐厅的关系缺乏正确的认识,其结果不仅保不住自己的位子,而且还会身败名裂,贻笑大方。因此,楼面经理要尽好总管职责,一项很重要的工作就是要对员工负责。即要为员工提供安全的工作环境;充分代表员工,向上司反映员工的思想和工作状况;在做出与下属有关的一切决定时保持一致和公平;还要为优秀员工提供进取机会,为餐厅发现和培养明星员工。

第一章 餐饮企业楼面经理的职场认知

四、楼面经理对上级关系的常见误区

一项调查表明,因角色错位、角色缺位、角色模糊而形成对上级关系的误区,从而导致80%的楼面经理和相同层级的管理人员在工作中有超过50%的工作毫无价值和价值脱水,甚至被其上级领导炒了鱿鱼。因此,楼面经理要学习如何避免角色错位,规避风险,从而确保职业生涯稳定,把握成功的机会。一般来讲,楼面经理对上级关系的误区主要发生在以下五个方面:

(一) 内部人控制

楼面经理在餐饮企业经营管理过程中应该体现的是企业的意志。但在实际工作中,有些楼面经理由于对餐厅的服务和业务状况比企业领导更加清楚,当领导做出不符合实际情况的决定时,他们往往认为领导的决定是错误的,或者与实际不相符合。在这种情况下,楼面经理可能会产生抵触心理,要求改变领导决定。这种现象被称为内部人控制,这是楼面经理最应该忌讳的。

内部人控制的结果将会导致企业领导认为楼面经理不尊重自己的意见,不服从自己的指令,从而认为楼面经理在搞独立王国、想架空领导,由此与楼面经理关系紧张,最终导致楼面经理无法继续在企业中生存。因此,当楼面经理认为企业经营者的决定有错误,或者与实际不相符时,首先想到的应该是自己的角色是被领导者和被管理者,下级服从上级是此时绝对的至理名言和组织观念的体现。楼面经理应将自己所掌握的具体情况尽量核实,详细向企业领导报告,陈述利弊,并提出个人认为最妥善的做法,供企业领导考虑、采纳。而如果上级领导仍坚持己见,楼面经理只有执行,但对执行过程要有所记录,以保证在发生问题后能够规避管理和执行的责任。

(二) 扮演同情者角色

在日常操作和执行规章制度时,经常会有一些员工因为犯错误或发生过失而被企业经营者或各级管理者处罚。另外,企业进行战略目标调整、需要对部分管理者和员工进行调整时,由于被处罚或被调整的人员都是楼面经理的同事,并与楼面经理接触比较密切,有一定的感情,这时楼面经理容易扮演同情者的角色,对他们用安慰、不平的言语帮助发泄私愤,致使这些同事增强对处罚者的不满甚至愤恨。这也是楼面经理容易犯的一个错误。楼面经理对下属应扮演企业代表或代理人角色,而改变为同情者的身份无疑会对企业的行动造成不良影响。因此,楼面经理在处理日常事务中要秉公执法,处处为企业战略目标和经营利益、经营者的形象与威望着想。当与自己关系较好的同事和员工被处罚或被调整时,应该对他们从正面做思想工作,认真帮助

他们分析自身存在的不足和过失,或让他们摆正心态,认清社会与工作转变是不以个人主观意志为转移的,只要勤奋工作,积极发挥个人的能力与长处,肯定能够在后续工作中或新的工作环境中取得超越过去的成功。

(三)将个人当做企业的化身

楼面经理的任务是将企业各餐厅的人员组合在一起,按照企业目标创造出合乎人性的工作环境,使团队中的每一名成员都发挥其重要性,使每个人的工作都能够做到卓有成效。楼面经理虽然是餐饮企业的管理者,但也是企业中的一名成员,他们必须要将自身融入团队组织中,将从工作中获取的快乐与团队一起分享,将企业赋予自己的职责当做使命,把自己当做疏通员工与企业经营者的桥梁。只有这样,才能在企业中发挥自己应有的作用。

但是在实际工作中,一些楼面经理将管理者与被管理者、领导者与被领导者的角色放错,常常将自己当做企业的化身,利用自己的特殊位置,对上报喜不报忧,对下粗暴无理,无论什么事情都是自己说了算。这种管理上的目中无人,对下会使员工怨声载道、人心涣散,对上会冒犯企业的经营者或高层管理人,最终导致身败名裂。

(四)过于个性化

一些自以为是的楼面经理,不愿受任何人的约束,总认为自己是企业的救世主或管理方面的专家,因此在工作中非常随意,不遵守企业纪律,工作不守时,着装随随便便,似乎制度是定给大家的,与自己无关。这种个性化的表现还体现在下述方面:

(1)不是专心致力于完成企业经营者交付的工作任务,而是热衷于替领导着想,为领导担心,整天围绕在企业领导的身边,对企业主管领导的决定评头品足。

(2)对企业规章制度视而不见,或应付检查、走形式,为下属制定一些冠冕堂皇但可行性不强的岗位职责、服务规程、行为规范、服务质量标准,使下属无章可循或有章不能循,导致下属行动随意或无所适从。

(3)把自己当做一位自由人,想议论谁就议论谁,想批评谁就批评谁。把自己当做民意代表,总是想代表民意、代表员工和领导谈一谈,和领导闹对立。

(4)认为在给予的权限之内就不用汇报了,为此不再进行汇报和联络。这导致企业经营者不知道结果而放心不下,也就无法安排新的工作。

(5)认为只要业务精、业务全面,任何人,包括企业领导都管理或控制不住自己。认为只要技术好,自己的职业生涯就顺畅,因而只专注于业务知识和技能、信息的研究,而不积极做好餐厅管理,只想把自己塑造成为技术专才。

过于个性化将会导致楼面经理失去对企业目标和个人奋斗目标的追求,最终失去竞争力,从而被企业和激烈的人才市场竞争淘汰。

楼面经理在职业生涯中,一定要注意经常检讨自己的观念和言行,审时度势,随时保持清醒的头脑,把握住角色。作为被领导者和被管理者,楼面经理必须按照组织原则和企业规定向经营者汇报工作,即使工作完成得不够理想,也应如实汇报,让企业领导明白自己光明磊落、实事求是;完成得出色,则更应如实汇报。

(五)过于服从和无主见

一些楼面经理为显示对企业经营者绝对服从的忠心和诚心,片面认为只有忠实执行命令才是自己的工作,认为恭维和顺从企业领导、不受责备就是好的中层经理。这种想法不利于企业发展,只会使楼面经理失去个性、人格和创造力,演变成缺乏判断能力、创新能力的机械型管理者。如此下去,餐饮企业的总体素质不能提高,其下属员工的自主性、积极性、创新精神也会受到压抑,给企业带来的只能是损失。

还有的楼面经理只沉浸于和部下一起工作,而失去了责任管理的价值。这必然影响楼面经理在企业领导心目中的信任,从而使日后的工作难以开展。因此,楼面经理要明确自己的双重角色,学会向企业经营者学习和讨教,主动向上级领导征求意见和看法,同时提出自己的设想和建议。在具体执行的过程中,要善于结合实际,灵活运用工作方法,掌握成功的机会和提高效率的技巧,善于创新和寻找克服困难的新思路、新方法,从而做好本职工作。

总之,楼面经理要以做优秀的企业管理人员为目标,在知识、能力、素质等方面体现出自己的才能,以上级领导者为榜样,以下属员工为镜子,谦虚谨慎、戒骄戒躁,在职业生涯中闯出一片新天地,时刻防止自己踏入与上级关系的误区。

第三节　作为上级的楼面经理的职场认知

陈经理的许诺和员工的跳槽

某餐厅楼面经理陈荫是一位待人和气、关心下属的管理者,平时喜欢用表扬和许诺的方式鼓励下属员工好好工作。只是他的不少许诺总是不能兑现,显得有些随意。

在夏天举办的一个消夏大排挡风味小吃促销活动中,领班小康非常努力,不仅每天能够做好正餐接待工作,而且在展销活动前两个小时就忙里忙外,鼓动员工抓紧工作,带头搬桌子、扛椅子、抬食品箱、布置场地。在举办整个促销活动的50天中,他一天也没有休息,即使是头疼、嗓子疼、感冒、发烧也从没有缺过一天工。在他的带领下,全体员工积极工作,圆满完成了促销活动,并为餐厅带来了超过日常经营235%的利润。为此,陈经理经常拍着小康的肩膀,亲切地说:"好样的,有你在,餐厅的工作我非常放心,如果有机会,我一定提拔你当主管。"小康自然非常高兴,工作起来更有干劲了。

可是当餐厅王主管跳槽后,陈经理并没有提拔小康,也没有向小康做任何解释,而是从外部招聘了一名新主管。此事让小康非常窝火,一个月后,物色好了新的餐厅便跳槽走了。

将近年底,餐厅总经理要求陈经理递交年终总结,汇报餐厅全年的经营管理情况和下一年度的工作规划。别看陈经理平常说得头头是道,一提动笔就头昏脑涨,赶紧招呼来内勤小韩,一番布置之后,他特地向小韩表明写好了有重奖。小韩是一位既踏实、敬业,又有才华的小伙子。他花了一个月的时间,搜集素材,上网查资料,还特地到图书馆翻阅参考书籍,几易其稿,最终如期交出了打印得整整齐齐的总结。餐厅的总结得到总经理的好评,评价是"内容全面、分析透彻、条理清晰、文字流畅"。陈经理自然非常得意。得意之余,他着实对小韩表扬了一番,对小韩说:"小韩啊,写得很好!总经理都表扬你了,你可真是一个人才,很有发展前途嘛!以后有机会,我一定送你出国学习。"小韩虽然惦念着陈经理怎么没提奖励的事,但依然很受感动,工作起来更加勤奋了,时不时还经常写个报道,为餐厅的服务管理提气。

半年后,根据上级主管部门的安排,餐厅要选派几名业务骨干去新加坡一家著名酒店交流,学习该酒店的管理经验。小韩想,这次自己肯定有戏,终于有机会出国转转了,因为陈经理亲口许诺过他呀!可是,当出国名单公布后,根本就没有小韩的名字,并且陈经理再看见自己之后,也没有作任何解释或说明。

连续两次的承诺没有兑现使小韩非常震惊和失望。不久以后,小韩向楼面经理递交了一份辞职报告,跳槽到另一家酒店去了。

点评

本案例反映出一个餐厅经理缺乏诚信、不讲信用,因屡屡失信招致下属极其不满,最终使下属辞职离去。信用是一个人立足行事之本,对于管理者尤其重要。楼面经理要讲信用,就是要信守诺言、说话算数、履行协议,要把感情与工作分开,感情上和谐相处,工作上要按制度办事。不能一时头脑发热,不负责任地慷慨允诺、信口开河,只顾及下属当时的感受,而不考虑将来的履约。楼面经理应该明白,在与下属交往中,不轻易做出承诺,往往更能获取下属的信任。一般来讲,对于那些无论什么事都满口应承下来的人,下属总是心存疑虑。尤其是当领导屡屡悔约,更会失去下属的信任与领导威信。

本案例所反映出的另外一个问题是如何正确对待员工的期望值。楼面经理应深深理解,员工期望得到上级和同事的友谊和接纳,期望自信、竞争、名誉、地位、权力、上级的尊重和赞赏,期望通过发挥主观创造性实现成就和理想。员工的期望在不同时期、不同环境和不同条件下有不同的表现形式,其中某种期望处于主导地位。员工的期望是逐级递升的,当一种期望实现后,将会产生新的期望,并依次逐步提升。员工期望值的不断提升是产生工作动力、激发积极性的重要前提。案例中的餐厅经理正是无视下属期望值的调动和实现,导致个人威信下降和员工不满情绪增加并跳槽,失去了优秀员工为本企业继续建功立业的机会,也失去了依靠大家努力实现自己更大成就的希望。

由本案例得出的结论是:楼面经理作为上级,既要对下级严格要求、严格管理,又要充分信任、尊重下级,营造与下级相互信赖合作的融洽气氛,充分调动下级的热情和积极性。在生活上,要关心爱护下级,真心解决下级的困难和提出的合理要求。在日常交往中,要严于律己,宽以待人,以热情、真诚、礼貌、平等的态度对待下级,深入实际,发扬民主,倾听下级的意见和反映,处事公正,言出必行,以身作则。

为此,本节分别论述楼面经理的职责和防止角色错位,以使楼面经理正确行使职权,当好企业中层职业经理人。

一、楼面经理的领导地位认知

(一) 楼面经理应具备的领导威信

威信是一种能力或影响力。楼面经理应运用威信,让员工心甘情愿地按照自己的决策行事。威信来源于"德"、"才"、"权"三要素。首先,楼面经理要具有优良的品德,以德服人;其次,楼面经理要精通业务,通过较强的工作能力以才服人;最后,楼面经理对权力要正确行使。"德"、"才"、"权"三要素中,前两者属于非正式影响力,"权"属于正式影响力。楼面经理更应多注意创造自身的非正式影响力,在员工中建立威信。这主要依靠以下四个方面:

(1) 行业背景和从业经验。拥有良好的行业背景和丰富的从业经验,会对楼面经理的威信产生正面影响力。广泛的行业知识便于楼面经理准确把握行业市场、竞争、需求等方面的信息和状况,使楼面经理向高层领导提出的决策意见更具有说服力。同时,行业经验有助于楼面经理拥有良好的人际关系,提升影响力。楼面经理应使自己的威信建立在观察员工业绩、聆听员工要求、帮助员工之间进行有效沟通等方面。

(2) 个人品质和价值观。正直、公正、信念、恒心、毅力、进取精神等优秀的人格品质无疑会不断提升楼面经理的影响力和个人魅力。楼面经理的个人价值观会吸引具有同样价值趋向的员工增强凝聚力,增加员工对企业的认同感和归属感,潜移默化地影响员工,成为员工的行为准则。具备优良价值观的楼面经理,会使员工产生敬佩、认同和服从的心态,其影响力无疑会不断提高。

(3) 良好的沟通能力。良好的沟通能力是楼面经理对员工产生影响力的桥梁。楼面经理向下属准确传达意见、要求和决策,同时也在广泛传播领导的影响力。沟通使楼面经理能够更加准确地了解信息,预防盲目行为;还使领导行为具有良好的合作氛围,促进领导决策的实施,在增加领导有效性的同时,也提升了楼面经理的影响力。

(4) 善于运用语言艺术。善于运用语言艺术能在下属中增强信任感,提高员工的工作热情,增强凝聚力。为此,楼面经理必须注意三个要点:一是要用自己的语言表述,这样容易使员工产生信任感;二是无论什么事情都要简洁明了地说明;三是在谈话时要体现出对员工的关心。

(二) 楼面经理应具备的亲和力

世界上几乎所有的管理者都有一个共同的愿望:希望能找到充满活力的员工,以提高业绩。但是,楼面经理应该怎样努力,使下属对自己产生亲和力而总是充满干劲呢?其要点是:

第一章 餐饮企业楼面经理的职场认知

(1) 信赖员工。经常听到一些楼面经理叹息:"我真担心这些人(指下属)能力不足,以至于不敢将所有工作都让他们放手去做。"由此,不难看出不少楼面经理不信任员工。这也是一些积极性很高的员工后来丧失工作干劲的主要原因。对大多数员工来讲,他们努力工作的意义不仅仅是执行上司指示和完成上司安排的工作任务,他们更希望因自己工作的努力受到上司的重视、器重、赏识、提拔,以便能充分发展自我。因此,楼面经理既要为眼前,也要从长远着想,关心、爱护、体贴每一位下属。这样,才能赢得下属的信赖。同时,楼面经理对下属的指示或命令必须前后一致,不能朝令夕改,避免让下属心生困惑,无所适从,那样反而会阻碍工作的顺利开展。

(2) 注意员工之间的关系。楼面经理与下属员工之间不和睦,会出现忙闲悬殊的现象。发现类似情况后,楼面经理应及时纠正。楼面经理应召集全体员工开会,重新安排工作,要求大家和睦相处,将工作干好。此外,对个别故意滋事捣乱的员工,楼面经理应耐心沟通,劝诫他们遵守餐厅规定、改正错误。对规模较大、员工较多的餐厅,楼面经理应合理安排员工分层次、分区域或分工作类别工作,以发现和选拔真正的人才做骨干;而对规模较小、员工数量不多的餐厅,则应不分彼此,引领全员协同工作,以促进和保持员工之间良好的人际关系。

(3) 明确目标。楼面经理应使每一名下属全面了解餐厅经营目标和服务品质要求。楼面经理要经常向员工灌输餐厅的经营目标,如每日餐厅自定的工作业绩是多少、每月的业绩是多少、为达成这些业绩应该如何去努力,然后建议企业经营者提出完成业绩后发放给员工的奖金额度,或提成的比例等。

(4) 关心、重视员工待遇。当员工的工作情绪、责任心、积极性被调动起来,完全进入到非常乐观的工作状态之中时,楼面经理应该考虑到,伴随而来的将是员工最关心的提高薪金的要求。鉴于此,楼面经理应积极向企业经营者做工作,请企业领导者充分照顾员工的积极性,适当给予鼓励,支付合理的上浮工资报酬。

(5) 注意员工健康。如果一些员工因生病而请假或迟到、早退,往往容易丧失工作干劲。因此,楼面经理应注意观察员工的身体状况,每天留意员工的精神和气色,查询他们的健康状况,并给予一定的照顾。楼面经理要发挥全体员工的积极性,促使所有员工都干劲十足;应该随时了解员工的身心健康状况,尽量帮助他们解决困难,使他们无后顾之忧,专心工作。

二、楼面经理的业务总管角色认知

(一)楼面经理作为业务总管的主要任务

楼面经理是餐厅对客服务的指挥者,是带领和督导餐厅员工完成企业经营目标和管理任务的领导者,作为上级,在餐厅员工中是餐饮企业的业务总管。正确体现业务总管这一角色,楼面经理要承担以下四个方面的任务:

(1)客源开发和组织。餐厅业务活动的组织和开展是以客人前来用餐、消费为前提的,没有客源也就没有餐厅业务。因此,客源开发与组织既是餐厅各项业务活动的基础,也是楼面经理本身业务管理活动的工作内容。为此,楼面经理必须将餐饮产品的销售业务作为开展餐厅经营活动的龙头,正确制定市场开发和客源组织方针,搞好市场定位,选准目标市场,在确定客源目标的基础上,大力做好客源组织,保证餐厅各项业务活动的开展。

(2)业务活动的策划和组织。餐厅业务大多是以活动的形式表现出来的,各项业务活动结合起来,就是餐厅整体业务活动。因此,业务活动的组织也是楼面经理业务组织的工作内容。楼面经理应重点做好两个方面的业务组织:一是大中型业务活动的组织。如大中型促销活动、大型会议、大中型主题活动、高中档宴会活动等。这些业务活动的特点是独立性较强,有一定阶段性,对工作内容和服务质量的要求较高,因而需要事先进行周密计划,制定接待方案和工作流程,然后按计划和方案做好具体业务活动的组织工作。二是日常服务过程的业务组织。这些业务过程的组织只需按照规定的程序和质量标准提供服务,做好每天员工服务工作的督导、检查、控制,保证对客服务活动正常、顺利的开展。

(3)物质资源的调配和组织。餐厅业务活动的开展要消耗一定物资用品。因此,物质资源的调配和组织也是楼面经理业务活动的重要内容之一。在物质资源的调配和组织方面具体包括四项工作:一是以餐厅业务活动为基础,制定各种物资用品的消耗定额;二是根据餐厅业务量大小和业务活动需要编制物资用品计划、确定资金需要量;三是认真做好物资用品的采购管理、入库验收、出库发放,保证业务活动和客人消费需要;四是认真做好餐厅物资用品的消耗统计、效果考核,从而降低消耗、提高经济效益。

(4)人力资源的使用和组织。餐饮业务活动的开展是以人为中心的,其本质是人力资源的调配、培养、使用和组织。为此,楼面经理要根据餐厅业务活动需要,制定以岗位职责为主要内容的岗位责任制度及各项规章制度。楼面经理要根据餐厅服务要求,合理配备、调配、使用人员,使人员安排既能保

第一章 餐饮企业楼面经理的职场认知

证计划任务的完成和业务活动的顺利开展,又能充分调动服务人员的主动积极性,提高服务质量,降低劳动消耗。楼面经理还要做好员工培训的组织、评估考核、绩效评价工作,组织员工开展服务竞赛活动,建立、健全激励机制,根据员工表现做好奖罚,根据员工素质和能力进行授权、晋升、降职等各个方面,目的是充分调动员工的主动性、积极性和创新精神。

(二)楼面经理作为业务总管的服务技能指导工作

(1)餐厅铺台业务指导。餐厅铺台是制造餐厅气氛、美化餐厅仪容的重要工作,其铺台技能和方法根据餐厅性质和客人用餐方式不同而变化。重点是掌握中餐铺台和西餐铺台两种类型的铺台技巧。楼面经理要指导服务员规范地铺台布、扎台裙、摆台面(型)。餐桌的摆放效果要美观、大方,根据餐厅大小、形状和客人多少安排,餐桌之间的距离要方便穿行上菜和斟酒,各餐桌之间能够互相呼应。整个餐厅布局要整齐划一,对应的各桌要保持台布一条线、桌脚一条线、花瓶一条线。

(2)托盘服务业务指导。托盘是餐厅服务员的基本功。为保证餐厅服务规格和质量标准,楼面经理应熟悉和掌握轻托和重托两种托盘技能和技巧,并熟练指导服务员正确掌握托盘方法。要求服务员轻托行走时头正、肩平,上身挺直,目视前方,脚步轻快,从容自如,做到盘内汤水、酒水不外溢;重托行走时盘平、肩平,两眼平视前方,表情自然,脚步轻快,行走平稳,不使汤汁溢出。服务员运用娴熟的托盘技巧、漂亮的托盘姿态可以让客人赏心悦目,增加美食的愉悦感受。这些都需要楼面经理组织培训、督导训练来完成。

(3)开单点菜业务指导。开单点菜是零点餐厅推销产品和服务的重要环节,直接影响菜点和酒水销售。楼面经理指导服务人员开单点菜的流程是:做好点菜准备(熟悉菜单,掌握当日销售菜点品种、价格、缺菜情况,准备好点菜单、书写笔)→掌握点菜时机(先送香巾、茶水、菜单,3—5分钟后询问是否点菜,客人同意或招呼时提供点菜服务)→主动推销菜点(主动介绍当日风味菜、厨师长特式菜,帮助配菜,多征求女士、老年人、儿童意见,多注意客人眼神和面部表情,注意酒水推销)→及时传送点菜单(编号正确,传送及时,位置准确,保证20分钟内为客人上第一道菜)。

(4)上菜服务业务指导。上菜服务是餐厅产品销售服务过程中的基本技能和工作环节,分中餐服务和西餐服务两种。

中餐服务指导首先要讲究端盘的手势和要领,切忌盘子上留下手印和手指浸入盘内。特别注意要遵守服务流程,上菜前的桌面物品准备和检查、掌握用餐人数、严格上菜顺序、上菜时的位置、上菜后菜点的方向、上菜时需要添加的调味品、净手盅等用品、上完菜点后的提示以及撤菜顺序等。每上一道菜要注意主动向客人介绍菜名和风味,特别菜点可介绍典故或重点介绍,上新菜需撤盘时一定要注意示意客人,并经过同意后再撤走。

西餐服务指导首先要针对美式、英式、法式、俄式不同,按照国际惯例提供规范服务。在分菜顺序、上菜程序、上菜时需要添加的其他配品和餐具、撤盘时的服务规范方面要重点注意。

(5) 分菜服务业务指导。分菜服务通常在宴会上提供。中餐服务指导要注意分菜力求均匀,要使用服务员自备的专用餐具,餐具共同使用时要尽量避免打碰,造成声响,分菜操作要轻,要有示意动作,注意分送客宾的顺序和方向。西餐服务指导首先要分清国际式还是法式,根据国际式、法式服务不同提供规范化服务。餐具、操作程序、操作位置、分菜顺序等都是服务员在服务操作中要注意的服务细节。

(6) 斟酒服务业务指导。斟酒服务的酒类主要有烈性酒、葡萄酒、啤酒和其他饮料,斟酒技能是餐厅服务的基本功。宴会斟酒所使用的酒类要针对客人的具体需求提供。斟酒前要注意酒的质量和酒瓶、酒杯的完好程度及清洁程度。斟酒服务指导时要注意服务员的位置,斟酒姿势、动作规范,斟酒顺序、速度、斟酒要适量,要减少泡沫等。中餐宴会斟酒要注意场合、宴会的进展状况、斟酒的间歇掌握和续斟的及时性。

西餐服务提供的酒类主要有红葡萄酒、白葡萄酒、玫瑰酒、香槟酒、白兰地、啤酒和一些烈性酒等,西餐宴会服务指导要把握好斟酒与凉菜、开胃品、禽类、肉类、鱼类、海鲜类、甜点类等各种类型菜点上菜的先后顺序,同时也要把握好各种酒类的斟酒顺序、方向、位置和斟酒量等。

(7) 餐巾叠花业务指导。餐巾叠花是餐厅服务员必须掌握的一项基本业务,是日常考核、竞赛中最基础的一项内容。楼面经理做好餐巾叠花指导是为了烘托用餐环境,创造温馨、和谐的气氛;同时,可以作为一种艺术装饰品供客人欣赏。为此,要做到餐巾质地、颜色与餐具和台布等布巾用品相配套。餐巾叠花的类型应针对用餐服务的种类,将现代流行趋势与我国传统式样相结合,注意造型美观大方,能够融合用餐气氛。

(三) 楼面经理作为业务总管的餐厅销售管理工作

(1) 销售环境管理。餐厅环境布置主要涉及环境、卫生、安全等业务。其目的是创造温馨、和谐的餐厅气氛,保持餐厅等级规格。楼面经理要做好餐厅环境布置的日常组织工作,每次开餐前督导员工维护、检查餐厅设备,整理环境卫生,认真做好台型设计、餐厅铺台以及餐、茶、酒具用品的配备等各项准备工作,确保为客人提供优良的用餐环境。这些工作必须在开餐前1小时按质量标准完成。

餐厅环境卫生是餐厅经营活动顺利开展的保障,是餐厅必须保证做好的一项业务管理工作。餐厅卫生管理的内容非常广泛,涉及餐厅环境、家具摆放、餐厅铺台、餐茶酒具卫生、服务台卫生和服务操作卫生、酒水饮料卫生、餐具茶具消毒、宴会食品留样等方方面面。楼面经理要精心安排,不断对员工强化卫生意识、卫生知识、卫生操作技能培训,督导员工首先保证个人卫生,对患有疾病的人员要坚决采取调离措施,同时督导员工在工作中处处体现卫生意识,保证卫生质量达标,尤其要坚决防范客人发生食品中毒事故。

安全是餐厅开展业务经营的基本保证,没有安全就不能实现餐厅优秀服务,楼面经理在安全职能上承担着重大责任。餐厅安全管理具有涉及范围广泛、影响因素众多、安全责任重大、事故处理复杂等特点。为此,楼面经理必须坚持安全第一、预防为主、保证重点、兼顾一般、主管负责、专群结合,确保客人和餐厅的人身与财产安全,确保餐厅经营活动顺利开展。重点要做好火灾、盗窃、食物中毒、客人伤害、自然事故等防范工作。

(2)销售服务管理。销售服务管理主要涉及餐厅销售和服务操作、投诉处理等。餐厅销售涵盖宴会、外会、食品展销活动、酒吧、咖啡厅与多功能厅、客房送餐、促销经营等。楼面经理应根据餐厅等级规格、销售方式和接待对象及其服务质量标准,制定服务程序和操作规程。要督导各级管理人员和餐厅迎宾领位员、桌面服务员、酒水员、跑菜员、收银员等各岗位服务人员严格按照服务程序和操作规程,确保为客人提供热情、耐心、细致、周到的服务。

(3)餐厅投诉管理。餐厅投诉管理是餐厅对客服务的一项重要工作,必要时,楼面经理应亲自处理。楼面经理应做好员工培训,要求餐厅人员认真聆听客人投诉,甄别投诉的有效性,迅速查明事实和原因,及时回答客人。所有投诉必须记录在案,妥善、及时处理。无法解决的投诉,一定要在第一时间汇报给楼面经理,请楼面经理处理,避免客人带着不良印象离开餐厅。楼面经理要督导相关人员每周对客人投诉分类汇总1次,报相关责任人或岗位负责人,限期解决问题。

三、楼面经理的教官角色认知

(一)楼面经理的教官角色

"每一位领导应当是一名出色的教官",这是美国著名经济学家杰克·韦尔奇的心得,也是未来职业楼面经理人的角色趋势。现代餐饮企业的楼面经理要把员工当成朋友和共同创造事业的知己,充分信任他们,授权给他们。他们往往要用教官方式来领导团队,教官技巧是楼面经理的一门必修课。

楼面经理的权威来自三个方面,即权力权威、专业权威、人格权威。教官同时拥有专业权威和人格权威,这是楼面经理有效保持自身魅力的要素。楼面经理应当清楚,员工的素质是参差不齐的,并不是每个员工都能出色地完成本职工作。而且,在将出色的员工调换或提拔到新的工作岗位之前,对他们进行教导和培训是十分必要的。因此,楼面经理要担当好教官角色,让员工学到必要的工作技能和方法,树立正确的态度,增强信念和意志力。

(二)楼面经理的教官作用

(1)提高员工和餐饮企业的整体工作效率。楼面经理通过有效教导,使员工在从事产品销售和服务时,可以体现出四点进步:一是减少工作时间,降低人力和成本。这样既能增加员工的个人收入,又能够增加餐饮企业收入,对企业、经营者和员工都是双赢。二是提高员工服务技能。素质上乘的服务员是餐厅吸引客源的重要因素。如果没有优良的服务技能,优质服务就是一句空话。三是改善服务态度,增加餐饮产品附加值。正确教导可以使员工变被动服务为主动服务,与客人建立良好的关系。四是避免客人的不良印象。有效教导员工洞察客人心理,可以使客人在心绪不佳时转移和调整心态,从而实现提供有针对性的优质服务。

由此可见,餐饮服务的效率、品位与员工的知识、技术和能力有绝对的关联性。楼面经理正确、有效的教导,可以增加员工的知识、判断力和应对难题的能力,从而提高餐饮企业的整体工作效率。

(2)保持餐饮企业的竞争力。楼面经理有效教导员工对企业竞争力的作用,主要体现为四点:一是能够提高企业管理水平,二是可以建立一支高素质的员工队伍,三是适应良好的工作环境和气氛,四是能够提高员工的工作热情。

(三)楼面经理怎样当好优秀教官

一般说来,优秀的楼面经理都是培养员工的高手,为使其工作出色、有效,他们在教导员工时应做到如下各点:

(1)不回避自己的弱点。楼面经理不回避个人弱点,能够让下属认识到自己最真实的一面,其好处之一是使自己得到保护。有时,为得到员工的认可,楼面经理可以选择一个可能被大家认为是长处的弱点让大家知道,如工作狂、特别较真等。

(2)形成感应器。那些懂得鼓舞人心的楼面经理,常常凭直觉将自己的弱点作为特点来暴露,我们可将这种现象称为"超级情感感应器"。这样的楼面经理平时善于汇集及诠释软性资料,他们无须旁人明说,便能嗅出周围环境中的异常情况,而且能够感应出发生了什么事。

(3) 与众不同。杰出的楼面经理都能够强调自己与众不同的性格、工作风格、管理方式、业务技能,以与其他管理者和下属保持适当距离,并以此激励下属发挥工作潜力。

(4) 冷酷同情心。冷酷同情心就是楼面经理通过冷酷、严格的教育方式,使新入职的员工能够竭尽所能发挥最大的工作潜力,如教诲大家"今天不努力工作,明天就努力去找工作"就是一种鲜明的观念写照。楼面经理应注意使下属感受到自己虽然表面似乎很冷酷,但实际上是非常关心下属的。他们应时常关心下属生活,关心下属的工作进步与发展。

(5) 善于激发才能。楼面经理在培养下属的时候,应该树立正确的培养观念,具有正确的态度,善于激发自己和下属的才能。这里必须明确三点:一是不善于"强迫"下属努力工作的楼面经理等于放弃了"强迫"自己进步和发展的机会;二是不能带动人、培养人的楼面经理不可能是一位好经理;三是不能培养接班人的楼面经理实际上将会失去提升机会,因为培养下属的业绩越优异,自身的业绩就越优秀,得到提升的机会和可能性也就增大。

四、楼面经理的判官角色认知

(一) 楼面经理的判官角色

判官角色,是指楼面经理在评估、考核员工时所起到的裁判作用。楼面经理正确判断员工行为,并给予积极支持,无疑会激发员工的热情,鼓舞员工的斗志;反之,如果楼面经理对员工的表现判断错误、评价不公,必然引起员工不满,造成不良的影响。所以,在判官角色扮演中,楼面经理的价值取向具有很重要的导向作用。在餐厅服务管理中,员工都希望自己的上级能够正确判定和评价自己的工作。如果楼面经理不能做到这一点,员工的工作热情就会渐渐被磨灭和抹杀,积极性也就难以调动。这也势必影响到餐厅部门的管理工作。所以,楼面经理必须当好下属成员的判官。

(二) 楼面经理当好判官的工作方法

(1) 工作评价尽量与奖励挂钩。楼面经理对员工工作的考评与判定如果不能反映到物质或精神奖励上,这种考评与判定便没有丝毫意义。表扬员工能干、出色或优秀,可以起到精神鼓励的作用。但这还不够,如果总是口头夸奖而没有物质奖励,则作用就会递减。因此,楼面经理要将员工的工作评估和工资奖金制度相结合,制定奖励标准。对表现优秀、成绩突出的员工,适当提高奖金或增加工资,才能充分调动广大员工的积极性。餐饮企业员工薪水出现问题往往不是在员工入职时出现的,而是在日后对员工加薪、发放奖金和津贴不一致时出现的。因此,楼面经理要担当好判官,对员工给予正确的工作能力评价和判定。而薪酬、奖金的发放则是对楼面经理判定员工业绩和绩效考评的结果。

(2)完善评价标准。楼面经理要正确判定和评价员工工作优劣,一项基本工作就是要具有明确的标准。一些餐饮企业,员工流动性大,往往就是因为这方面的工作做得不好。因为缺乏统一标准或管理者不采用已定的标准去判定、评价员工,而是根据个人好恶、关系亲密程度以及一时的心情来判定、评价员工的优劣。如果一个管理者仅凭主观情感来决定员工优劣和奖金多寡,员工是不会安心工作的,频繁辞职自然难免,企业经营的不正常和不稳定也就是理所当然要发生的。

对表现差的员工自然应该淘汰。但是,楼面经理如果在裁减员工时,没有意识到对那些自我评价很高,对企业利润提高作出贡献的员工予以裁培,则说明他是不称职的管理者。确定对员工的评价标准,最关键的是要看对企业利润提高作出的贡献,这一点是作为判官的楼面经理一定要切记的。

(3)着眼于"努力"和"上进心"。楼面经理在对员工进行具体判定时,要注意对主管、领班和各岗位员工的判定有所区别。因为每一个级别、每一个岗位的员工,其期望值是不相同的。因此,在对员工判定时,除了要判定他们是否对企业利润的提高作出贡献,还有一些其他重要的标准,如是否努力工作、是否有上进心、是否对企业忠诚。因为每一个员工的表现勤奋与否,与企业的经营发展、服务质量有直接的关系,与企业的生存息息相关。

因此,楼面经理做好员工表现评估,不单纯是为了确保人力,更重要的是为了鼓励员工,充分调动他们的积极性,是一种激励员工的手段。

(4)要有一颗公平的心。楼面经理对员工的判定,基本上是看他对本职工作是否胜任。如果一名服务员,待客熟练,能够独当一面,客户数量也多,那么,是不是可以判定他为一名优秀员工呢?答案是:仅凭这些因素是不完全准确的,更重要的是还要看他能否体现企业的评价标准、能否严格遵守企业的规章制度和工作规范。

楼面经理如果仅以"工作能力强"来判定某员工是否优秀,是对企业评价标准的自我否定。如果一名员工不遵守企业的制度、规定,但还是能够得到优秀员工的判定,那么企业的标准就没有存在的必要。无论如何,员工的评价标准必须是统一的,不能因人而异。正因为有了统一、明确的评价标准,员工才能明确自己应当如何去做。平时,管理者对员工进行评价,最容易掺入主观色彩,很容易为"判官"的好恶与私念所左右。所以,楼面经理要经常告诫自己,在评判员工时一定要公平,而且必须留意所有员工的工作状况,做一名合格的判官。

五、楼面经理防范对下关系角色错位的方法

从现代管理学和人际关系的角度来看待上下级之间的关系,有一条经验可以遵循,即领导的影响力来源于距离。如果楼面经理与下属员工之间的距离太近,影响力往往会受到削弱;但距离过远,高高在上,又会影响企业团队精神的形成。这些都会使楼面经理在处理同下属的关系中产生角色错位。因此,楼面经理应善于约束和控制员工的不良行为,正确处理好与员工之间的关系,调整好与员工的距离,避免角色错位。其主要方法如下:

(一)要把握好角色距离

(1)注意工作距离。楼面经理必须首先意识到自己在下属员工面前所担当的领导角色,明确自己的工作职责,在组织、计划、指挥、监督、协调中力求"棋高一招",做到决断时不含糊、指挥时不犹豫、协调时游刃有余。力求在考虑问题时,站得比员工高一些,在处理棘手问题时,办法比员工多一些、经验足一些,从而显示出高超的领导技能和业务素质,拉开与员工的工作距离。

为拉开与员工的工作距离,楼面经理要避免事必躬亲。不要事无巨细都亲历而为、大包大揽,大事小事一起抓、眉毛胡子一把抓,造成自己忙得要死,而员工闲得要命、无所事事。楼面经理该授权的一定要授权,该安排下属去办的一定要安排下属去办,在维护权威感的同时要使大家有事可做,随时保持必要的紧张状态,使员工对领导既钦佩又敬畏。

(2)正确对待利益关系。企业员工都希望与自己的上司之间不是上下级关系,而是朋友关系,是同甘苦、共患难的弟兄。因此,为贴近与员工心灵上的沟通,取得员工的尊敬与信服,促使员工自觉地协助自己,楼面经理在处理个人得失、员工利益和企业利益的关系上,应做到先人后己。应首先考虑到员工利益和企业利益,不计较个人得失,真正做到"吃苦在前、享受在后",与员工"有福同享、有难同当",做员工的贴心人,让员工感觉到人格上的平等,消除上、下级之间的关系隔阂。要正确认识并合理使用手中的权力,注意维护员工的合法权益,把同员工的心理和感情的"距离"调整到最佳。

(3)掌握轻重缓急。一些楼面经理或许不知道自己应该做些什么,整天忙于具体的事务当中,却不知道宏观的管理方法,因而出现管理漏洞或管理中空；或许只善于和下属一起工作，因而失去了管理者的价值，刚开始时下属可能会认可这位楼面经理的工作，但时间一长，楼面经理会因此疏于管理，失去对全局工作的管理控制，难以开展进一步的工作。

为防止管理失控，楼面经理要学习管理知识，明确企业经营者聘用自己的主要目的和要求是进行管理、分担企业经营者的压力。因此，楼面经理要善于掌握各项工作的轻重缓急。一方面，楼面经理应清楚企业领导拥有决定自己能否在企业中生存、发展的绝对权力；另一方面，毕竟自己的直接上级领导寥寥无几，而下属员工众多，因而要把工作的重心摆放在管理工作中，掌握轻重缓急，抓住主要工作。

（4）要调节好与员工之间的"感情距离"。楼面经理应与员工保持适当的感情距离。一方面，当发现与员工感情疏远时，应主动关心员工，增加同员工接触的机会。多与员工谈心，主动帮助员工解决困难。必要时，适当参加有益的娱乐、体育等活动，努力缩短与员工的距离。另一方面，当发现与员工过分亲近时，要注意适当将距离拉开，要避免扮演"和事老"、"老好人"角色，不敢坚持原则，好坏不分、是非不明。否则，楼面经理有可能丧失权威与尊严。所以，楼面经理与员工保持适当距离，是有利于工作开展的。

（二）要运用巧妙的批评方法

楼面经理对员工中出现的违纪和违反管理制度的行为，尤其是员工与客人发生冲突时，要及时批评教育。如果该批评的不批评，也就没有资格和能力再担当管理者了。

工作当中总会有问题发生，如果把问题一味搁置起来，小问题也会酿成大祸灾。因此，批评是解决问题的一种有效途径，也是楼面经理与下属员工保持距离的手段。

批评不应是盲目的，要注意方法、方式和技巧，才能取得预定成效。楼面经理要搞清楚为什么要批评，如何去批评，要尽量争取做到让员工接受、理解，从而在原有错误的基础上自觉改正和改善。如果盲目乱批评，不仅可能达不到改正错误和改善工作的效果，还可能由于批评的根据不实，导致与员工之间产生过大的距离和隔阂，影响整体工作效果。

楼面经理对员工过失进行批评，要"对事不对人"。批评的目的是使员工的消极行为转变为积极行为，使不利转变为有利，使坏事转变为好事。同时，要注意做到批评的影响力度和扩展的范围要大于表彰。所以，楼面经理批评员工时要尽可能采取单独见面，不在公开场合进行，保留犯错误或有过失员工的"面子"。批评并不意味着厉声斥责，而在于准确、公正、严肃地指出员工的错误,使其迅速改正和不再犯类似错误。恰当的批评往往不会拉大楼面经理与员工之间的距离,反而会增进双方的理解,使楼面经理在员工中建立严格管理的印象。

但是,对屡犯不改或普遍存在的错误行为绝不能姑息。楼面经理应召集员工会议公开批评,批评时可视具体情况采取点名或不点名方式。通过公开批评,以正视听,使全体员工都受到教育,做到引以为戒,"有则改之,无则加勉",借此提高员工队伍的整体素质,并使领导作用和影响力得到充分发挥,切实克服角色错位。

第四节　作为同事的楼面经理的职场认知

案例

客人都要求方便和快捷——签单的改进

一天中午,某经贸公司在一酒店宴请客人。餐后主办方客人向餐厅收银员提出该单位在酒店财务处存放了十万多元存款,要求签单。收银员请示收银主管,收银主管经信用结算查阅,发现客人所报存款金额、签单人的姓名与原始记录不符。为维护签单人的权益,收银主管向餐厅经理作了报告,指示收银员告知客人酒店财务处并无该公司存款。而客人坚称肯定有存款,一定要签单。于是,楼面经理指示餐厅主管与客人协商,提出先将本次餐费结清,由收银台出具收条,待有确切证明能够签单后再退还此款,在内存中结算费用,客人勉强同意。

两天后,经该公司存款当事人与酒店联系,说明上次餐费可以签单,餐厅立即向付费客人退还了钱款。而此时付费客人已向酒店提出投诉,要求给出说法并以餐费打折的形式给予补偿。楼面经理指派餐厅主管和收银主管共同与客人联系,向客人解释未能让其结款的原因,说明这是为了维护该公司内存安全及保密性而执行的一项财务管理制度。为表示对客人的歉意,同意客人提出的打折要求,给予8.8折优惠。同时,向客人承诺餐厅将改进工作方法,避免今后类似误会发生。

事后,楼面经理与财务经理就签单制度和程序进行了研讨,力求尽量给客人用餐提供签单结费方便。财务经理的态度非常积极,很快拿出了改进方案。即向有关单位发放临时卡,该单位在餐厅用餐的人员只要出示签单卡,就可以享受签单人的权力。楼面经理与财务经理均表示,为了使服务工作更加完美,今后将增强两个部门之间的协调与配合。

点 评

  组织机构中同一管理层次的人员和同一企业的同事应经常进行相互沟通。为了共同完成高质量的服务工作,楼面经理要带领员工同企业相关业务部门的同事,特别是同级管理人员之间做好平行沟通。这种平行沟通可以弥补上行沟通和下行沟通的不足,解决横向管理中的问题,同时可以保持餐饮企业各部门、各环节、各项管理工作的衔接和协调。

  案例中部门经理、餐厅同事之间的沟通的确起到了决定性的作用。一是餐厅经理同财务经理之间通过协商解决了客人签单问题;二是在向客人解释其长城卡不能在餐厅使用的过程中,餐厅服务员同收银主管、收银员都共同参与,体现了相互尊重、相互协调的态度和精神。平行沟通还能够消除同事之间的隔阂、误解和不尊重感,从而加强人际交流,培养管理人员之间的友谊。案例中楼面经理与财务经理在协商解决了问题的同时,还达成了和谐关系,因此两位经理均表示,今后将增强两个部门之间的协调与配合。

  在餐饮企业管理中,同事之间的关系是常见的人际关系。要建立融洽、和谐的同事关系,就要求同事之间互相尊重。在日常工作中,同事之间资历深浅、能力高低、贡献大小不同,但所面对的工作、困难、问题都是一致的,因此要相互尊重和爱护;倾听他人的意见,相互切磋,求同存异。在日常工作中,同事之间要适时沟通,相互交流,在需要相互配合时,大家就可以相互支持,取长补短,顺利克服困难,解决共同的难题。为此,本节通过论述楼面经理作为同事的角色,使楼面经理明确同事是自己的内部客户,认清在同事相处中经常会遇到的关系误区,以建立与同事之间的和谐关系,为楼面经理做好工作打下坚实的基础。

一、同事是楼面经理的内部客户

(一) 楼面经理的内部客户观念

  在企业管理中,每个人都习惯站在自己的立场看问题,在与不相同业务部门的同事进行沟通和协作时,很自然地会产生不同的想法。如何与同事和谐共事,是楼面经理经常要面对的问题。楼面经理的内部同事较多。如酒店中的客房部、康乐部、工程部、前厅部经理和独立餐饮企业中的采供经理、办公室主任、人力资源部经理、财务部经理等。楼面经理与同级部门经理都处于同一个管理层级。由于本位主义的考虑,他们都会从自己的角度出发来考虑问题,会经常出现"盲人摸象"模式的思维定位,得出不同结论。但是餐饮企业是一个统一的整体,要使企业在激烈的市场竞争中发挥整体优势,必须使整个企业的行动协调起来。作为同事的楼面经理,必须要与同事做好水平沟通,建立和保持好的人际关系,协调好部门间的关系。对楼面经理来讲,同级都是内部客户。所谓内部客户,是指餐饮企业在工作流程中,各相关部门,如同工作流程中的上一道程序与下一道程序之间的关系,都是互为客户的密切关系。把同级看成是客户,就是要以自己的职责和权限为中心来安排工作,转变为以内部客户的需求为中心来安排工作,让内部客户满意。许多成功的企业,无论是否明确提出把同事看成客户的观点,但在工作中确实是这样实施的。楼面经理要建立内部客户关系,在管理观念上要明确四点认识:

(1)部门相处的交流方式。在餐饮企业中,部门之间交往,主要有两种方式:一是各部门按照职责要求去完成工作,也就是各司其职。这是传统的做法。二是在履行自己职责的同时,要获知其他部门的满意度。这是楼面经理应当提倡的内部客户的观念。

(2)内部的供应链关系。餐饮企业内部的供应链,其内容包含三个方面:一是信息流。例如,楼面经理就餐厅销售状况向财务部门报告,提供收款、应收账款、应付账款等资料,就是一个信息流。如果楼面经理把财务部门作为内部客户,那么,它提供这个信息流时考虑的就是使财务部门满意,也就是要及时、准确地提供各种数据。二是服务流。服务供应链的特征有两个:首先,这种供应链一般不是以物流形式,而是以服务形式向内部客户提供。例如后勤部门向餐厅部门提供办公用品是一种服务,而不是提供产品。其次,这些服务供应常常会被企业规定或上司指示的形式掩盖。三是物质流。例如从生产部门到库房部门再到销售部门,供应是依据原材料和产品增值方向流动的。明确这种供应链关系,有利于将各部门当做自己的内部客户,互相支持、互相帮助,共同做好企业管理工作。

(3)内部供应链的主要特点。在餐饮企业管理中,内部供应链有两个特点:一是内部客户是按内部供应链次序形成的。上游是下游的供应商,下游是上游的客户。在餐饮企业内部的某一项工作中,客户关系是固定的。二是三种形式的供应链交织在一起,特别是服务供应链和信息供应链交织在一起,容易引起人们对内部客户关系的误解。

按照服务供应链的上下环节关系,财务部经理是供应商,楼面经理是客户。按信息供应链的上下环节关系,财务部经理是客户,楼面经理是供应商。两种供应链交织,形成餐饮企业内部各部门、各经理在角色上既是客户,又是供应商。服务有明确的对象,信息有明确的流向。只有确定前提,才能判断谁是客户,谁是供应商。为餐饮部门提供报销、借支、承兑、核算等服务时,财务部是供应商,餐厅部是客户,财务部应当从客户服务的角度为餐厅部服务。当统计销售额、销量、款项回收信息等情况时,财务部是客户,餐厅部是供应商。所以,这种供应链是互相交织的,要区别对待。

(4)内部客户观念的实质所在。企业树立内部客户观念,本质上是要使客户满意,提高企业整体管理水平。由于同事是内部客户,因此,楼面经理应通过日常沟通、协调让内部客户满意。着重要表现在两个方面:管理上让上司满意,服务上让其他部门满意。将同事看成是内部客户,最终要落在"让内部客户满意"上。也就是说,楼面经理做得好不好,行不行,不是由自己说了算,而是由内部客户说了算。楼面经理不应以自己为中心,以自己对自己的评估为标准,也不可以说:"老总都说我做得不错"、"上司交办的工作都做完了"、"年初制定的工作目标都圆满完成了"。即使楼面经理完成得很好,也只能说楼面经理向一个重要的内部客户——自己的上司可以交代了,这个客户满意了。但是,这样还是不够的。只有楼面经理让其他部门、其他部门经理也满意了,并且他们对楼面经理工作的评价也很高、表示满意,才算是楼面经理"尽到了责任",达成了工作目标,完成了工作计划。就是说,所有的内部客户都满意是楼面经理工作成功的标准。这一观念对其他部门来说,也是如此。这就是餐饮企业内部客户观念的实质和具体表现。

(二)内部客户满意的评估方法

楼面经理能否让内部客户都满意,主要是在日常工作中,按照内部供应链,通过内部客户运用"好"或"不好"的评估方式来评价的。如楼面经理在餐厅成本核算上,与财务部经理、厨师长、采购主管等进行沟通,其工作态度让各沟通对象用"好"或"不好"或五分制进行评价。一些楼面经理会说,这种评价方式太主观,一是可能有一次"不好",沟通对象就可能否定多次的"好",而评为"不好";二是其中会有一些个人恩怨影响评价;三是有些争执被否决就可能导致"不好"的评价;四是可能在其他事情上有求于楼面经理,所以不好

第一章 餐饮企业楼面经理的职场认知

也不敢说"不好",而只能说"好"。然而,这种评价方式是科学的,被国际上普遍采用,原因有以下四个:

(1)"一次否决"十分有道理。我们应仔细分析,当客人到餐厅用餐受到一次恶劣的服务接待后,会发誓再也不来这家餐厅。一项国际调查表明,一旦客人对一个餐厅的服务不满意,他还会在三十个人面前来贬低这家餐厅的名誉和形象。在客户服务上,现实就是这样残酷。因此,对待内部客户不能降低评价标准。

(2)虽然存在个人恩怨影响评价,但不会影响对一个人的总体评价,不会影响所有内部客户的评价,更不会影响长期的评价。

(3)无理要求多源于缺乏沟通。大凡无理的要求,是缺乏事先的沟通所致。想想一个人是如何对待外部客户无理要求的,你就会加强沟通,与内部客户经常保持联系,从而对内部客户的评价更准确。

(4)事实上存在利益上的制约、人情上的影响。但对一个楼面经理,对在内部建立起客户理念和机制的餐饮企业,这种负面影响将会降低到最低程度。管理是一个系统工程,如果企业没有建立起良好的沟通机制、考核机制,如果楼面经理没有建立起相应的能力,单一地去做"内部客户满意"的评价,当然会出现负面后果。这种方式的客户满意标准与上司对下属工作目标达成的评价方式是相同的,均是以事实评价为基础的。

餐饮企业中不同的业务部门虽然都会有本部门的利益,但是它们都同属一个企业,为了实现企业的总体目标,不同的业务部门之间必须要相互协调、相互促进。楼面经理要积极改善与不同业务部门之间的关系,把自己的同事当做内部客户,精心服务;把企业内部的相互协作当做一种相互联系的内部供应链条。在内部供应链上,下一个工作环节应是上一个环节的内部客户,上一个环节的部门有义务使下一个环节的部门满意。如果楼面经理能够以下一个环节的部门和同事为客户,将下一个部门或同事的满意度高低视为自己职责履行优劣的标准,那么这个企业一定是一个不可战胜的高绩效的团队。

二、楼面经理与内部客户的关系处理

在传统的企业管理中,通常都是由上一层级的管理者为下一层级的管理者制定工作目标,而把客户排除在外。现代餐饮企业管理则要求让各相关部门都参与某一个部门工作目标的制定。为此,楼面经理要根据相关工作部门和企业目标及工作计划,来制定与本部门相关的目标和计划。也就是说,楼

面经理的管理目标与工作计划是以其他相关部门的管理目标和工作计划为前提的。为此,楼面经理要处理好内部客户关系,需要解决好如下三个问题:

(一)楼面经理处理内部客户关系的策略

楼面经理在处理与其他部门之间的关系时,应实行以内部客户需求为中心的转换策略。在具体工作时,可以通过如下的策略来体现客户关系的处理:

(1)共同制定企业目标。楼面经理要在企业总经理领导下,与所有相关部门的经理一起,共同参与企业年度目标的制定。这种共同制定不仅仅是各部门经理介绍本部门或本单位的工作设想,而且也是共同参与研究企业状况、优势、劣势、机会和风险,充分了解企业总体及其他部门的期望与需求。

(2)坚持目标对话。在制定管理目标和工作计划时,楼面经理要与自己的内部客户进行目标对话。楼面经理要充分了解其他部门的管理目标和工作计划,并介绍本部门的管理目标和工作计划,从中了解相关部门或组织的工作方式、工作进程和期望值。

(3)让内部客户满意。楼面经理将同事看成是内部客户,最终要落实到"让客户满意"上。楼面经理不应以企业对自己工作的肯定和经营目标、工作任务的完成为依据来说明个人的功绩,即使楼面经理的工作做得很好,也只能说明他向自己的一个最重要的内部客户——上级领导可以交代了。然而,仅仅这样是不够的。只有让其他内部客户都满意了,并且都对楼面经理的工作给予很高的评价、表示满意,才能够说明楼面经理"尽到了责任",圆满地完成了工作。也就是说,只有所有的内部客户都满意了,才表明楼面经理业绩优异。

(二)楼面经理与内部客户关系的协调处理方法

餐饮企业是一个整体,如果缺乏同级横向之间的沟通和协调,要想顺利完成自己的工作,是十分困难的。楼面经理在处理与相关部门和同事之间的联系时,应该本着严于律己、宽以待人的态度,提倡把方便留给他人,把困难留给自己。为此要做到:

(1)建立部门良好合作的人际关系。楼面经理除了要与企业经营者、下属员工建立和谐、密切的人际关系,还必须与同级管理者建立亲密、友好的人际关系。人际关系密切,说明人与人之间心理距离很近,能友好互助;人际关系差,则说明人与人之间心理距离远,互相之间很少帮忙,甚至老死不相往来。

人际关系在餐饮企业的管理活动中非常重要,良好的人际关系是团队组织中的润滑剂。人际关系以感情为纽带,不同的人际关系引起不同的感情体验,如亲密关系、疏远关系、敌对关系、友好关系。人的行为是以一定的人际关系为基础的相互作用行为。良好的人际关系容易表现出相互尊重、友好、关怀、支持、补台等行为;而具有不良人际关系的双方,则表现出仇恨、敌视、破坏、伤害、拆台等行为。在餐饮企业中,人际关系的交往尤其突出。日常工作往往需要部门之间的合作。楼面经理必须率领下属员工,在与其他岗位、其他部门之间的工作协作中建立良好的人际关系。为此,楼面经理在与同级管理者相处中,应遵循处理平级关系的五大原则:尊重——这是建立良好人际关系的第一前提;信任——相互信任,互不猜疑;宽容——学会宽容、谦让,必要时忍让;真诚——精诚所至,金石为开;自制——自我克制是有涵养的表现。

(2)掌握企业内平级关系协调的要诀。楼面经理应熟记、掌握并认真运用协调平级关系的十八句要诀:先做人,后治事;合理授权;健全制度;以德报怨;忌越俎代庖;主动沟通,增进感情;敢于承担责任;海纳百川,有容乃大;对事不对人;顾全大局;干当配角;切勿妒忌;红花需要绿叶配;勿听风就是雨;管理＝服务;雪中送炭。

(三)与同事建立亲密关系的步骤

(1)用真诚的微笑面对每一个人。微笑的作用无可估量。首先它是拨开"陌生面纱"的法宝,即使是一位叫不上名字的同事,微笑也能立即拉近楼面经理同这位同事之间的距离;其次,它是欢迎新同事的最好"见面礼";再次,微笑还是"通行证",可以让楼面经理在寻求帮助时顺利畅通;最后,微笑还是楼面经理的职场"标签",人们一想到楼面经理,就会联想到楼面经理常挂在脸上的微笑——很有亲和力的,这时,那位同事心灵的闸门已经向楼面经理敞开了。

(2)关注别人的工作。当楼面经理用心倾听某位员工对工作状况及甘苦的叙述时,他的眼睛和神情也传递了这样的信息:这位员工的一切并非无人问津,至少还有楼面经理在默默地关心他、同情他。对内部客户,即各部门的关系也是如此。

(3)帮助别人,不求立即回报。楼面经理在能力范围内,应主动帮助同事,伸出援助之手,使普通同事一跃成为亲密的战友。这是累积人际资产的双赢方法。有位企业人士说得好:"欠我的人愈多,日后帮我的人也愈多。"如果在一个工作环境中,得到大多数人的帮助,扫平障碍,前景必定光明一片。

(4)每天留出一定的时间进行工作以外的交流。工作再忙,总要休息和放松。楼面经理可以用这几分钟的时间跟同事谈谈工作以外的话题,增进感情,交流信息。别小看每天这几分钟的能量,日积月累,滴水穿石,它就像一座宏伟建筑的基石一样,虽然看不见,但却在暗中稳固地支撑着楼面经理,让其立于不败之地。

三、楼面经理与同事关系的误区处理

（一）楼面经理处理与同事关系的常见误区

餐饮企业楼面经理在处理与同事关系时,如果没有内部客户及其"内部供应链"的观念,就容易踏入误区,产生错误观念。主要表现有三种：一是认为"其他部门为我提供服务是应该的"；二是各部门各司其职,缺乏部门间的协调；三是过于自信,自以为是,而轻视了与同事必要的沟通。

（1）其他部门为自己服务是应该的。以我为中心的楼面经理,经常认为其他部门为自己提供服务是应该的,这是楼面经理管理思想方面的一个误区。餐饮企业是由不同业务部门组成的,在各自的业务领域承担着不同的工作。由于各部门的工作性质不同,彼此在工作中的共同点不多,因此,楼面和各部门经理必须要具备全局意识。没有全局配合,没有各部门之间的团结互助,任何部门都会出现单一部门难以解决的问题。楼面经理要想实现部门管理的成功,就必须在工作中为内部客户服务,自觉注意自己的言行,习惯于站在内部客户的立场上来看待问题、解决问题。

（2）片面认识,各司其职。无论是在金字塔式还是在扁平式的组织结构中,都有高层、中层、基层等管理层级之分。从餐饮企业职能分工来看,每个部门、每个员工都直接对上一级管理者负责。各部门的各项经营活动的开展都是围绕企业计划安排来进行的,因此各司其职是天经地义的。这种说法不能说不对,但可以说不够。因为餐饮企业的总体目标必须要通过各个部门的分目标来实现,必须依靠各个部门经理和全体员工忠于职守、各司其职,来出色地完成自己的任务。这是要素之一。完成企业总体目标的第二个要素是企业总体工作一方面需要分工,另一方面更需要各部门、各工作环节的良好协作。否则,就会发生部门为了任务目标,只顾本部门利益,而对其他部门的需求视而不见,甚至牺牲其他部门的利益。这样,虽然一些部门的任务目标完成了,但其他一些部门因自身的条件被他人抢占或利用,从而未能完成任务目标。对整个餐饮业来讲,整体目标由此就不可能完成,甚至还会造成管理混乱。这当然是不可取的。

(3)对本部门工作过于自信。在工作交涉时过分自信,自以为是。如果楼面经理真的想对了,做对了,这种自信和坚持是可取的,但不能过于盲目。如果不顾客观条件与实际情况,有失偏颇或自以为是,那就不足取了。因为,毕竟楼面经理是站在自己角度看问题的成分大一些,即以我为主、先入为主的意识占上风。因此,可能会出现偏颇。之所以说"在其位,谋其政,不在其位,不谋其政",正是因为从在位者的视角能够得出比较正确的结论和方法。楼面经理应该学会多站在对方的角度来看待问题,不鲁莽、不随意下结论,从而使问题的处理、解决更合理,更恰到好处。

(二)楼面经理与同事发生冲突的处理方法

楼面经理与各部门的交往,经常会因为工作理念上的不同而发生一些正常冲突。处理这些冲突的正确方法是:

(1)观念冲突。不同部门因管理人员的知识、经验、智慧等不同而存在着观念上的冲突。观念冲突的主要因素缘于管理者的业务素质水平、对求同存异的把握尺度。楼面经理为取得与同事的和谐关系,求得整体工作效果,要取长补短,认清和理解同事观念与自己相合之处,经过与同事的沟通,求得观念上的最短距离,以做到求同存异,为企业共同目标而配合,达到共同进步、共同满意的双赢效果。

(2)利益冲突。各部门往往会因为自身业务,从小团体利益出发,与相关部门发生冲突。楼面经理在日常工作中无疑会关注本部门的利益,但是也应注意站在对方部门的利益角度来考虑。毕竟大家在搞好工作的同时,还要尽量争取得到本部门的最大利益和工作效率。从根本上看,谁都希望自己事半功倍,谁都希望自己能够成功,得到领导赏识、客人赞扬,得到奖金、晋升,因此,大家必然会为利益而努力。楼面经理应充分考虑到双方的利益,与同事沟通,利益共享,团结协作,以保证企业整体最佳效益的实现。

(3)职权冲突。企业机构设置不合理,职能部门不足,有些具体工作无法在企业内再细分,认为这是自己部门的职权,或认为这不是自己的职权,都会产生职权冲突。楼面经理遇到此类问题,应首先通过对岗位职责的重新温习,明确自己应尽的职责和应有的权力,在此基础上以友好的态度与对方沟通,分清彼此的权力与责任,在协作的基础上共同做好各自的工作。如果确因对方在职责与权力上理解不清,引起擅自越权,楼面经理可请上级领导调解。

(4)目标冲突。不同部门的经营指标、管理目标、工作任务肯定不一样,数量指标不可能相同,因而会引起目标冲突。楼面经理应从企业整体角度来分析,应该相信各部门经营指标和工作任务的确定,是企业高层领导深思熟虑、反复推敲决定的。目标是相互关联、相互影响、相辅相成的。楼面经理应做好下属员工的工作,与其他部门友好配合、相互协调,为实现企业总体目标而努力工作。

第二章
餐饮企业楼面经理的任务、职责和职务应聘
——做好你的应聘资格准备

第一节 餐饮企业楼面经理的任务和职责

 案 例

Burger King 的管理职责

Burger King(汉堡王)是美国最成功的快餐连锁店之一。其基本管理分工和职责对其不断取得成功起到了重要作用。

Burger King 各分店规模不一,人员配备也有所不同。一般说来,100 个餐位再加上一个驰入式外卖窗口是 Burger King 比较标准的规模。如此规模的分店一般配备 6 名管理人员,即 1 名经理和 5 名副经理。任何时候店里都会有 6 人中的某一位在值班。在值班高峰可能会有多名经理在场,余下的 2—3 人专门处理运作瓶颈。5 个副经理每周工作 5 天,轮流驻店值班。

分店中每位经理的首要职责是:按照公司的指导方针,保证在清洁的环境里,用优质的产品迅速为客人服务。尽管公司也要求每位经理都有控制成本的能力,但他们首要的任务是使快餐店达到公司的服务标准、质量标准和卫生标准。为了达到以上目标,需要发挥全体员工的能力并保持员工的士气。所以经理首先是全体员工的首脑。他们要教育新员工、指导分配工作、检查质量、处理瓶颈、为员工树立榜样。除了这些责任之外,经理们还有其他工作——订购原料、接收货物、检查并张贴行为标准(诸如从进门到出门时间和事物处理)、检查一天的工作准备情况、制定兼职员的工作安排表等。快餐店的 5 名副经理中,有 3 名主管订货、安排时间和早餐服务。

对员工进行工作安排是餐厅经理的主要工作职责。对员工每天的工作时间安排都不相同。整周事务的工作安排通常提前一周公布。大多数工作每天都会被调整,以鼓励员工们接受交叉培训,增加运作的弹性。由于每天的需求随高峰时间与非高峰时间而涨落,所以员工数量也在不断变化。员工工作量每天最少3—4个小时。员工工作完毕离开餐饮店的时间由经理决定。如果生意清淡,经理会让员工提前下班;如果生意兴隆,员工就会被要求在预定时间后下班。最好的员工一般都被安排在周五或周六高峰时间工作。

运作主管和订餐员主管负责培训新员工。培训的岗位主要有7个(三明治操作台、特殊三明治操作台、油炸工作台、蒸煮气锅、收银台、销售窗口和清洁员)。

点评

案例中首先论述了 Burger King 不断取得成功的两个重要因素是职责和基本管理分工。在标准规模的餐厅中,6名管理人员职责明确,分工清晰。现场管理、瓶颈运作、检查质量、轮流驻店值班,一切都安排得井井有条。在众多职责中,Burger King 还特别制定了"按照公司的指导方针,保证在清洁的环境里,用优质的产品迅速为客人服务"的首要职责,使各位经理能够"纲举目张"、顾全大局、共同协调,以圆满完成任务。

Burger King 将经理职责和分工紧密地联系在了一起,如5名副经理中,有3名主管订货、安排时间和早餐服务,运作主管和订餐员主管负责培训新员工,餐厅经理的主要工作内容是对员工进行工作安排等。Burger King 员工工作安排的主要特点:一是由于实现了交叉培训,经理可以有更大的自由度来排班定人,不会由于某人因故缺席而产生人员调配难的问题;二是 Burger King 较多使用兼职劳动力(计时工),经理可根据需要灵活安排上下班时间,做到既满足服务需求,又节约劳动力。

通过案例我们可以看到 Burger King 的职责和基本管理分工造就了美国最成功的快餐连锁店。而根据我国餐饮行业管理二十多年来进步发展的状况,以职责为基础的岗位责任制起到了非常明显的促进作用。

岗位责任制是通过定岗位、定工作、定人员、定责任和各项经济指标,把餐饮行业管理中常见的各项工作落实到人,做到事事有人管、人人有专责、服务有标准、工作有检查的一项经济管理制度。岗位责任制的主要内容包括岗位职责范围、岗位经济责任及其工作任务、完成岗位经济责任的基本要求、履行岗位职责的权力、与其他岗位之间的协作关系和应承担的义务。岗位责任制是餐饮行业经营责任制的基础,它包括各类人员的岗位责任制,是全员性的。其中,以楼面经理为代表的岗位责任制是最重要的。如果楼面经理的岗位责任制不落实,全体员工的岗位责任制就很难落到实处。

为此,本节重点阐述楼面经理的职责规范和主要任务,并对楼面经理的职位进行说明,以使楼面经理对自身的职位、职责和主要任务有一个明确的认知,从而做好餐厅管理工作。

一、楼面经理的主要任务

楼面经理的主要任务是与餐饮企业各部门保持密切联系与协调,组织餐厅部门全体员工提供优质产品和优良服务,为客人营造安全、舒适、优美的用餐环境,广泛吸引客人,提高各个餐厅的上座率和人均消费,降低餐、茶用品消耗,为企业创造优良的经济效益。

为实现这些任务,楼面经理要预测餐厅销售,负责餐厅计划的制订,建立有效的预订系统,协调厨师长(行政总厨)制定菜单,认真组织各餐厅有效运营,随时保证优质服务,有效管理下属员工,安排下属的工作时间表,同时拟订员工各项培训计划和课程安排,搞好员工培训,妥善处理客人投诉和抱怨。为此,楼面经理要做好以下四个方面的工作:

(一)预测就餐客人,保证餐厅服务的正常运转

楼面经理的中心工作就是在总经理领导下,与行政总厨或厨师长配合,确保为客人提供优质和优良的餐厅服务。他们必须对所管各餐厅的服务运转负直接领导责任。因此,他们必须具备相应的业务知识和技能,运用计划、组织、监督、激励、授权、沟通等职能手段管好下属,做好就餐客人预测,组织业务活动开展,保证各餐厅服务的正常运转。具体来说,包括以下三个方面:

(1)预测用餐人数。客人是餐厅服务运转的前提,也是企业经济效益的唯一来源,离开了客人,餐厅就失去了服务对象,就是一个毫无经济意义的空架子。为此,楼面经理要完成管理任务,首先要做好客源预测,建立餐厅宴会预订机构,落实预订人员,每天预测客人就餐数量,掌握客源波动情况。只有这样,才能为餐厅服务的开展和工作安排提供依据。

(2)熟悉餐厅产品。餐厅产品就是厨房提供的各种菜品和餐厅服务。楼面经理要保证餐厅服务正常运转,必须从餐饮产品的特点出发,力求平衡供应与需求之间的关系。为此,楼面经理要督导各餐厅主管、领班和服务人员

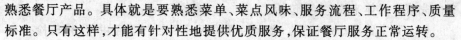
第二章 餐饮企业楼面经理的任务、职责和职务应聘

熟悉餐厅产品。具体就是要熟悉菜单、菜点风味、服务流程、工作程序、质量标准。只有这样,才能有针对性地提供优质服务,保证餐厅服务正常运转。

(3) 掌握经营状况。在预测就餐客人和熟悉产品的基础上,楼面经理的工作是组织督导各餐厅主管和领班去开展接待服务。具体工作是由主管和领班去完成的。楼面经理的任务是加强巡视、检查、召开会议、布置工作、听取汇报、掌握各餐厅的经营情况,包括每天的客人数量、上座率及其变化情况、营业收入、平均消费情况、各餐厅营业过程中的成绩、定期的餐茶用品消耗情况等。只有掌握了这些经营情况,才能指导各餐厅主管、领班的工作,保证餐厅服务的正常运转。

(二) 做好工作安排,落实具体任务

(1) 划分工作区域。工作区域划分由餐厅规模和预测的业务量所决定。如果餐厅的客流量大,就应该将工作区域划分得小一些;反之,客流量小的餐厅,就应该将工作区域划分得大一些。如果一位服务员要为一张以上桌面的客人服务,那么,最好应划分在一个区域内,这样才能使服务员和所需服务的对象保持紧密地接触。通过餐厅服务区域划分,可以将服务人员的工作任务具体落实,使他们在划定区域内做好客人的具体服务工作,完成各项任务,提高服务质量,创造良好的经济效益。

(2) 服务区域轮换。餐厅各工作区域与厨房的距离是不同的,各个区域都有各自的特点。因此,楼面经理应安排服务员轮换在各个区域工作,以使每名服务员都能全面熟悉餐厅各个工作区域的服务环境。如果某些服务员对一个面积或难度较大的工作区域缺乏实践经验,那么,楼面经理应将这个工作区域划小或安排服务员在客流量较少的区域工作。当整个餐厅客流量较少时,楼面经理还可以将用餐区域集中,以减少客人的不舒适感和窘迫感。

(3) 建立工作日记制度。楼面经理可以通过设置工作日记的方法,在每个餐厅、每个工作区域的边上记下服务员的名字来记录工作情况。为此,楼面经理要利用工作日记制度督导各餐厅主管、领班记录餐厅服务状况,将日常的上岗情况、发生的重要事情、客人投诉、客人表扬等记录下来。这样,楼面经理只要查阅工作日记,就可以掌握餐厅服务状况,分析存在的问题,及时给予指导,从而更好地督导餐厅服务进展,提供优质服务。

(三) 加强巡视检查,完成餐厅任务

餐饮企业楼面经理的任务都是围绕着客人用餐来展开的。为此,在做好上述两方面工作的基础上,楼面经理每天要加强巡视检查,以保证各餐厅任务的完成。具体来说，主要包括：

（1）日常营业中的检查。楼面经理每天要督导各餐厅主管、领班检查每一名下属的仪容仪表，经常在所管辖的楼面区域巡视，全面掌握餐厅营业和员工服务的表现，熟悉菜牌和酒水，熟悉餐厅服务设施和项目，以便解答客人询问，积极向客人推销。一些客人之所以总是光顾某家餐厅，也许就是熟悉那里的楼面经理，能享受到楼面经理亲切的问候和周到的接待。所以，加强巡视检查，就会增加同客人和服务人员的接触机会，随时掌握具体情况，做好指导工作，以保证楼面经理管理任务的完成。

（2）餐厅营业前的检查。楼面经理每天要通过检查巡视，督导各餐厅做到餐具整齐、干净、无缺口，桌布、口布无洞、无污渍，坐椅干净无尘，坐垫无污渍，台椅纵横对齐或成图形，餐具摆设、托盘安放整齐划一，餐柜整齐无歪斜，以保证营业需求和质量标准。

（3）安全、卫生检查。楼面经理必须将餐厅安全、卫生视为工作重点。在餐厅服务中，要防止因各种原因发生刀伤、碰撞、损伤、烫伤，甚至食物中毒、火灾等事故。如果发生事故，不仅会损害餐厅声誉，挫伤员工的工作积极性，还会造成经济损失，甚至危及客人和员工的生命安全。为此，楼面经理要认真做好安全、卫生培训和宣传教育，使每一名员工将安全和卫生视为保证餐厅正常经营的生命线。同时，更要加强安全、卫生检查，每天巡视，定期研究、发现安全、卫生问题，及时处理，确保餐厅服务达到安全、卫生的标准。

（四）协调员工关系，处理客人投诉

楼面经理的任务主要是依靠下属员工来完成的，而最终任务是要向客人、向市场要经济效益。为此，楼面经理还要完成两项重要的工作任务：

（1）正确处理投诉。正确处理投诉既是楼面经理的职责，也是他们的任务。楼面经理要在总经理领导下，制定餐厅投诉处理制度，督导贯彻落实。针对重要投诉，要亲自处理。具体处理时，如果客人的意见是合理的，楼面经理应该立即采取相应措施，满足客人要求；对于那些无理纠缠的客人，楼面经理不要在大庭广众面前处理，不要拒绝他，而要采取温和的态度妥善处理。这是因为绝大多数客人是不知道事情真相的，如果草率处理，将会影响餐厅优秀品质服务形象，失去大量客人。

（2）协调员工关系。楼面经理为督导完成餐厅经营任务，必须保持与员工之间的和谐气氛，以创造良好的工作环境和整体工作效率。否则，员工之间、员工与楼面经理之间的矛盾就会暴露在客人面前，导致餐厅经营失败。要创造成功的人际关系体系，楼面经理就必须搞好与主管、领班和服务人员的协调沟通。通过有效激励员工,鼓励和提升有能力、表现良好的员工,以调动员工的积极因素,保持与员工的良好关系,促进全体员工同心协力工作。

二、楼面经理的职责规范

职责规范又称岗位责任,是企业为各级各岗位人员制定的规范人员管理的重要管理制度,是现代企业落实各级、各岗人员的工作内容、工作任务、任职条件和考核标准的基本准则。餐饮企业楼面经理的职责规范主要包括四个方面的内容。现举例说明如下:

潇湘大酒楼是一家有580个餐位的四星级餐馆。酒楼设有大众餐厅一处、多功能雅座餐厅一处,另有包房餐厅12个。餐厅部组织机构如图2-1所示。

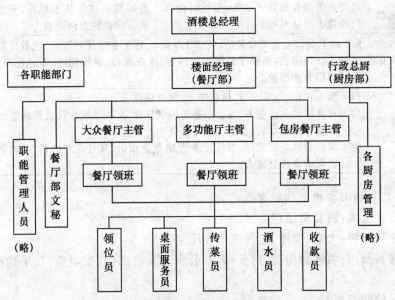

图2-1 潇湘大酒楼餐厅部组织机构

为落实各级、各岗员工的工作内容,规范员工行为,酒楼制定了各级各部门员工的职责规范。其中,楼面经理的岗位职责规范的内容和格式如表2-1所示。

（一）楼面经理职位说明书

表 2-1　潇湘大酒楼楼面经理职位说明书

职务名称	楼面经理（餐厅部经理）	薪酬待遇	公司等级工资 4—6 级
直接上级	酒楼总经理	直接下级	各餐厅主管
管辖范围	支持部门全面工作	权力范围	计划、组织、督导、考核
岗位职务基本条件			
项目	基本条件		理想条件
文化程度	高中或职业高中以上学历		高职或大专以上学历
所学专业	旅游管理专业		餐饮管理专业
身体状况	良好，能胜任工作		精力充沛，身体健康
仪容仪表	身体协调，仪表端庄		有良好的气质与风度
语言能力	语言表达清楚、准确		逻辑条理清楚，表达能力强
任职资格	取得高级服务员技术职称，餐饮行业部门经理上岗证书		取得服务技师技术职称，餐饮行业部门经理上岗证书
任职年限	5 年以上餐饮企业工作经历，其中 3 年以上餐厅主管任职资格，或餐厅部副经理工作经历，熟悉餐厅部门工作内容、业务流程、操作程序、质量标准，有餐厅部门管理经验。		
基本素质与能力	（1）为人正派、办事公道、品行端正、值得信赖。 （2）有良好的餐厅服务、宴会服务组织领导能力，具备餐厅员工管理能力。 （3）掌握食品原材料、食品卫生与安全专业知识。 （4）掌握餐饮企业管理、餐厅业务管理专业知识，具有良好的协调、沟通和餐厅销售控制能力。		

（二）楼面经理岗位职责规范

报告上级：酒楼总经理。

督导下级：大众、雅座、包房三个餐厅主管。

联系部门：酒楼厨房部、财务部、办公室及人事部门、安全部门、采购库房部门。

岗位职责规范：

（1）在总经理领导下，主持餐厅部门的全面工作。与厨房部门行政总厨配合，保证各餐厅每天每餐接待服务活动的正常和顺利开展，确保为客人提供优质服务。

（2）参与酒楼年度预算的研究制定，明确月度餐厅上座率、营业收入、餐茶用品消耗等计划指标。组织餐厅主管、领班和服务人员，配合厨房生产，保证每月完成计划目标和工作任务。

（3）按总经理要求，为部门下属各餐厅主管、领班和服务人员制定岗位职责规范，报领导审批后，组织各级各岗员工学习和贯彻落实。检查职责落实情况，纠正存在的问题和偏差，实现部门人员规范化管理。

（4）在总经理领导下，研究制定餐厅部门管理的规章制度，餐厅服务的业务流程、操作程序、质量标准。督导餐厅主管、领班贯彻落实。每天做好巡视检查，发现问题，及时纠正。保证餐厅规章制度和质量标准落到实处。

（5）参加总经理召开的店务工作会议。每天召开各餐厅主管和领班例会。听取上级指令，传达上级布置的工作。安排下属工作任务，听取汇报。掌握各餐厅的工作进展，解决存在的问题。保证部门各项服务工作的协调发展。

（6）制定餐厅餐具、茶具、酒具等用品的消耗标准和报损标准，报上级审批后执行。每月统计各餐厅实际消耗和报损情况，纠正存在的问题，控制餐厅部门餐、茶用品消耗。

（7）督导各餐厅主管、领班按客源预测和业务波动情况制定排班表，落实员工上班，做好考勤记录。每天检查开餐前的准备，督导正常开餐，检查餐后销售记录。

（8）与厨师长配合，共同研究制定大型活动、重要宴会和食品展销等活动的方案、工作计划。组织贯彻落实，并亲自深入现场，检查大型活动的准备、现场布置、接待服务，保证服务质量，增加经济收入，提高企业声誉。

（9）制订员工培训计划，做好新员工进店培训、老员工业务培训的组织工作，必要时亲自参加授课，不断提高员工素质。

（10）根据酒楼要求，每月做好下属员工考核，评估主管、领班的工作表现，签署评估意见，签发员工奖金。督导员工待遇，采取各种措施调动员工积极性。

（三）楼面经理任职条件

（1）资格经历。应具备5年以上餐饮企业工作经历，其中应有3年以上三星级餐饮企业主管或部门副经理工作经验，应有高级服务员以上技术职称和部门经理上岗证书。具体条件参见楼面经理职位说明书。

（2）职场素质。掌握领导科学、人力资源管理、餐饮企业管理基本知识，有餐厅部门管理经验。为人正派、办事公道。有良好的职业道德，无职场不良记录。热爱本职工作，有餐厅部门管理的事业心、责任感。

（3）专业能力。具有餐厅部门全面工作的组织能力、领导能力、协调沟通和督导控制能力。有较强的总经理决策方案的执行能力和厨房部门的配合能力。

（4）思维与语言能力。思维敏捷，善于观察分析问题，对餐饮市场敏感。有较强的逻辑思维能力、概括能力。思路清楚，语言表达能力较强。有一定

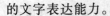

的文字表达能力。

（四）楼面经理续聘标准

（1）酒楼每年对楼面经理考核两次，通过年终考核决定是否续聘。楼面经理要上报述职报告，要求条理清楚、观点明确、语言简练、成绩与问题说明清楚。

（2）楼面经理要在任期内对主持负责的餐厅部门每月和年度的餐厅上座率、接待人次、人均消费、营业收入、餐茶用品消耗等均能完成计划指标。完成率要求100%，不低于98%。没有特殊原因，不能完成营业指标，视为工作失职。连续三个月完不成指标，按自动辞职处理。

（3）楼面经理主持负责的各餐厅的各项接待服务活动应每天均能正常开展，与厨房配合良好。无人为安全、卫生和责任事故发生。无重大纠纷和重大投诉发生。

（4）部门员工组织良好，有团队精神，内部团结。工作中互相支持，配合良好。发生问题处理及时、公正。无因领导工作不当、问题处理不当和不及时引起的重大责任事故发生。

三、楼面经理对下属员工的规范化管理

楼面经理的上述职责规范是上级领导规范楼面经理自身工作内容和任务的重要管理规定。楼面经理不仅要认真贯彻落实，用自己的实际行动发挥表率作用，而且要为下属员工制定同样内容的岗位职责规范，实行规范化管理。其管理方法是：

（一）逐级制定下属主管、领班和员工的职责规范

餐饮企业楼面经理的下属主管、领班和员工的岗位职责规范，其格式和内容与楼面经理相同，但具体工作和要求不同。楼面经理要根据自己所管的餐厅部门的下属岗位设置，分别为每个岗位的员工制定具体的职责规范。然后组织学习，领会精神，并逐级督导各岗位员工贯彻执行，检查执行情况，纠正存在的问题，以此规范员工的行为、工作内容和具体任务，以实现对下属员工的规范化管理。

（二）认真做好各级员工职责规范检查工作

楼面经理在制定和贯彻下属员工职责规范的基础上，每月要对员工贯彻执行岗位职责规范的情况做一次全面检查。基本方法是：岗位职责规范检查和日常工作结合。每月按餐厅召开一次会议。在员工自我总结、检查员工职责规范执行的基础上，由员工的上级领导做好点评，肯定成绩，指出不足，纠正偏差。让员工逐步养成正确执行岗位职责规范的习惯。

第二章
餐饮企业楼面经理的任务、职责和职务应聘

（三）规范员工考评工作

在检查员工职责规范落实的同时，楼面经理要将员工岗位职责规范和工作业绩考核结合起来，制定员工考核表格，将员工职责规范的内容和要求纳入考核表格之中。表格内容可按员工出勤记录、履行岗位职责的工作态度、实际表现、礼节礼貌、服从上级、完成工作任务量、客人表扬与投诉几个方面编排。再按 A、B、C、D 四个不同等级评估员工执行职责规范的情况，决定员工的奖金等级。这样，就能够将餐厅部门的员工岗位职责规范和员工的实际表现结合起来，规范员工考核评估工作，调动员工积极性。

（四）楼面经理岗位职责的自身行为规范

楼面经理不仅要了解岗位职责规范，尤其是对本岗位的职责规范要详细研究、参透。而在具体管理工作中，要严格要求自身，力争做得最好。楼面经理应是下属员工的榜样，要培育下属优秀的团队精神，必须首先做出表率。楼面经理要以岗位职责规范为中心，规范自己的行为。具体要求是：

（1）仪容仪表得体，具备适应任何人、任何场合的社交能力。具有始终如一的爽快作风和幽默感。

（2）始终保持平静的态度和稳定的情绪。热心听取他人的意见，具有恰当和适宜的表现力。具有谦恭的作风。

（3）具备较好的人际关系和亲和力。对任何人都富有同情心。具备谅解别人的博大胸怀。

（4）遵守规章制度。有不断学习、勇于进取的精神。

（5）思维缜密、细致，不拘泥于小事。对人和事不偏私，不护短，公正严明。发生问题时不惊慌失措，能保持冷静。

（6）具有亲自动手干的能力，和每位下属的关系友好而亲切。为企业着想，工作严肃、热情认真，不谋私利。

第二节　餐饮企业楼面经理的任职条件

案例

餐厅经理的三个候选人

美国一家拥有 650 套客房的四星级酒店人力资源总监，主要工作职责是

餐饮企业楼面经理管理

为酒店招聘、解雇管理人员和员工，决定人员晋升，向各总监推荐候选部门经理等。根据总经理的指令，要求这位人力资源总监从酒店内部经多重考查、筛选出来的一批候选人中遴选出一名餐厅部经理。总经理和餐饮总监对人选的要求是：工作能力较强，能够协调餐厅部与酒店各个部门的工作，能与宴会厅、咖啡厅、夜总会、财务部、安全部等和谐相处，工作效率较高。餐厅经理的选择范围现已缩小到3人。人力资源总监再次就3位候选人的资质、背景等候选材料认真思考：

1号候选人：现任餐厅部经理助理，30岁，美国国籍，白人，女性，西海岸大学学士。本科毕业时开始担任餐厅服务员。在本酒店工作8年，历任餐厅部秘书、餐厅领班，近三年来担任餐厅经理。近一年半以来，由于餐厅部现任经理患病，因此她担负的职责越来越多。由于家庭和事业原因，她的独立性很强。如果提升她，在酒店内各个层次上都会产生压力。一个在餐厅部工作过18年之久的管理人员说，如果她要担任餐厅部经理，他将辞职。

2号候选人：现在城市以东600公里远的某酒店（与本酒店同属一个酒店集团，其规模比本酒店小，有350套客房）任餐厅部经理。非洲黑人后裔，美国国籍，男性，24岁。教育程度与1号选手相当。在该酒店餐厅已工作过多年，毕业后担任过总服务台接待员、服务员、领班、餐厅部经理助理，去年晋升为餐厅部经理，还获得了上年度优秀经理奖，为人聪明，善于表达，同级、下属和总经理对他的印象都很好。如果选拔他，将会面临来自集团总部的巨大压力。因为从过去的情况看，除了人力资源部和市场营销部，还没有别的部门让少数民族担任过这样高的职务。

3号候选人：33岁，亚洲后裔，美国国籍，男性。5年前在滑雪事故中受重伤，目前需要使用轮椅。根据《美国残疾人法案》的规定，他属于残疾人，但这对他在酒店工作并无大碍。受伤前他曾担任餐厅部领班，康复期间管理过员工自助餐厅，后来晋升为酒店客房服务部经理，目前担任会议服务部经理。他在酒店已工作12年，但是没有大学学士学位。在履行各项管理职责时坐在轮椅上对他并无任何影响。他深受员工和客人的欢迎，还曾代表酒店参加过《美国残疾人法案》的研讨班。最近在《康奈尔酒店与餐厅管理季刊》上发表了一篇介绍自身经验的文章。

作为酒店人力资源部总监，该如何抉择，他陷入了沉思之中。

第二章
餐饮企业楼面经理的任务、职责和职务应聘

点评

现在分别就上述三个候选人的主要状况对照标准列表如下：

	1号	2号	3号
学历	西海岸大学学士	与1号相当	无大学学士学位
性别年龄	女性,30岁	男性,24岁	男性,33岁
国籍	白人,美国国籍	非洲黑人后裔,美国国籍	亚洲后裔,美国国籍
现任职务	餐厅部经理助理	餐厅部经理	会议服务部经理
曾任职务	餐厅服务员、餐厅部秘书、餐厅领班	总服务台接待员、服务员、领班、餐厅部经理助理	餐厅部领班、酒店客房服务部经理
工作年限	八年	多年	十二年
人际关系	不好	很好	很受欢迎
成就	—	年度优秀经理奖	代表酒店参加过《残疾人法案》的研讨班,在《康奈尔酒店与餐厅管理季刊》上发表过文章
可能产生的后果	在酒店内各个层次上都会产生压力,有人将辞职	面临来自集团总部的巨大压力,因为本部门无少数民族担任过管理职务	—

标准对照：

	1号	2号	3号
能否协调餐厅部与酒店各个部门的工作	不能	可以	可以
能否与宴会厅、咖啡厅、夜总会、财务部、安全部等和谐相处	不能	可以	可以
能否保证一定程度的高效率工作水准	可以	可以	可以

选择步骤：

A：排除法。三者比较,显然1号首先要被排除。

B：择优法。从两个对照表共12个项目来看,双方相对平衡的项目8项,2号候选人1项占优,3号候选人3项占优。

最后建议：3号候选人为餐厅部经理最佳人选。通过本案例可以看出,选择管理人员的时候,被候选人的综合素质非常重要。为此,应分别从知识、业务、技能、品德等诸方面介绍楼面经理应该具备的素质,以为他们在职业生涯中不断创造新的成就打好基础。

一、楼面经理应具备的知识条件

知识就是力量,知识是能力的基础。楼面经理是餐饮企业中层职业经理人员,他们领导着餐厅服务的全面工作。因而,他们需要具备以下知识:

(1) 文化基础知识。一般酒楼饭庄的楼面经理最低应该具备高中、中专或职业高中以上学历,档次较高的酒楼饭庄和大中型餐饮企业的楼面经理必须是高职或大专以上毕业。他们不仅应该掌握中等或大专以上的文化基础知识,而且应该掌握企业管理、旅游管理、饭店和餐饮管理等方面的专业基础知识。这样,有利于楼面经理人员开阔眼界,增强观察、思考、分析、解决问题的能力。

(2) 经济学基础知识。经济学和管理学是相辅相成的,企业管理人员如果没有这方面的知识,就无法做好企业管理。为此,楼面经理应该掌握经济学、消费行为学等方面的基本知识,以便在任职期间,能够结合餐厅销售和服务工作的实际情况,运用经济学知识分析旅游发展、社会消费、餐饮市场和客人的消费行为,为餐厅销售管理提供帮助。

(3) 企业管理专业知识。楼面经理的工作属于企业管理的性质。他们的主要职责是做好企业各个餐厅销售服务的组织领导,因此必须具备管理学基础知识,包括饭店企业管理、餐饮经营管理、人力资源管理、餐饮财务管理、餐厅业务管理等专业知识。运用这些知识能够帮助他们做好餐厅部门的人员组织、调配和餐厅业务组织、餐厅销售分析,从而更好地履行职责,完成管理任务。

(4) 食品专业知识。楼面经理的工作是与厨房行政总厨或厨师长的工作密切配合的。为此,还必须具备食品卫生方面的一些专业知识,包括食品营养学、食品卫生学、食品安全、食品原料、烹饪学等专业知识,以便结合餐厅销售服务管理工作需要,研究制定安全卫生管理的规章制度、操作程序、基本要求,并督导员工认真贯彻执行,与厨房员工一道,共同搞好餐厅部门的卫生,确保客人安全。

(5) 其他专业知识。主要包括计算机基础和操作知识、环境美化、保养与维修知识、餐饮用品知识、服务心理学知识、不同类型的客源的宗教知识、民俗民风、生活习惯等,以便运用这些知识搞好餐厅环境美化、餐茶用品配备和消耗控制,组织服务人员有针对性地为客人提供优质服务。

(6) 外语基本知识。饭店宾馆和高档酒楼饭庄要经常接待海外客人用餐,因而其楼面经理还应该掌握一门外语,主要是英语基本知识。楼面经理

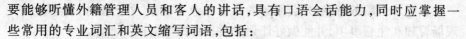

要能够听懂外籍管理人员和客人的讲话,具有口语会话能力,同时应掌握一些常用的专业词汇和英文缩写词语,包括:

① PDCA 管理循环,即计划(plan)、执行(do)、检查(check)、处理(action)。

② 顾客 CL 战略(顾客忠诚策略),即餐饮 CP 价值 = Q 商品 + S 服务 + C 氛围。

③ 6MI 管理对象,即人员(man)、资金(money)、原材料(material)、设施设备(machine)、技术技能(method)、市场(market)、信息(information)。

④ 4P 营销策略,即产品策略(product)、价格策略(price)、销售渠道策略(place)、促销策略(promotion)。

⑥ 4C 新营销理论,即顾客需求和欲望(customer wants and desire)、顾客成本(customer cost)、便利性(convenience)、沟通(communication)。

二、楼面经理应具备的管理能力

餐饮企业楼面经理的中心任务是要做好餐厅部门各类餐厅销售服务的管理工作。因此,他们必须具备相应的管理能力。主要包括:

(1) 人力资源管理能力。要通晓餐厅管理组织机构的特点、职能、设置依据、组织形式、岗位划分、组织机构人员编制、人员计划安排的方法,熟悉并能够制定餐厅各层级管理人员、服务人员的职责规范和素质要求。

(2) 餐饮预算管理能力。要熟悉餐饮企业预算的特点、内容、任务、依据、要求和基础工作;熟悉并能够进行餐厅接待人次预测、客人人均食品消费预测,掌握营业收入预算、原料成本预算、直接费用和间接费用预算、营业利润预算的方法;能够做好餐厅预算指标落实,对餐厅营业收入、每日成本、营业费用实施控制;搞好餐厅利润的考核。

(3) 销售服务管理能力。要熟悉餐厅座位配备、类型、面积配备、餐台选用、环境布置;熟练掌握餐饮服务中的铺台、托盘、开单点菜、上菜、分菜、斟酒服务和餐巾叠花等技能,并能培训下属员工;同时,要精通并掌握餐前准备、迎宾领位、中餐、西餐、咖啡厅、自助餐厅用餐和法式、美式、俄式和英式用餐服务等销售服务程序与方法。

(4) 宴会外会与食品展销管理能力。要熟悉宴会种类;掌握宴会预订受理、预订费用、预订确认、预订取消管理和宴会推销方法;精通宴会接待方案制定、宴会服务场景布置、宴会厅堂设计、宴会餐前准备、迎宾领位、现场服务的指挥等管理方法。

熟悉外会服务特点、外会服务的推销和业务联系、外会服务的准备工作、现场管理和注意事项,并能做好计划、组织、指挥等工作。

熟悉食品展销活动的特点与方式、契机选择、预算拟定、方案制定、前期准备、工作联系、开张剪彩、日常服务和效果考核,并能做好计划、组织、指挥等工作。

(5) 酒吧服务管理能力。要熟悉酒吧种类的组织形式,掌握酒吧柜台设计、环境设计、设备设置、常用酒杯、用具配备、常用配料、酒单设计、价格制定等,并能做好现场督导。同时,熟悉鸡尾酒的基酒选择、酒杯选用、酒水配制的操作要点、调制方法。掌握酒水饮料销售、酒吧收款控制方法,预防销售作弊,具有采购、验收、储存控制能力。

(6) 餐饮促销与销售管理能力。要熟悉各种促销方法,包括预订促销、餐车推销、现场烹调促销、展示推销、特式推销、俱乐部促销、流动吧台促销、节日促销、店内宣传促销、店外广告促销、优惠促销等方法,并能够策划、组织、指挥、督导各种促销活动的开展。同时,要具有餐厅人均消费、饮料销售、餐厅与宴会经营收入、毛利与费用消耗等销售指标分析能力,做好效果评价。

三、楼面经理应具备的职业道德

在市场经济条件下,楼面经理属于餐饮企业的中层职业经理人员,他们受雇于企业的投资人,应具有良好的职业道德;否则,投资人即企业董事会和总经理是很难聘用他们的。即使他们应聘成功,如果不能在工作中表现出良好的职业修养,发生严重违反职业道德的行为,也会被辞退或解聘。因此,楼面经理必须具备以下良好的职业道德:

(一) 敬业精神

楼面经理对所从事的餐饮服务职业应有敬业精神、积极热情的工作态度,有事业心和责任感。

事业心是对自己所从事的工作的全身心投入。楼面经理的事业心具有双重意义,一方面要实现个人的理想和目标,另一方面主要是为企业和单位的事业成功而努力工作。为此,楼面经理应具备团队精神,带领团队实现共同目标,让团队中的每一名成员都能实现自我价值。

事业心和责任感是相辅相成的。除事业心外,楼面经理必须要有责任感,有奉献精神,具备良好的纪律修养。

事业心和责任感是楼面经理成功的关键。一些餐饮企业的管理人员认为成功的要素包括对餐饮业务的熟悉、餐饮管理经验的积累、受专业教育的

第二章 餐饮企业楼面经理的任务、职责和职务应聘

时间。这些确实都是楼面经理成功的要素,但都不是根本。根本要素是具备事业心和责任感,有了事业心和责任感,外行能够转变为内行,经验很快就能得到积累,楼面经理也就产生了钻研业务的动力。所以,楼面经理的事业要获得成功,事业心和责任感是根本的。

(二)诚实守信

诚实是做人做事最起码的道德水准。只有诚实的人才能认真对待自己和他人、认真对待工作,才敢于承担责任。如果楼面经理连诚实的品德都不具备,经营中缺斤短两、对员工的承诺不兑现、对客人的承诺不负责任,以"语言技巧"来哄骗上级、下级、客人,骗取业绩,必然会失去大家的信任,最终的结果是既毁企业,也毁个人。

诚实守信是楼面经理职业素质的核心。为此,楼面经理必须对人真诚,对企业忠诚,对客人守信。在工作中注意调查研究,一切从实际出发,尊重客观事实,按客观规律办事。要讲实话,如实汇报和反映成绩和问题,敢于坚持真理和正义,不放空炮、不讲假话、不搞虚假和形式主义。对客人要真诚,要尽心尽力,考虑客人需求,广告、公告、菜单中所承诺的,就一定要兑现。总之,楼面经理在诚实方面的具体体现应包括:在是非面前坚持原则,在工作中实事求是,对客人和员工真诚守信,出现困境勇于面对,发生错误或失误时主动承担责任。

(三)正派公道

楼面经理是餐饮企业的中层职业经理人员。既要获得上级的信任,又要得到下级的拥戴。所以,他们必须为人正派,办事公道。正派就是要正直、纯洁、心地善良,发挥表率作用,不搞歪门邪道,一心一意做好工作,全心全意为客人服务。公道就是要公正,坚持原则,一视同仁。在贯彻上级指示、分派工作任务、执行规章制度、评估员工表现、评定下级奖金等各个方面,都要公正、客观,一碗水端平。在日常工作中,要做到正确执行上级政策、指令,严格各项规章制度、操作程序、质量标准,公平评价下级成绩。绝不能搞亲一派、疏一派、拉一派、打一派。总之,楼面经理要做到正派公道,必须做到上级信任、下级信服。只有得到餐厅部门广大员工的信任、支持、拥戴,才能充分体现楼面经理的职业道德。

(四)不谋私利

餐饮企业楼面经理要善于领导员工做好餐厅服务,必须要运用大量餐、茶用品,接触各类食品,使用各种设备。特别是高档豪华型餐饮企业,这类设备用品大多是比较贵重的。所以,楼面经理一定要有克己奉公、不谋私利的

良好职业道德。其具体要求是:第一,要有"以店为家"的精神。将企业设备用品当做家庭财产一样来爱护。工作中要带头爱护企业财物,爱护餐厅设备用品。也要教育、督导员工爱护企业财产。要认真贯彻餐厅部门财产管理制度,做好登记造册、日常使用、定期盘点、责任清查等管理工作,以减少损失浪费、降低消耗、提高经济效益。第二,要反对不正之风。即在工作中,特别是在与客人、客户和外界交流过程中,要品行端正、坚持原则,绝不允许私自同客人、客户、供应商、协作单位搞不正当关系。不得损害企业利益,向客户、供应商、协作单位索取财物、贿赂、私收回扣。切实做到反对不正之风,克己奉公,不谋私利。第三,要防止偷吃、偷拿等不良现象。日常工作中,楼面经理要督导主管、领班同个别损害企业利益、损坏公共财物,特别是偷吃、偷拿的行为作斗争。此类现象一经发现,必须严肃处理,敢于坚持原则。

第三节 餐饮企业楼面经理的职务应聘

案 例

深圳市某观光中心人事部经理对应聘者的忠告

(一) 关于简历的准备

关键词:简练。简历的准备是应聘的第一步,一般来说,HR(人力资源部门人员)手里的应聘材料很多,如果你的简历过于花哨,自然不会引起他们的注意。所以,除了特别要求,不宜直接用英文写简历,语言一定要利落、实在;可简单说明自己的状态,但慎用形容词,避免长篇大论,拒绝太多感触之言;有重要的文件可复印附在简历后面。

真相:书面宣言不能代替面试,能耐心看你的书面演说的人一定很少。

(二) 关于单独面试的语言沟通

关键词:语言互动。面试通常有单独和集体之分,HR会根据不同岗位要求判断应聘者所适应的角色。比如招聘业务员,表达能力很重要;招聘管理人员,亲和力很重要。通常,在对话的态度上,应聘者最好不要太木讷,要敢于发表观点,体现自信,当然也不能太过于热闹。回答问题和发表观点的时候,不够现实是可以被理解的,HR看重的是你的参与意识以及思考能力,但一定不要夸大、自负。比如有些人会说"如果我来做某某职位,一定会如何如何……"这是很犯忌的,不但显得空泛,还会刺伤招聘者。

真相:HR喜欢应聘者反问,最直接的原因是感受到你研究了他们的企业,应聘目的是认真、明确的。

(三) 关于集体面试的效率考核

关键词:行动力。集体面试可能会有10个人左右一起参与,会有提问,也会通过具体的事例进行考核。提问时,现场可能会出现争先恐后回答的状况。HR留意的是应聘者表达的细节和姿态、礼仪,而一些不经意的细节考核则属于"醉翁之意不在酒"。

比如,赛格马克西姆餐厅招聘的时候,有一个程序是让应聘者给顾客送上听装的可乐。正常的要求是:服务员手触吸管的位置要适中。这个常识对于没有受过训练的人来说,容易被忽略,但这并不重要,也不是HR的真正意图。HR的真正意图是下一步——给应聘者示范正确的方法。这个时候,应聘者会有多种表现,有的点头表示明白,有的则马上动手试。显然,应聘者看重的一定是具有行动力的人,而不只是表情的承诺。

真相:集体面试考验的是你与众不同的悟性,行动力才是最有利的优势体现。

"我们需要'为客疯狂'的人",肯德基公司一位资深人士提出了肯德基招聘人才的一个要点。餐饮服务除了要求从业人员认真、负责之外,更要具备服务热忱、喜欢与人沟通的特质。以餐厅见习经理为例,各肯德基分店的基层经理,未来有机会掌管一家分店,因此除大专学历为基本门槛外,头脑必须清晰,并且要条理分明。展现在简历上,除了要清楚表达自己的学习经历之外,最好能够清楚表达自己的性格、价值观、学习态度、未来的目标和工作理念等,并以过去的经验来佐证。比如,之前做过哪些专题,获得哪些启发,或是曾经遇过哪些问题,如何解决等。

团队合作、沟通协调能力以及亲和力也很重要。如果应聘者在简历上能详细注明社团经验和社会实践经验,都有加分效果。最好是能够详述之前当过哪些干部、办过什么样的活动,并从中展现自己乐于与人互动的特质。

作为应聘的第一关,简历除了内容之外,"门面"也很重要。"就是要跟别人不一样,最好能达到让我们很想见你、希望尽快了解你的效果。"撰写方式和版面编排上带点创意的简历容易在众多应聘简历中脱颖而出。

点评

餐饮企业聘用管理人员通常具有一定的原则。一是任人唯贤,德才兼备的原则。应该选择那些思想品德端正、作风正派、个人品质高尚、协调能力强、领导能力强的人。二是能力相应,对号入座的原则。应该根据企业需要聘用适合岗位要求的人员,尽可能将职位要求和个人能力、专长结合起来,宁缺毋滥。尽量做到用其所长,避其所短,充分发挥选聘对象的聪明才智。三是职位要严,涵盖要广的原则。企业在设计各个组织岗位时,对其选聘对象的标准要严格,并具有可行性。对选聘的对象应能放心授权,并使其有发展余地,涵盖面宽,便于充分调动其积极性。

应聘是楼面经理寻求新的工作环境、发展职业生涯、实现人生转折的一个重要关头,同时与自己现实的经济需求和未来的人生命运紧密相关。为此,楼面经理要通过案例充分理解人事部经理的忠告,并结合自身状况做好应聘计划的制订和各种知识与心理的准备工作。除了要了解所应聘的企业在选聘标准上与自己的哪个方面相符合,还要有自知之明,确定自己属于哪种类型的人员,小心谨慎,全身心对待,以在应聘时扬长避短,尽量取得招聘面试人员的满意。

具体来讲,人员类型大致可以区分为七类,即外向型、内向型、混合型、权力型、事业型、关系型、开拓型人员。其中,混合型、权力型、事业型、开拓型比较适合于应聘管理岗位的职务。混合型人员应同时具有外向型和内向型两种类型的性格,并能根据客观环境调整自己。其特征是反应快、比较机敏、能够把握新事物、适应工作环境的变化,同时知识面广、专业技术能力强、个人品质好。权力型人员对追求权力比较专注,有一定的事业心和能力,表现出精力充沛、自信十足,经常以各种动作或所带材料努力显示自己。对于此类型应聘者,在应聘时要时刻注意防止任何"野心"的暴露,因为这种类型人员的上司若没有更强的能力来驾驭和控制他,就会造成未来的管理失控,因此很难被招聘者选中。事业型人员最适合担任餐厅管理这一职务,他一旦被录用,往往事业心强,能够为企业发展作出贡献,也能开创新局面。这一类型人员以追求事业为主,比较稳重自然,处事沉着,能够在应聘时比较细致地解答企业、内部关系、职业工作性质、特点和要求等询问。在应聘时,应主动关心未来工作环境和事业的发展。表现出信心、朝气和克服困难的勇气,表现出为事业成功善于刻苦钻研,愿意同周围的同事处理好关系。开拓型人员能力

第二章
餐饮企业楼面经理的任务、职责和职务应聘

较强,事业心强,机智、敏捷,也比较稳重。在应聘中,他们大多能够把握形势,针对招聘者提出的询问,谈出一些深入的看法和意见,对管好一家餐厅充满信心,能够提出切实可行的措施。其谈话内容高屋建瓴,大刀阔斧,甚至在一些关键的问题上有超越常人的想法,也可以胸有成竹,只蜻蜓点水便可谈出主题要点。一旦开拓型人员的能力和长处得到重用,取得合适的职位,便会很快做出一番事业来。为此,本节将从楼面经理寻求新职业的时机把握、应聘前的技能学习和了解、面试时的心理和技能把握和面试成功、被招用后如何精心备课等方面,探讨楼面经理应如何准备应聘和实现应聘,为餐厅楼面经理有效参加应聘提供技能参考。

一、应聘人员寻求新职业的时机和途径

(一)把握求职先机

应聘楼面经理要想保证新职业的质量,首要的因素是把握先机。最好赶在招聘单位刚刚产生某种需要,还没有张贴招聘广告之前就采取行动。俗话讲得好,"赶得早不如赶得巧",此时被录用的机会比其他任何时候都要大。为此,要尽可能把握先机,其方法是:

(1)毛遂自荐。这样可以排除竞争对手,克服求职路上的最大障碍。可表现出老板都喜欢的自发特质,还可以因此而处于主动位置,使自己保持相当高昂的自尊心。同时,可替老板省去一笔广告费用。

(2)选择应聘区域范围。合理的应聘区域范围可以使楼面经理在未来的工作中更科学有效地运筹时间,提高工作效率和增加职业生涯成功的机会。具体范围一般以离家或住地较近、档次规格适合自身条件为宜。选定区域、范围后应进行调查,掌握信息,了解哪家餐厅的老板对自己有兴趣,并知道对自己的哪些技能感兴趣。

(3)寻求求职机会。得到相关信息,应理智地进行分析,如:谁在招聘?哪个地区的餐厅在招聘?在自己选定的范围吗?他们为什么需要这个职位的人员?他们还有其他需求吗?他们可能录用我吗?根据判断,可以迅速采取行动,也可以等待更适合自己需求的时机。

(4)调查应聘单位。毛遂自荐和回应招聘广告的基本差别是,前者是在行动前便已开始研究新单位的经营状况,而后者是接到面谈通知后才开始对应聘单位进行调查。

（二）采取自荐行动

（1）自荐方法的选取。通常有两种类型：一是漫无目标型，这种方式求职是重量不重质；二是精密筹划型，这是一种集中火力对准固定目标的方式，在重质方面投入大，其成功几率较大。

（2）写好求职信。写好求职信应把握两点：第一，选择好寄求职信的对象。"先机"时期的长短通常与招聘单位的沟通和效率成反比。一般来讲，最合适的寄信对象应是餐厅的人力资源部经理。但当餐厅规模越大时，人力资源部获得信息的时间就越晚。如果不能确定人力资源部经理能否认真对待自己的信件时，也可以考虑直接将求职信寄送给企业总经理，因为总经理很有可能将信件转发给人力资源部或相关部门经理，此时，接到信件的经理会因心理压力而认真对待这封信件。第二，写一封得体的求职信也很关键。求职信应简短，300—500字即可。可以将求职范围适当放宽，但应将楼面经理的目标放在首位。应试着从新老板的角度来考虑写法。语气应充满热忱，不要采用乞求的口吻，避免使用"空缺"、"面试"等词语，不应有"强迫推销"的含义。可婉转要求"见个面谈谈"。信的开始可用"你"、"你的"，避免用"我"，以便产生不是因为自己需要才去应聘，要向对方展示自己能够作出的贡献。信中一定要强调可以让对方感兴趣的技能和经验。

（三）利用人际关系

人际关系又称为"人脉"，利用人际关系招聘在当前市场经济时代下非常普遍。因为当一个企业总负责人或一个餐厅部负责人考虑新的人选时，首先要求的是新人选到任后能够马上进入角色，迅速胜任岗位职务的要求，而不愿意再去花费更多财力、精力重新培训新人，企业发展不允许暂时的经营上的停滞。因此，急需马上找到一个能力、经验都能够胜任空缺的人员，而通过熟人介绍往往能够很快奏效。另外一个原因是负责人为了自己的生存、发展，挑选新人时要征求自己的直接领导的用人意见，优先考虑直接上司是否有新的推荐人选。因此，应聘楼面经理时要特别注重技巧，避免让对方感到不舒服或敬而远之，甚至破坏了长久以来建立的友谊。具体可参考如下步骤：

步骤1：列出你所认识的人的全部名单。按朋友、点头之交、同事、以前的同事、邻居、客户、亲戚分类，先不要作任何筛选，避免因过早下决定而丧失大好人选。

步骤2：对人脉分类。将那些目前正在工作的人挑选出来，另列一张表，因为通常这些人比不工作的人有更多、更广的人际关系。

步骤3：从第一份名单入手，告知求职意向。确认他们是否知道自己要寻

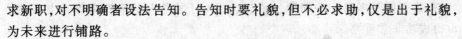

第二章 餐饮企业楼面经理的任务、职责和职务应聘

求新职,对不明确者设法告知。告知时要礼貌,但不必求助,仅是出于礼貌,为未来进行铺路。

步骤4:寄出履历表,告知自己曾经做过的工作和打算做的工作。欢迎对方指正,并明确表示可以外传给其他人看。

当有人提出推荐后,应认真处理。对自感不适合的工作,不要直接否定,以免失去对方继续向自己推荐合适工作的机会。洽谈新职业时,一定会有一些不认识的人引线搭桥,此时,应开朗、通达,如果未能成功,应体谅别人帮助自己的诚意。凡是帮助过自己的人,一定要在交谈后再一次表示感谢,并重视保持联系。

(四)通过其他渠道寻找新职业

(1)通过中介公司寻找工作。应选择具备一定条件的中介公司,选定求职区域,注意薪资数目、联系电话。也可以送去履历表和信件,说明自己的求职需求,并注意必要的催促和联系。

(2)回应广告招聘。应征简历以打印为好,选用A4纸张,检查有无错字;寄给特定对象;表明想应征的工作;尽量少用第一人称;不要咄咄逼人;告诉对方自己符合招聘单位提出的需求;表达热忱,树立良好的自我形象;强调优点,不回避缺点;争取引人入胜;注意所有细节;给对方完整的联系方式、电子邮件地址;附上应征信;充分展现自己的工作能力。

(3)填写求职申请表格。三思而后填;可先写草稿;申请表格一定要认真填写;要特别注意填表的注意事项,不要留空白,不要填写"请参照履历表";对薪资要求可填写"总报酬量";要有正当理由解释为什么离开前任工作;一定要填写"你应征这份工作的理由"。

二、熟悉招聘者的游戏规则

楼面经理要想获得聘用,首先要树立正确的态度。面谈方式有多种:私下面谈、正式面谈、毛遂自荐。楼面经理必须注意两点:① 计划和准备;② 采取"与众不同"的行动,使自己获得别人的注意。

(一)面试攻略准备

如果认为自己已符合应聘某家企业楼面经理的资格,面谈时要好好表现自己。做好准备,因为这是决定胜负的关键。楼面经理要认真做好如下准备工作:

(1)揣摩招聘单位的态度。要明确谁是自己的面谈对象,知道面谈的开始时间,对方是否提供有关其组织的资料;通过通话能否了解对方处于什么状态,是否便于多问一些问题。了解这些对于能否从容和高效率参加面谈、取得成功非常重要。

(2)电话安排面谈时间,不要马上同意对方提出的时间,也不要太拿捏,以免被对方抛弃。千万不要拒绝去面谈,即使不愿意应聘,也应争取这种与人接洽的机会,同时,如果自己表现优异,很可能会有更好的工作机会。

(3)不要随意否定应聘。应聘的目标是被录取,在面谈压力和紧张气氛下,最好不要随意否定这份工作,也许会感到有些问题不好处理,但事后想起来这些问题可能并不算什么。当感觉自己喜欢这份工作时,注意态度要保持热忱,不要因态度转变、失去对方的好感而丧失机会。

(4)要保持自尊。第一次面谈的考官非常重要,他们是代表上司和组织来招聘的。如果他否定了继续面谈,要设法取得信任,增加机会。面谈时不要紧张,因为所有竞争对象都一样紧张,只要准备充分,就能够很好地表现自己。当对方盛气凌人时,要沉着应付这种局面,在面谈时保持自尊。

(5)不要"率性而为"。面谈是正式的事,应穿着正式的服装,应该学会扮演"应聘者"的角色,当然也不是说要埋没自己的性格。

(6)要保持信心。面谈时每个应聘者是平等的。之所以有些人能被录取,一个重要的原因是面谈时表现好,能争取在考官的视觉和听觉上获得高分,以弥补自己在其他方面如资格、年龄和经验上的缺点。所以,面谈不只是考官是否喜欢某人,而是考查应聘者是否适应,能否和其他人合作、共处。

(二)预测面谈时想要提出的问题

一个楼面经理应有自知之明。要知道自己有哪些弱点,知道如何在面谈时扬长避短,知道怎样有策略地对抗"反对声浪"。

1. 巧妙地双向沟通

把想问的问题写下来,在考官认为交谈已经差不多时,会给应聘者提问的机会。此时是自我推销,令考官产生深刻印象的最好时机。这时最好不要回答:"现在我没什么问题了,你们已经讲得很清楚了。"因为这样的回答几乎肯定不会有进一步的消息了,而应恰当地询问有关工作本身或招聘单位的情况,以继续表示乐于为对方贡献个人所能,而不是只在乎能从招聘单位获取什么。

准备的问题一定要比实际问的问题多,如果只准备了三个问题,说不定在面谈中双方都已经说过了。还要记住,每次面谈的情况不会一样,必须做好充分的心理和思想准备,随机应变。

2. 面谈时可以提出的问题

面谈时想要提出的问题应是多方面的,可根据实际情况提出。主要涉及如下方面:

(1) 近五年来本餐厅发展的情况如何？提出此问题可表示应聘者对招聘单位很感兴趣。也可向考官叙述工作体会,如在餐厅工作多久了,是否喜欢现在的工作等。如果能够表示出对考官感兴趣,一般会博得考官的亲切对待。

(2) 这个工作空缺是怎么产生的？如果是新增的职位,考官会解释新增职位的理由。如果是要取代某人,应聘者很有必要知道前任楼面经理发生了什么事。比如,前任经理是离开餐厅了吗？为什么？晋升了吗？升到什么职位上去了？这个职位前任经理做了多长时间？这个问题很重要,可以看出招聘单位的诚意。

(3) 今天离开这里之前我可以四处转转吗？提出这个问题显示出应聘者有热忱、有工作动机。此时,考官可能会婉言拒绝,但至少已经显示出了应聘者的热心。应聘者在同意接受一份工作以前,非常有必要看一看自己将要工作的地方。

(4) 如果能够来餐厅工作,三五年后您认为我的情况将会如何？这个问题很实用,尤其是考官曾问过"五年之内你希望自己有什么发展"之类的问题时,提出此类问题可以清楚自己的回答是否有误。

(5) 您认为我这份工作最重要的应该注意什么？借这个问题可得知招聘单位重视什么？记住,他们雇用新人的目的不外乎是解决现有的问题,再不然就是预防问题的发生而已。

(6) 你们会以什么标准来衡量我的工作业绩呢？如果被录取了,迟早会接受对方对自己工作业绩的评价。因此,最好事先了解清楚招聘单位将会采用什么样的衡量标准。

(7) 谁将是我的直属上司？或者问"我现在能够有机会见到我的直属上司吗？"通常直属上司会在面谈时或下一次面谈时出现,但应聘者不能推断。就应、招双方而言,如果在没有见到老板之前就接受工作是不明智之举。

(8) 我们的谈话很愉快,我也自信能胜任这份工作,不知道您对我的适任程度是否有保留？如果谈话内容顺利,一般应聘者会希望见好就收而不愿意听到坏消息。对于欲求成功的应聘者,这是针对"反对声浪"的策略应对,是克服反对意见的最后机会。如果招聘单位有疑问,不要没解决就告别。如果对方表示不能马上做决定,但你的条件显然不错,这可能就是有意录取或给予进一步面谈的机会。

(9)你们什么时候会通知我呢?一定要得到对方的承诺,不要随便得到一句"到时候我们会通知你的"话就离开了。应该追问一下下一阶段是什么,什么时候能够得到消息。等时期一到,便可有充足的理由追踪消息。不然,将无法掌握自己的求职计划,并且很可能为了等待这一消息而浪费几个星期的时间。

(10)随便问一个与自己将要接任的岗位没有关联,但却是招聘单位整体运作上的相关问题。这样可以了解餐厅的整体目标或将来协调工作的重点。

(三)考官可能提出的问题

(1)关于自我评价的话题。例如,你以前的经验如何?谈谈你自己。你认为你最大的优点是什么?你最大的成就是什么?你以前最大的失误是什么?你曾在哪些工作中失败过?你以前所遇到过的最大问题是什么?是如何解决的?空闲时你做些什么?

(2)关于以前工作的话题。例如,你认为你的前一任老板的主要缺点是什么?你为什么要离开现在的老板(或单位)?为什么原来的那家餐厅把你裁减了呢?你为什么在以前的单位呆那么长的时间?你是不是经常换工作,为什么?你和下属的关系怎么样,你会鼓励他们吗?你对自己的工作能力产生过怀疑吗?如果你的上司和下属发生利害冲突,你可能会站在哪一边呢?

(3)关于如何看待职业生涯的话题。例如,你认为自己做事的态度是很积极的吗?你是怎样理解你的做事风格的?你对自己事业的发展满意吗?你是怎样理解成功的定义的?你有野心吗?你认为好的领导应该具备哪些条件?你认为一个好的楼面经理应该具备什么条件?你的职业生涯目标是什么?如果让你随意选择一项工作,你会选择做什么?相对来讲,你喜欢独立工作还是集体工作?

(4)关于具体工作的话题。例如,你对工作的期望是什么?三到五年之内你希望自己有什么发展?你现在正在和别的餐厅洽谈吗?为什么你现在还没有找到工作?你已经做好了调换工作环境的准备了吗?你认为钱对你有多么重要?为什么你不追求更高一级的职位?

(5)针对所应聘单位的话题。例如,你对我们的餐厅了解多少?你已经洽谈过的餐厅状况和我们的餐厅比起来怎么样?这个工作为什么吸引你?我们原先想找更年轻(或年龄更大一些)的人,你认为你符合吗?你现在(或在前一个餐厅)的工资是多少?你是不是希望得到更高的待遇?你好像缺乏做楼面经理这项工作所需要的一些经验,你能为我们提供什么呢?你能确定这一份工作对你已经足够好了吗?你会不会觉得这份工作让你很丢面子?

如果你被我们录取,你能接受这项工作吗?

三、应该如何赢得考官的赞许

（一）沉着、机智对待面试

（1）仪表和风度。第一,要着装整洁,仪表大方。最好比约定时间提前15分钟到达面试地点。如果有人端来饮料,可以接受。但差5分钟端来饮料,最好婉言拒绝,以免考官突然出现,不知如何处理手中的饮料而出现慌乱,影响自己面谈的情绪。第二,随身携带的物品一定注意用左手来拿,要让右手随时腾出与别人握手。第三,面带微笑,并以姓名称呼对方。记住,对方也很紧张。所以开始前两分钟很重要,笑容可以驱除这种紧张感。第四,表现出适度的幽默感很重要,但要十分小心。避免过度开玩笑显得轻浮。第五,眼神非常重要。应看着对方,使对方感觉应聘者很自信。如果总是眼神不定,会使对方认为信心不足或漫不经心。当然,也不能死盯着对方不放,产生神经质或不礼貌的印象。

（2）侃侃而谈,适可而止。要懂得什么时候保持沉默,如果感觉双方对话到了某个关键时刻,而对方暂时闭口不言,最有效的方法是停止自己的滔滔不绝,静静地坐着,不要害怕沉默。有经验的考官往往引出应聘者说出轻率的话,而无经验的考官往往此时不知该如何继续交谈,他们此时需要根据应聘者的发问来掌握肯定或否定的态度。如果面谈时间已到,考官已做了录用的决定,但因为应聘者的继续超时推销可能会造成负面效果,从而失去被聘用的机会。这就是应聘者为什么要事先明确面谈时间需要多久的原因。

（3）小心察言观色。如果考官开始整理文件或看钟表,那么表示他已决定结束面谈了,应聘者应顺其意,通过考官的小动作和自我判断,决定最后该问哪几个问题或哪方面的问题。对于考官暗示的录用要小心,面谈时考官会显示出欣赏的表情,并在结尾时表示同意录用,但由于连带责任因素,考官可能没有最终决定权。因此,只要没有得到入职的具体时间,就应该继续联系其他工作。

（4）分清问题的提法与目的。面谈时可能会遇到无数问题,要成功应对,必须能判断出考官是正问还是反问,并立即适当地回答。

（二）回答问题攻略

回答问题没有"标准答案",因为考官不同,他们想得到的回答不同;同时,面谈环境、场合不同,考官可能还会隐藏一些问题。楼面经理可参考一些回答问题的方法。

1. 如何回答正面提问的示例

例1 "谈谈你自己吧!"即告诉考官应聘的理由。应准备两分钟的回答,前一分钟回顾自己到目前为止的相关事业,后一分钟表述自己具备哪些应聘岗位的能力。

例2 "优点有哪些?"即能为招聘单位做些什么贡献。应精确描述与应聘工作相关的自身优点,未必谈自己最突出的优点,注意不要泛泛而谈,说些无意义的话。

例3 "你为什么要应聘这份工作?"应回答的主要内容是有能力胜任这份工作,喜欢这份工作是因为具有招聘单位所要求的技能,而不是这份工作能带来自己想要的东西。

例4 "你的自我发展计划是什么?"小心这是个陷阱。应在回答上体现出有专业技能的人希望寻求新的挑战、解决新的问题并有新的突破,而不是表示要当总经理;回答无此抱负会意味着自己缺乏自信。此时,要将欲望和能力明确区分。

2. 如何回答反面提问的示例

例1 "你的最大缺点是什么?"可以回答一个也可以被诠释为优点的缺点。此时需暂时沉默一下,再慢慢回答:"这个问题很难回答,因为我自己不能像旁观者那样清楚,有时,同事们会说我太较真,但事后效果不错,大家都能认定。"

例2 "年龄会是一个问题吗?"反应要有些惊讶,充满热忱,面带微笑说:"才不呢,我觉得自己很年轻,很健康,充满活力,并且可以和年轻人打成一片,没问题的啦!"此时,身体的表现要注意协调,取得自然发挥的效果。

例3 "你正在和其他单位洽谈吗?"应该肯定回答。但不必回答在和哪几家企业洽谈,可以告诉考官和其中若干家餐厅谈得比较深入,希望招聘单位争取录用的机会。

例4 "你比较喜欢独立作业还是集体作业?"可以回答:"我对独立作业还是集体作业没有什么偏好,我目前的(或以前所做的大多数)工作比较接近团队工作,我做得很愉快。当然有些工作需要相当的自主性,我做得还行,并且很喜欢那样的工作。"

例5 "你是被原来的老板辞掉的吗?"直接回答肯定很尴尬,回答时可以说明那个岗位是因经营需要被取消的,暗示被老板辞掉的原因是对事不对人,受影响的不只是自己一个人,并且对那件事持乐观的态度。

（三）议定薪金报酬的技巧

（1）有心理准备。楼面经理应事先经过调查或了解，基本掌握招聘单位所需岗位人员的工资待遇水平。如果这种水平是固定的，则应该围绕工资和待遇基准进行议价，太高、太低都会失去机会。楼面经理有义务为自己争取到最好的待遇，但需要一些技巧和勇气。如果做得过火，会使招聘单位认为是狮子大张口；如果不好意思争取，则会被认为窝囊或无真才实学。

（2）判断考官提出薪金报酬的时机。通常第一次面谈就会提到薪金问题。要根据自己的判断来论述这个问题。一是考官对楼面经理目前薪金的了解，以及楼面经理对招聘单位可能提供的待遇的了解。二是考官选择的时机，即他何时提出这个话题。三是考官选择什么方式提出这个话题。

（3）与考官谈判薪金的技巧。可以根据两种情况来谈论。一是考官在面谈没多久就提问："你目前的薪金待遇是多少？"可以这样回答："我喜欢以整体的总报酬量来谈，因为单论薪水可能引起误导，如果不介意的话可以稍后再说，还是先谈谈我能为公司做些什么再说好吗？"因此面谈得以进行，当对方通过交谈较多地了解应聘者的优点后，会使谈论薪金的效果更好。二是面谈快结束时双方才谈及薪金问题，可以正面回答，有可能的话，应该说："我的待遇与经历相当的人一样，我当然希望改善这种状况，我希望从总的报酬量来谈论这个问题，不知你们可能会提供给我什么待遇？"还可以说："如果你们决定录用我了，请告诉我我的大概收入，我考虑后会回复你们的。"

（4）不要把其他问题当做薪水问题。如果考官询问："钱对你重要吗？"这是一种试探方式。此时，不应回答"薪水不是唯一考虑的因素，还有很多比这更重要的因素"，并且最好不要涉及薪金问题。可这样回答："钱很重要，贵企业存在就是为了创造利润，我希望所有的员工都能意识到钱的重要性——无论担任什么职位，都应符合成本—效益原则，都应创造利润。"

（四）面谈之后的举措

楼面经理应该采取必要的行动，使被录用的希望进一步加大。最好通过电话，或发电子邮件，感谢招聘单位（或考官）花时间与自己面谈，表达面谈时感觉非常愉快，再次表明对这份工作的兴趣，并进一步提供面谈时没有谈及的资料，证明自己确实适应这份工作。

四、就任新职前的精心备课

当招聘单位正式通知被录用、什么时间可以走马上任之后，楼面经理不应欣喜若狂、候期上班，而应马上备课。因为走上新职场，就是走向新希望，就任新职前的精心备课是必不可少的。那么,楼面经理应该围绕哪些内容精心备课呢?

(1)，再次确认自己的目标。"初志不可忘"是所有想成功者的座右铭。所以,楼面经理在就任新职前,为了在新职场成功,必须保持下决心时的志气。自己为什么寻求新职位?新职位对自己有什么意义?这一切在进入新的职场以前,要重新确认。

(2)要有充足的心理准备。寻找新职位以前,曾是经过一连串的反复思索,把所有可供选择的职场进行比较,最后选择了最理想的新职位。因此,可以说,寻找新职位是具有充分的心理准备的。但是,到了新的环境一段时间后,很快会发觉现实与预想有差距,不如原来的期望,仿佛又重回老路。只有心理准备充分的人,才能首先适应新环境,努力探索提升的新路子,不虚此行。

(3)重新温习成功的原则。一位著名的教授从20世纪美国最成功的几百位名人的终生经验中提炼出17条成功的原则。分别是:积极的心态;确定的目的;多走些路;正确地思考;自我控制;集体心理;应用信心;令人愉快的个性;个人的首创精神;保持热情;集中注意力;协作精神;总结经验教训;创造性的见识;预算时间和金钱;保持身心健康;应用普遍规律的力量。楼面经理需要在日常工作中,将这些成功的原则运用到实际工作中,保持积极的心态。因此,温习成功的原则,是楼面经理走上新职场以前应该做的准备之一。

(4)再次研究自我成功标准。楼面经理应该记住一句格言:"越是了解自己,越能得到梦想的东西。"可以通过分析,从下列项目中先选出10条重要的内容,再从中选出5条最重要的内容,确定自己认为应该具备的成功标准。这些项目包括:高额的薪酬;优厚的福利;晋升的机会;工作得到认可;决策自由/权力;创新的机会;管理他人的机会;合作的机会;为客人服务的机会;轻松的工作节奏;优雅的工作环境;稳定的地位;独立工作;对个人才智的挑战;富于启发性的管理方式;责任感;权威感;从事准备工作的机会;与众不同;为社会、他人作出贡献;发财致富;对别人施加影响;良好的工作氛围。

(5)确定新目标。在确定成功标准之后,楼面经理应以积极的心态确定自己新的成功目标,因为环境改变了,目标自然应当重新确认。通常,人们会自然而然地倾向于下列7条成功目标:个人的首创精神;自我控制;创造性的见识;正确地思考;集中注意力;预算时间和金钱;热情和勇气。

楼面经理应聘后要实现自己的成功目标,必须遵循一条普遍的规律:"人们设想和相信什么,他就能用积极的心态去完成什么。"有了目标,楼面经理就会产生一种倾向,奔向正确的方向。工作就会变得有乐趣,因受到激励而

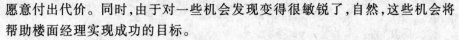

第二章 餐饮企业楼面经理的任务、职责和职务应聘

愿意付出代价。同时,由于对一些机会发现变得很敏锐了,自然,这些机会将帮助楼面经理实现成功的目标。

(6) 学习和温习业务知识。要走上新的岗位,东山再起、实现鸿鹄之志,是每一位有志成功的楼面经理的理想和抱负。新官上任三把火,显示自己的技能,给人产生不俗的第一印象,也是成功者必然所为。楼面经理应将重新温习和学习业务知识与技能作为入职前必需的备课内容,以便在新的岗位上一举成功。此外,进入新职场的楼面经理积累了不少成功的经验,但也必然会有不良的行为习惯。因此,有必要学习规范的业务知识和技能。包括楼面经理的职责规范、业绩考核标准、餐厅服务基本技能、餐厅服务接待要领、礼仪规范、产品销售、餐厅预算、员工管理等各项专项管理知识和技术,以在新的工作中脱胎换骨、重塑自我。

(7) 预先熟悉新环境。走向新的岗位,尽快了解新的环境和新的人员,以尽快适应新的角色,站稳脚跟,建立威信,再图有所作为,这是每一位楼面经理入职新岗位前都急于想做到的。然而做到这一点非常不容易,因此楼面经理在没有正式上岗之前,要想方设法尽快熟悉新环境。其中,最有效的方法是作为客人到新职场用餐,适应餐厅接待服务的气氛,了解服务人员的情况和一些餐厅的具体规矩。也可以提前向人力资源部门了解情况,通过部门档案、员工花名册,对照照片与姓名事先熟悉员工。如果一个楼面经理能在刚上任时就能比较准确地称呼每一位员工的姓名,必然让下属员工感到惊喜,其威信自然提高。如果楼面经理能够尽快准确地称呼餐厅和各部门领导的姓氏和职衔,也必然使他们感觉到备受尊重,对日后建立良好的人际关系和职业生涯的成功带来不可估量的意外效果。

第三章
餐饮企业楼面经理的环境气氛与卫生管理
——创造美观、舒适的客人就餐环境

第一节　餐厅装饰布置

案例

人造自然：名师设计的餐厅视觉冲击波

广东竹林餐厅，一个引人入胜的境域，其独具匠心的设计和精湛的工艺制作令人瞠目和浮想联翩，因而被称为"视觉冲击波"的经典之作。

乍一看，有点不合情理，"既为自然，何以能人造"。身临其境后，方能发现这是一部集数千万巨资投入和多位设计大师呕心沥血的精品之作，场面之奇丽，只好用"人造自然"来形容眼前的一切。

步入竹林餐厅，便看见主八角形的吧台由椰壳编制而成，外围把守着一圈造型奇特的围栏，用上了人手特别涂绘的浅蓝铁锈造型。

餐厅大量地运用竹、木、椰子等来表现中国的传统特色，这点在"丛林餐室"的装饰上体现得尤为淋漓尽致。

餐厅的天花板被椰子壳严严实实地覆盖着，餐室背景由一层一层深褐色的树木板层叠而成，给人一种粗犷狂野之感。笔直的竹枝竖立于草丛之中，其中还有一道水柱在透明管道中流动，发出潺潺水声，衬托出一种"水声萧萧竹叶声"的意境。再加上射灯映照下栩栩如生的动物雕塑，更是亦幻亦真、扑朔迷离。

"中国之最"的艺术陈列也算是琳琅满目。在这里既可以欣赏到国外著名大师如 Jackson Yu 的大作、法国名师 Fabienne Verdier 的字画以及 Allan Chan 的匾额，还可以细品有二百年历史的佛像以及霓虹灯管环绕的毛泽东画像。使人心情轻松起来的还有精致复古的北京鸟笼和唐、宋朝的雕花屏风等。

第三章
餐饮企业楼面经理的环境气氛与卫生管理

抬头看,更见天花板上纠缠不清的鹿角雕塑,宛如遨游天际的野鸟,再加上密集的天坛围栏造型的悬吊,刻意营造出一种朴素的古老情怀。

坐在名师们精心构造的"仿自然"中,边赏美色,边用美餐,这种感觉完全达到只可意会,无法言传的境界。

点评

本案例为我们展现出一幅幅精美的画面,仿佛身临其境,令人心旷神怡。其只可意会,无法言传的境界,更引起读者无限遐想。案例把一个餐厅描绘得仿佛是天外仙境,如果能在如此快活惬意、悠然自得的环境中用餐,能不快哉!

用餐环境是餐厅销售服务的重要组成部分,营造美观、舒适、典雅的用餐环境同"以客为尊、以诚为本"和"宾客之上、服务第一"一样,都应该是餐饮企业实施优秀品质服务的指导思想。通常来讲,餐厅环境装饰管理应该从四个方面来体现:

一是主题突出。主题是餐厅环境的灵魂,决定着餐厅经营和管理的总体形象。主题突出应从四个方面来把握:根据餐厅经营类型选择主题;根据餐厅餐饮产品的风味特点确定主题;根据餐厅不同的名称来安排主题;根据餐厅总体环境,用字画、条幅等来深化主题。

二是装饰优美。餐厅主题是通过环境布置来实现的,它包括装饰和陈设两个方面,主要通过装饰材料、墙面、天花板、灯具、家具、图案、色彩来体现。重点应把握三个环节:一是搞好装修设计方案,要根据不同餐厅的主题要求设计装饰方案;二是注意表现手法,使天花板、墙面、地面、装饰用品、陈设用品、花草、图案、条幅、字画等都达到设计方案要求;三是搞好陈设布置,根据餐厅环境设计要求,对餐厅桌椅、用具、字画等可移动的物品,搞好陈设,形成整体构图形象。

三是格调高雅。格调高雅是体现企业文化和品牌形象的一个重要标志。具体方针是要重视空间分割和平面处理,做到点面结合、线条流畅、客人流动方便而又风格各异。如餐桌、餐椅,有的用散座型,有的用网络型,有的用平面布置型,有的用中心图案型等,使客人赏心悦目。

四是气氛和谐。可以说,用餐客人最为追求的心理享受就是用餐气氛的和谐,以满足其愉悦、惬意的感受,使其将餐厅视为温馨之地。和谐的餐厅氛围主要通过色彩、图案、灯光来创造。如宴会厅要突出高雅、美观,咖啡厅要突出自由、活泼,酒吧间要突出典雅、恬静,西餐扒房要突出豪华、气派等。

总之,餐厅环境装饰管理十分重要,其内容纷繁复杂、形式多种多样、构思丰富多彩、效果琳琅满目。它和建筑装修及日常经营活动都有着密切的联系,其知识范畴涉及美学、装饰布置学、心理学、管理学等多种学科。为此,本章对餐厅装饰布置的思想、技法、知识诸方面进行探讨,以为餐饮企业楼面经理有效做好餐厅环境装饰提供基础。

一、餐厅环境装饰布置的作用

随着社会的发展,餐饮市场已摆脱传统的以填饱肚子为目的的单一用餐功能,而向着精神享受性需求转变。多元化时代的餐饮市场也呈现出个性化、多样化、品牌化、营养健康化、服务优质化的发展态势。顺应市场经济,适应餐饮市场发展趋势,搞好餐厅环境装饰布置已成为餐饮企业投资者、经营者,也是楼面经理的重要工作。因此,做好餐厅环境装饰布置有着非常重要的作用。

(一)是餐饮环境质量的重要体现

装饰布置是餐厅管理工作的一部分,无论是新建餐厅还是老餐厅,装饰布置都是不可缺少的。老餐厅的设施更新、环境装饰布置、大型活动(如宴会)、贵宾接待等都需要搞好装饰布置。新建餐厅在工程后期,尤其是开业之前,要请具有管理经验的人才去从事开业前的准备工作。事实上,这就是餐厅管理人员所从事的装饰布置。它对完善餐厅环境十分重要。餐厅环境直接影响到开业后餐厅的服务质量。

(二)是体现餐厅等级规格的重要条件

餐厅的等级规格主要是由餐厅环境装饰布置来决定的。同样的一个餐厅,选用普通装饰材料和用品进行装饰布置,就是一个档次较低的餐厅;相反,选用豪华装饰材料,配备豪华家具用品,墙面用软包,配高级墙画,天花板配宫灯,注重色彩灯光和装饰手法的运用,形成典雅风格,就装饰成为豪华餐厅了。餐厅星级或等级规格不同,规模与所处的地区不同,其性质、接待对象、经营风味不同,装饰布置的要求也不一样。装饰布置体现餐厅的等级规格,要根据餐厅的性质、接待对象的消费水平和经营风味、规模、地区等具体要求来确定。

第三章 餐饮企业楼面经理的环境气氛与卫生管理

（三）是突出餐厅情调和风格特点的客观要求

餐厅种类很多，经营风味不同，其餐厅气氛、情调和特色也不同。外国风味餐厅，如法式、英式、意大利、日本、韩国等餐厅，要靠运用装饰布置来突出餐厅的异国情调和气氛，形成不同国家的装饰特点。中餐风味的餐厅，如广东、四川、福建、上海风味的餐厅等，要运用不同装饰材料和装修艺术来突出不同地区的文化气氛和情调特征。各种餐厅气氛、情调、特色主要是由装饰布置的材料、家具、用品、餐厅服装决定的。由此才能把各种餐厅区别开来，从而吸引具有不同兴趣和爱好的客人。

世界各国、各地区，由于自然环境和习俗不同，在建筑和室内装饰风格上形成了各自的特点，现代许多餐厅往往强调这一点，以吸引客人前来领略异国他乡的风土人情。在我国餐厅中，目前主要是体现中国和地方特色，其室内装饰布置必须和建筑风格相协调。

（四）是创造餐厅享受气氛的重要条件

餐厅室内的空间色彩处理、家具摆设和艺术品的点缀、室内气氛的渲染和意境的创造，都是艺术的流露。一家餐厅的品位和等级不完全在于菜点价格的贵贱，其中装饰布置的艺术功效举足轻重。

较高档次和等级规格的餐厅，其享受成分不断提高。客人来到餐厅，都希望获得美观、舒适、典雅的物质享受和精神享受。餐厅档次越高，其享受成分越大，如宴会厅、高档风味餐厅、海底餐厅等。此外，像KTV包间和有乐队伴奏、歌舞表演的餐厅等，除美观、舒适、高雅的环境享受外，还特别注重情调、气氛、音乐等文化享受。各种餐厅享受程度的高低，除客人用餐时所享受的产品质量和服务质量外，餐厅环境的装饰布置起着非常重要的作用。

（五）可以增加餐厅形象吸引力，创造可观的经济效益

在餐厅中，不同规格的厅室，有不同的装饰布置要求，同样的包间采用不同的装饰布置，所产生的等级规格和档次是不同的；一间餐厅用普通方法布置与经过精心构思的装饰，其效果也不一样。事实证明，效果好的装饰不仅仅取决于投资的多少，设计构思是最关键的因素。玉帛绸缎固然华丽，而乡间土布同样别具风采。材料、样式、色彩、布局，每一个环节都可以反映出设计者深思熟虑的构思、巧妙的抉择。合理的配置可以产生低投资和高效益。特殊的装饰布置还会给客人留下深刻的记忆，随着客人口碑的竞相传颂，会使餐厅赢得很高的声誉，从而有助于在激烈的竞争中立于不败之地。餐厅装饰布置的最终目的是为了吸引更多的客人前来消费，增加回头客。餐厅环境舒适美观，其形象吸引力就增强，前来用餐的客人就增多，餐厅经营就越红

火,必然会创造更好的经济效益。

(六) 适应客人日益上升的精神需求

当餐饮业还是个别人的特殊生活需求时,餐饮装饰布置并不引人注目。21世纪以来,世界旅游业的快速兴起,促进了餐饮业的不断发展。在激烈的竞争中,这一领域逐渐引起人们的重视。崇尚自然,希望室内充满大自然的勃勃生机,寻求新奇,身居餐厅而能领略异国他乡的传统文化和习俗。这些精神方面的需求,都成为餐厅装饰布置的客观要求。因此,满足客人的精神需求是餐厅管理工作的重要内容。现代室内设计对视觉、听觉等的考虑,声、光、色、形的完美结合都反映了这一点。当今餐厅室内环境的不断修葺在很大程度上反映了经营者的策略,也就是跟上时代潮流,树立企业形象,满足客人日益上升的精神需求。

餐厅装饰布置是美化、优化环境,合理使用空间,使餐厅更加科学化的一门学问。餐厅装饰布置的形成和发展与餐饮业的产生、室内环境设计的发展分不开。餐厅装饰布置是企业经营管理的一部分,具有客观的经济效益。功能与美感的统一、视觉与心理的统一、历史文脉与时代精神的统一是餐厅装饰布置的基本指导思想。随着餐饮业的不断发展、餐饮设施的不断更新和人们对生活要求的不断提高,餐厅装饰布置也不断跃上新的水准,愈发显示出其重要作用。

二、餐厅环境装饰布置的原则

餐厅环境的装饰布置是饮食文化建设的一个重要组成部分,它直接影响餐厅的美化效果和文化氛围,影响餐厅形象吸引力、客源多少和经济效益。同时,餐厅的装饰布置需要一定数量的资金,直接影响餐厅成本的高低。为此,做好餐厅环境装饰布置,应遵循如下一些原则:

(一) 装饰风格与餐厅主题风味协调一致的原则

现代餐厅依据各自的规模、所处地区、经营风格的不同需要选择不同的经营风味和经营主题,从而形成餐厅种类的多样化,由此划分出多种类型、主题不同的餐厅。如中式餐厅,就可以划分出川、鲁、粤、淮、湘、闽、豫、鄂及东北家常菜、北京烤鸭、天津狗不理等众多的风味。而西式餐厅,则有法、意、俄、美、德、芬、西、英等各类西餐。近年来韩式、港式、泰式等主题餐厅也纷纷在我国开始盛行。此外,还有火锅、烤肉、海鲜、野味、素菜、农家及各种快餐等众多的经营风味。由此,餐饮业的经营类型形成了百花齐放、百家争鸣的局面。

餐厅类型不同,经营风味和经营主题不同,其环境装饰布置所体现出来的风格也不相同。只有遵循装饰风格与餐厅主题和风味协调一致的原则,才能形成各自的独特风格和个性特点,对客人产生良好的形象吸引力。具体装饰风格有传统风格、各地方风格、各少数民族风格,有西洋的古典风格、中世纪风格、现代风格,还有日本、韩国、泰国、印度、伊斯兰风格。此外,还有各种乡村风格、海岛风格、宫廷风格、农家小院风格等,千姿百态,各显风流。

为此,在构思策划餐厅环境时,应从装修设计开始,将装修、装饰布置与餐厅主题、经营风味结合起来,保证协调一致,由此才能营造出有特定意境和特色的餐厅环境,迎合客人的心理需求,从而招徕客源,获得最佳经济效益。

(二)装饰设计与服务功能相结合的原则

功能是餐厅环境装饰布置的基本出发点。任何装饰布置都必须强化功能、提高功能,为使用功能服务。因此,餐厅环境的营造美化应遵守装饰设计与服务功能相结合的原则。

现代餐厅是由多个功能区域组成的营业场所,它的功能区域布置和分配要服从餐厅整体需要。餐厅是接待客人用餐的区域,一般包括门厅、候餐区、收银台、就餐大厅、雅间等。门厅是客人进入餐厅后所接触的第一个区域,它要给客人留下比较深刻的第一印象。在设计中,应在醒目的位置突出餐厅名称,设置迎宾台。候餐区是客人等候就餐和餐后暂短休息的区域。装饰设计要注重对客人的形象吸引力,通过装饰布置,表现出餐厅主题和文化内涵。收银台是餐厅控制进出、结账收款的区域,吧台是制作果盘和传递、展示、暂时放置酒水和饮料的区域,都应以方便客人选择、服务员操作为设计思路。就餐大厅是餐厅的主要营业场所,可承接婚宴和大型宴会等,在设计中根据面积可设置适宜的表演舞台,以通过节目表演来营造餐厅温馨或热烈的气氛。雅间是餐厅中相对独立的封闭区域,能满足客人一定的私密性需求,在设计构思、装饰材料选择和陈设布置上都应比就餐大厅更为精致、高档和豪华。餐厅卫生间的设计也很重要,设计应体现清洁、明亮、舒适、方便的功能,并通过装饰材料、卫生洁具和辅助用具、用品的选择反映出整个餐厅的档次。

各类餐厅因其经营类型不同,其装饰设计和环境布置的要求也不尽相同。如零点餐厅以为客人提供点菜服务为主,环境设计和装饰布置不仅要突出美观、大方、典雅,而且门口空间要宽敞,过道要突出,有利于客人进出和服务员上菜。餐厅门口要设置接待服务台,适当位置要摆设酒水柜台。如是零点海鲜餐厅,还应设置大、中型海鲜及食品展示所使用的鱼缸和展示柜台。整个餐厅环境设计和装饰布置要做到整体布局协调、环境布置美观、家具摆放合理、餐厅气氛和谐、客人进出方便。又如 KTV 包间的功能是为客人提供用餐和娱乐相结合的服务,其餐厅设计和装饰布置要以豪华、典雅为主,文化气氛浓郁,大多应采用软包装饰。KTV 包间要配备美观、优雅的壁画,除餐桌、餐椅外,还应配备电视、卡拉 OK 设备和沙发等。如果包间面积较大,还可建造小型舞池。再如经营川菜或浙菜的农家小院餐厅,其环境设计和装饰布置,一个要突出巴蜀风格,一个要突出江浙水乡的风格和景致。

(三) 个性特点与美感效果相统一的原则

个性是餐厅环境设计和装饰布置的灵魂,是餐厅主题风格、使用功能、装饰手法的集中体现,它直接反映一个具体环境的设计和装饰布置的成功程度。坚持个性特点与美感效果相统一的原则,要从餐厅经营风味、经营主题、接待对象、经营方式、具体功能出发,从市场需求、销售亮点、热点、布置时尚与发展趋势出发,在做好整体设计方案的基础上,选择能够反映餐厅个性特点的装饰材料、设计手法和艺术表现手法,最终形成个性特点与美感效果相统一的餐厅装饰效果。具体应从以下三个方面着手:

(1) 要做好总体设计。即要根据餐厅性质、功能、档次、风味、名称不同,首先确定怎样装饰布置、采用什么样的风格、运用什么样的装饰材料和装饰手法。如同属中餐厅,可以设计出龙凤厅、孔雀厅、桃园厅、花园餐厅特色,也可以设计出江南水乡、巴蜀竹林、农家小院、官府庭院的式样。设计手法丰富多样,可有针对性地选择。

(2) 要突出具有个性特色的构图形象。餐厅装饰的个性特点和装饰风格都是通过构图形象来反映的。因此,在总体设计的基础上,具体装饰布置时要十分重视餐厅的构图形象,形成有别于其他餐厅装饰的个性特点。如餐厅墙面、天花板装饰要反映大面积装饰效果,突出风格,突出主色调。餐厅灯具要注重功能与美感效果的统一,有利于突出餐厅气氛。餐厅桌椅、接待服务台面的布置要讲究整体布局的协调美观,确保客人进出和餐厅服务方便,有助于突出开餐时的客人用餐气氛等。

(3) 要注重餐厅装饰的艺术处理手法。如餐厅的外观装饰要以强化、突出餐厅性质和风味为主,餐厅室内装饰要以突出餐厅经营主题和个性特点为主,家具、用品的陈设布置要以协调、美观、大方为主,字画条幅、壁画壁毯、盆栽盆景要以画龙点睛、有利于强化餐厅特色为主。

(四) 经济、适用和美观、典雅相结合的原则

现代餐厅的环境布置需要大量投资,装饰的档次越高,投资越大。而每经过 3—5 年,由于市场需求和消费时尚变化,装饰布置便显示出老化和陈旧,

大多需要重新装饰布置。从经济效益即投入与产出的关系考虑,餐厅环境设计与美化就必须体现经济、适用与美观、典雅相结合的原则。需要从以下三个方面考虑:

(1) 经济。经济是指在满足功能要求的前提下,在方案设计、材料运用和人力、物力的组织以及施工管理过程中,要坚持因地制宜、合理选材和精打细算的原则。要在保证功能需要和个性与美感效果的前提下,尽可能少花钱、多办事。

(2) 适用。适用是指从餐厅各功能区域不同的需求出发,根据客人的活动规律、心理特点、消费时尚来制定装饰方案,选择装饰手法、装饰材料,突出餐厅气氛和情调,以便给客人舒适、典雅的感受,有利于餐厅服务的开展,有利于日常维修保养。做到餐厅环境设计和装饰布置既美观大方、安全方便,又具有不同的装饰风格。

(3) 美观。美观就是要在保证功能需要的前提下,尽可能创造出完美的艺术形象,满足用餐客人的审美要求,保证餐厅气氛。美观和适用、经济都要体现和谐的要求,它们是相辅相成、互为一体的。不是越省钱、越简朴就越好,而是要在美观、适用的前提下,尽量少花钱,为餐厅获取最佳的经济效益。

三、餐厅环境装饰布置的主题风格

现代餐厅环境设计和装饰布置是一项涉及旅游、建筑、宗教、文化、艺术、人体工程学、装饰材料、工艺美术、投资管理等多方面知识的比较复杂、细致的工作,其装饰风格的确立是首要的工作内容。

(一) 餐厅环境布置的装饰风格的确立

依据各类型餐厅所蕴涵的精神内容不同,餐厅环境布置的装饰风格可归纳为八大类:

(1) 中餐厅——东方美食大团圆的欢乐宫;
(2) 西餐厅——西方美食的精品艺术走廊;
(3) 咖啡厅——时尚美食的流行快车和都市一族的钟爱场所;
(4) 自助餐厅——环球美食的艺术拼盘;
(5) 宴会厅——盛大餐饮活动的主会场;
(6) 特色主题餐厅——现代都市一族的情感交流庇护所;
(7) 酒吧间——欢乐与苦恼的小憩驿站;
(8) 美食走廊——悠然自得的天地与美食馈赠的礼篮。

从餐厅环境设计和装饰布置的角度来看,八大类型中的每一个类型,还可以衍生出众多细分的装饰风格。同是主题餐厅,其内容与装饰风格也有着千姿百态、千变万化的表现形式。因此,装饰风格的确立是餐厅环境布置中首要的工作。

(二)餐厅装饰主题风格的界定

餐厅装饰主题风格的界定,很难用准确的技术性方法予以区分,只能将不同气氛的餐厅所具有的特点阐述出来,大致分为三大类:

(1)高雅型。高雅、独特的装饰设计要具有专业性,具体包括两个方面:一是具有一个明确的文化主题,比如中餐、西餐、日式或俄式餐厅等从装修风格上一看就具有典型特征,所有的装饰语言和符号都围绕一个文化主题,而这种文化主题确实在整体环境上给人一种赏心悦目、视觉全新的感觉,同时又是独一无二的。近年兴起的主题文化餐厅即是典型例证。二是环境布置及装饰手法和灯光设计,不仅符合餐厅的文化主题,而且互相之间配合巧妙、和谐统一。比如饰品、植物、插花艺术、雕塑小品等都由专业人士提供,不仅有助于提升餐厅主题气氛,而且会配合餐厅的经营、促销手段而变化。灯光设计由专业人士考虑光色、照度、光源等对就餐环境、食品、氛围的影响。装饰性照明与功能性照明有明确的区分,直接照明与间接照明巧妙配合。

(2)舒适型。餐厅整体环境舒适协调,令人赏心悦目,装修风格要有利于突出明确的文化主题和独特的艺术风格,装修做工精致、用料考究。

(3)大众型。餐厅整体环境协调,但无独特风格,无明显的文化主题,环境布局无专业人士负责,灯光处理以功能性照明为主,装饰性照明较少。

(三)餐厅装饰主题风格的基本要求

主题与风格是餐厅环境装饰布置的主调和灵魂,它反映餐厅总体形象。餐厅环境装饰布置的主题突出、风格优美、形成特色,才能使客人产生深刻、美好的印象,喜欢再次到餐厅来用餐。餐厅装饰主题风格的确立,有三项基本要求:

(1)根据餐厅的性质选择主题。餐厅性质是由餐厅所提供的产品类型决定的。有中餐、西餐、清真、日餐、韩餐等多种,餐厅装饰布置的主题选择必须与其相适应。如中餐厅环境营造的主题必须是中国风格的,要反映中华民族文化的特点;而西餐厅环境营造的主题必须是西洋风格的,要反映西方民族文化的特点。餐厅环境布置,首先要根据不同餐厅类型分类,再根据同一类型的不同餐厅细分,确定应该选择怎样的主题,然后才设计出各自的特色,切忌不伦不类。

(2)区别餐厅风味,确定风格。餐厅的性质只能确定营造环境的主题大类,而要具体确定餐厅环境,则要在餐厅性质分类的基础上,根据不同的饮食风味来选择。餐厅环境装饰布置的主题必须与餐厅风味相适应。如同是中餐厅,又有四川、山东、广东、淮扬、湖南、福建、河南、湖北及东北家常菜等众多的风味。同是西餐厅,又有法式、意式、俄式、美式、德式西餐等。此外,韩式、港式、台式、泰式等风味的餐厅也比比皆是,火锅、烤肉、海鲜、野味、素菜、农家及各种快餐众多。餐厅经营风味不同,其环境装饰的主题也不同。不言而喻,广东风味的餐厅应突出岭南风格,具有广东地区的民族文化情趣;而四川风味的餐厅,则应突出巴蜀风格,具有四川地区的民族文化情趣;傣家餐厅的主题应突出少数民族风格,反映民族文化特点;西餐风味的各种餐厅也是如此。综合各国、各地区的装饰风格还可以划分为我国的传统风格、各地方风格、各少数民族风格和西洋的古典风格、中世纪风格、现代风格,还有日本、韩国、泰国、印度、伊斯兰风格。此外,还有各种乡村风格、海岛风格、宫廷风格、农家小院风格等。关键是要把各餐厅的具体风味和相应的民族文化情趣结合起来,使客人一进餐厅就能明显地感受到餐厅装饰布置的主题风格,获得不同情趣的精神享受。

(3) 运用装饰材料和艺术手法突出主题。各种类型的餐厅环境主题都与其装饰材料、装饰风格和艺术处理手法密切相关。如四川风味的餐厅,其装饰材料离不开竹子、藤萝。西餐风味的餐厅,其家具、用品的造型和格调又与中餐不同,装饰处理手法也不一样。具体情况比较复杂,需要根据各餐厅的风格事先搞好设计方案,从材料选用、天花和墙饰的装饰手法、装饰图案以及家具造型等各个方面做好安排,以突出餐厅装饰的主题和风格,提高艺术效果。

四、餐厅环境装饰布置的艺术手法

餐厅装饰布置是十分讲究的,它最能体现餐厅室内环境的特色。其环境艺术处理手法主要包括以下方面:

(一) 突出装饰布置特点的艺术手法

餐厅室内环境的艺术特色随餐厅种类不同而变化。突出艺术特色,要根据餐厅的性质、档次、功能和主要接待对象灵活掌握,重点要做好以下四个方面的工作:

(1) 家具陈设布置要和餐厅装饰特色相协调。餐厅环境装饰布置,要根据餐厅的功能和特点来配备家具,如中餐要采用中式家具,西餐厅要采用西式家具,日式餐厅要采用日式家具。不同餐厅的家具在造型、质地、色彩、风格和配置比例上都要突出本餐厅的特色。家具陈设要艺术化,并且要美观、舒适。

(2) 餐具配备要突出餐厅特色与规格。如中式零点餐厅可配备中档餐具,宴会厅要配备高档餐具,西餐厅要配备较高档次的西式餐具,而风味餐厅则要配备有一定地方特色的餐具。各种餐厅的餐具在造型、花纹、色彩、质地等方面既要成龙配套,又要同餐厅特点和产品销售相协调。

(3) 空间构图要和餐厅本身特色结合起来。如中餐厅要配饰中国字画、条幅、壁画或壁毯,精心装饰,突出民族特色;西餐厅则配饰西洋画;地方餐厅要表现地方特色;野味餐厅可布置成山地风格;海鲜餐厅可选用海生动植物形象,利用壁画或立体鱼缸,创造奇幻的水晶宫式的艺术效果。

(4) 餐厅服饰和服务方式要有利于突出餐厅特色。服饰的式样、色彩、质地都要和餐厅本身的特色相协调,服务方式则根据各餐厅的性质、经营风味、档次高低等具体要求而定。

(二) 突出餐厅风格、气氛的艺术手法

餐厅室内环境的风格和气氛是根据不同餐厅的功能、特色、室内装饰、色彩、灯光来反映的。为此,要做好以下三个方面的工作:

(1) 根据不同餐厅的功能需要突出风格和气氛。如同是中餐厅,可以分别设计成龙凤厅、孔雀厅、桃园厅、花园餐厅等,西餐厅可以设计成法式、美式、英式、意大利式等不同风格。然后再根据餐厅功能、饮食风味和经营特点突出风格和气氛。重点是要选择好各种适宜的装饰材料,运用不同装饰手法来突出餐厅风格,形成个性。

(2) 注重餐厅装饰布置的构图形象,如墙面的壁饰、壁画要有大面积观赏效果,突出主墙,以某一图案为主,辅以其他陪衬图案,色彩要和风格相适应,突出主色调。一般空间多采用暖色调,小餐厅多采用偏冷色调,同时和餐厅家具、台布相结合,使餐厅整体构图和谐、美观。

(3) 餐厅灯饰要美观,注重灯光效果。大餐厅、宴会厅,要选用大型宫灯、吊灯和有艺术特色的灯具。小餐厅也要选用造型精致、优美的小型灯具,同时与壁灯、顶灯相结合,同天花装饰相协调。各种灯具的光照要柔和,亮度要适中。高档餐厅的灯光可以自由调节,桌面可根据需要配银器烛台等,使餐厅的气氛更加亲切、温馨。

(4) 餐厅门口要布置画屏或花草屏障,适当地遮挡室内视线,增加客人审视餐厅优美环境的层次感和新奇感,避免客人一进入餐厅便一览无余,产生凌乱感。同时,餐厅入口或适当位置可陈设大型陶瓷花瓶,四周边角适当布置盆栽,餐厅柜台、桌面或窗台要摆放花草,以调节气氛、增加美感。

(5) 餐厅桌椅陈设要有艺术性,可根据需要设计成规则型、厢座型、豪华型、中心图案型等。各种大小规格的台面要根据客人需要来选择和调整,将对称与自由、集中与分散、对比与映衬等陈设手段结合起来,做到美观大方,各具特色。

(6) 餐厅过道、通道布置要与整体布置相协调,保证传菜、出菜和客人进出走动所必要的通道尺度。服务员的活动空间、接手桌安排要适当,使整个餐厅美观舒适,有利于突出功能、特色和风格。

(三) 餐厅空间处理的艺术手法

根据餐厅规格、功能、空间大小和具体位置,其艺术处理手法包括两个方面:

1. 空间的比例尺度

不同大小的空间,能给人以不同的精神感受。大尺度空间使人感到宏伟开阔,小巧的空间使人感到亲切温暖。中高档餐厅以大尺度为主,但单间或KTV包间空间尺度较小。根据客人用餐需要,对不同的空间可以采用不同的艺术处理手法,以为客人创造舒适、典雅、温馨的空间构图。其艺术处理手法主要有:

(1) 围与透。"围"是运用屏风、帷幔、隔断门、家具等将餐厅内部空间围起来。如大餐厅、宴会厅可根据团体客人用餐的多少和要求,用屏风、帷幔或折叠隔断门将尺度大的空间围成一个较小的活动空间,使同一批客人在此用餐,感到方便、亲切和舒适。零点餐厅、风味餐厅、咖啡厅和酒吧可以用柜台、家具、吧台等将接待区、收银区、酒水销售区同客人用餐区隔开,以方便客人用餐和餐厅销售活动的开展。此外,自助餐厅、冷餐会、鸡尾酒会等,可以用各种台柜将局部空间围起来,便于提供服务。零点餐厅还可以采用厢座式布局,将部分餐座围起来,使朋友、情侣用餐感到亲切、方便。"透"是用壁镜、大玻璃镜将室内空间"透"过去,给客人以开阔、舒适的感觉。这种艺术处理手法主要适用于小尺度空间,以丰富餐厅室内空间构图。

(2) 延伸与扩大。延伸与扩大是利用餐厅门窗、玻璃等将室外景物与室内空间结合起来,使小尺度空间或餐厅的某些区域获得比较开阔的视觉效果。如利用大玻璃窗正对或斜对正门、街景或酒店的内庭花园,可扩大餐厅客人视野。还可利用落地窗帘,或凭借墙面、天花板和地面的延伸感,尽量缩小围的死角,将室内空间延伸到室外,或把室外的花园、水池、花台、街景等引入室内,形成餐厅室内外景物的互渗互借,既丰富了餐厅的观赏面,增加了层次感，又可以改变餐厅空间比例尺度，形成良好的空间视觉。

2. 空间维护体装饰布置

餐厅空间维护体的装饰布置以天花板、墙面和地面为主，它们是形成餐厅室内空间构图的主要内容。重点要注意以下三个方面：

(1) 天花板装饰布置。天花板是室内空间形象的一个维护面，它对室内空间构图起到控制作用。其装饰布置重点主要是突出灯具。一般餐厅灯具的选择要将宫灯、顶灯结合起来。宫灯起美化和大面积照明作用，顶灯起配合、点缀作用。灯具造型要美观，疏密安排要适当。灯具开关要便于控制，并且可以调节亮度。

(2) 墙面装饰布置。墙面是餐厅室内空间的主体。它与天花板、地面互相衬托，形成空间气氛。其装饰布置重点是：第一，主墙装饰布置。大尺度空间的主墙要选用大型壁画、陶瓷画或装饰画，绘画主题与餐厅风格和经营风味相配合。小尺度空间可选用国画、油画、山水画等图案，形成装饰特色。KTV包间墙面以软包为主，配以小型挂画，形成装饰风格。第二，侧墙装饰布置。侧墙根据其面积大小，也应用字画、条幅装饰，但要与主墙有所区别，互相配合，保持协调。第三，采光墙面。采光墙面窗户所选用的窗帘一定要注重大面积装饰效果，窗户之间的墙面可选用条幅装饰。

(3) 地面装饰。高档餐厅、宴会厅或KTV包间，应选用较豪华的地毯装饰。地毯的颜色和图案不宜过深，以浅色为好。有图案的地毯切忌图案颜色深浅悬殊而导致客人视觉不适。中、低档餐厅最好不铺地毯。

五、餐厅环境装饰布置的声、光与色彩运用

(一) 餐厅声音处理

在餐厅经营环境中，声音是影响客人食欲的因素之一。声音可以分为音乐和噪音两个方面，在餐厅环境设计中应在以下两个方面予以重视：

(1) 音乐。音乐是客人在现代用餐中不可缺少的一个享受因素。为此，餐厅要配置相应的具有良好功能的音响设备。不同类型的音乐对客人的影响也不同，明快的音乐会使客人加快进餐速度。相反，节奏缓慢而柔和的音乐会给客人一种放松、舒适的感觉，从而延长客人用餐时间。因此，不同类型的餐厅要进行不同的音乐设计。在高档餐厅中，可以播放或者演奏高雅音乐，或钢琴、小提琴、乐队演奏，或歌星献艺，或客人自娱自唱。在快餐厅则可播放明快曲调的音乐，以提倡客人较快的用餐速度，加快座位周转率。楼面经理还可针对餐厅经营主题，考虑到客人的享受需求而添置必要的音响设备,以此招徕客人,提高餐厅的经济效益。

(2) 噪音。噪音是由餐厅内空调、客人流动的声音和餐厅外部环境的杂音形成的。餐厅经营并不是一点噪音都没有才能显示出餐厅的高档次和赢得预计的经济效益。不同种类的餐厅对噪音控制有不同的要求,通常客人用餐节奏快的快餐厅,对噪音几乎没有太多限制;而对于聚会、闲聊、商业谈判类的客人则需要严格控制噪音,营造安静和幽雅的用餐环境。楼面经理应根据餐厅经营的特点和需求对噪音进行有效控制。

(二) 餐厅色彩选用

色彩是营造餐厅气氛的重要因素。它是设计人员用来创造各种心情的工具。餐厅运用不同色彩,可制造出吸引客人的效果。比如,运用一些与周围环境形成对比的较强烈、醒目的颜色,可以让客人产生好奇心,甚至会刺激食欲。要想延长客人的就餐时间,餐厅应该使用柔和的色调,配合宽敞的空间布局、舒适的桌椅、浪漫的光线和温柔的音乐来渲染气氛,从而令客人情不自禁添菜加酒,再多坐一会儿。

色调还可以用来表达餐厅的主题。海鲜餐厅可以运用蓝白主色调喻义大海;牛羊肉餐厅可以运用绿色的主调表示草原;素食餐厅可以运用绿、橙主色调表达天然、健康等。在实际设计和应用中,还可根据餐厅经营目的来确定主色调。如希望提高客人流动率的快餐厅,可以运用红绿相配、略显鲜艳的主色调,配以紧凑的座位、明亮的灯光和快节奏的音乐,使客人无暇交谈而用餐后迅速离开;而橙红色、桃红色、紫红色所产生的柔和、悠闲的感觉,对稳定客人用餐、增加回头客会起到促进作用。

当主色调确定后,可以用其他颜色配合,但注意不要喧宾夺主。餐厅大堂的色调构成主要取决于墙面、地面、吊顶、窗帘、家具、台布、灯光等,除特殊表达目的外,应以清新淡雅为主,不宜过深。色调的使用与餐厅所处的区域也有较大的关系,如寒冷季节或严寒地带的餐厅应该使用红、橙、黄等暖色,给客人带来温暖的感觉;而酷暑季节或炎热地带的餐厅,可采用绿、蓝等较冷的色调,这样会比较容易被客人接受。

(三) 餐厅光线处理

光线不仅能起到餐厅照明作用,也是决定餐厅格调的关键因素之一。餐厅除了白天可以使用自然光线外,主要由灯光构成餐厅内的光线体系。合理运用光线可以通过以下三个方面来进行。

(1) 根据光源的类型设计,使各种光源恰到好处地运用在不同场合。烛光是高档餐厅传统的光线。蜡烛的红色焰光让周围的一切都蒙上一层温馨、浪漫的色彩,可使客人和事物都显得漂亮。烛光比较适用于恋人会餐、假日朋友聚会和节日盛会等。白炽灯光是餐厅使用的另一种重要光线,这种光线最容易控制,食品在这种光线下看上去最自然。调暗光线更能增强客人的舒适感。在餐厅中,使用最多的光线是荧光。这种光线经济、大方,但缺乏美感。而色光多用于特殊区域,如用绿光和蓝光照射水族箱,可以起到清澈、洁净的效果;用红光照射吧台或家具,更显得柔和,照射凉菜柜中的食品则能增加美观、可口的感觉等。

（2）根据餐厅区域不同设计照射光线,使餐厅环境效果丰富多彩。根据光线照射区域的不同,可将餐厅的光线分为整体光线与区域光线。整体光线照射在大堂内所有区域,区域光线照射个别区域,如吧台、操作间、餐台等。色光、烛光是区域光线常用的光源。光线和照射区域在设计时可以组合运用,可将整体光线分成几组区域光线组合。这样可以在客人不多时关闭一部分光源以节约能源、降低费用;也可以通过关闭或调节一部分光源,使餐厅整体光线错落有致、富于变化;或使整体光线暗淡,突出区域光线,创造别有情趣的用餐环境。

（3）针对光线种类与强度设计,为客人营造更适宜的用餐环境。不同的光线对不同用餐环境的客人起着不同的感应效果。通常来讲,昏暗光线会增加客人的用餐时间,而明亮的光线则会加速客人的用餐。此外,彩光的作用也不可轻视,彩色光线会影响客人的肤色和衣着。红色光对家具、设施和绝大多数食品都是有利的,绿色和蓝色的光线通常不能用于照射客人,桃红色、乳白色和流行色调的光线可用来增加节假日和喜庆宴会的热情、友好的气氛。

第二节　餐厅气氛与环境美化管理

图腾柱餐厅的垃圾处理

　　图腾柱餐厅是美国明尼苏达州布鲁明顿室雷鸟饭店的主要餐厅,主要为店内的客人提供餐饮服务。餐厅经理最近一段时间经过调查分析发现,近两年来餐厅处理垃圾的费用大幅上升。为降低此类费用,餐厅经理决定对垃圾处理系统进行改造。

(一) 包装垃圾处理系统改善

餐厅垃圾分为两大类:一类是可循环利用的垃圾,包括纸板箱、玻璃器具、铝制听罐等;另一类是不可循环利用的其他包装垃圾。餐厅将原有的一个混装各种垃圾的容器分成分装各类垃圾的收集中心,要求员工将垃圾分门别类地放入相应的垃圾收集桶中。在美国,垃圾处理是要收费的,而不同类型的垃圾收费大为不同,其中可循环利用的垃圾处理费用要大大低于其他类型的垃圾。这样,可循环利用垃圾的分类收集使垃圾处理的费用大幅降低。而以前餐厅实行垃圾混合收集,收集标准是统一按较高的不可循环垃圾的处理收费,餐厅要为此多付出成本。

根据预算,如果餐厅采用分类垃圾收集系统,每月可节省费用641.25美元,扣除每月用于垃圾分类收集费用的45美元,实际节约596.25美元。

(二) 食品废料垃圾的处理

食品废料垃圾是餐厅垃圾的又一重要部分。餐厅为此采取了以下三项措施:

第一,厨师长利用现存的电脑系统加强食品原料库存、餐饮定量和废料百分比控制,尽可能减少在食品预制阶段的废料。

第二,对食品废料垃圾分类收集。餐厅与当地一家食品废料循环利用公司达成了合作。这家公司向餐厅提供盛装可循环食品废料的容器,置于餐厅内食品预制和餐具洗涤区域,使员工在工作时方便地将可循环利用的食品废料丢弃于容器内。该公司每月6次及时将这些废料运走,这样便减少了因食品废料长时间堆积而引起的其他问题。

第三,厨师长例行检查这些容器中食品废料的种类和数量,加强对食品预制阶段的废料控制,对食品加工流程重新设计,提高利用率,减少了20%的食品废料。因此,食品废料垃圾处理实际每月节省323.52美元。

综上所述,图腾柱餐厅采用新的方式后每月共节省919.5美元,与原费用相比节省了约一半。

点评

环境问题是人类社会和经济发展过程中并非人们有意产生的不利于人类自身生存的问题。餐厅环境质量管理是餐厅服务的重要组成部分,餐厅环境关系到餐厅成本,同时与餐饮产品的声誉有着密切的联系。

餐厅环境质量出现问题直接影响的是餐厅微小气候,如气体污染、水污染、固体废弃物污染、室内光和声环境污染等。餐厅存在的许多环境问题的隐患,需要用有效的环境管理来防止和规范。因此,餐厅经理应配合确定餐厅环境质量管理体系。在该体系中以持续改进为核心,以节能降耗和预防污染为重点,通过该管理模式的运行,致力于对餐厅环境包括成本开支进行全过程控制。

本案例讲述的是有关垃圾处理降低成本开支,由此引申出如何做好环境管理,如何更新设备以适应环境管理的要求,如何在确保提供优质产品、优良服务的前提下创造更好的经济效益等供餐厅管理者探讨的问题。

楼面经理在做好环境管理的工作中应该融入建设绿色餐厅的理念。建设绿色餐厅没有固定模式,但应遵循共同理念,如转变观念、循环使用、减少浪费、不断改进、实施绿色工程及开发绿色产品、确定合适的绿色产品价格、收集绿色情报、使用绿色标志、进行绿色促销等都是绿色餐厅的主要内容。

随着现代科学技术的广泛运用,为保证餐饮服务环境的整洁与气氛和谐、有利于客人的身心健康、增加愉悦的用餐情趣、提高环境质量水平,餐饮企业在环境建设和管理方面不仅要有一个直观的标准,还要运用科学的设施和监测手段,建立环境质量的标准体系。为此,本节以图腾柱餐厅的垃圾处理案例为引子,介绍餐厅微小气候、绿化和设施设备维修管理及装饰摆设效果,为楼面经理做好餐厅环境维护提供参考。

一、楼面经理餐厅微小气候管理

现代餐饮企业经营中,有一句格言:"餐厅室内的微小气候能够带来餐饮经营的大气候。"如果餐厅微小气候让客人感到清新、舒适,自然会使客人感受到餐厅环境的和谐气氛,也就自然使客人认同和选择这家餐厅。由此,将会为餐厅带来越来越多的客户,使餐厅经营蒸蒸日上。

餐厅微小气候由餐厅热环境与室内空气质量两方面组成。其中室内空气质量是指空气中各种有害物质的含量。

(一)餐厅热环境管理

(1)热舒适与热环境。餐厅热环境是通过餐厅室内"热舒适"来体现的。热舒适是指餐厅室内温度、相对湿度、气流等是否适合客人用餐需要。随着

第三章
餐饮企业楼面经理的环境气氛与卫生管理

现代科学技术的发展和高科技设备在人们生活中的广泛运用,客人对用餐氛围中空气质量的要求越来越高。因此,做好餐厅微小气候管理,对于楼面经理来讲显得更加重要。温度、湿度是营造餐厅微小气候的重要因素,它们直接影响着客人的舒适程度。温度过高或过低,湿度过大或过小,都会给客人带来不良的反应。因此,楼面经理应通过温度和湿度来把握和控制餐厅微小气候。

(2)室内温度。在一定相对湿度和风速下,穿着外衣的人们感觉舒适的温度应为 23.2℃ 左右。但由于夏季与冬季室内温度相差较大,用餐客人穿着的衣服厚薄不同,在室内感觉到的舒适温度也不同。通常夏季以 24℃—28℃,冬季以 16℃—22℃ 为适宜。

客人因职业、性别和年龄的不同,对餐厅温度需求也有所不同。通常女性客人喜欢的温度略高于男性客人,儿童所选择的温度略低于成年客人,活跃的职业使客人喜欢较低的温度。此外,季节对餐厅的温度也有影响。夏天,餐厅的温度要低,冬天要温暖。一般说来,餐厅的最佳温度应保持在 21℃—24℃。

目前,在餐厅内使用最多的调节温度的方式为中央空调和分散式空调两种。酒店餐厅大多采用中央空调来调节室温。因为中央空调系统调节温度均匀,效果很好,运行成本较低,比之分散式空调,它更具有环保效果。分散式空调系统一次性投入较少,因可以分区、分片调节温度而广受中小餐厅的青睐。但这种空调会消耗更多的电能,增加餐厅的运营成本。

(3)室内相对湿度。湿度对人体的舒适程度有一些影响。夏季,人体感到舒适的湿度为 50%—60%,冬季则为 30%—40%。湿度会影响客人的心情。湿度过小,过于干燥,会使客人情绪烦躁,从而加快客人的流动;反之,适当的湿度能增加餐厅客人的舒适和活跃程度,减缓客人流动。

室外湿度是有规律的,一般情况下,冬季较夏季干燥,北方较南方干燥。这就需要楼面经理针对不同区域的餐厅,在不同季节,对室内湿度进行区别对待。并通过喷雾法、干蒸加湿法等来增加室内的湿度,通过空调器减湿来降低室内的湿度,使餐厅湿度适合于客人用餐。

(4)空气流动速度。在人体感到舒适的温度下,餐厅室内允许的空气流速为 0.1 m/s—0.25 m/s,其中 0.1 m/s—0.2 m/s 是一般情况下人体感觉到舒适的风速范围,0.2 m/s—0.25 m/s 是冷却时人体感觉到舒适的风速范围。当餐厅室内的空气流速大于 0.3 m/s 时,会使客人感到不适。当周围空气的流动速度大时,人体表面水分将会加速蒸发,带走人体内的一部分热量,从而使人们感觉到凉爽。因此,楼面经理在餐厅环境调节中,除采用空调调节湿度外,还可

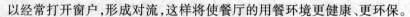

以经常打开窗户,形成对流,这样将使餐厅的用餐环境更健康、更环保。

(二)餐厅空气质量管理

楼面经理应确保用餐客人呼吸到新鲜空气,通过微小气候的调节,使客人健康用餐。然而,虽然生活中每个人都希望随时呼吸到新鲜、健康的空气,但实际上却很难达到。这是因为全球性的空气质量受大气污染的影响,造成空气中有成千上万种不健康的因素。其中,造成餐厅室内环境污染的主要因素有二氧化碳、一氧化碳、可吸入颗粒物、空气中的细菌等。在餐厅日常服务工作中,影响空气质量的物质众多,主要有如下几种:

(1)二氧化碳。人类生存的原理之一是吸入氧气,呼出二氧化碳。空气中二氧化碳含量超出 0.03%—0.06% 的范围,便会使人感觉不舒适。餐厅用餐高峰期时,往往人多场地小,会释放出大量的二氧化碳,空气质量自然就会降低。

(2)一氧化碳。即使在科技发展的今天,微波炉、烤箱等电器设备在食品制作中已广泛使用,但在厨房烹饪菜点时,仍旧习惯于使用传统的煤、天然气、煤气等燃料。加之许多餐厅没有禁止吸烟,餐厅空气中必然存在着一定量的有毒的一氧化碳气体,使空气质量大受影响。

(3)可吸入颗粒物。主要指空气中漂浮着的尘土、香烟的烟雾、厨房中大量的油烟等。如川菜口味都比较重,在烹饪中会产生大量的油烟。如果这些油烟处理不当,肯定会污染餐厅室内的环境,造成空气清洁度降低。如果油烟被客人吸入体内,长期积累,很容易引起疾病,危害客人身体健康。

在空气中还漂浮着许多细菌,餐厅人多且杂,餐厅本身存在着的病毒和用餐客人随身携带的病毒会随着人们的呼吸而在空气中蔓延,污染空气,进而污染每一位客人。

(4)气味。气味也是餐厅气氛的重要因素,会给客人留下极深刻的印象,比视觉和听觉更加深刻。有时,当烹饪食品的香味弥漫餐厅时,会使客人增加食欲;反之,如果餐厅的气味不能够得到控制,使餐厅充满了污气和一些难闻的气味,必然给用餐客人造成非常不适的感觉,难以忍受,或投诉,或要求退菜,或赶快吃完一走了之,再也不会来这家餐厅用餐。

(5)其他有害物质。装修时使用成本低的材料而使餐厅中含有毒化学物质、因空调、手机等电器而产生的辐射等,都是影响餐厅室内空气质量的因素,都是餐厅保持良好空气的破坏者。

(三)改善空气质量的方法

清新的空气是每位客人都希望拥有的。楼面经理应通过有效管理保证

第三章
餐饮企业楼面经理的环境气氛与卫生管理

餐厅室内拥有清新的空气,具体应通过以下四个步骤来实现:

(1) 使用绿色装修材料。在餐厅装修过程中使用的材料和餐厅日常服务所使用的各种电器设备都会引起空气质量的下降。因此,楼面经理应参与餐厅装修全过程的监督和管理,尽量选择对环境污染较少的"绿色材料"。在电器设备的配备上,尽量选用较少释放污染物质的品牌机,改善空气质量。

(2) 加强日常通风。通风是餐厅最重要的改善空气质量的方法。将室外的新鲜空气引入室内,把室内余热、余湿、有害气体及粉尘排出室外。楼面经理应掌握各种通风方法。最简单的方法是春、夏、秋、冬每天确保开窗通风半个小时以上;较大的中餐厅要安装通风换气设备,如中央空调通风系统;包间及大厅加装换气扇;厨房安装性能良好的抽油烟机和排气扇等。

(3) 善用绿色植物。绿色植物是环境的美容师。植物不仅可以吸收二氧化碳、释放氧气,还可以吸附空气中大量的粉尘、净化空气。植物价格低廉,可以美化环境。楼面经理善用绿色植物,会给客人带来无穷的收益。

(4) 使用空气清新剂。空气清新剂的使用一定要慎重。许多空气清新剂含有化学添加剂,搞不好反而会加剧空气污染,而且还要考虑到有些客人对某些空气清新剂的味道不能适应。但是在某些特殊场所,如洗手间,还是要使用空气清新剂。

楼面经理加强微小气候和餐厅环境管理,掌握相关科学参数。根据各类型、各档次餐厅及客人流量不同,其微小气候管理效果应分别达到以下标准:

表 3-1 餐厅微小气候管理标准

标准\项目 星级	1—2 星级		3—5 星级	
	正常时期	用餐高峰期	正常时期	用餐高峰期
冬季温度	16℃—20℃	18℃—22℃	18℃—22℃	22℃—24℃
夏季温度	22℃—24℃	24℃—28℃	22℃—24℃	24℃—26℃
相对湿度	40%—60%	50%—70%	40%—60%	50%—65%
风速	0.1—0.3 m/s	0.2—0.4 m/s	0.1—0.4 m/s	0.2—0.5 m/s
一氧化碳含量	不超过 6 mg/m^3	不超过 7 mg/m^3	不超过 5 mg/m^3	不超过 6 mg/m^3
二氧化碳含量	不超过 0.2%	不超过 0.3%	不超过 0.1%	不超过 0.15%
可吸入颗粒物	不超过 0.2 mg/m^3	不超过 0.3 mg/m^3	不超过 0.1 mg/m^3	不超过 0.2 mg/m^3
新风量	不低于 150 m^3/人	不低于 180 m^3/人	不低于 250 m^3/人	不低于 180 m^3/人
细菌总数	不超过 4 000 个/m^3	不超过 5 000 个/m^3	不超过 3 000 个/m^3	不超过 4 000 个/m^3
自然采光	不低于 80 LX	不低于 80 LX	不低于 100 LX	不低于 100 LX
灯光照度	不低于 40 LX	不低于 40 LX	不低于 50 LX	不低于 50 LX
噪音量	不超过 55 分贝	不超过 65 分贝	不超过 50 分贝	不超过 60 分贝

二、楼面经理餐厅绿化管理

（一）餐厅绿化的作用

（1）调节室内空气。一个现代化的餐厅尽管有现代化设施,但绿化的供氧和湿润空气的作用仍然是无法替代的。将绿色植物引进室内不仅可以装饰、布置和美化环境,更重要的是成为提高餐厅微小气候的质量、满足用餐客人心理需求的不可或缺的重要因素。

（2）使餐厅保持优美环境。餐厅室内虽然可以通过绘画与装饰品的悬挂、摆设美化环境,营造温馨、和谐的气氛,但是缺少花草树木的生机。尤其在高度都市化的城区餐厅里,厅室植物绿化可以给人增添幽静、宽松的感觉和无限美好的遐想,使空间景象焕然一新。

（3）拓展空间的视觉效果。绿色植物在餐厅空间处理上,可以起到内外空间的过渡和延伸、指示方向、限定与分隔空间等作用。

（4）提高礼遇规格。餐厅绿化可以提高礼遇规格、向客人表达各种情谊。当客人进入餐厅时,看到餐桌上的鲜花和周围环境的绿化,一种亲切感会油然而生,这也是国内外一些著名餐厅大量布置绿色植物的动机所在。

（二）餐厅绿化植物种类

餐厅绿化植物可以分为落叶乔木、常绿树、花灌木、攀缘植物、水生植物等。餐厅装饰以活的植物为主,在室内也可以仿真植物与活的植物相间布置。室内乔木的选择范围较少,沼泽和水生植物也不多,地被植物需用藤蔓或者缕针的灌木充当,蕨类平齿植物可用做装饰。在各类花木中,观花、观果类常常受到一定限制。因此,餐厅室内大部分植物是观叶类。

餐厅室内观叶植物大多属于阴性植物,以其叶子的色、形、斑纹作为观赏对象,如观赏蕨类,像铁线肾蕨、乌巢蕨等;天南星科植物,如彩叶芋、春羽、花叶万年青等;龙血树类,如巴西铁树、橡皮树类等。

（三）餐厅环境绿化的形式分类

1. 按空间位置划分

可分为点状绿化、带状绿化、悬吊式绿化、面式绿化与综合式绿化等。

（1）点状绿化。是将具有较高观赏价值的盆景、盆栽放在餐厅的某一位置,作为绿化装饰物。

（2）带状绿化。是以单线的盆栽排列成带状,如直线、折线、方形、回纹形等,并以带状绿化区分出不同功能的空间,具有疏导组织和调整空间的作用。

（3）悬吊式绿化。又包括悬空式、壁挂式和棚挂式。悬空式是利用各种

第三章 餐饮企业楼面经理的环境气氛与卫生管理

吊篮将有下垂特性的植物挂在空中,也称空中绿化,可用建筑构件、装饰气球、灯具等组合成优美造型,以丰富空间层次。壁挂式是用花木与壁雕、灯具、山石、工艺品等构成一个完整的画面或做成托架挂在墙上、柱上。棚挂式是用竹、木、钢筋或陶瓷做成各种形式的亭台、花架置于餐厅作为主景。

(4)面式绿化。多用作背景,组合比较自由,注重总体艺术效果,有时也可用作餐厅空间的景点。它可分为有规则的几何形布局和自由形布局。

(5)综合式绿化。组合时要充分考虑绿化之间的形态、色彩构成关系,有对比也有统一,既要注意突出主题,又能使餐厅环境空间更加丰富多彩。

2. 按绿化植物的配置形式划分

可分为孤植、对植、群植三种类型。

(1)孤植。适合于近距离观赏植物。其姿态、色彩要求优美、鲜明,能给人以深刻印象。多用于视觉中心或空间转弯处。

(2)对植。可以是单株对植或组合对植。常用于餐厅入口、楼梯及主要活动区两侧。

(3)群植。分两种:一种是同种花木组合群植,这样可以充分突出某种花木的自然特性;另一种是多种混合群植,可配合山石水景,增加园林式环境的自然美。

3. 按园艺成品划分

可分为盆栽、盆景、插花三大类。

(1)盆栽。是餐厅绿化最为普遍的形式。一般可分为盆树、盆草、盆花、盆果四大类。

① 盆树。盆树是盆内栽种的木本类观赏植物。如各类松柏、铁树、棕竹、天竹、龟背竹、南洋杉、袖珍椰子、橡胶树等。它们通常被布置在餐厅门厅、大堂等处的宽敞位置。

② 盆草。盆草是盆内栽种的草本类观叶植物。如冰水花、文竹、网纹草、鸭跖草、竹芋、采叶芋、万年青、吊兰、抽叶藤、铁线蕨等。其中,鸭跖草、吊兰、抽叶藤是理想的吊盆植物。

③ 盆花。盆花是盆内栽种的以观花为主的植物,有木本,也有草本。例如,杜鹃、八仙花、茉莉花、桃花、梅花、山茶、月季等都属于木本花,兰花、水仙、铁线蕨、君子兰、樱草、天竺葵、紫罗兰、风信子、海棠、菊花、百合等都属于草本花。盆花布景重要的是颜色与花形的选择要搭配。

④ 盆果。盆果是盆内栽种的以观果为主的果类植物。如石榴、金橘、葡萄、佛手、天竺果、香元等。作为餐厅环境布置,盆果给人以丰收、吉祥的遐

想,从而增添快乐的气氛。

盆栽的管理主要是植物保养,不同的植物有不同的习性。如果不能掌握好水分、温度与阳光,将影响盆栽的正常成长。无论哪种盆栽,在餐厅室内都应避开暖气和暖气管道、空调等设备。此外,放在室内花架、窗台或者其他家具上的盆栽,为避免泥水玷污家具、台布或台垫等,都应采用在盆底加套盆或者碟子的方法。

(2)盆景。盆景依据取材和制作不同,可分为山水盆景和树桩盆景两大类。

① 山水盆景。其特点是通过栽植点石、效仿大自然的风姿风采、奇山秀水,塑造逼真的小景,给人以艺术享受。山水盆景的材料主要是石块、小草、青苔及微型建筑物。对石块的要求是具有良好的吸水性能,以保持石块整体湿润,如太湖石、钟乳石、砂积石、珊瑚石等。山水盆景的造型可以分为独立式、开合式、散置式、重叠式等。

② 树桩盆景。其特点是枝叶细小,茎干大多粗矮、虬曲,苍老而优美,这与盆栽基本以自然形态做观赏的情况有很大的区别。树桩盆景通过剪切或借助其他材料而使植物按主观设计成长,它的长势可分为直干式、蟠曲式、横枝式、悬崖式、提根式、丛林式、垂枝式和寄植式等多种。其选用的树种主要有五针松、福建茶、石榴树、黄杨树、桧柏、罗汉松、榆树、鹊梅、九里香等。

陈设盆景以中小型和微型为宜。中餐厅盆景一般放置于厅堂几架、茶几上。西餐厅一般都用小盆果,放置在沙发的茶几上,也可在窗前、角落设置盆果架。盆景设置还应注意高度和角度,以达到最好的观赏效果。餐厅盆景的依托一般为陶制盆钵,也有用石块磨制而成的。盆景的绿化管理与盆栽相似。

(3)插花。插花是以切取植物可供观赏的枝、花、叶、果等部分插入容器中,经过一定的技术和艺术加工组合成精美的花卉艺术装饰品。插花的形式依据盛器不同通常有水瓶式、水盆式和花篮式插花三种。餐厅普遍采用水瓶式和水盆式插花两种。

① 插花的风格。任何艺术都以东西方之分或古今之分来显示不同风格。插花也是如此。东方式插花是以日本、中国为代表的插花艺术,而西方式则泛指欧美的插花艺术。这些不同风格的形成与绘画等其他艺术都很相似。例如,东方的中国画、日本画历来重线条和平面表现;而西洋画则重块面,以体积表现。近百年来,随着东西方文化的交流、科学的发展,也出现了新型别致的现代化插花风格。

② 插花的选择。插花花材选择有应题取材和应材命题两种。对于植

物的总要求应该是新鲜、整洁。就花果而言,以将开未开、少量盛开或者大多待开为理想的选择。一年四季有不同的花材供选择,但插花毕竟是一项创作活动,因此必须考虑插花效果。盛夏由于天气炎热,一般客人不喜欢大红、大绿的颜色,选择花材就应以清淡素净为主;与此相对,冬季则可选用色彩浓厚、欢乐热闹为主题的花材。插花盛器的颜色、造型取决于花材和环境。就花材而言,如白菊花最好选用深色的盛器。在餐厅走廊不宜随便摆放花瓶,可采用竹器、陶瓷等悬挂式花器。餐桌中间为不遮挡视线,可用盆钵而不用花瓶。就环境而言,餐厅厅堂的大小、布置的风格都会影响对盛器的选择。

③ 插花的保养。插花保养主要包括盛水的深浅、剪枝技巧与水质处理。

A. 盛水。为使花瓶中的水与空气保持最大的接触面积,对于一些长颈或窄口瓶,水位应放在花瓶的最宽处。对于广口盂等浅身容器,则水应尽可能盛足。

B. 剪枝技巧。斜切枝末端或扩大切口可以增加吸水面。切口浸热可清除病菌,又能将导管中所存留的空气排出。水中剪切可避免剪切时空气侵入枝茎和导管内阻碍吸取水分。

C. 水质处理。水中增加药剂可以达到灭菌、防腐和促进吸水、增加营养等作用。夏季经常换水和在水中投入适量冰块,可降低水温,对大丽菊等花种有延长花期的作用。

餐厅绿化除盆栽花木外,通常还采用花坛、花池、花架等绿化形式,主要用于大堂、中庭等公共场所,往往与盆栽植物交叉运用。

(四)餐厅绿化的基本原则

(1)布置均衡,配置合理。餐厅空间高度、宽度及陈设物的多少及体量决定了选择绿化植物的数量及大小。如在2.7米层高的餐厅内陈设的最高植物要求不超过2.2米。植物太高会产生压迫感和窒息感。但在很大的空间内放置几盆小花,则显得过于空旷。

(2)主次分明,体现风格。餐厅公共场所的室内绿化一般要选择1—2种植物做主景,在数量上要占有相当的优势,再选一般的植物做主景的陪衬,使在同一方位的空间有主调、主景和配调、配景之分。主景是装饰布置的核心,必须醒目,并具有艺术特色。在选材上可选用形态奇特、花叶优美、色彩绚丽、体形大、有别于常见花卉的品种做主景,放置在醒目的位置,以突出主景的中心效果。

(3)色彩协调。餐厅绿化装饰中的植物色彩选择,一般首先要考虑环境色的冷暖关系。如果餐厅环境如墙壁、地面、家具的色彩是暖色调,则绿化植物应选偏冷色调;反之,用暖色调。其次,大空间聚光度较好位置宜用暖色花;反之,宜用冷色花。另外,绿化植物的选择应与季节、时令相协调。夏季可选用令客人感到清凉的花卉种类,如冷水花、亮白花叶等;喜庆日子可选择一些鲜艳的花卉;春节可用桃花、腊梅、碧桃;中秋、国庆可用金橘、缅桂等,以增添餐厅用餐的节日气氛。

(五)餐厅绿化的方法

餐厅、咖啡厅、酒吧、卡拉 OK 厅等场所的植物装饰宜选用较大型的观叶植物,并配上艳丽多姿的花、叶共赏的观花植物。一般可在入门醒目之处摆放大型五针松、罗汉松等盆景,起到迎客松的作用,表达尊客之意。墙角可摆放体态大型的橡皮树、棕竹等观叶植物,体现友谊长存之意。餐厅应注重垂直绿化形式,在竖向空间上,用垂、吊、挂、嵌以及攀缘等形式点缀些绿色植物,以增添情趣。

餐厅绿化装饰应注意所选择的花卉色调要与整体厅堂环境相协调。如暗淡的背景宜放置鲜艳的花卉点缀,明亮的背景宜配置纯观叶植物或暗色花卉。灯光暗淡的晚宴如采用红、蓝、紫等深色花卉将令人感觉气氛沉闷,而用于明亮的午餐或午宴,会显得活泼、奔放,给客人以热情欢迎的感受。白色、黄色、粉色等淡色花卉则适用于晚宴,这会使空间显得明亮,使人兴奋。

餐厅桌几上的插花是餐厅植物装饰的画龙点睛之笔。插花与餐桌几在形式上要和谐。长方形的桌几,插花宜构成三角形,放在桌几面纵向的中线上,相隔相等距离摆放同种花卉;圆形桌几上的插花宜构成圆形,放置在桌几的中央。富有艺术性的插花要从每一个角度上都能够欣赏到,面向主宾一侧的造型应更加丰富。

常见的用于餐厅厅堂插花的材料有月季、菊花、唐菖蒲、香石竹、腊梅、南天竹等。应视不同情况灵活运用。餐厅中不可用具有浓香味的花卉,以免干扰菜点的香味。餐桌附近可适当布置一些植物,如带状绿化植物来分隔不同的用餐区域。风味餐厅还可选用有特色的观赏植物来增加地方风味的色彩。在喜庆的日子里,可在餐厅内配置一些艳丽的盆栽或者插花,以增添欢快、祥和、喜庆的气氛。一些较高大的餐厅可在上空用巢蕨、绿箩等做篮式悬吊,也可与灯具结合,做顶棚装饰。

三、楼面经理餐厅文化氛围营造

（一）餐厅织物装饰

餐厅中用于服务和装饰的织物品种繁多，主要有地毯、窗帘、家具软包织物、陈设覆盖织物、靠垫等。根据原料区分，织物包括天然制品和人造制品。天然制品主要有棉、麻、丝、毛等织物，人造制品主要有聚酯、人造丝、玻璃丝、腈纶和混纺织物等。根据织法和工艺，织物分为编织、编结、印染、绣补和绘制等。餐厅主要织物和配置方法如下：

（1）地毯。一般高档、豪华餐厅，档次较高的包房、宴会厅可铺地毯。地毯的色彩、图案与质地能够美化环境、渲染气氛，还具有吸音、保暖、防滑和具有弹性等优点。因此，地毯在餐厅中使用广泛。单色和素凸式地毯适合于要求环境相同、安宁平静的咖啡厅和茶室等。花草地毯的图案很多，不同的图案也有各自的功能性表现。例如，采花式、综合式图案地毯适合铺放在走廊或者大厅中，使人们行走的路线呈连续形图案。这种散花一般比较碎小，对客人用餐掉下来的食物、汤渍有一定的掩饰作用。

（2）窗帘。窗帘不仅在功能上可以起到遮光、调音和隔音等作用，同时又有很强的装饰性。窗帘的色彩、图案、质感、垂挂方式及开启方式都对室内的气氛及格调构成产生影响。窗帘所用织物可以分为粗质料、绒质料、薄质料和网扣四大类。粗质料和绒质料主要用于单道帘或双道帘中的厚帘；薄质料和网扣主要用于双道帘中的第二道帘。薄质料织物有乔其纱、尼龙纱、府绸、涤棉、棉布等，尤其是纱帘以其质地轻薄、装饰性强的特点得到最为普遍的使用。

（3）门帘与帷幔。门帘与帷幔是餐厅内极富有感染力的装饰之一。活跃的空间为门帘与帷幔提供了广阔的用材。门帘与帷幔的选料广泛，除了织物外，竹帘、木珠帘、草帘等都别具特色。

（4）覆盖织物。覆盖织物包括用于餐桌、餐台、餐橱、餐柜上的桌布、桌裙、台布、巾垫等，主要功能除了增加色彩、美化环境之外，还具有防止磨损、防油污、防尘、保护被覆盖物的作用。其中桌布是餐桌的覆盖物，既要配合墙面、地面、窗帘的色彩，又为餐桌上的餐具、插花和餐巾花等其他摆设做衬托。桌布的大小及式样由餐桌的功能与大小来确定，其色彩主要取决于餐厅现场环境。传统的桌布一般为白色，也有暖色系统。在西餐厅与咖啡厅中，还常常选用格子条纹状的花色桌布，颜色以橙色、浅红色、天蓝色、湖绿色等为主，使餐厅的环境气氛充满着轻松、活泼的情调。

(5) 其他织物。主要有两类：

一是壁挂和吊毯。属软质材料，作为室内墙饰或挂饰，其绘画与其他工艺品相比更让人感到亲切。壁挂的种类繁多，艺术手法和装饰效果各不相同，因此有广泛的表现力和适用性。壁挂有刺绣壁挂、毛织壁挂、棉织壁挂和印染壁挂。其中，刺绣壁挂包括传统的苏绣、湘绣、蜀绣、顾绣等四大名绣和属于新兴工艺的绒绣。

二是餐巾。餐巾折花是装饰美化宴会用餐、团体用餐、会议用餐、节日家庭聚餐等桌面不可缺少的因素，也是筵席服务上一道必备的工序。餐巾的规格各地不尽相同。餐巾的色彩可根据餐厅色彩环境选用，力求与整个环境保持和谐。目前餐厅使用的餐巾大多是白色丝光提花布制成。另外，还有一种餐巾垫直接铺放在客人的面前，质料有纸质与织物两种，上面印制有花纹及本企业或餐厅的标志，常见于西餐厅和快餐厅。

(二) 餐厅墙面饰物

1. 餐厅墙饰的作用

(1) 表达主题。餐厅在环境装饰方面为突出主题效果，对墙面的装饰一定要重视。墙面空间大，最容易引起用餐客人的关注。如国外一家汽车餐厅，在墙面上挂满了各种各样的汽车图片，甚至还有汽车的配件，如方向盘、车轮等。

(2) 渲染气氛。墙饰能够渲染整个餐厅的气氛。例如热烈的、平静的、吉祥的、幽雅的、朴实的、华贵的，等等。

(3) 点缀空间。墙面面积较大，如果在大面积的白色墙面上加以适当装饰，则会使本来比较单调的布置变得丰富。

(4) 调整构图。墙饰可以使原本不完美的空间得到调整，创造出意想不到的效果。

(5) 增加情趣。具有浓郁民族风情的墙饰可以增强餐厅的主题与情趣，充分体现出餐厅真诚为客人服务的人情味和亲切感。

2. 餐厅墙饰的种类

餐厅墙饰种类繁多。现代餐厅内不仅运用各种绘画、书法、装饰画等装饰墙面，还运用各种工艺品、民俗用品、日用品及织物、金属等表现文化风情、艺术流派。

(1) 各种绘画与书法。以中国书法与绘画为墙饰的餐厅一般是宴会厅或规格较高的中餐厅。西洋画中以油画及水彩画、版画在墙饰中使用较多。应注意到西洋画在国际上有统一的画框规格。

（2）工艺品类墙饰。工艺品墙饰包括镶嵌画、浮雕画、艺术挂盘、织物壁挂等，风格多种多样，往往比普通绘画更具有装饰趣味。其中，镶嵌画是用玉石、象牙、贝壳和有色玻璃等材料镶嵌而成的工艺画，既有表现古典风格的，也有诠释现代风格的。浮雕画是用木、竹、铜等材料雕刻成各种凹凸造型，嵌入画框进行布置。珐琅画是用珐琅粉与黏合剂混合，以画笔绘制在金属器物上烧铸而成的。

许多日常生活用品和动物的头盖骨都可以用来作为墙饰物。如陶制品、瓷盘及弓箭、乐器、草帽、渔网、扇面、风筝、牛头骨、羊头骨等。这些物品别具风格。例如，有的餐厅用京剧脸谱作为饰物；有的餐厅墙面上挂有蓑衣、斗笠、鱼篓，具有浓郁的水乡风情。

3．墙饰布置

确定餐厅墙饰品的形式与内容非常重要。如果在形式与内容上选择失误，将会使整个餐厅的其他装饰大煞风景。

（1）墙饰形式的确定。墙饰品的形式包括种类、风格和样式。形式的确定主要根据餐厅空间、风格与布置状况。

（2）墙饰内容的确定。所谓内容，就是墙饰品的题材、立意及色彩。餐厅功能和室内装饰风格是确定墙饰品内容的主要根据。大的宴会厅常以气势恢弘的名山大川以及有一定景观的人物场面画来布置。而空间相对狭小的餐厅、雅间、包房则选用文雅秀丽、恬静柔和的作品来点缀。

（三）餐厅工艺品摆饰

摆饰相当于挂饰，它是指需要平面摆放的观赏工艺品，其中既有纯粹的观赏艺术品，也有既是观赏品又具有实用价值的物品，还有原先是日常用品、后来演变成为观赏品的摆饰。摆饰经特定背景与灯光布置，可以突出室内装饰的效果。

（1）餐厅工艺品摆饰的种类。工艺品摆饰按照内容可以分为古玩玉器、现代工艺品、玩具、纪念品等；按照质地可以分为象牙雕刻、竹木雕刻、贝雕、螺钿、翡翠、琥珀、竹编、草编等。

（2）工艺品摆饰布置。摆饰品种很多，选择时要注意摆饰的内容与整个餐厅气氛是否相配、摆饰的形态与周围景观是否和谐、比例大小是否恰当、会不会影响整体效果。摆饰色彩应与室内装饰协调，或者呼应，或者重点突出，特别忌讳色彩凌乱、杂乱无章。

摆饰在布置上也十分重要。一般质地光滑的摆饰如瓷器、玻璃器皿等在粗糙的背景下会更突出；而质地粗糙的摆饰如陶器、草编等则在光滑的背景下更能显示质地的特点。

四、楼面经理设施设备的使用与维修管理

做好餐厅设备管理是维护餐厅环境,满足客人需求,获得优良经济效益的重要保证。各种设备的正常运转将提高餐厅的服务质量和工作效率,从而体现餐厅的整体管理水平。

(一)餐厅设备的使用与维修管理原则

(1)规划、购置与使用相结合。无论购买任何设备,楼面经理都应参与事先的方案规划。规划的内容包括购置设备的理由、市场上这种设备的状况、设备的经济效益和所需费用之间的比例是否合理、是否具有替代品。楼面经理应做好对操作者的培训,督导员工按照操作规程或使用说明书操作、保养和维修设备,发现问题及时改进,以期取得良好的经济效益。

(2)维护和计划检修相结合。楼面经理应贯彻"以防为主"的方针。如果设备出现了比较严重的故障或损坏再去维护,可能已经无法继续使用,必然给餐厅造成重大经济损失。因此,楼面经理要时刻督导相关人员做好计划,严格按照操作规程使用设备,做好设备检测工作。当设备出现故障,要及时进行修理。如果设备使用性能退化和损坏,无法继续使用,将会影响餐厅正常经营,楼面经理就应考虑是否建议改变设备局部结构或增添新部件,进行改造,甚至更换新设备。

(3)专业管理与全员管理相结合。餐厅设备管理与维修不只是工程技术人员的工作。楼面经理应当通过培训与督导,增强全体员工的设备管理与维护意识。使全体员工认识到,企业的每一位员工,都应直接或间接地参与餐厅设备管理。要做到专业管理与全员管理相结合,保证餐厅营业需要。

(4)技术管理与经济管理相结合。餐厅设备管理目标是要达到综合效能。这就要求设备管理要将技术管理与经济管理结合起来,促使设备在寿命周期内获得较高效能,实现良好的设备投资效益。同时,餐厅设备管理的中心是人。楼面经理应坚持以人为本,通过督导员工发挥主观性、责任心,管理好设备。

(二)餐厅设备的使用、维修管理机制

餐厅设备使用与维护涉及餐厅员工、维修工、部分用餐客人或者其他人员,因此管理有一定难度,但无论如何,设备的使用与维护都要从正确使用与精心维护开始。

(1)爱护设备,人人有责。楼面经理应该让全体员工树立"爱护设备是

第三章 餐饮企业楼面经理的环境气氛与卫生管理

我的责任"的观念,通过制定有关制度和督导员工认真执行,强化员工的设备意识,促进餐厅设备管理的规范化和效率化。

正确使用,保证设备正常运行,发挥设备功能,达到正常寿命。为此,楼面经理应当督导员工做到"三好"、"四会"、"五项纪律"。

三好是指管好设备、用好设备和保养好设备。管好设备是要建立设备台账,设置卡片,详尽登记设备名称、型号、购置时间、维修记录。设备暂停使用、借用、报废等要按程序办理手续。

用好设备就是要培训员工执行操作规程。注意"人走灯灭",防止设备超负荷使用或无效动作。

保养好设备要体现在日常工作之中。设备使用完毕,要及时检查保养,清除设备上的油渍污迹;使用中移动过的设备归放到原来的位置;由专人上油、擦拭内部零件等。

四会是指设备使用人员要会使用、会维护、会检查、会排除一般故障。设备操作人员要熟悉设备的作用与性能,熟练掌握操作规程,能够对设备正确维护,按照制度要求检查设备;设备运行中一般故障要及时排除,不能解决的问题要及时请维修人员检修。

五项纪律是专门针对重要设备而言的。一是专人负责,闲人免碰;二是不得擅离岗位,发现问题要及时检修;三是认真执行交接班手续,做好值班记录;四是设备附件、维修工具要妥善管理,登记造册;五是按规定进行清洁、加油、润滑。

(2)制定设备维护管理制度。一是岗位责任制。凡有固定人员操作的设备,要专人负责。由多人操作的设备,要指定一人为设备责任人。岗位责任制的核心是"谁使用,谁负责"。二是保养制度。冷暖空调等重要设备,实行春备夏、秋备冬的维修制度,事先制订出保养计划,确定停机维修时间。三是维修制度。餐厅员工发现设备运行不正常时要向维修部门报修。维修部门接到维修单到现场维修。紧急维修事后要补填维修单。一般性维修要在24小时内完成。影响客人用餐和有碍观瞻的设备维修,要由维修部门限时修好或更换设备。对需要停机检修、维护保养的设备要确定工作计划,并报总经理审批。四是奖惩制度。要建立落实奖惩制度。严肃、认真执行设备维修保养制度,保证餐厅各种设施设备与餐厅等级规格和企业星级标准始终相适应。

(三)餐厅设备的使用与维修管理标准

1. 墙面维修保养标准

(1)墙面装饰。墙面装饰材料选用与装饰布置应和餐厅性质、风味、等级和企业星级标准相一致。表面装修美观、整洁且平整,无脱皮、掉色、划痕和破损。挂景线、墙裙应牢固、美观、无脱落。暖气罩表面光洁,无掉漆、脱皮与任何损坏。窗帘和门窗开启自如,使用方便,保温和遮阳效果要好。餐厅与厨房之间房门隔热和分隔气味效果良好,开启方便。

（2）墙面饰物。墙面字画、壁画、壁毯、挂毯选择与餐厅规格和企业星级标准相适应。安装牢固,位置适当,品种与数量合理,无任何脱色、松动和损坏。

（3）壁灯。壁灯须造型美观,照度达标,数量合理,安装位置适当,开启自如,无任何损坏、松动。高档餐厅的灯光可自由调节。

2．天花设备维修保养标准

（1）天花板装饰。造型、材料、高度与餐厅气氛、等级和星级标准相适应。表面装饰美观、舒适,整洁、牢固,反光吸音效果良好,无破损及污痕。

（2）天花板灯饰。灯具数量、安装位置与照度同餐厅等级规格相适应。美观、舒适,安装牢固,开启方便自如,无任何损坏。

3．地面设备维修保养标准

（1）光洁地面。大理石、瓷砖、木质或其他光洁地面的材料选用、表面装修与效果和餐厅等级规格相适应。表面光滑、平整、不起沙砾,踢角线安装良好,无任何损坏。

（2）地毯地面。满铺带衬垫地毯。地毯颜色、图案美观、舒适,无凸凹不平感觉。地毯铺设牢固平整,符合国家阻燃规定标准。

4．餐厅销售服务设备维修保养标准

（1）吧台与柜台。吧台与柜台台型美观舒适、位置适当、表面光洁。吧台和工作区储酒柜、制冰机、榨汁器、苏打枪、量杯等各种设备用品齐全、完好、有效。柜台玻璃、台面、门面保养良好,开启自如而无噪音。

（2）接待台与收银台。接待台与收银台台面美观舒适,位置适当。电话用品齐全而无故障。收银台电脑、信用卡压卡机、打票机、税控器、验钞机等设备齐全和完好,使用方便。

（3）客用餐桌椅。桌椅成龙配套,数量、台型规格、质量与餐厅性质、接待对象、餐厅等级规格相适应。桌椅台面美观、装配紧固。台面转盘美观,转动灵活,无噪音和滞涩、滑动现象。

（4）接手桌和工作柜。宴会厅接手桌规格型号与宴会厅等级协调,装配紧固不松动,使用方便,可移动,表面无破损。工作柜位置固定,装配美观,抽屉开启灵活自如。

(5) 小推车。各种小推车造型美观，车轮牢固，表面整洁，推行自如。

5. 餐厅电器设备维修保养标准

(1) 空调与冰箱。开启自如而无噪音，冷冻效果良好，冰箱内灯具、调温开关无故障。

(2) 电视机。开关灵敏自如，选台、调台准确无杂音，图像清晰，色彩适宜，插头、遥控器无故障。

(3) 电话机。表面干净、整洁，键盘拨号灵活自如，接送电话无杂音且使用正常、无故障。

6. 安全设备维修保养标准

(1) 烟感器与喷淋装置。烟感器与喷淋装置安装位置合理，规格、型号和灵敏度达到星级标准。完好率达到100%。

(2) 灭火设备。餐厅所需的灭火器、消火栓、水枪、水带等各种消防设备配备齐全，安装、摆放位置适当，使用方便。灭火设备始终保持完好、有效，无任何故障，能随时投入使用。

(3) 安全门与防火通道。餐厅与过道等各处安全门和防火通道设置合理，灯光显示清楚，图像与指示方向准确，任何时候均保持畅通无阻，灯光图像始终保持开启状态，无故障发生。

(4) 安全监控设备。监控电视机配备齐全，开启灵敏自如，图像清晰，无噪音。摄像机位置隐蔽，安装位置符合关键部位要求，接收信号、传送图像准确、快速，无任何故障。摄像资料存储要保证一定的有效期。

7. 餐饮产品制作设备维修保养标准

(1) 炉灶与通风设备。炉灶数量与餐厅接待能力相适应。炒菜、蒸煲、吊汤等炉灶配备齐全，使用方便。各种炉灶煤气开关和上、下水设备，配备齐全、完好、有效。通风机、抽油烟机、散热设备配备齐全，使用效果良好。开餐时无油烟，温度适宜。

(2) 机械设备。洗碗机应清水冲洗，高温消毒，流水洗涤线始终保持完好有效，洗涤质量达到设计要求。洗碗间位置合理，水池、洗碗槽、碗柜设备成龙配套，使用方便。食品制作机器位置摆放合理。插头、接线处隐蔽，表面整洁，使用方便。

(3) 消毒化验设备。消毒设备、用品完好，使用方便，每天至少彻底消毒一次。冷菜厨房配紫外线或药物消毒设备，设备齐全完好，每餐至少消毒一次。等级、档次较高的餐厅设置化验室，设备齐全完好，无任何故障。食品化验率不低于95%。宴会食品留样。重要宴会每次留样，保留24小时。

（4）垃圾处理设备。各厨房、餐厅有专门放置临时垃圾及泔水、废弃物品的设备。位置合理，表面干净，内装塑料袋。每天至少清除两次垃圾。垃圾处理及时，无异味。

（5）维修管理整体效果。餐厅设施、设备完好率达到98%以上。有效率趋于100%。客人对餐厅设施、设备满意程度达到90%以上。设备故障率不超过2%。客人对设备投诉率低于2%。

第三节 餐厅环境卫生管理

一只小虫子引起的风波

某三星级酒店一行15人由总经理率领慕名来到本市一家餐厅用晚餐。他们此行的目的是学习该餐厅的管理和服务，品尝特色菜点。

晚7时，他们来到包厢"春厅"。虽然有预订，但因多来了几个人，使领班和服务员手忙脚乱地搬桌子、添椅子和餐具。客人还没有完全落座，一位客人一边欣赏墙面上的字画，一边指着一幅字向服务员问道："小姐，请问那几个字写的是什么啊？"正在忙碌的服务员说："我不知道。"再问领班，领班答到："我不清楚。"入座后，客人开始点菜。一位客人问道："服务员，最近咱们餐厅推出什么特色菜没有啊？"领班答到："不清楚，我到厨房问一下再告诉你。"但此后一直没有特色菜的回音。客人点完菜，领班把菜牌一收就离开了。

15分钟后，服务员才开始上凉菜。此时，客人们看见从转盘底下爬出来一只蚂蚁，赶紧叫服务员处理。刚刚处理完蚂蚁，一位客人又从啤酒杯中打死了一只小虫子，因此，这位客人强烈要求领班换掉这只杯子。领班将脏杯子拿走，很快拿回来一个杯子。但客人觉得还是刚才那只杯子，因为杯子上有用手拿过的痕迹，因此要求领班再去换一个干净的杯子。领班很不情愿地拿来一个与原来杯子不同的高脚杯，"砰"的一声放在桌子上。客人不高兴地质疑："怎么会是这种杯子？"领班回复到："杯子没有啦，这才是喝啤酒的杯子。这回你相信这是新换的杯子了吧！"

席间，客人们流露出对领班的不满，一位客人对服务员讲："你服务得还

第三章
餐饮企业楼面经理的环境气氛与卫生管理

不错,你们那个领班可太不规范了。"此后,领班再没有出现过。结账时,一位客人提出要享受打折优惠,收银员请来的一位餐厅部长讲:"我做不了主,得上报。"另一位客人对这位餐厅部长开玩笑说:"你们可得注意呀,这个人(指要求打折的同事)可不好惹!"部长回敬道:"没关系,我们敢开这么大的店,就不怕有人来捣乱。"大约十分钟后,部长把投诉客人叫了出去。餐厅一位负责人向这位客人讲:"可以考虑打折,但只能打八五折。"客人说:"不行,你们服务中出了这么多的问题,卫生不好,服务态度这么差,菜肴也不好,怎么也得打六折。"餐厅负责人说:"我做不了主,得上报。"就这样僵持不下,十分钟又过去了。最后,值班经理来到现场,听了客人的投诉后,向客人说道:"你们讲的那个领班服务不好我知道,她不代表我们餐厅。你们不能总是指责我们的服务员,你们是人,她们也是人。"最后,双方以打八折达成协议。可是,客人一核对账单,觉得餐费总额不对。打折之后应该是3 200元,可是餐费总额却是3 600元,这不是只打了九折吗?仔细一算,发现餐厅将基围虾和另一个菜点按两份来结账。这一下,客人们都不高兴了,纷纷说道:"本来我们是来考察学习的,没想到不仅没有学到东西,反而怄了一肚子气。""花钱不在多少,关键是要一口气。"

点 评

通过案例可看出餐厅暴露出来的问题不少,主要表现在两个方面:

(一)服务质量问题

(1)知识与沟通问题。服务员对本餐厅长期装饰的字画竟然连书写的内容都不清楚,说明了餐厅管理者对员工的最基本的培训都没有做到。领班不清楚当日(或当月)有没有特色推销菜点,说明餐厅的经营方法、餐厅与厨房的联系有问题,服务员掌握的推销技能欠缺,餐厅管理者对员工应知应会的内容没有任何要求。

(2)服务程序与态度问题。服务员为客人点菜时没有核对、复述菜点名称和份数,缺乏最基本的服务知识和工作环节。当客人要求领班再去换一个干净杯子时,领班很不情愿地拿来一个与原来杯子不同的高脚杯,往桌子上"砰"的一声放下。当客人质疑怎么是这种杯子时,领班回复到:"杯子没有啦,这才是喝啤酒的杯子。这回你相信这是新换的杯子了吧!"

(3)推脱管理责任。值班经理说:"你们讲的那个领班服务不好我知道,她不代表我们餐厅。"作为三星级酒店总经理率队来考察学习的餐厅肯定应该是一个著名的、经营档次较高的餐饮企业,而值班经理竟然如此推卸管理责任,显然与酒店声誉不符。

(4) 语言技巧问题。"没关系,我们敢开这么大的店,就不怕有人来捣乱。""你们不能总是指责我们服务员,你们是人,她们也是人。"如此语言,无论是餐厅服务员,还是管理人员,存在着极大的问题,与其身份、性质极不相称。

(5) 经营思想问题。将菜点的份数搞错,肯定是不能用工作态度不认真、粗心大意等理由搪塞、交代过去的。在客人心中,无疑会认为餐厅缺乏诚信、巧取豪夺,有悖行业道德。

(二) 餐厅环境卫生方面的问题

桌子上有蚂蚁、新上桌的啤酒杯子中有小虫、为客人换回来的杯子上有用手拿过的痕迹(即使这是新换的杯子)。这些都是餐厅卫生最不应该发生的低级错误。由此反映出来这个餐厅的卫生环境实在是太差了,进而说明餐厅的整体管理水平、管理者和员工的卫生管理意识、服务态度、服务质量存在着严重问题。这些不应该有的混乱现象造成客人投诉是必然的。楼面经理应该通过案例对餐厅卫生管理给予高度重视。为此,本节在探讨餐厅装饰布置和环境气氛美化的基础上,探讨楼面经理的餐厅环境卫生管理方法和标准,以确保为客人创造美观、舒适、卫生的就餐环境,从而提供优质服务。

一、餐厅环境卫生管理

环境卫生是餐厅服务的生命,它和餐厅环境布置、环境美化和气氛营造都是楼面经理的工作内容之一。为此,楼面经理必须认真做好以下三个方面的工作:

(一) 餐厅环境卫生管理的要求

1. 更衣室卫生管理要求

餐厅建立员工更衣室,便于员工上下班时更换服装和存放私人物品。更衣室一般不应靠近餐厅、厨房或仓库,要保持通风和照明效果良好,并有淋浴、洗手池、镜子等设备。凡配备员工更衣室的餐饮企业,楼面经理或相关部门管理人员应建立员工更衣室管理制度,对更衣室整洁、更衣柜使用、钥匙管理等做出明确规定,并督导员工执行。

2. 员工专用卫生间管理要求

餐厅应设立员工专用卫生间,避免员工与客人合用。员工卫生间应设置在隐蔽处,出入口有自动闭门装置。卫生间设备应齐全,洗手池如使用自控水龙头,其出水时间不应少于 15 秒,以免反复启动开关。楼面经理应每天对卫生间的整洁效果、卫生纸、皂液(香皂)、纸巾等卫生用品是否补足做好检查,以保证卫生达标。卫生间的醒目位置需张贴印有如厕后冲水、洗手布告和提示,引导员工养成良好的卫生习惯。

3. 垃圾处理的基本要求

为保持良好的餐厅环境卫生,楼面经理或相关部门管理人员应建立垃圾处理管理制度,制定并落实相应的管理措施。餐厅应配备足够的防蝇、防鼠、不吸潮、不漏水的垃圾桶,桶内套上塑料袋。垃圾桶平常加盖密封,以免不良气味外溢污染空气。垃圾桶应及时清理,每次清理后应用热水、消毒剂洗刷。大型餐厅可建立垃圾冷藏室,配备垃圾压缩机或垃圾粉碎机。依据垃圾性质对气态垃圾、液态垃圾、固态垃圾分别采取相应的处理方法。

4. 防治病虫害的管理要求

苍蝇、蟑螂、蚊子和老鼠都能污染食品、餐具和炊具,传播各种传染病。因此,楼面经理要采取有效措施,协调相关部门、带领餐厅员工做好防范和治理病虫害的工作,建立相关管理制度,组织相关岗位员工落实。具体方法有:

(1) 防止病虫害进入餐厅、厨房、仓库和更衣室、卫生间、垃圾房等场所。如果发现,立即消灭。

(2) 餐厅各处通往厅室外的门应有自闭设置,窗户密封或装纱窗。特别是餐厅、厨房、储藏间、卫生间、垃圾房等场所,更要做好密封,尽量减少病媒昆虫、动物进入。

(3) 餐厅墙壁、天花板、地面如有缝隙,会成为蟑螂隐匿场所,必须密封。

(4) 运进食品原材料和其他货物时,严格查看箱装、袋装物品,杜绝蟑螂、老鼠混入。

(5) 营业结束后,各岗位员工应清理工作场所,及时洗涤各种工具、设备,收藏所有食品,定期检查储藏室、库房、垃圾房有无四害存在,定期捕捉灭杀。

5. 清洁工具、物品卫生要求

(1) 专人负责。楼面经理指定专人负责清洁剂、消毒剂、擦银器粉、氨水、灭鼠杀虫药品管理,督导他们按照规范要求领取发放。

(2) 分开管理。除卫生间、洗涤间可存放物品外,餐厅、厨房、食品库、储藏室等一律不应存放各种清洁用品和清洁工具。有害、有毒用品容器上张贴醒目标志。单独设立清洁工具和用品存放室,分开管理。

（二）餐厅服务卫生管理要求

1. 餐厅室内卫生管理要求

（1）门前过厅、地面光洁,无卫生死角;墙面、天花洁净,装饰美观,无掉皮、脱皮、印痕、污点。

（2）门口接待台、预订台面干净,物品、用具摆放整齐、舒适。

（3）厅内地面洁净,墙面、天花板无污迹、脱皮现象。

（4）餐厅吧台表面清洁,吧台前地面干净,无水印、污迹。

（5）出菜口及地面干净,无水迹、污点。

2. 餐厅服务卫生管理要求

（1）遵守卫生操作程序,配合厨房出菜,把好质量关。

（2）食品装盘、摆放或更换餐具清洁,不发生二次污染。

（3）热菜上桌加盖保温盖,凉菜使用冷盘,传送食品的托盘干净,工作台上溅、溢菜汤等食品后及时清扫。基本无用手传送食品的现象发生。

（4）服务和操作中不用手取冰块。取冰块用冰铲或冰夹,保证冰块清洁。

（5）各种餐具用后消毒,保持光洁明亮,无水渍。

（6）工作柜内的餐、茶用具摆放整齐,取用方便。用过的餐、茶具及时回收、清洗消毒。

（7）餐厅内的甜点展示柜保持清洁,各类食品新鲜美观。

（8）餐厅和厨房均设有防蚊、蝇、蟑螂、老鼠、蚂蚁等装置,保持用餐环境清洁、舒适,防止污染发生。

（三）餐厅服务操作卫生要求

1. 餐厅服务操作

（1）餐厅保持整洁,餐具摆台或客人就餐时不得清扫地面,餐具摆台超过用餐时间后尚未使用的应当回收保洁。

（2）发现有感官性状异常或可疑变质食品时,餐厅服务人员应立即撤换,被撤换的食品做相关处理,确保供餐安全、卫生。

（3）传送食品。使用专用工具（如托盘等）,专用工具定位放置,防止污染。

（4）客人自取的调味品、原材料等,应当符合食品卫生标准要求。

2. 餐厅消毒操作

（1）楼面经理授权专人负责消毒,确保安全达到标准。

（2）楼面经理要督导消毒人员做好消毒记录,做好定期检查。

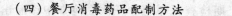

（四）餐厅消毒药品配制方法

（1）漂白粉溶液配制方法：将漂白粉配制成10%的漂白粉乳剂。消毒时用0.2%—0.5%的澄清液（取10%乳剂200—500 mL，加水稀释成10 L即可）。适用范围：无油垢的工具、机器、操作台、墙壁、地面、贮水池、配料间等。

（2）氢氧化钠溶液配制方法：将氢氧化钠1 kg溶于99 kg水中，即成为1%的氢氧化钠溶液。适用范围：有油垢或浓糖黏污的器具、墙壁、地面等。

（3）臭药水（克利奥林）配制方法：将克利奥林5 kg溶于95 kg水中，即成5%的臭药水溶液。适用范围：有臭味的阴沟、下水道、垃圾箱、厕所。

（4）高锰酸钾溶液配制方法：100 kg水中加入高锰酸钾0.1 kg即成0.1%溶液。适用范围：水池等。

（5）乙醇溶液配制方法：配制70%的乙醇溶液加入棉花球。适用范围：手指、皮肤、小工具。

（6）"84消毒液"配制方法：1∶200。适用范围：器具。

（五）餐厅消毒程序管理

（1）化学药物消毒程序。除残渣→碱水刷→化学药物浸泡5分钟后用净水冲。器具感官检查达到光洁、无味。

（2）物理消毒程序。消毒方法：在高压蒸汽或100℃的沸水中进行。适用范围：容器、工具、衣、帽、毛巾等物品。

消毒程序：除残渣→碱水刷→净水冲→热力消毒5—10分钟，要求餐具感官检查达到光、洁、涩、干。

消毒好的餐具，整齐、规范地摆放在保洁橱柜，保洁橱柜要有防蝇、防尘设施。

二、餐厅员工卫生管理

良好的个人卫生，可以防止疾病传播，避免食物污染，防止食物中毒事故发生。餐饮员工卫生的管理方法和要求是：

（一）餐厅员工健康检查

餐厅从业人员的健康管理是餐厅卫生的基础。健康检查分为新进人员健康检查与员工定期检查两类。

（1）新进人员的健康检查。新进人员健康检查的目的，首先是判定他们是否适合在餐厅上班；二是依据新员工的身体状况分配适当的工作；三是归档、备案，作为日后健康管理的基本材料。

（2）员工定期检查。有助于早期发现疾病，给予适当治疗，同时可帮助受检者了解健康状况及变化。员工定期检查每年至少一次。检查中诊断出有出疹、脓疮、外伤、结核病和血液传染病等,不得从事直接为客人服务的工作。

(二) 餐厅员工自身卫生管理

(1) 有病要及时报告。楼面经理要经常培训员工增强健康常识,保持身体健康、精神饱满、睡眠充足,能够圆满完成工作。如果感觉身体不舒适,要及时报告。

(2) 养成良好的卫生习惯。楼面经理要经常培训员工养成良好的个人卫生习惯。遵照如下规范:

① 不用指尖搔头、挖鼻孔、擦拭嘴巴,饭前、如厕后要洗手;
② 接触食品或食品器具、器皿前要洗手;
③ 不可在他人,尤其是在客人面前咳嗽、打喷嚏;
④ 经常洗脸、洗澡,以确保身体清洁;
⑤ 经常理发、洗头、剪指甲;
⑥ 不随地吐痰,抛弃果皮、纸屑等废物;
⑦ 注意保持仪容整洁,不留胡须,剪短头发,戴帽后头发不可露出;
⑧ 不可佩戴饰物,经常保持服装干净整洁;
⑨ 穿清洁、舒适的平底鞋。

(3) 工作时穿戴工作衣帽。工作时应穿戴清洁的工作衣帽。防止头发、毛线、夹杂物等异物混入食品。工作衣帽应合乎卫生、舒适、方便、美观的原则,布料应不易粘毛絮,不起毛、易洗、快干、免烫、不褪色,能遮盖头发。

(4) 养成洗手的习惯。手在服务工作中经常接触食品和餐具,是传播有害微生物的主要媒介。因此服务人员要养成勤洗手的习惯。必须用手接触食品时,最好戴上清洁手套,以确保食品卫生。楼面经理应经常关注员工手部健康,一旦发现手部有创伤、脓肿等现象,要制止员工继续接触食品。

(三) 餐厅员工工作卫生管理

(1) 工作场所不吃东西、吸烟,尽量不交谈。

(2) 拿取餐具、食品讲究卫生。餐具拿把,玻璃杯拿底部,拿盘子时拇指只能接触盘子边缘,不要用手接触餐具中客人入口的部位。

(3) 不用手抓取食品。每次品尝食品,都要使用清洁羹匙,不能用手直接抓取,准备食品时要使用夹子、匙、夹等器具,不直接用手。

(4) 如果取用食品必须用手操作,要戴上塑料手套。操作完成后必须处理好使用过的手套。

(5) 器皿、器具如掉落在地上,洗净后再使用。熟食掉落地上应弃之不再用。工作时不使用破裂器皿,以避免成品遭污染。

(四)餐厅员工卫生教育培训

楼面经理是卫生教育培训的组织者和管理者,培训教育的对象可分为新入职员工、在职员工,包括主管、领班和服务人员。

(1)对新入职员工进行卫生教育培训的目的是让新员工了解餐饮服务业的管理特性及作业体系,了解卫生在餐饮业服务中的重要性。卫生培训的内容包括:卫生管理体系、食品中毒种类与原因、防止食品变质应注意的事项、个人卫生、环境卫生等。

(2)对在职员工的培训教育。包括主管、领班和服务人员。目的是提醒全员对卫生重要性的认识,自觉加强卫生管理。培训的内容以改正日常工作中的缺点、缺陷、漏洞为主。

(3)楼面经理对员工教育培训的方法。可采取灵活多变的方法对全体员工进行教育培训,不断引起员工的兴趣,激发大家掌握和运用各种卫生知识。具体的方法有:定期举办员工卫生知识讲习会、举办卫生知识竞赛、发小册子或宣传品、放映幻灯片或影片、放映VCD和DVD、个别教育、举办卫生操作业务研讨会等。

三、餐厅餐具清洁卫生管理

(一)餐具洗涤程序

餐具洗涤有十个主要步骤,只有每一个步骤都按照正确的方法进行,才能保证餐具清洁的效果。

(1)收取。从餐桌上将用过的餐具收集到餐车或专用容器中,运送到洗碗间。每一个托盘分装餐具用品,银器用一个盛有洗涤溶液的盆子浸泡以减少黏污物。碗碟和较重的物品放在托盘底下。注意减少装盘次数,减少污渍,避免破损。

(2)搬运。搬运要设计最短的路线。噪音降低到最小限度。注意安全,防止打碎。

(3)倒刮。餐具放入洗碗机或洗涤池前,倒、刮剩余残渣。

(4)分类。将各类餐具分开。如同一种型号或样式的盘子、杯子,为清洗或装架时减少破损,可要求服务员在收台时即分类运送。

(5)装架。一是注意盘、碟根据大小种类分别装架,以避免小碟子被大盘、大盆遮挡。不要将盘子正反面重叠插放,也不要背对背装架。二是注意杯、盘和凹型餐具应倒装在平底的筐架上,不要重叠摞起摆放或者随意乱摆。带把的杯子按照一个模式装架,所有杯把朝向一个方向。二是注意刀叉不要在篮或筐中装得太满,否则很难清洗和冲刷干净。刀叉餐具应尽可能正放,有利于清洗、过水和脱水、吸干。刀、叉、勺的尖部必须朝上,这样才能把触口部的污物冲刷干净。

(6) 冲刷。用机器顶上的喷水器冲刷,要保证有足够的净水冲刷所有污物。冲刷水温不能太高。

(7) 清洗。清洗过程中,要特别注意清洁溶液的循环冲洗,不同清洁剂要用不同的温度洗刷,去除污物。

(8) 卸架。先检验餐具清洗后的效果,保持清洁干净,准确风干,减少破损,减少搬运次数,便于分类存放。装架和卸架要做到只拿盘、盆边缘。玻璃杯放在原筐架中搬运,刀叉等餐具卸下,避免接触触口,带专用手套操作。在分类卸下第一筐时,正好使另一筐能够风干。

(9) 摆放。清洗后的刀叉分类整齐摆放。先将刀叉放在台布或毛巾上分类,柄部朝上放置在特定的筒中。

(10) 存放。存放地点方便使用,保持干燥卫生,不妨碍人员行走和搬运物品。

(二) 餐具定期清洁的时间安排

(1) 筷子每周定期用浸渍粉溶液浸洗一遍。

(2) 洗碗机外壁及不锈钢洗碟台、柜每周定期用不锈钢光亮剂擦洗一遍。

(3) 洗涤房、场地、排水明渠每周定期用清水刷洗一遍。

(4) 洗碗机内壁每隔三周用酸性除污水擦洗一遍。

(5) 餐具中的金器、银器餐具定期用去锈渍液浸泡去渍。

(6) 每次洗涤玻璃杯、茶具等餐具之后,如果发现还有污渍,立即将这些餐具放入除渍液里清洗后,再冲洗干净。

(三) 餐具洗涤消毒方法

(1) 瓷器餐具。陶瓷餐具品种繁多,包括碗、盘、碟、杯、壶、罐、勺等十几个品种,规格型号庞杂,数量很大。在仓库或橱柜中存放时要按不同种类、规格、型号分别存放,既便于清点、拿取,又可避免因乱叠放造成挤碎、压裂。洗涤餐具采用洗碗机,比较大的餐厅用蒸汽洗碗机。通过蒸汽洗涤消毒,消毒彻底、效率高,且可省水和擦布(国外目前有一种洗碗机采取超高温消毒,碗、碟经过洗碗机后,无水痕,不需要揩擦),达到卫生标准。洗碗机洗涤上架时,用专用洁净抹布擦干水渍。搬运时轻拿轻放,摆放时不要叠得太高,以防倾倒和压碎。使用后的瓷餐具用洗涤剂加热水浸泡擦洗,不要用去污粉,否则会损坏瓷器表面光洁度。对一些较难洗净的瓷器,可在洗碗机中放入一种超高效浓缩机用餐具清洁剂。不要把瓷餐具放在锅内蒸煮。小批量瓷器可用高锰酸钾或漂白粉浸泡。消毒时要根据瓷器的数量来计算用药量,尤其是漂白粉,因药性不稳定,最好现配现用。

(2) 玻璃器皿餐具。水杯、酒杯等玻璃器皿,用过后要用洗涤剂洗刷,清水过净,然后用专用消毒布擦干水渍,确保杯子透明光亮。也可用洗涤灵洗刷,清水过净,还可用蒸汽消毒。玻璃器皿易破碎,放入洗涤容器洗涤消毒时,一次不要放得太多,以免挤压碰碎。水杯、酒杯消毒后要经过用水清洗和开水烫洗两道程序。消毒水要用温水,不用冷水,否则温度骤变易爆裂。揩擦玻璃器皿时,动作要轻,力度得当,摆放要安全稳妥,切忌堆叠、重压和碰撞。水杯、酒杯宜用带格子的木筐隔开放置。烫洗前要逐个检查,发现有损伤破口随即拣出,确保安全。水杯、酒杯等玻璃器皿使用前放入锅内,加入凉水和少许食盐,煮至滚沸,能减少爆裂现象。

(3) 不锈钢器皿餐具。不锈钢器皿的洗涤消毒方法一般有两种:一是用漂白粉或消毒剂浸泡消毒。漂白粉为高效消毒药品,加水后产生次氯酸,能破坏维持生命活动的酶而产生杀菌作用。二是用洗涤灵洗刷消毒,清水过净。洗涤不锈钢叉子,要先用清水把叉键间的杂物洗掉,然后消毒、洗净、擦干。

(4) 银器餐具。常用的银制餐具有:大小餐刀、餐叉、勺匙及不同种类的壶、盅等。银制餐具是贵重物品,需专人负责、登记造册、分档存放、定期盘点。大型宴会使用餐具数量大、品种多,要认真清点,如数归库。如有丢失要查明原因,明确责任。收台时,要清点和收拾台上的银餐具,注意防止倒剩菜时把小件银器倒进泔水桶内。

银质餐具用后,要洗净,擦干擦亮。擦银器最好用银粉,其操作步骤和要领是:① 用清水浸泡片刻;② 用刷子或擦布沾上银粉,擦去银器上的黄污渍;③ 晾干后,用干布用力擦亮;④ 用开水浸泡消毒;⑤ 再用干净的擦布擦干。无银粉时,也可用去污或牙粉代替,但用这两种粉擦拭出来的银器效果不如银粉好。宴会用过的餐具,要用开水烫洗,再用银粉或牙粉擦试。用干布擦干,方可入库存放,以防锈蚀。放在库内长期不用的银餐具,要定期彻底擦拭,否则会锈蚀变黑。银器接触到蛋白会起化学反应,产生黄色的蛋白银。因此,食用蛋类食品时,尽可能不要用银餐具,如果使用则应及时清洗擦拭。

四、餐厅卫生标准

（一）餐厅环境卫生标准

餐厅内外环境应根据不同类型、不同风味和档次高低装修，应保持风格独特、环境优美、布置典雅，具有形象吸引力。

1. 门前环境

（1）餐厅门前整齐、美观。门窗、玻璃清洁卫生。

（2）餐厅标志、标牌齐全完好，悬挂平稳，位置适中，中英文对照字迹清楚，表面洁净无灰尘、积尘。

（3）餐厅装饰美观、典雅、有特色，企业文化氛围良好，环境舒适。

（4）进门处有屏风、盆栽、盆景。表面无尘、无破损污渍。设计美观、大方、舒适。

（5）高档餐厅门口设置衣帽寄托处，保持环境幽雅，给客人以赏心悦目、清洁舒适的感觉。

2. 厅内环境

（1）墙面平整，墙饰、壁画整齐、美观，墙面无裂痕、灰尘，无脱皮。门窗牢固，推拉灵活，无破损，无脱漆，协调美观。

（2）餐厅天花平整，灯具、灯饰稳固明亮，无残缺，无灰尘。

（3）地面平整，餐桌坐椅牢固，无破损，无松动，摆放整齐美观。屏风隔离装置连接稳固，美观雅致。

（4）餐厅空调运转正常，控制开关完好有效。冰箱、冰柜、音响设备完好、正常，效果良好。

（5）餐厅盆栽、盆景、花瓶摆放位置适当。绿色花卉无枯枝、枯花，花盆、花瓶光洁干净，盆内无废纸、烟头。

（6）餐厅休息处、贵宾接待室坐椅、沙发完好、齐全，室内环境舒适、典雅。

（二）餐厅卫生标准

（1）餐厅墙面、壁画、墙饰平整光洁，无灰尘、印记、脱皮、水印。门、窗上的玻璃明亮、无污渍。天花光洁，灯具明亮。空调通风口的防尘罩无灰尘。

（2）餐厅瓷砖地面平整光洁，无污迹。地毯松软平整、无卷边、无污迹。边角无废纸杂物，无卫生死角。地面边角无餐巾纸和杂物等。

（3）地板每日拖尘。地毯每日吸尘不少于3次，清洁、美观，无油污杂物。

（4）餐厅桌椅、餐具台、布台以及各种餐车(火焰车、奶酪车、酒车、小吃车等)表面光洁、无污迹、油渍、灰尘。

(5) 各种餐具、茶具、酒具每餐消毒,表面光洁、无破损、无裂痕。台布、口布每餐洗涤,平整洁净,无破损、无油迹。台上调味瓶架、桌号牌等光洁、无油渍。

(6) 酒精炉、电磁炉、保温锅、冰箱、冰柜、托盘表面光洁,无油渍。电视机无灰尘,图像、音质清晰。

(三) 微小气候标准

(1) 餐厅空气清新舒适。温度冬季18℃—24℃,夏季22℃—24℃。用餐高峰期客人较多时不超过26℃—28℃。

(2) 相对湿度40%—60%。风速保持在0.1—0.4 m/s。

(3) 一氧化碳含量不超过5 mg/m³。二氧化碳含量不超过0.1%。

(4) 可吸入颗粒物不超过0.1 mg/m³。新风量不低于200 m³/人·小时。用餐高峰期不低于250 m³/人·小时。

(5) 细菌总数不超过3 000 个/m³。

(6) 自然采光照度不低于100 LX,灯光照度不低于50 LX。

(7) 可以使用烛光等调节餐厅用餐的气氛。

(8) 餐厅内噪声不超过50分贝。

(四) 行业卫生标准

(1) 认真贯彻执行《食品卫生法》,设置食品化验室。

(2) 定期对食品进行化验,食品卫生质量达到当地防疫站标准。

(3) 餐厅必须持有当地政府批准签发的卫生许可证方可营业。

(五) 员工个人卫生标准

(1) 新员工上岗前必须经过相关卫生知识的培训,并参加考核。

(2) 员工必须每半年进行一次身体检查,持健康证(卡)上岗。

(3) 发现有患传染病的员工,应立即停止工作。

(4) 岗位服装干净、整洁,头发清洁、无头屑,发型大方、简单、易梳理。

(5) 现场加工食品操作的服务员、厨师戴工作帽,穿工作服上岗,不留长指甲或涂指甲油。

(6) 不在洗碗池洗手。洗手应用香皂或肥皂,并用热水或流动水,备有个人专用擦手巾。

(六) 服务卫生标准

(1) 认真把好饭菜卫生质量关,装盘、上菜保证安全、卫生,防止餐具、茶具、酒具二次污染。

(2) 取菜盖好食品。保温盖清洁消毒、无破损,保证菜点应有温度。

(3) 传菜时冷菜用冷盘,热菜用热盘。

(4) 传送食品时工作台上溅、溢的菜汤、食品用干净毛巾清洁。

(5) 服务员使用工具服务。面包、甜品用夹子,冰块用冰铲,不能用手取拿食品。

(6) 冰铲放置于制冰机旁或指定位置,并进行卫生消毒。

(7) 已售出食品,没用完的应处理掉。

(8) 甜品展示柜保持清洁卫生,无任何污渍,制冷效果良好,甜品新鲜、美观。

(9) 清洗消毒过的餐具保证光泽明亮,无水渍,一尘不染。

(10) 工作柜内餐具、水杯、调料盅、瓷器等用具必须卫生清洁,数量适当,摆放整齐。

(11) 服务时禁止向手里咳嗽、打喷嚏,禁止挠头、摸脸、吸烟。

(12) 餐厅和厨房有防蚊、蝇、蟑螂、老鼠、蚂蚁等装置。

(13) 各种器具、水杯用前必须消毒。饮具定期消毒,保持卫生和光泽度。

(七) 餐饮具的卫生标准

(1) 餐饮具使用前必须洗净、消毒,符合卫生标准。未经消毒的餐饮具不得使用。禁止重复使用一次性餐饮具。

(2) 洗涮餐饮具必须有专用水池,不得与清洗蔬菜、肉类等其他水池混用。洗涤、消毒餐饮具所使用的洗涤剂、消毒剂必须符合食品用洗涤剂的卫生标准和要求。

(3) 消毒后的餐饮具必须存于餐具专用保洁柜内备用;已消毒和未消毒的餐饮具应分开存放,并在餐饮具贮存柜上有明显标记;保洁柜应当定期清洗,保持洁净。

(八) 配套卫生间标准

(1) 餐厅卫生间专人负责,清洁、舒适、无异味。

(2) 配套卫生间墙面、地面、天花表面光洁,墙面无污迹,地面无积水,天花无脱落。

(3) 洗手台台面、镜面、水龙头表面光洁,无水迹、皂迹、锈迹,无漏水、滴水。烘手机、皂液压取器完好、有效,无污迹。

(4) 恭桶、便池表面干净,上下水畅通,无污垢、无异味,排风设备良好有效,通风口无积尘,地漏畅通,无虫害。

(九) 防虫、灭害的管理

(1) 定期或必要时进行除虫灭害工作,要采取有效措施防止鼠类、蚊、蝇、昆虫等的聚集和孳生。

(2) 使用各类杀虫剂或其他药剂前,应做好对人身、食品、设备工具的污染和中毒的预防措施,用药后将所有设备、工具彻底清洗,消除污染。

(3) 清洗剂、消毒剂、杀虫剂以及其他有毒有害物品,均应有固定包装,并在明显处标示"有毒品"字样,贮存于专门库房或柜橱内,专人保管,建立管理制度。

(4) 使用上述物品时,要由专人按照使用方法进行,防止污染和人身中毒。均不得在厨房存放可能污染食品的任何种类的药剂。

五、餐厅卫生检查考核

(一) 建立餐厅清洁卫生检查制度

为给客人营造安全、舒适、卫生洁净的用餐环境,楼面经理应建立餐厅卫生日常检查制度。主要内容如下:

(1) 餐厅员工清洁卫生检查。贯彻"以人为本"的方针。员工每日必须先做自我检查,保证身体和衣服清洁。楼面经理每天督导主管、领班对员工进行复检,凡不符合卫生规定标准的要予以纠正。

(2) 餐厅员工每年应至少接受身体检查一次。凡被诊断患有开放性肺结核、活动性砂眼、精神病、传染性皮肤病或其他传染病者,应立即停止从业。经治愈后,方允许再次从业。

(3) 餐厅卫生检查。

① 每日第一餐开餐前和每餐营业结束,对餐厅进行一次全面卫生清理工作。不仅要求表面清洁,还特别要注意用手电筒照射检视的方法检查死角处、橱柜、工作台下是否清洁。

② 每周一、三、五安排分区域或项目对餐厅进行一次彻底的卫生大清理。

③ 每周四下午2:00(如有重要活动顺延),楼面经理对餐厅进行全面、彻底的自查。

④ 每周六下午2:00(如有重要活动顺延),楼面经理参加由上级领导组织的大检查。

⑤ 日常卫生检查由楼面经理在每天开餐前组织主管领班进行。

(4) 按规定程序、方法检查餐具、杯具等是否洗涤清洁。

(5) 检查是否有塔灰、蜘蛛网、苍蝇、蚊子、蟑螂、虫蚁、鼠类,并彻底消除。

(6) 每天检查饮用水含氯量,确认水质是否安全、卫生。

(7) 要将排水系统的沟渠、卫生间、垃圾等列入卫生检查的项目,以免餐厅环境卫生质量下降。

(8) 组织清洁大扫除。每周组织1次,或每月组织3—4次,作为全面性

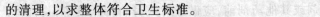

的清理，以求整体符合卫生标准。

（9）检查内容执行《员工个人卫生基本要求》、《餐厅卫生基本要求》、《服务卫生基本要求》。

（10）检查成果，公布绩效。凡评比优良的个人和单位要予以奖励。而对不符合清洁卫生标准的，予以警告并培训、教育，限时整改，以便于全体员工养成良好的卫生习惯。

（二）餐厅清洁卫生检查表

表3-2　餐厅室内卫生检查表

序号		优	中	差	序号		优	中	差
1	厅面				26	男卫生间热水清洗			
2	厅大门内外				27	女卫生间地面			
3	厅内地面				28	女卫生间墙面			
4	厅内地毯				29	卫生间天花板			
5	脚踏垫				30	女卫生间灯光			
6	墙面				31	女卫生间进门			
7	音响				32	女卫生间梳妆镜			
8	电话				33	女卫生间洗手台			
9	玻璃门窗				34	女卫生间水龙头			
10	外卖柜清洁				35	女卫生间洁具			
11	外卖柜装饰				36	女卫生间垃圾桶			
12	男卫生间地面				37	女卫生间冲水使用			
13	男卫生间墙面				38	女卫生间烘手机			
14	男卫生间天花板				39	女卫生间美化装饰			
15	男卫生间灯光				40	女卫生间清香剂			
16	男卫生间进门				41	女卫生间热水清洗			
17	男卫生间美容镜				42	盆景			
18	男卫生间洗手台				43	库房地面			
19	男卫生间水龙头				44	货架整理			
20	男卫生间洁具				45	货品摆放			
21	男卫生间垃圾桶				46	杂物整理			
22	男卫生间冲水使用				47	内场			
23	男卫生间烘手机				48	内场地面			
24	男卫生间美化装饰				49	垃圾处理			
25	男卫生间清香剂				50	物品处理			

（三）餐厅清洁卫生工作考核表

表 3-3　餐厅服务卫生检查表

项目	标准	分数	得分	备注
转盘	光亮、无油迹、运转灵活、摆放在餐桌中央			
不锈钢	光亮、无油迹、无异味、无指纹、分类叠放			
餐具	清洁卫生、不变形、无异味			
筷子	无破损、无油迹、无异味、摆放整齐			
毛巾餐巾	无破损、无污迹、洗烫平整、无异味、摆放整齐，开餐前根据要求叠好餐巾花			
桌布	无破损、无污迹、洗烫平整、按尺寸分类存放，铺台时中线对准主点			
桌裙	无破损，叠痕清晰			
工作柜	无破损、柜内清洁卫生，物品摆放整齐合理，不放私人物品，柜门关闭正常			
抽屉	无破损、抽拉灵活、抽屉内物品摆放整齐合理，不放私人物品			
桌子	无破损、不晃动、清洁			
椅子	不晃动、光亮无尘、无油迹杂屑，清洁卫生			
菜单	清洁平整、无油迹、无灰尘、光亮清洁			
门	无脱漆、无污迹、无灰尘、光亮清洁			
窗	无污迹、无灰尘、光亮、无蜘蛛网			
墙	无污迹、无塔灰、无蜘蛛网、无破损			
地毯	无破损、无开裂、无杂物、平整清洁			
大理石	无油迹、无死角、无杂物、干燥光亮			
电灯	灯罩、灯架清洁、无灰尘、无蜘蛛网、光亮			
瓷器	清洁干燥、无缺口、无破损			
玻璃器皿	光亮透明、无油迹、无指纹、无破损			
生啤机	清洁干净、无污迹			
制冰机	清洁干净、无污迹			
各类用品	清洁干净、分类放置			
风口	无塔灰、清洁卫生、无杂物			

(四)餐厅清洁卫生检查评分表

表3-4 餐厅清洁卫生检查评分表

检查项目和内容	规定分数	实际得分			
		优质	良好	合格	不合格
餐厅环境卫生	100				
1. 整体环境美观、舒适程度	10				
2. 门前环境	17				
(1) 门前整齐与美观程度	6				
(2) 有无存衣处或候餐坐椅	5				
(3) 门口有无屏风装饰	6				
3. 卫生环境	43				
(1) 餐厅装饰是否独具风格	6				
(2) 日常卫生保持效果	7				
(3) 天花板墙面卫生	4				
(4) 地面卫生程度	4				
(5) 门窗玻璃卫生	4				
(6) 盆栽、盆景装饰物卫生	5				
(7) 地面、地毯每日清洁次数	4				
(8) 门厅过道卫生	4				
(9) 公共卫生间卫生	5				
4. 微小气候	30				
(1) 温度与湿度是否达标	6				
(2) 风速与一氧化碳含量	6				
(3) 二氧化碳与可吸入颗粒物	6				
(4) 新风量与细菌总数	6				
(5) 自然采光与室内温度	6				
餐厅操作卫生	100				
1. 卫生法规遵守	15				
(1) 执行食品卫生法状况	5				
(2) 食品化验执行情况	4				
(3) 有无卫生许可证	6				
2. 员工个人卫生	30				
(1) 定期体检执行情况	5				
(2) 发现传染性疾病员工处理	6				
(3) 岗位着装与面部卫生	4				
(4) 厨师着装与适当规定	5				
(5) 工作区域遵守卫生规定	5				

（续表）

检查项目和内容	规定分数	实际得分			
		优质	良好	合格	不合格
（6）洗手毛巾是否专用	5				
3. 服务卫生	55				
（1）餐具消毒后有无二次污染	5				
（2）菜点盖具清洁消毒程度	5				
（3）取送食品使用工具	4				
（4）取用冰块食品是否用手	4				
（5）工作台溅溢物品处理	3				
（6）冰铲卫生状况	3				
（7）已售出未用完食品的处理	5				
（8）展示柜食品卫生保证程度	4				
（9）消毒过的餐具卫生保持	3				
（10）工作柜餐具摆放与卫生	4				
（11）服务操作有无违反卫生规定	5				
（12）餐厅有无虫害	5				
（13）各种餐、茶用品消毒与卫生保持	5				

第四章 餐饮企业楼面经理的员工队伍管理

——餐厅部门优秀服务团队打造

第一节 餐厅部门的机构设置

 案例

凤凰饭店餐饮部的组织构成

（一）部门概述

辽宁凤凰饭店是辽宁省投资集团有限公司所属的辽宁旅游集团有限公司的核心企业，是一个会议商务型四星级饭店。所设置的餐饮经营场所有凤聚厅、多功能厅等两个大宴会厅及16个小宴会厅，还设有拉丁餐厅和日本料理餐厅。饭店提供餐饮、KTV包房等餐饮服务，共有1 000多个餐位。

餐饮部是饭店的主要经营部门之一，其营业收入是饭店营业额的重要保证。饭店餐饮部由零点餐厅、宴会厅、大堂吧、咖啡厅以及多功能厅构成。

餐饮部的主要任务是将社会餐饮引入饭店并与之相结合，了解社会各消费阶层的特点与口味，不断推陈出新，生产出高品质的、适合各界人士需求的菜肴，并为客人提供主动、热情、耐心、周到的具有人情味的个性化服务，再配以豪华、舒适、典雅、方便的用餐环境，使宾客感到全身心的满足与享受。饭店希望在留住客人的同时，招徕新客源，提高饭店声誉，增加营业额，并树立凤凰人自己的品牌形象。

（二）餐饮部主要管理人员工作职责

（1）餐饮总监。全面负责饭店餐饮经营、管理和组织。保证餐饮质量不断提高。对完成饭店餐饮工作目标负全责。

（2）餐饮部经理。即楼面经理全面负责制定餐饮部的工作计划和经营预算，组织落实。督导各部门的日常工作运转，确保为客人提供高效、优质的服

第四章 餐饮企业楼面经理的员工队伍管理

务,保证餐饮质量的不断提高,并进行成本控制。

（3）前台经理。协助餐饮部经理处理中餐厅、咖啡厅、堂吧、宴会预订部及多功能厅的一切事务,负责完善和提高所管岗位的服务工作,进行成本控制。

（4）行政总厨。负责各个厨房的全面管理工作和正常运转,以优质餐饮品种满足各餐厅的销售需求,负责厨房工作计划的制订和成本与费用控制。

（5）行政主管。负责餐饮部行政、经营的一切文件、文字处理。保存各种文件与合同。核算与审核内部成本账目,收集员工考勤表,统计、发放员工工资,负责管事班的全面管理工作。

（6）中餐厅主管。在餐饮部前台经理领导下,负责中餐厅及多功能厅管理,确保为客人提供优质服务,完成每月经营指标。

（7）咖啡厅主管。负责咖啡厅（自助餐）全面管理工作和正常运转,以优质服务满足客人需求。负责本餐厅工作计划的制订和成本控制。

（8）宴会预订部主任。负责宴会预订部的日常工作,保证预订工作各个环节畅通和宴会有效预订。负责与客户保持经常性的联络,发展潜在客户,逐步扩大市场的份额。

（9）堂吧主管。全面负责西餐和酒吧工作计划和经营预算,组织落实。督导堂吧日常运转,确保为客人提供优质、高效的服务,保证堂吧餐饮质量的不断提高,并进行成本控制。

（三）餐饮部各领班主要工作职责

（1）宴会厅领班。督导本组服务员优质、高效地完成宴会厅各项服务工作。

（2）零点餐厅领班。有效地督导本组服务员优质、高效地完成本班各项对客服务。

（3）多功能厅领班。在餐厅主管的领导下,优质地完成会议接待任务。

（4）传菜员领班。负责餐厅和厨房的联络工作,督导传菜员迅速、准确地完成传菜送餐工作。

（5）西餐酒吧领班。在酒吧主管领导下,督导服务员的工作,保证向客人提供高质量酒水服务。

（6）堂吧领班。在堂吧主管领导下,督导服务员,保证向客人提供高质量的服务。

（7）咖啡厅领班。为客人提供优质、高效的点餐服务,推销餐厅的各式菜肴。

(8) 厨师长。在行政总厨指导下负责所管厨房的菜点生产的组织工作,安排落实本组各项任务,对产品质量负责。协助行政总厨做好本组检查、督导工作。指导厨师提高技术、业务能力。

(9) 管事班班长。协助行政主管的工作,掌握有关财务知识。每日准确核算餐饮部的收入成本,及时上报行政主管。定期核对账目。监督各种物品、用品、食品、饮品的入库领用及发放。

楼面经理要想做好餐厅部门服务的组织工作,必须依靠一支优秀的服务团队。这一团队是以餐厅部门的组织机构为基础,以人员配备为核心,通过楼面经理的组织领导而形成的。这一服务团队是餐饮企业整个团队的一部分,又是楼面经理做好餐厅服务各项工作的组织保证。案例中,凤凰饭店餐厅部经理的职位就相当于酒楼、饭庄等企业的楼面经理。所以,楼面经理只有在总经理领导下,根据企业组织机构设计,做好餐厅部门的机构设置、人员配备、员工队伍建设和业务活动的开展,才能打造一支餐厅优良服务团队,也才能为餐厅部门的客人提供高质量、高效率的服务。为此,本章以餐厅部门组织机构为引导,研究、介绍楼面经理员工队伍,即优秀团队建设的有关原理和方法,以为餐饮企业楼面经理做好餐厅部门服务管理的组织提供人力资源保证。希望借此引起餐饮行业广大楼面经理对部门员工队伍管理工作的重视。

一、餐厅部门团队机构设置的作用

团队是由组织成员共同组成的人群结合体,餐饮企业和各部门管理都是以团队为基础的。它可以分为企业团队和部门团队。企业团队以总经理为核心,部门团队以部门经理为核心,并以部门团队机构为组织保证。所以,楼面经理做好餐厅部门的团队机构建设具有十分重要的作用。

(一) 创造团结精神,提高组织业绩

现代经营活动的组织除了需要一个能够建立向心力、增强凝聚力的精明能干、协调合作的优秀组织者,还需要建立一支紧密团结、群策群力、联合作战的员工队伍。餐饮企业楼面经理只要搞好餐厅部门的员工团队建设,充分发挥每个成员的主动性、积极性和创新精神，就能够在自己所管理的部门形成团队气氛，形成团结友爱、互相支持、相互合作的团队精神。同时，楼面经理搞好餐厅部门的团队建设，还可给员工提供更好的环境，在部门内部形成群体效应，减轻官僚主义作风和一言堂，增加工作绩效。

（二）增加员工力量，获得安全感

一个人生存在社会上，总会遇到各种风险和困难。当一个餐厅员工作为一名成员融入团队当中时，就可以在对付共同的难关或者某种危机时，通过团队整体来面对困难、风险，增强个体成员的安全感。在团队建设中，团队内各成员力量的结合并非是若干个体的简单叠加，而是个体有机地结合成一种新的力量。团队的这种力量甚至可以击败不良权威的行使。另外，在团队中，成员之间可以通过交流对一些变革的行为建立思想和精神准备。原因在于团队中的成员要对集体负责，当团队面对威胁时，要比个人对付威胁的力量大得多。

（三）更好地满足员工归属与社交需要

归属和安全需要都是人们最基本的需要。每个人都希望自己能够归属于一个群体，成为群体中的一员，只有当个人归属于团队时，才能免除孤独、恐惧感，获得心理上的安全感。一个人如果归属问题得不到解决，或者说不能很好地得到解决，必然孤立无援、才智难展。餐饮企业员工融入自己的团队，由于安全感和归属感的保障，会产生更多愉快的心情，在工作中增加幽默感。这些都有助于帮助团队成员从容对待工作和生活中的紧张、焦虑和压力，增强自信心和奋斗精神。

此外，在餐厅部门团队建设中，作为团队成员的个人可以通过与其他成员进行信息和思想交流，进一步促进人与人的感情交流，促进团队成员之间的相互联系和了解，获得同情、友情、认可、赞同和支持。在团队内部因某种矛盾发生冲突、纠纷和隔阂时，相互之间又可以利用团队的力量，加强协调与促进转化，达到和解，因而满足员工的社交需要。

（四）满足员工自尊和成就需要

通过参与团队建设，一个成员不但可以体会到自己是团队的一分子，而且可以确认自己在团队中的地位。如果一个人的作为不被他人尊重或承认，就会产生失落感，甚至丧失生活的信心。在餐厅部门的团队建设中，每一个成员都能够因个人的存在而受到他人的尊重和欢迎。大家朝夕相处、患难与共，彼此了解，可满足各自心理的自尊需求。团队成员相互合作，可以取得个人难以取得的成就，不仅为团队作出了贡献，又满足了个人的成就需求。

(五)增加员工自信心和奋斗精神

餐厅部门员工在团队中工作,可以增加对自身能力和取得成就的自信心,从而激发出个人的奋斗精神。这是因为在团队中,大家可以通过交换意见,做出一致的结论,使个人获得支持,增加信心和勇气。此外,餐厅部门团队通过共同克服困难,使人们对相互的能力得到认同和赞同,从而建立相互的信任、协调和做好工作的信心,并激发出个人勤奋工作、努力奋斗的精神,克服障碍,取得业绩。

二、餐厅部门团队机构设置的原则

(一)精简和效率相统一的原则

餐厅团队机构是为餐厅开展正常经营活动服务的。机构必须精简。精简原则的关键在于"精",即"尽量"使用最少的人力去完成组织规定的任务和既定目标。精简还具有减少内耗、体现精诚团结的含义。同时,从餐厅团队建设目标来讲,精简的意义体现为团队中每个成员的业务知识要广、业务技术要精,这样才能达到提高工作效率和经济效益的目的。因此,精简和效率相统一的原则是餐厅团队机构设置的主要原则,楼面经理在餐厅团队机构建设中,要分工精细得当,职责权限明确,每个团队成员都有足够的工作量,确保工作效率高、应变能力强。

(二)专业化与自动化调节相结合的原则

餐厅管理是一项专业性很强的工作,必须要保持团队机构和工作内容的长期性和正规性。团队机构内部的专业分工要明确,职责范围和权限要清楚,楼面经理和各级管理人员与员工都要接受一定的专业训练,具有一定的专业水平和能力。团队结构要有相对的独立性,楼面经理和各级管理者都能在职权范围内独立胜任工作,能够妥善处理同客观外部环境的关系,具有一定的灵活性。因此,专业化与自动调节相结合原则要体现出餐厅部门机构的规模和企业等级规模相适应,内部专业分工程度同接待能力相协调,专业水平与业务能力同职位高低及工作任务相适应。楼面经理和各级管理者能够在不断变化的客观环境中主动处理问题,具有自动调节的功能。

(三)权利与责任相适应的原则

餐厅团队管理是运用不同职位的权力与职责去从事业务经营活动,完成管理任务。责任是权力的基础,权力是责任的保证。如果权力和责任不相适应,楼面经理就无法正常开展各项工作。因此,必须坚持权力与责任相适应的原则。坚持这一原则要求餐厅团队机构的等级层次要合理,楼面经理和各级管理者的责任明确,权利大小能保证所承担的任务顺利完成,责权分配不影响楼面经理与各级管理者之间的协调与配合。

（四）团队机构和成员保持一定弹性的原则

餐厅经营的客观外界环境影响因素众多，经营活动的开展和设施利用率都具有明显的季节波动性和随机性，其经营方式也十分灵活。因此，餐厅团队的机构设置就不能过于呆板、一成不变，而应保持一定的弹性。坚持这一原则要求餐厅机构的形式可随餐厅性质不同而变化。团队内部的部门划分可随业务量的需要调整。基层各岗位人员编制可根据旺季、淡季的业务波动程度而增减，实行弹性用人方法。

三、餐厅部门团队机构设置的依据

（一）餐厅团队机构的特点

餐厅团队机构是为筹划和组织餐厅销售服务活动、完成企业经营指标和管理任务、加强团队建设而设立的一个业务部门。其特点是：

（1）组织建设的依赖性。餐厅团队机构在酒店或酒楼饭庄等企业中是整个组织的一个子系统，是一种部门组织形式。因此，餐厅团队机构的组织原则、机构设置、工种职责划分和机构调整等，都必须服从于酒店或餐饮企业高层组织的领导，与其他层级相同的组织形式相协调，具有依赖性。为此，餐厅团队组织机构的建立、组织形式的选择与确定、组织管理活动和人员安排等，都必须从全局出发，在酒店或餐饮企业高层组织的领导下，统一安排与确定。

（2）组织形式的多样性。餐厅团队组织机构在服从企业高层领导的原则下，其机构的形式受企业规模大小、等级、类型、接待能力及企业组织管理体制等多种因素的影响，因而其组织形式又是多种多样的。有的综合性强，有的专业性强，有的规模大，有的规模小，内部分工也各不相同。从餐饮行业管理来看，几乎没有一家餐厅部门的组织形式是完全相同的。为此，餐厅团队机构的设立、内部工种职责的划分和人员安排，必须从实际出发，正确选择组织形式。既要保持与企业高层组织及其他层级相同的组织协调，又能够保持其内部管理的科学性和实用性。

（3）组织管理的协调性。餐厅管理以组织部门员工为客人提供食品饮料服务，满足客人需求，获得优良效益为主，同时又与厨房生产、账款接收、成本核算、设备维修、安全管理、卫生管理等密切联系，因而必然具有高度的协调性。为此，其团队机构建设、人员安排、工种职责划分等，都必须注重协调。其协调工作的重点应包括三个方面：一是和餐饮市场开发、客源组织协调。二是与采购、储藏、厨房等各工作区域、各环节之间协调。三是餐饮服务和工程、安全、人力资源、财务、后勤等各业务单位之间的相互协调。只有认真做好这些协调工作,才能提升餐厅服务效率和水平,提高经济效益。

(二)餐厅团队机构的设置依据

餐厅团队机构的规模大小、形式、团队管理体制和设计方法都受各种因素的影响。其团队机构设置依据主要包括以下因素:

(1)餐饮企业的性质和投资结构。餐饮企业的性质和投资结构是影响机构管理制度的主要因素。餐饮企业的性质不同,投资结构不同,餐厅内部机构设置必然随之变化。按照现代企业制度的形式划分,餐厅机构主要有国有独资有限公司、有限责任公司和股份有限公司三类。这三类公司的投资结构直接决定着企业的组织形式、高层管理体制和高层职位的设置,是餐厅部门团队机构设置的重要依据。

(2)餐厅类型和数量的多少。现代餐饮业由于市场范围的广泛性与客人需求的多样性、多层次性,其餐厅类型也相当复杂。有单一型、综合型,有自助型、点菜型,有快餐型、风味型、火锅型、主题型和豪华型等多种。每种类型可单设一个餐厅,也可以设两个以上的餐厅。如酒店、宾馆的餐厅大多属于综合型,餐厅类型和数量较多;餐馆酒楼则属于主题型、单一型、火锅型等。餐厅类型不同,餐厅数量的多少与企业规模大小不同,其团队机构的形式、规模大小与内部岗位设置也就不同。如大型综合餐厅部门、豪华型餐厅,其附带的宴会厅、多功能厅、酒吧、咖啡厅、KTV包房的类型必然多样,各类型餐厅的厨房岗位设置也必然各自不同。而火锅型、快餐型餐厅本身厅堂就是单一性,其厨房也简单得多。所以,餐厅部门团队组织的类型和餐厅数量的多少,也是其机构设置的客观依据之一。

(3)餐厅接待能力与市场环境的优劣。餐厅接待能力以餐位数量多少为标志。一方面,一个餐厅的座位越多,规模越大,用人就相对增多,与此相适应,厨房的规模也就越大,这些都直接影响着餐厅部门团队机构设置。另一方面,餐饮市场环境的优劣直接影响着餐厅上座率的高低。卖方市场和买方市场环境不同,竞争程度不同,也会在一定程度上影响餐厅部门机构设置和人员使用的数量。

(4)餐厅客源市场和销售状况。餐厅所处地区有很大差异,如国际大都市的中心、特区、省会市区、一般市区、城乡结合部、乡村、旅游名胜风景区、海滨、山区、驿站等。餐厅所处地区不同,客源市场的规模和数量也不同。在卖方市场条件下,用餐客人多,餐厅座位周转快,甚至经常出现餐厅爆满、客人排队等候,即座位供不应求的局面,用人自然要相对多一些;而在买方市场条件下,用人就要相对少一些。另外,不少餐厅的客源市场和客源数量,还会随

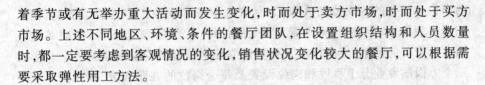

第四章 餐饮企业楼面经理的员工队伍管理

着季节或有无举办重大活动而发生变化,时而处于卖方市场,时而处于买方市场。上述不同地区、环境、条件的餐厅团队,在设置组织结构和人员数量时,都一定要考虑到客观情况的变化,销售状况变化较大的餐厅,可以根据需要采取弹性用工方法。

四、餐厅团队机构的设置方法

餐厅团队机构的具体形式是在分析各种影响因素的基础上,根据本企业的餐厅规模、接待能力和企业领导体制等具体情况设立的。从总体角度来看,楼面经理餐厅部门机构设置的基本思路和方法主要分成五个工作步骤:

(一)研究确定餐饮企业的管理体制

餐饮企业的管理体制根据其经营性质、投资结构、规模大小、经营类型等不同,有单一集权管理体制,集权和分权相结合的管理体制,两权分立、逐级负责的管理体制,三权分立、互相制衡的管理体制等多种。在这些不同的体制中,还有设餐饮总监和不设总监、直线职能型和事业部型等的区别。因此,设置餐厅管理的团队机构,首先要根据餐饮企业的性质和投资结构选派产权代表,确定企业高层的负责人。然后经过认真分析,研究企业性质、投资状况、规模、档次等,确定准备采用什么样的管理体制。一般来说,如果是国有独资有限公司,大多采用总经理负责制;如果是单一投资并管理的企业,大多采用单一集权管理体制;如果是有限责任公司,则有的采用单一集权管理体制,有的采用两权分立、逐级负责的体制,还有的采用委托式管理的领导体制;如果是股份有限公司,则大多采用三权分立、互相制衡的管理体制。所以,研究确定管理体制,是餐厅部门机构设置的首要步骤。

(二)分析餐厅部门团队管理的工作任务量

工作任务是决定餐厅团队机构岗位设置、各岗位在职人数及组织结构规模的主要依据。因此,在企业管理体制确定的基础上,要分析并明确餐厅部门团队管理的工作任务。具体包括两个方面:一是餐厅管理的工作任务量,在管理体制确定的条件下,需要聘用管理人员的数量;二是餐厅服务的工作量,需要使用服务人员的数量。通过分析工作量,确定每个岗位人员的工作量,做到工作任务饱满、充实,尽量避免人浮于事、互相扯皮现象和人员严重不足、影响餐厅等级规格和服务质量的现象发生。

(三)确定团队专业分工和岗位设置

在分析餐厅团队管理工作任务量的基础上,要通过岗位设置来确定团队内部的专业分工。专业分工的工作应涉及三个方面:一是管理专业需要设立的岗位和配备的各岗位的人数;二是餐厅服务和勤杂工作需要设立的岗位,如餐厅领位员、传菜员、桌面服务员、酒水员、清洁工、洗碗工等,同时确定各岗人员配备的数量;三是技术工种要设立的岗位和各岗位配备的人数。上述三个方面的专业分工程度和岗位设置及每个岗位的在职人数,都取决于餐厅规模大小、餐厅数量、档次高低和分工的细致程度。设计人员要根据餐厅部门的具体情况和管理体制来确定。

(四)制定各岗位职责规范和工作程序

在确定专业分工和岗位设置的基础上,为保证餐厅团队管理工作的规范性,还要区别不同工作岗位,分别制定各岗人员的职责规范和工作程序,以便为餐厅管理提供客观依据和标准,防止餐厅各项管理工作的随意性。

餐厅团队管理职责规范的内容一般应包括四个方面:一是岗位职务的描述,又称岗位说明书,可采用表格形式逐项列出岗位名称、直接上级、直接下级、本岗位需要的文化程度、所学专业、语言要求等;二是岗位职责规范,可逐项列出某一岗位的具体职责、工作内容、权责范围等;三是任职条件,即担任这一岗位的人员需要具备的资历、学历、能力等;四是考核标准,即运用哪些主要标准来考核这一岗位人员的工作绩效。工作程序则是岗位职责规范中主要工作内容的具体化和规范化。它明确规定完成岗位职责的各项工作的操作步骤和标准。这样,通过各岗位的职责规范和工作程序的制定与贯彻执行,就可以将餐厅管理的团队机构设置和机构内部的人力资源管理落到实处。

(五)配备人员,形成正式、有效的管理团队

在研究确定团队管理体制、专业分工和岗位设置、制定各级各岗位职责规范和工作程序的基础上,按照组织原则做好部门划分,确定各岗位归属和团队机构形式,就可以形成一个完整的餐厅团队机构设置图。即可按照不同岗位的工作任务、任职条件和岗位职责规范来聘用人员、安排人员,特别是管理人员和技术人员。这也是餐厅团队机构设置的重要工作,它直接决定餐厅团队管理水平的高低,是能否做好餐厅部门团队建设的关键。

五、餐厅部门团队机构设置的形式选择

餐厅团队组织机构的具体形式主要受餐饮企业及餐厅规模、星级高低、餐厅类型等多种因素的影响,一般有小型、中型、大型餐厅部门团队机构等模式。

(1)小型餐厅团队机构的一般模式。小型餐厅团队组织机构通常适用于低档星级、客房数量50套以下的酒店餐厅、旅馆餐厅、单一产品餐厅、小型风味餐馆、等级较低的餐馆等,大部分只设一个餐厅,类型单一,大多只经营中

第四章 餐饮企业楼面经理的员工队伍管理

餐。其团队机构设置的模式可参照图 4-1。

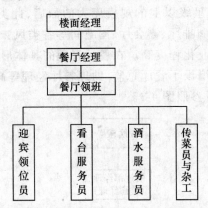

图 4-1 小型餐厅团队组织机构设置模式

（2）中型酒店餐厅部门团队机构的模式。这种酒店餐厅类型比较齐全，内部分工比较细致，通常适用于客房数量在 100 套以上的中档星级酒店。团队机构形式比较复杂。其机构模式可参照图 4-2。

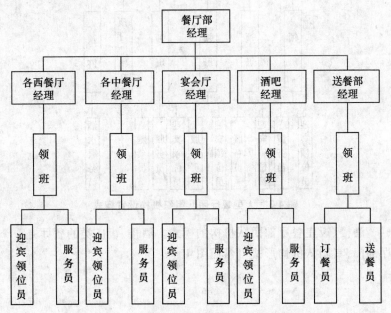

图 4-2 中型餐厅团队组织机构设置模式

143

（3）大型酒店餐厅部门团队机构的专业化模式。这种模式主要适用于300套以上客房的三星级以上的规模庞大的酒店,此类酒店的餐厅类型众多,中餐厅、西餐厅、咖啡厅、宴会厅、酒吧间等各类风味齐全,内部分工十分细致,团队机构的专业化程度高。在餐厅管理的具体形式上,与中型酒店餐厅部的机构相似,但增设了餐厅总监、助理餐厅经理等高级管理岗位。其团队机构设置的模式可参照图4-3。

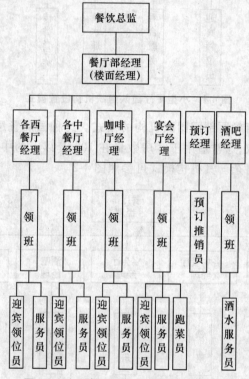

图4-3 大型餐厅团队组织机构设置模式

（4）酒楼、饭庄餐厅部团队机构的模式。酒楼、饭庄类的餐厅是一个独立的餐厅部门,其团队机构形式可参照图4-4。

第四章 餐饮企业楼面经理的员工队伍管理

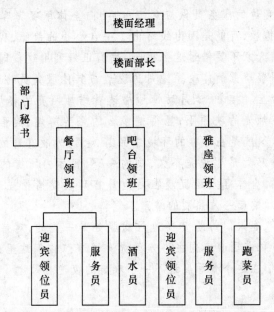

图 4-4　中型以上规模酒楼、饭庄团队组织机构模式

第二节　餐厅部门的员工团队缔造

一次突发事件的巧妙应对

一次晚宴,中方一位高级领导在某高档仿古餐厅宴请美国贵宾,高级服务员、优秀主管池月和另外两名服务员负责宴会服务。宴会前,池月组织其他两位服务员对宴会中的各个接待服务细节做了精心准备。宴会开始后,池月带领大家认真做好每一个环节的服务,并用流利的英语穿插介绍每个菜点的典故。客人对池月等服务员的服务非常满意,池月每讲述完一个典故,都博得全体美国贵宾的热烈掌声,宴会在活跃、热烈的气氛中进行得非常顺利。

就在宴会热烈进行的时候,餐厅的照明灯突然全部熄灭,餐厅内顿时漆黑一片,客人因慌乱而窃窃私语。此时,有着丰富经验和优秀素质的池月非

145

常镇静,在吩咐身边的服务员做应急工作后,向全体用餐宾客说道:"请大家不要担心,非常抱歉,可能是因为线路出了一点小小的故障,我想很快就会修理好的。不过请大家不要错过这个机会,我们正好利用这段时间为各位贵宾提供一次宫廷用餐情景的体验。"池月边说边与其他服务员将蜡烛点燃,放在各个临窗的案台上。接着,池月动情地描述着蜡烛照亮的餐厅:"大家来看,现在这个餐厅在烛光的映照下,显得是多么的金碧辉煌、典雅华贵呀!当年明朝著名显贵××就是在这样的环境中品茶饮酒、听歌赏舞的……请问各位是不是也有这种感受呢?"说完不久,唰的一下,餐厅内所有的照明灯同时亮开。而此时此刻,全体客人还沉浸在对池月宫廷用餐情景描述的回味之中。片刻之后,宴会厅响起一片热烈的掌声。

宴会结束了,客人们纷纷赞扬池月的服务是一流的,对待突发事件的反应是机敏的。一位美国贵宾向主办方负责人说道:"你们这里的饭菜好,服务也很有特色,我们在这个餐厅度过了一个难忘的夜晚。"

点评

聪慧、冷静的头脑在应对各种突发事件中是非常重要的。在餐厅接待服务工作中,正当人声鼎沸、服务人员忙于迎宾接客、端菜送汤的紧张工作之时,突然停电,一片漆黑,只感觉人影攒动,面对这种情况,任何管理人员和服务人员都不免惊慌失措、乱作一团。尤其是在接待国际贵宾时,任何一名服务员都唯恐因为一点小小的工作失误而招来不可挽回的影响。案例中,优秀主管池月和其他两名服务员面对如此情景,没有丝毫惊慌失措,而是机智、巧妙地运用此情此景,自编自导了一幕精彩绝伦的宫廷用餐大戏。用日常接待服务工作中培养出来的优秀服务品质和丰富经验,通过巧妙用语、恰如其分的临场讲述、精彩的场景变幻,赢得了客人的赞扬,以此体现出优秀员工和优秀团队的重要作用。

本案例说明,在餐饮企业团队建设中,缔造优秀的员工队伍非常重要,它直接影响和决定餐饮企业经营管理水平、服务质量和经济效益,是餐厅各项工作能否做好的关键。现代餐厅管理中,楼面经理缔造优秀团队的关键首先是要选好、配好主管和领班人员。楼面经理只有选择那些政治素质高、业务能力强、有开拓创新能力和兢兢业业、脚踏实地干事、善于调动下属员工积极性的人员担任主管、领班,才能为优秀团队核心的建设打下坚实的基础。

第四章
餐饮企业楼面经理的员工队伍管理

楼面经理在团队核心建设中,应注意四个重点:一是团队核心要团结,核心团结是餐饮企业经营成功的保证;二是知识结构要合理,餐厅服务因场所、岗位和职责、业务范畴不同对其主管、领班的专业知识要求不同,因此,在管理人员的选择上要能够互相配合、取长补短;三是成员要能够胜任岗位要求,使核心人员在各个岗位上都能够充分发挥作用,形成合力;四是核心人员管理风格要配合,补台、救台,取得最佳的效果。为此,本节将围绕楼面经理如何缔造高素质的团队核心展开论述,以为楼面经理顺利开展员工队伍建设提供借鉴。

一、楼面经理员工团队缔造的基本要求

餐厅团队是以楼面经理为中心,以餐厅主管、领班为骨干,由全体服务人员组成的一支员工队伍。团队核心是指在楼面经理领导下,由主管、领班构成的骨干队伍。餐饮企业楼面经理要在总经理领导下完成经营管理任务,必须建立一个核心队伍,组织服务人员去做好各项服务工作。其员工团队和核心队伍的缔造,重点要解决如下问题:

(一)要让团队核心看到希望,对领导满意

楼面经理团队核心缔造应该有一个清晰、明确的目标,只有明确的工作目标才会使团队核心成员看到餐饮企业的未来,产生稳定感和职业发展的安全感,明白自己与企业远景的关系和自己在企业远景发展中的位置和作用,充满成功的希望。楼面经理可以通过下发文件、推荐企业刊物、召开团队核心成员会议、与核心成员进行面对面交流等方式明确企业远景,让每一名核心成员都知道企业的发展目标。将核心成员的个人进步融入企业的长远规划之中,让他们有目标,感受前景价值,以充分发挥核心作用。

为保证餐厅团队核心稳定,楼面经理的个人能力和领导风格很重要。如果楼面经理能力不强或品德恶劣,将难以令人信服;如果不讲究工作方法,对核心成员的日常工作不能给予必要的提示和指导,有了过失严厉指责,便会使核心成员感到紧张或产生反感,致使工作积极性不高,甚至考虑离开企业,这将严重影响餐厅工作的稳定。为此,楼面经理首先要注重提高自身能力和素质,并通过对团队成员的培养和指导,努力缔造餐厅团队的领导核心。

(二)要加强团队核心成员的培养

餐厅团队是以各餐厅主管、领班为核心骨干的,楼面经理要搞好餐厅部

门的团队建设,就必须将主管、领班等团队骨干放在首位,从三个方面对核心成员进行培养:

(1) 对核心成员定期进行专业能力和技能分析。对能力不足、但有提升价值的核心成员应强化培训;对专业不精,难以胜任管理岗位工作的核心成员则应降低、调职或辞退;对管理不讲究方法,已严重影响员工积极性者,应将其管理不力造成的影响纳入绩效考核中做出处理。

(2) 加强核心成员的管理能力及综合素质培养,要以主管、领班为重点形成团队核心,培养他们的人格魅力、容才胸怀、用才技能。尤其要指导主管、领班日常工作,培养如何看待下属不足、如何以恰当的方式纠正下属错误,做好服务工作。

(3) 要适时鼓励核心成员注重自身工作成就。在与团队核心成员交流中,楼面经理应让团队主管、领班掌握如何使其下属适应自己的工作。要严格要求主管、领班,让他们时时、处处发挥表率作用,吃苦在前,享受在后,艰苦努力,用自己的实际表现、工作业绩来影响、带动服务人员。只有这样,才能得到下属员工的信任、支持,也才能建成优良的餐厅员工队伍,形成团队精神。

(三) 确立以人为本的管理思想

人本管理简单地说就是以人为中心的人性化管理。楼面经理要做出表率,并通过团队核心把员工看做是企业最宝贵的财富和最重要的资源。充分尊重每一名员工。餐饮企业向用餐客人出售的是服务产品,产品质量的高低直接取决于员工的服务技能和服务热情。人本管理要求管理者必须懂得尊重员工,把员工当做渴望得到关怀、理解和尊重的有血有肉的人来看待,充分尊重他们的劳动,维护他们的权益,为他们的工作创造良好的氛围。这样才既能增强员工的自信心,激发他们的工作热情,又能提高他们对企业的满意度和忠诚度。

(四) 要帮助团队核心成员制订个人职业发展计划

为适应餐饮行业激烈的市场竞争带来的变化,楼面经理要带领团队成员不断加强学习,掌握新的业务管理知识和技能,不断树立现代管理观念。为此,楼面经理要为团队成员,特别是核心成员制订个人发展计划,帮助他们学习和掌握各种专业知识和技能。通过职业发展计划,促使每一位成员对自己目前所拥有的知识和技能进行评估,使自己的特长符合餐饮行业市场竞争的变化。楼面经理要通过个人发展计划,帮助团队成员适应企业各方面的工作及未来发展需要。

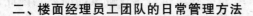
第四章
餐饮企业楼面经理的员工队伍管理

二、楼面经理员工团队的日常管理方法

餐饮企业楼面经理的中心任务就是在总经理领导下,带领餐厅部团队员工做好各个餐厅的客人接待和用餐服务的组织工作,提供优质服务。楼面经理要完成部门管理任务,具体方法多种多样。概括起来,其餐厅团队的日常管理方法主要包括以下五种:

(一)表单管理

表单管理是楼面经理和主管、领班通过各种表格、单据来收集、传递资料,监督检查工作情况,达到管理目的。表单从广义上理解,包括上对下的各种指令单、通知,下对上的报告书、建议信,各主要岗位的工作日志等文字资料。表单的最大优点是白纸黑字、有据可查,信息确凿、不易遗忘和扯皮。表单对观察问题、理清责任、分析问题和为决策提供依据都大有好处,是楼面经理和主管、领班团队核心在日常管理工作中不可缺少的方法。

(二)走动与感情化管理

走动管理是指团队核心在亲自参与餐厅服务工作之时,要不断走动巡视,观察和发现问题,争取当场解决。走动管理对楼面经理及其团队核心即主管、领班的管理工作尤其重要。因为餐厅工作大多是手工操作,为保证各环节工作的有效衔接和各岗位工作质量的可靠稳定,团队核心必须经常到现场走动,密切注视、随时检查、动手示范、亲自指导,必要时及时补位。并且,由于客人投诉之类的问题随时出现,需要由有一定权限的管理者及时到现场处理。走动管理可以发现表单等文字资料所反映不了的问题。

感情管理是楼面经理通过"感情投资"或人性化管理,融洽与员工感情,以情感人,达到管理目的的一种管理方法,也称为"柔性管理"。在具体管理中,如果过于依赖强制管理,容易产生组织和员工的对立。感情管理要比那种"杀一儆百"的效果好得多。强制管理是必要的,但是容易产生员工的逆反或逃避心理。感情管理与强制执行相结合,可以补充强制执行中所缺乏的因人而异的弹性、灵活性,使管理要求容易被员工接受。楼面经理感情管理可以运用循序渐进的处理方法、正面教育为主等方法,旨在给予员工改正的机会和达到教育的目的。

(三)信息管理和定量管理

信息管理是指楼面经理利用餐饮企业和餐厅内外各种信息,提高服务水平和服务质量的一种方法。外部信息多为市场信息,大多来自餐厅客人的反映。内部信息包括客人投诉、员工思想和企业政策、制度等内容,是团队核心

借以改进服务质量、稳定员工情绪和更好地执行企业政策的需要。因此,楼面经理应督导餐厅部门团队核心将信息管理作为日常工作中的一种重要方法来使用。

定量管理是对餐厅任务及其完成结果的数量进行统计、分析,且以此检查监督餐厅经营状况的一种管理方法。餐饮企业要达到科学管理,在许多方面应以信息数据为基础,尽可能地进行量化管理。数量管理标准是楼面经理及其团队核心管理工作中指导、检查工作质量的一个重要依据,因此定量管理方法经常为餐厅团队核心所使用。

(四) 目标管理和参与管理

目标管理是餐饮企业和楼面经理通过为员工制定目标、下达任务指标和工作标准等督导员工努力完成工作任务的一种方法。目标管理有利于促使员工心中有目标,劲往一处使,认真完成本工作区域和本岗位的各项数量和质量目标。有时,对于能够独当一面的员工,可以以追求目标结果为主,旨在让其充分发挥聪明才干。

参与管理是指楼面经理和主管、领班等团队核心促使下属员工参与讨论服务改善方法、提高服务质量、吸收下属员工好的意见和建议,以形成管理决策、计划和措施的一种方法。参与管理的最大好处是可以让员工感到自己的直接领导对自己的重视和厚爱,让员工树立主人翁责任感,激发工作热情,这种方法容易被员工接受并得到贯彻。参与管理方法所产生的决定,是集思广益的结果,其科学性、可行性都比较好。

(五) 体验管理和文化管理

体验管理是指楼面经理和主管、领班等团队核心要从员工和客人角度去亲身体验和体会,用以改进工作的一种方法。楼面经理可安排团队核心到同类型、同档次餐厅充当客人,深刻体会客人的需求,反思本餐厅的服务状态;也可安排团队核心在本餐厅扮演客人角色,亲自消费等。这些体验经历对提高团队核心的认识,并借以改进工作都有很大的好处。

在缔造团队核心,使之胜任本职工作的过程中,楼面经理应营造企业文化,通过企业制度、政策宣传活动等方式,推崇和宣扬企业价值观。要以人为本,体现出重视人、尊重人、关怀人、爱护人的精神,把员工在企业中的地位和作用提升到一个新的高度。要让团队核心成员与员工充分发挥积极性、主动性和创造性。

为了让团队核心成员的管理意识、服务意识、主人翁意识和行为都能与企业的目标相一致,楼面经理可以采用各种管理方法和手段灌输多方面的价值观来影响团队核心成员。诸如：① 宾客至上观念——服务要以（客）人为本，客人满意我也高兴；② 绿色餐厅理念——增强环境保护意识，创立绿色餐厅，我也有责任；③ 团队观念——只有团队和谐，才有我个人事业的平台；④ 生存忧患和企业危机意识，即责任文化——每个人都必须努力履行自己的职能，才能换取自己的生存和企业的发展，同时必须知道，今天不努力工作，明天就要努力去找工作；⑤ 苦干、实干精神，即执行文化——只有苦干、实干，认真、踏实地执行领导指令和要求，才能得到提拔、重用，反对浮躁和投机取巧等。

文化管理是指楼面经理通过餐饮企业方方面面的载体向团队核心成员传达各种信息，将企业倡导的精神渗透到员工的思想中，潜移默化地影响员工的价值取向和行为，这比单纯的说教要有效得多。因此，文化管理对员工积极性的提高、企业凝聚力的增强和团队核心竞争力的提升无疑是一种具有长效性的管理方法，楼面经理在餐厅团队缔造中应广泛重视、广泛采用。

三、餐厅团队核心成员的职责规范管理

餐饮企业楼面经理要做好餐厅团队建设，做好员工队伍管理，关键是要对团队核心成员做好规范化管理。其方法是为他们制定岗位职责规范，并认真督导和贯彻落实。只要各餐厅主管、领班等核心成员都制定和落实了自己的职责规范，认真完成了本职工作，起到了表率作用，餐厅部门的优秀团队也就建立起来了。楼面经理团队核心成员的职责规范管理，其内容主要包括主管和领班两个层次。

（一）各餐厅主管的职责规范管理

1. 餐厅主管职责规范

负责所管餐厅的销售服务工作，向下督导领班及员工。与楼面经理、厨房厨师长、财务部门收银员搞好协调关系。其具体职责规范是：

（1）组织和督导餐厅日常服务管理，编制员工排班表，检查员工出勤。保证员工着装、仪容仪表符合餐厅规范化服务要求。

（2）每日召开班前会，小结前一天工作。明确当日分工和工作重点，讲明重要客人的接待服务注意事项。

（3）巡视餐厅营业区域，检查各项工作实施情况，及时纠正员工不符合规范的表现和行为。保证餐厅各项规章制度、劳动纪律的贯彻实施。

（4）检查和指导员工准备餐茶用品，搞好餐厅环境布置、清洁卫生，餐厅铺台等准备工作，并在开餐前0.5—1小时前完成，保证质量标准，同时维护好

餐厅设备用品。

（5）组织服务员认真做好迎宾领位、开单点菜、斟酒上菜、桌面服务等工作。严格遵守服务程序、操作规程。有针对性地做到特殊服务。同时做好巡视检查，处理特殊问题和客人投诉。发展客际关系，保证为客人提供优秀品质服务。

（6）安排每月、每周员工培训和新员工的入职培训，检查培训效果，不断提高员工服务意识和业务素质。

（7）每日检查餐厅销售统计和营业指标完成情况，控制用品消耗，降低损失浪费。

（8）配合楼面经理搞好每次食品展销活动，努力圆满完成楼面经理交办的其他工作。

2. 宴会厅主管职责规范

全面负责宴会厅的服务组织工作，向下督导宴会领班及员工。与楼面经理、厨房厨师长、销售部主管、酒水部主管、财务部门收银员搞好协调关系。其职责规范是：

（1）与楼面经理、销售部联系，掌握每天宴会团队、重要客人安排，明确每个宴会厅使用、宴会名称、规格、标准、人数、开宴时间、厅堂布置与设备要求，以便组织服务人员做好各项准备工作。

（2）根据宴会预订和自助早餐服务需求，每周编制员工排班表，合理安排服务人员，检查员工出勤情况。

（3）每日召开班前会，小结前一天工作。通报当天宴会接待任务，明确各厅堂要求，分派各厅堂服务人员，提出当日工作重点，重要宴会、重要客人接待服务注意事项。

（4）组织宴会厅领班和服务员认真做好开宴前的各项准备工作。检查每个宴会厅堂环境布置、餐厅卫生、台型设计、座位安排、宴会铺台等各项准备工作是否符合主办单位的要求和宴会服务的质量要求与规范。发现问题，及时处理。

（5）开宴时巡视、检查各宴会厅堂的服务工作。督导各厅堂服务人员严格遵守宴会服务程序、操作规程，处理客人特别要求和投诉。确保各厅堂宴会服务规格，为客人提供优质服务。

（6）认真做好宴会服务现场指挥。重要宴会和主办单位联系，掌握宴会所需时间、主人祝酒讲话时间、宴会气氛和席间节目要求，并和厨房联系，安排好宴会上菜时间顺序、每道菜的间隔时间、主人讲话时的酒水员安排，随时注意调节宴会气氛,及时做好宴会席间节目组织工作,确保宴会服务符合主办单位要求,取得良好效果。

(7)督导有关人员做好宴会销售统计工作,检查宴会报表,定期分析宴会食品、饮料收入和各类菜点销售结构,提高宴会销售水平。

(8)制订宴会服务培训计划,安排每月、每周员工培训和新员工的入职培训工作,亲自授课,督导检查培训效果,不断提高宴会厅员工服务意识和业务素质,评价员工表现。

(9)负责宴会厅所需物品的领用。审查领用单并签字,督导各厅堂合理使用宴会服务用品,降低消耗。

(10)搞好宴会厅与厨房、管事部、酒水部和工程部、保安部、财务部等部门的联系,加强沟通与配合,保证宴会服务和各部门工作的协调发展。

3．酒吧主管职责规范

全面负责酒吧间对客服务的组织工作,向下督导酒吧领班及员工。与楼面经理、厨房厨师长、酒水部库房、财务部门收银员协调。其职责规范是:

(1)在楼面经理领导下,制定酒水销售策略和酒吧间促销活动方案,和调酒员一起研究制定酒单与售价,报楼面经理审批后组织实施。

(2)编制酒吧间排班表,安排员工班次、检查员工出勤率,并评价员工表现。

(3)每日召开班前会,小结前一天工作。布置任务,检查员工着装、仪表及个人卫生。

(4)组织领班和服务员认真做好营业前的各项准备工作。布置酒吧环境,铺台面,做好营业前各项准备工作的检查,保证酒吧间优雅、美观的消费环境。

(5)会同调酒员研究制定各种鸡尾酒和混合酒水饮料配置标准,督导调酒员按照酒水配方为客人提供标准化酒水、饮料,降低损失浪费,保证酒水毛利。

(6)每天检查与审批酒水、饮料补充申领单,检查酒吧间每日销售报表,掌握食品、饮料销售情况,定期做好销售分析,发现问题及时纠正,不断提高酒水销售水平。

(7)组织酒水员为各种宴会、酒会、会议和各餐厅提供酒吧服务,并督导做好销售记录,为各餐厅、宴会厅提供酒水销售资料。

(8)制订并执行员工培训计划,做好培训考核,不断提高酒吧员工服务意识和业务素质,提高调酒技术和服务水平。确保为客人提供优秀品质的服务。

4. 订餐主管职责规范

全面负责宴会、酒会、冷餐会、茶话会和客人利用宴会厅举办各项活动的预订组织工作。向下督导预订员。与厨房部、营销部、财务部协调。其职责规范是：

（1）参与讨论并制订餐饮市场销售计划，参与拟定餐饮企业的销售方针和策略，提供餐饮市场竞争信息。

（2）制定预订程序、预订表格，安排预订人员。检查预订工作落实情况，保证预订准确，提高宴会、酒会、冷餐会等的预订率。

（3）执行企业价格政策，组织预订员有效开展餐饮销售活动。

（4）与楼面经理、厨师长或行政总厨研究制定宴会、酒会、冷餐会等预订起点标准、不同等级的宴会分档菜单和成本控制标准，并指导预订员具体落实。

（5）每日检查预订结果和各种订单，并提前报告楼面经理，通报厨房、宴会厅及各餐厅。搞好与操作部门的关系，保证客人预订如期顺利付诸实施。

（6）亲自深入市场，走访客户，征求预订单位的意见，加强与客户单位的联系，不断开拓市场，扩大宴会、酒会、冷餐会等销售，提高餐饮企业的声誉，增加经济收入。

（7）定期进行市场分析，向楼面经理报告市场动向和本企业的市场占有率，提出宴会、酒会、冷餐会等收费标准，督导预订员实行。

（8）收集、整理、分析预订资料，建立客户预订档案，随时了解客户需求变化、预订动态、特点和发展趋势，针对存在问题，及时提出改进措施和政策调整建议。

（9）亲自参加预订工作，指导预订员进行客户拜访，并与有关部门协调。

（10）记录员工考勤，定期评估和考查预订员的工作业绩，视情况奖励、处罚。制订并执行员工培训计划，做好培训考核，不断提高员工服务意识和业务素质，提高销售技术和订餐水平。

（二）各餐厅领班的职责规范管理

1. 各餐厅领班主要职责规范

（1）餐厅领班职责规范。在楼面经理和餐厅主管领导下负责班组服务组织。负责所管餐厅区域的销售服务工作，向下督导餐厅服务员。与餐厅主管、厨房、酒水部、财务部协调好工作关系。

（2）宴会厅领班职责规范。在楼面经理和宴会厅主管领导下负责班组宴会厅和单间的服务组织工作。向下督导宴会服务员。与宴会厅主管、厨房、酒水部、管事部协调好工作关系。根据不同宴会等级规格,明确主办单位要求,组织服务员做好环境布置、清洁卫生、桌椅台型摆放、宴会铺台、设备布置等各项开宴前的准备工作。保证宴会等级规格。日常组织和督导宴会厅自助早餐服务工作。遇有自助餐宴会,认真检查菜台布置、菜点摆放,督导服务员及时补充菜点,保证自助餐宴会的服务质量。

(3)酒吧领班职责规范。在楼面经理和酒吧主管领导下负责班组服务组织工作。向下督导酒吧服务员、调酒员。与酒吧主管、厨房、酒水库房、财务部协调好工作关系。组织服务员搞好吧台与室内卫生,布置台面,做好营业前的各项准备工作,并检查准备效果。督导服务员做好各种酒水销售记录和领料、用料记录。每日营业终了和调酒员清点吧台当日酒水销售情况,采用差额补充法领取、补充酒水饮料,做好记录,报告酒吧经理或主管,保证账物相符。及时通知服务员有关酒单调整、价格变动和服务项目增减事宜。

2. 餐厅领班通用的职责规范

(1)每餐检查员工仪容仪表和个人卫生。凡员工未达到标准和规范要求的不能上岗。检查服务员的餐厅营业准备工作,发现问题及时处理。

(2)组织本班组服务员准备餐、茶、酒具,做好餐厅卫生、铺台等各项准备工作,检查用品是否齐全、清洁、无破损,台面是否整齐、规范、无疏漏。

(3)组织服务员背诵菜单、酒单,掌握重要菜点风味、各式菜点和酒水典故、特点,以便开宴、开餐、提供酒水时向客人介绍。

(4)督导服务员迎接客人,拉椅让座,递送餐巾、菜单、茶水、酒水、上菜、派菜。督导各餐桌服务员、酒水员、跑菜员严格按照服务程序和操作规范提供服务,督导服务员向客人推荐特别菜点、饮料、酒水。并做好巡视检查,处理客人特殊要求和意外情况,照顾重要餐桌和重要客人。人手不够时亲自为客人服务。确保提供高质量、高标准、高效率的服务。

(5)督导服务人员严格遵守服务程序,观察客人用餐情况,督导上菜,满足客人各项要求。遇有重要客人或人手不够时,要亲自服务,确保服务质量。

(6)协调餐厅(宴会厅、酒吧)和厨房关系,按主管要求掌握好上菜顺序,协助餐厅(宴会厅、酒吧)经理或主管掌握餐厅气氛,保证餐厅服务顺利进行。

四、楼面经理如何培养优秀的员工队伍

服务人员是餐厅员工队伍的主体。楼面经理在做好团队核心成员建设工作的同时,还必须加强对迎宾领位、桌面服务、传菜与酒水及餐厅收款等服务人员的培养。在优秀员工队伍的培养工作中,楼面经理除前面所讲述的方

法外，重点还要注意以下两个方面：

(一) 制定餐厅优秀员工的标准

楼面经理要想培养一支优秀的餐厅员工队伍，首先应制定出优秀员工的基本条件，以便让大家朝着这些条件努力。餐厅员工的工作岗位有领位员、服务员、传菜员、酒水员、收款员等多种。虽然他们的工作岗位和内容不完全相同，但从总体方面看，其优秀员工的条件是基本相同的。主要包括以下各条：

(1) 优秀员工应有良好的仪容、仪表。仪容是对优秀员工的身体和容貌要求。一名优秀员工，男性身高应在1.70米以上，女性应在1.60米以上。优秀员工应身体健康，仪容美观，长相端庄，有良好的风度。这样，可在为客人服务中留下深刻印象。仪表是对优秀员工的外表仪态要求。一名优秀员工应该着装整洁、美观、大方，上班前要洗头，头发应整洁、美观，要经常剪指甲、刮胡须。女性员工还应淡雅化妆。接待服务过程中，应面带笑容，主动、积极、热情地问候客人，讲究礼节礼貌。这样，才能使客人受到有礼貌的接待，从而提高餐厅服务质量。

(2) 优秀员工应有良好的纪律修养。餐厅服务是一种有组织的社会化劳务生产活动。良好的纪律是保证餐厅提供优秀品质服务的重要条件。因此，一名优秀员工应该养成良好的组织纪律性。要遵守外事纪律，遵守员工守则，遵守店规和劳动纪律，遵守服务程序和操作规程。服务过程中，要用真诚的态度、良好的纪律为客人提供优秀品质服务。

(3) 优秀员工应有良好的心理素质。优秀品质服务既要满足客人的物质和精神需求，又要满足客人的心理需求。因此，一名优秀员工必须具有良好的心理素质。其主要内容包括：事业心和责任感、忠实度和可靠性、应变能力、判断能力、头脑反应的灵活性、情绪稳定性、自信心和幽默感、对客人的理解力、必要时的忍耐精神和记忆力能力等。这些心理素质是在餐厅服务过程中，通过长期培养，不断总结经验教训而形成的。因此，一名优秀员工应该自觉培养自己的心理素质，并在接待服务过程中根据实际需要而灵活运用，这样才能在日常工作中，提供优秀品质服务，提高服务质量。

(4) 优秀员工应有良好的专业技术能力。餐厅服务是以员工的综合能力为基础的。只有良好愿望而无实际专业技术能力，提供优秀品质服务就是一句空话。因此，一名优秀员工必须根据自己的工作岗位要求，努力提高专业技术能力。同时，还要培养自己的分析判断能力、逻辑思维能力、语言表达能力、熟记客人的能力和环境适应能力等。只有具备了各种专业技术能力，才能有针对性地为客人提供优秀品质服务。

（5）优秀员工必须十分重视现场服务。现场服务是餐厅提供优秀品质服务的本质表现，是客人接受服务的直接感受点，也是考察服务水平、检验员工服务质量高低的根本着眼点。优良的设备条件、良好的仪容仪表和心理素质、良好的业务知识和服务技能与标准化、程序化、制度化等条文规定，都只是餐厅提供优秀品质服务的外在条件。只有重视实际行动，重视每一天的具体服务工作，重视每次的现场服务，一名优秀员工的服务知识、服务技能、服务水平才能充分发挥出来。所以，优秀员工必须十分重视每一天、每一次的具体工作，重视现场服务水平的真实发挥。而做到这一点，必须具有强烈的服务意识，具有主人翁责任感，热爱宾客，热爱本职工作，加强自我管理，具有勤奋好学、吃苦耐劳的精神，把服务现场当做充分发挥自己的知识、技能和能力的场所。

（二）在实践中培养优秀的员工队伍

餐厅部门优秀员工队伍是在实践中培养造就的。为此，楼面经理要在研究制定优秀员工应具备的条件的基础上，认真组织员工在餐厅、宴会服务中贯彻落实、严格要求，加强督导检查，表扬好人好事，使餐厅服务养成良好的风气，形成团体气氛。具体来说，主要从四个方面严格要求和培养。

（1）将员工培养成向客人奉献真诚微笑的使者。在餐厅服务中，态度是优质服务的基础，微笑是服务态度的重要组成部分，对客人起着情绪诱导作用。优秀员工通过会心、发自内心的微笑，可以将友好、融洽、和谐、尊重、自信和气氛感染给客人，使客人产生良好的心境，消除陌生感，使客人感觉到处处有亲人，心情愉快、平和，得到用餐享受。优秀员工能够将微笑贯穿于接待过程的始终，通过向客人微笑传播餐厅优秀品质，为成功建立优质服务打下良好的基础。

（2）将员工培养成招徕客人的"交际家"。客人是餐厅的上帝，是餐厅兴旺发达的基础，也是传播餐厅知名度的媒介。第一，优秀员工必须通过规范的仪容、仪表展示自己，做到客到微笑到、敬语到、茶到、香巾到，给客人留下良好的服务印象。第二，优秀员工要运用简洁、流畅的语言，配以必要手势动作，使客人理解和满意。第三，餐厅与客人发生矛盾时，优秀员工要站在客人的立场上考虑问题，控制客人情绪，保持礼貌，妥善解决，同时尽力维护餐厅声誉。第四，要善于与客人交流感情，满足心理需求，提供有针对性的优质服务，使客人再次光临本餐厅。

（3）将员工培养成见机行事的"小精灵"。优秀员工能够洞悉客人最感兴趣的某种需求，能够留心观察客人的表情，通过客人的言谈举止洞察客人的心理需求。优秀员工还能正确辨认客人身份，了解客人的情趣和爱好，通过对客人心境与需求的了解，准确把握住与客人搭话、讲解、介绍、交谈，为客人送茶倒水、添酒加菜的最佳时刻与"火候"，从而有针对性地提供优质服务。

（4）让员工成为具有良好记忆的"活字典"。优秀员工不但应能准确地掌握各个国家、各个地区客人的风俗习惯，还应能熟记本餐厅经营的各种菜点、酒水、烟、茶品种、供应地、价格、特点等内容，熟悉客人的行为习惯，精通规范服务方法和推销技能。在为客人服务过程中，优秀员工要能较快地准确记住客人姓名或姓氏，根据客人需求提供服务，使客人倍感亲切，加深对餐厅的良好印象，从而拥有一定客源量，促进餐厅业务发展。

第三节　餐厅部门的员工队伍配备

陆先生的两难境地

陆先生是一家三星级酒店的餐饮部经理。酒店餐饮部设有餐厅和酒吧各一个。酒吧在大厅二层一角，约有20多个座位，供住店客人和来访宾客品茗休闲，有时一些散客也来此闲谈消费。酒吧主要供应茶水和各种软饮料，夏天供应冷饮。酒吧营业额不多，月平均不到20 000元。营业时间从上午9:00到晚上12:00，服务员按两个班次轮班。

在酒店未执行经济责任制之前，陆经理在酒吧配置了7名员工。即领班1名，负责班组管理和每天人员倒班时的顶班，每个班次各设1名服务员、1名酒水员和1名收银员。

随着经济体制改革的不断深入，酒店为创造更好的经济效益，推出了部门经济责任制，为各部门下达经营指标，并制定了相应的奖励政策。

酒店下达给陆经理的年度利润指标为120万元。陆经理分析了餐饮部的营业构成，决定集中力量抓好餐厅经营。对于酒吧，考虑到规模太小，位置较偏僻，只要抓好节支就可以了。陆经理算了一笔账：酒吧月营业额按20 000元计算，饮品成本大约为30%，即6 000元，酒吧现有员工7人，人均工资1 200元，月工资总额即为8 400元，再扣除税金、折旧费、能源消耗等费用，便所剩

第四章 餐饮企业楼面经理的员工队伍管理

无几。如此经营,酒吧只能保本,个别月份甚至入不敷出。

于是,陆经理设计了一套减少人工成本的方案。将目前每个班次3人减低为1人,酒水和服务两个岗位合并,收银工作由楼下总台收银兼任,取消领班编制,在服务员倒休时,从餐厅员工中出1人替班。精简后的酒吧只有2.5人。

方案实施后,经营状况有了明显改观。月人工成本由原来的8 400元降低至3 000元。经过3个月的运作,酒吧实现了扭亏为盈,月月有赢利。但陆经理逐渐发现,酒吧营业额比实行经营责任制之前,似乎略有下降,而且出现了酒吧服务员作弊、私吞营业款的迹象。陆经理明察暗访,找出一些原因,主要是不少客人不向服务员索取发票、收据,还有大部分客人喜欢点用茶水,使单独上岗的服务员提供了自带茶叶给客人饮用的机会。服务员为客人提供饮料、茶水后,将不索要收费凭据的客人交来的营业款装进自己的腰包。

实际上陆经理在设计人员精简方案时就仔细分析过酒吧服务只有1人的弊病,但如按正规配置又着实太浪费人手。由于问题已经暴露,陆经理为此陷入两难境地。应该如何应对呢?思来想去,感觉只有两个办法:一是将酒吧承包出去,但必须要征得总经理批准;二是频繁换人,以最大限度减少员工作弊机会,因为新上岗的员工对酒吧工作要有一个适应过程,其作弊的可能性和隐蔽性较小,但经常这样做容易引起酒吧服务质量的不稳定。思索再三,陆经理决定采取第二个方案。新方案实施后,酒吧营业收入额有了提高,服务员作弊的现象有了较大程度的减少。

 点评

中小型餐饮企业或宾馆、酒店餐饮管理者会经常遇到陆先生的两难境地。从财务控制和服务规范的角度看,餐厅配备全套人员是妥善的。从经济效益和人工成本的角度看,中小型餐饮企业又无法承受正规配置带来的较大人工成本。案例中的解决方案具有一定的可行性。在整体要求比较严格的酒店,承包方式往往不为酒店高层管理者所接受,因而采用频繁调动的方法不失为一种较好的管理决策。

员工队伍配备又称定员编制,它是餐饮企业员工队伍管理的前提和基础,也是餐饮企业做好业务管理的重要条件之一。楼面经理做好员工队伍配备,既要保证餐厅业务需要,又要有利于降低人事成本、提高劳动效率。为此,楼面经理需要明确影响员工队伍配备的因素,并以此为依据,才能合理选配人员。

影响员工队伍配备的主要因素体现在五个方面:一是餐厅规模大小及接待能力的高低;二是餐厅等级规格和设施利用率的高低;三是企业领导体制和企业组织管理模式;四是餐厅布局和技术设备的先进程度;五是季节波动程度对业务的影响和营业班次安排。

为此,本节主要论述餐厅员工队伍配备的方法,供餐饮企业楼面经理参考。

一、确定餐厅员工队伍编制

(一)设置工作岗位

餐饮企业以追求利润为首要目标,为此,必须降低人工成本。但降低人工成本不能压缩员工工资,那样会失去大批优秀员工。这就要求楼面经理要有计划地合理调整餐厅岗位分布及岗位人数,逐渐提高员工服务技能和工作效率,使员工人尽其能,从而达到控制人工成本,确保企业生存、发展和员工需要的多重目标。

设置工作岗位是餐厅员工配备的基础。为此,楼面经理要合理划分员工岗位。从组织管理的角度来看,其岗位划分主要包括三种类型,每种类型再根据管理规模、经营风味、客源类型和服务规程、程序等需要确定。

(1)组织领导岗位。分别负责餐厅、宴会厅、酒吧管理。主要工作是贯彻企业经营方针和管理制度,编制经营计划,制定经营策略,合理安排人员,做好资源调配,领导和组织餐饮业务活动的开展,调动员工积极性,保证各项经营指标和管理任务的顺利完成。组织领导岗位按职能划分可设置各餐厅经理、主管、领班、订餐主管等岗位。

(2)操作服务岗位。负责餐厅(楼面)菜点和酒水销售与服务。主要工作是执行服务程序、操作规程,严格质量标准,每餐做好餐厅铺台、清洁卫生、迎宾领位、客人用餐服务等各项服务工作,保证为客人提供主动、热情、耐心、周到、细致的服务,扩大产品销售。餐厅操作服务岗位通常包括值台员、订餐员、迎宾员、引领员、取菜员、保洁员等岗位。

(3)收入控制岗位。负责各餐厅营业收入工作。保证餐厅食品、饮料收入的实现,防止个别服务人员作弊。制作营业收入报表,每天将餐厅收入准确、及时送交财务部。做好营业收入分析,为领导提供决策参考。主要岗位是餐厅收银领班和收银员。

(二)确定各岗人员任职要求

楼面经理要做好人员配备,搞好人员编制,必须根据各岗员工的工作内容确定任职要求,以便按岗位工作要求选择配备员工。这也是餐厅员工配备的重要基础工作。其各岗位员工的任职要求是:

1. 各餐厅经理(主管)任职要求

(1)具有大专文化程度或同等学力。掌握社会学、心理学、市场营销、饮食管理、服务心理学等专业知识。具有一般烹调和营养卫生学知识,善于在接待服务中运用。

(2)通晓餐饮企业服务工作程序、服务标准和质量要求。掌握餐厅服务规范。熟知企业规章制度、员工守则。能够严格贯彻实施。

(3)具有较强的餐厅服务组织能力,能协助楼面经理统筹管理好餐厅的各项具体工作。熟悉菜单、酒单与产品价格。能够根据客人需求和接待任务,全面安排、组织餐厅销售服务工作。

(4)具有较强的语言表达能力、客际沟通能力和餐厅服务协调能力。善于处理各类客人的实际问题及客人投诉。

(5)具有制作审查营业报表、处理结账、票据传递、进行营业分析等方面的实际工作能力,具有评估、培训员工的能力。

2. 宴会厅经理(主管)任职要求

(1)具有大专文化程度或同等学力。掌握旅游市场学、销售学、社会学、管理学等专业知识。通晓宴会厅设计、台型设计,熟知宴会菜单。

(2)通晓宴会预订、宴会组织、宴会服务工作程序,熟悉质量标准和操作规程。能够根据宴会性质、等级规格和主办单位要求,全面组织宴会、酒会、冷餐会、鸡尾酒会等各项服务工作。

(3)具有很强的协调沟通能力。善于处理宴会服务同企业销售、工程、保安、采购、库房、厨房和酒水部以及酒店中的前厅、客房、康乐等各方面的关系及其同主办单位的关系。

(4)具有食品营养学、卫生学等知识。能够坚持宴会服务卫生质量标准。

(5)具有指导、激励下属员工工作和评价工作表现及培训员工的能力。

3. 酒吧经理(主管)任职要求

(1)具有大专文化程度或同等学力。掌握社会学、心理学、市场营销、饮食管理、服务心理学等专业知识。具有国际、国内酒水饮料知识,掌握国际、国内名酒产地、商标、质地、特点、价格,善于在接待服务中运用。

（2）通晓餐饮企业酒吧服务工作程序、服务标准和质量要求。掌握酒吧服务规范。熟知企业规章制度、员工守则,能够严格贯彻实施。具有员工评估、培训的能力。

（3）具有酒水销售专业知识和较强的服务组织能力。能够根据客人需求、酒吧特点,制定酒水促销方案,组织有特色的酒水推销活动。

（4）具有酒水成本、毛利控制方面的能力;善于掌握各种毛利标准,制定和调整酒单价格,降低消耗;善于制作酒水销售报表。

（5）具有酒水储藏管理和酒水鉴别能力。

（6）具有较强的语言表达、客际沟通和服务协调能力。善于处理各类客人的实际问题及客人投诉。

（7）具有制作餐厅营业报表、处理结账、票据传递,进行营业分析等方面的实际工作能力。

4. 订餐主管任职要求

（1）具有大专文化程度或同等学力。掌握旅游市场学、心理学、市场营销、饮食管理、宴会管理等专业知识。熟悉当地宴会、酒会和冷餐会等市场状况。

（2）具有很强的人际交往、公关活动、谈判能力,广泛联系客户,熟悉客户对宴会、酒会、冷餐会的消费需求。

（3）熟知本餐饮企业宴会、酒会、冷餐会等服务项目,掌握预订程序和方法,掌握菜点安排与成本知识。

（4）具有较强的语言表达、文字、客际沟通能力。高星级企业预订主管精通一种外语。

（5）具有很强的协调与应变能力。

5. 各餐厅领班任职要求

（1）具有高中或职业高中以上文化程度。掌握酒店、宾馆或酒楼、饭庄一般知识,熟知餐饮服务专业知识。

（2）通晓餐厅（宴会厅、酒吧等）工作程序,熟知环境布置、清洁卫生、迎宾领位、开单点菜、桌面服务、斟酒上菜等各项具体服务程序,能够组织和督导服务人员严格按照质量标准和服务规范提供优秀品质服务。

（3）熟悉餐厅（宴会厅、酒吧等）各项规章制度、劳动纪律,通晓菜单、酒单内容与产品的价格,具有一定的餐厅服务组织能力,能够全面组织班组员工贯彻餐厅（宴会厅、酒吧等）各项制度。

（4）具有较强的中、英文会话和客际关系处理能力,反应灵活,具有处理客人一般投诉的能力。

（5）有良好的心理素质,能够团结班组员工,严于律己,发挥榜样、表率作用。

6. 各餐厅服务员任职要求

（1）具有职业高中文化程度。掌握酒店、酒楼、饭庄服务一般知识,熟知餐饮服务专业知识。

（2）熟练掌握餐厅服务程序、质量标准、操作规范。熟知餐厅(宴会厅、酒吧等)规章制度、劳动纪律、礼节礼貌和菜单、酒单内容与价格。能够严格遵守服务程序和各项制度,能够为客人提供优秀品质服务。

（3）具有中、英文会话和客际关系沟通能力。

（4）具有良好的职业道德和心理素质。能够始终坚持礼貌待客、微笑服务、一视同仁,不因个人情绪变化而影响服务质量。

7. 酒吧调酒员任职要求

除具有各餐厅服务员基本素质外,还应具备下列条件:

（1）受过酒水、饮料调配与销售专业培训,具有酒水专业服务知识。

（2）熟知国际、国内酒水发展动向、特点和趋势,掌握各类客人爱好、兴趣,掌握国内外各种名酒知识。

（3）熟练掌握鸡尾酒调配专业技术,善于根据配方、各种酒水与配料用量调制各种鸡尾酒,具有酒水调配继承和发展方面的能力。

8. 订餐员任职要求

除具有各餐厅服务员基本素质外,还应具备下列条件:

（1）具有较强的专业外语表达能力,能够听懂和流利回答客人预订宴会和订餐的各种咨询和预订要求。

（2）具有较强的预订报表制作、记录、统计、分发等各方面的能力和专业技巧,能够做到听得清、记得快、记录准、传递快。

（3）具有较强的计算机操作能力,能够准确、熟练地操作、输入、传递客人订餐、挂账、收银等信息。

二、制定餐厅员工队伍配备标准

员工队伍配备标准是指一家餐厅正常营业所需要的员工人数。由于每个餐厅经营规模与经营形态的不同,在员工配备的标准上也互有差异。

(一) 工作效率评定法

(1) 评定方法。楼面经理可参考目前最常用的一种方式评定员工工作效率,即以一定时间内(一天或一个小时)一位或几位服务员所服务的客人人数作为衡量其工作效率的标准。其公式为:

$$\frac{日均客人总人数}{服务员总人数} \div 8 = 人均每小时服务客人数$$

测试中,如果楼面经理感觉到工作效率不佳,应激励员工,促使服务员进一步提高成绩,使员工配备标准更合理、更能提高工作效率,降低人工成本开支。

(2) 注意事项。工作效率评估,不能仅依靠理论公式,还要考虑两种因素:一是男女服务员因工作作风、性格、行为习惯不同,工作效率上有差异;二是客人需求不同,有的客人希望快节奏服务,有的客人则对服务节奏快慢无所谓。因此,楼面经理应该采用任务编组方法,以任务完成的程度作为衡量工作效率的标准。把握员工配备效果,使其具有机动性。而不可拘泥于常规来确定配备标准。

(二) 预测营业需求法

(1) 预测需求时间选择。预测营业量,可将预测时间确定为10天或两个星期。这样,便于掌握市场需求变化规律。需求曲线的高低起伏不仅一天中会有变化,而且每餐也有差异。通过分析销售额便可发现某一期间的营业需求,据此预测未来营业量,有利于采取适当的措施。

(2) 营业预测时间点。午餐或者晚餐以及周末是营业高峰时间,在高峰时段统计数据,有利于楼面经理建立合理的预测资料,有效地预测营业量。同时,还应将日期、天气、气候变化等预知因素列入考虑范围,留有余地。

(3) 预测人工成本。人工成本是餐厅经营预算的焦点。这对于无常规可循的楼面经理来讲,不是一个简单的问题。因此,在营业预测中,应尽可能地做到精确,以防止员工配备过多或不足。楼面经理可以以一个星期的营业量为准,详细计算每天的服务需求,再同过去的几个星期比较。注意人员需求不寻常的上升或下降,找出规律,作为预测人员配备的参考。

(三) 员工工作规划法

(1) 确定餐厅服务需要的总员工数。从理论上来讲,只要做出任何特定时间的营业需求预测,便可计算出餐厅服务需求的员工总数。其计算公式为:

$$\frac{预订的客人总数}{平均工作效率} = 需要的员工总数$$

（2）分析与评估所需员工。为了有效地配备员工，楼面经理有必要详细分析员工日常工作成绩，分别评估员工工作潜力。而此项分析与评估资料的来源，取决于对工作效率的衡量与预测。

（3）规划员工工作日程。楼面经理要正确、有效使用员工，最可靠的方法就是适当分配任务，精确规划工作日程，以满足餐厅服务需求，同时顾及员工本身的期望。

（四）设定员工配备标准

（1）任何服务标准都应以客人需求为主旨。如果不能体现这个要求，一切服务标准都无意义。为达到此要求，楼面经理要在整个服务过程中，在各个工作环节和各方面，都全面体现优秀品质服务，而不得存在任何场合、时间的松懈。

（2）员工配备人数只要能满足服务标准要求即可，应在允许范围内尽可能少，以尽可能体现工作效率、节省人工成本。

（3）对下属始终保持友善、谦虚、合作的工作态度，与员工建立和谐的人际关系，尽一切努力使员工流动率减至最低，从而发挥人工成本效益。

三、餐厅员工队伍配备方法

（一）餐厅员工队伍的配备方法

楼面经理对餐厅员工队伍的配备受餐饮接待能力、等级规格、班次安排和计划出勤率的高低等多种因素影响。通常的规律是，人员配备应以平季餐厅上座率为基础，以员工劳动标准为参考依据，区别不同工种来确定。其配备方法主要有三种：

（1）岗职人数定员法。主要适用于餐厅主管、领班以上人员配备。根据餐厅组织机构管理人员的岗位设置和管理工作任务大小，确定人员编制数量。如楼面主管、餐厅领班、宴会经理、多功能厅经理、酒吧经理、咖啡厅经理等。各岗位的人员定编大多为1—2人。其中，主管、领班岗位考虑到倒班、轮休，也可适当增加1—2人。

（2）餐厅定额法。主要适合于各餐厅服务人员配备。根据不同餐厅的等级规格和服务质量要求，确定正常营业中平均每个服务员可以负责的座位数。然后根据餐厅预测上座率、班次和计划出勤率，确定人员编制。其计算公式为：

$$Q = \frac{B}{a+b} \tag{1}$$

$$n = \frac{X \cdot y \cdot m}{Q \cdot f} \times 7 \div 5 \qquad (2)$$

式中，B 表示测定餐厅座位数，a 表示测定桌面服务员人数，b 表示测定其他服务员人数，X 表示餐厅总座位数，y 表示计划上座率，m 表示班次，f 表示计划出勤率。

（3）看管定额法。主要适用于炒菜厨房操作人员定员配备。它以厨房人员劳动分析为基础，确定平均每人在正常劳动的情况下可以看管的炉灶台数，然后根据班次和计划出勤率确定人员编制。其计算公式为：

$$Q = \frac{B}{a+b} \qquad (1)$$

$$n = \frac{X \cdot m}{Q \cdot f} \times 7 \div 5 \qquad (2)$$

式中，Q 表示看管定额，D 表示测定炉灶台数，a 表示测定厨师人数，b 表示测定加工与勤杂人数，X 表示厨房炉灶台数，m 表示班次，f 表示计划出勤率。

举例：某风味餐厅有座位 200 个，计划上座率 92%，桌面服务员每人负责 20 座，每 40 座设 1 名跑菜员。另需酒水员和领位员 3 人、迎宾员 1 人。厨房每 30 座设 1 台炒菜炉灶，每位炒菜厨师需另配置 1 名加工人员与 1 名管事部人员。厨房两班制，计划出勤率 98%，每周工作 5 天，请确定餐厅和厨房的劳动定额和人员编制。

计算：

① 餐厅定额和人员配备

$$\text{餐厅定额 } Q = 200 \times 92\% \div \left(\frac{200 \times 92\%}{20} + \frac{200 \times 92\%}{40} + 4 \right)$$
$$= 10.34 (\text{座}/\text{人})$$

$$\text{餐厅定员 } n = \frac{200 \times 92\% \times 2}{10.34 \times 98\%} \times 7 \div 5 = 50.84 \approx 51 (\text{人})$$

② 厨房定额和人员配备

$$\text{厨房定额 } Q = \frac{1}{1+1+1} = 0.33 (\text{台}/\text{人})$$

$$\text{厨房定员 } n = \frac{200 \div 30 \times 2}{0.33 \times 98\%} \times 7 \div 5 = 57.72 \approx 58 (\text{人})$$

（二）餐厅每天上岗人员配备方法

1. 餐厅员工劳动标准参数

餐厅劳动标准是指每班每位员工平均应该接待的客人数量。制定餐厅员工的劳动标准,应以餐厅座位为基础,根据餐厅类型、服务档次和上座率高低确定。其参考数量可参阅表4-1。

表 4-1

上座率 标准 餐厅	50%以下 (座/人)	51%—60% (座/人)	61%—70% (座/人)	71%—80% (座/人)	81%—90% (座/人)	91%—100% (座/人)	100%以上 (座/人)
团体餐厅	40	40	35	35	25	25	20—15
零点餐厅	30	30	25	25	19	19	10—12
宴会厅	20	20	17	17	13	13	8—10
酒吧间	30	30	25	25	19	19	10—12
西餐扒房	10	10	9	9	6	6	4—5
自助餐厅	50	50	42	42	31	31	20—25
说明	各餐厅服务员包括桌面服务员、酒水、跑菜等人员						

2. 餐厅每天上岗人数的确定方法

楼面经理在员工配备的基础上,要督导主管、领班做好每天上岗人数安排。在实际工作中,各餐厅的人员使用随季节和客人数量变化而变化。旺季客人多,每天上岗的员工较多;淡季客人少,每天上岗的人数相对较少。楼面经理要逐周编制员工安排表来确定每天需要上岗的人员数量。其方法是根据每天客人数量预测和员工劳动标准确定。

举例:某风味餐厅未来1周客源预测如表4-2所示。

表 4-2

星期	餐次	客人预测	星期	餐次	客人预测
星期一	早、午	250	星期五	早、午	280
	晚	160		晚	180
星期二	早、午	280	星期六	早、午	230
	晚	200		晚	260
星期三	早、午	320	星期日	早、午	250
	晚	240		晚	210
星期四	早、午	230			
	晚	200			

餐厅分为两个班次上岗,劳动定额早、午班次为60,晚班次为40,根据餐厅客源预测和劳动定额即可编制一份餐厅周服务计划表,如表4-3所示。

表 4-3　餐厅周服务计划安排表

星期	星期一		星期二		星期三		星期四		星期五		星期六		星期日	
餐次	早、午	晚	早、午	晚	早、午	晚	早、午	晚	早、午	晚	早、午	晚	早、午	晚
客源预测	250	160	280	200	320	240	230	200	280	180	230	260	250	210
劳动定额	60	40	60	40	60	40	60	40	60	40	60	40	60	40
上岗人数	4.2	4	4.7	5	5.3	6	3.8	5	4.7	4.5	3.8	6.5	4.2	5.3
人数配备	9		10		12		9		10		11		11	

（三）餐厅人员配备注意事项

为做好餐厅员工队伍配备和上岗人员安排，充分调动全体员工的积极性，更好地创造经济效益，楼面经理除掌握上述方法外，还应注意以下几点：

（1）根据餐厅规模、等级，按比例定员。一般来说，管理人员应掌握在 1∶10 左右，餐厅人员和厨房人员的比例为 1∶1。

（2）根据劳动效率定员，把定员和定额结合起来。一般要以餐厅类型、桌台、座位数、可接待客人数为依据核定劳动标准。如高级宴会中 1 张圆桌 10 位客人需配 2—3 名服务员；一般宴会中 1 张桌台 10 位客人，只需要 1 名服务员即可。

（3）按岗位职责与设备定员。餐饮各级管理人员和一些需要专人督导的工作岗位，楼面经理可根据职责和设备多少定员。定员时还应考虑到每个员工的业务能力、服务技术熟练程度。

（4）科学安排班次。餐饮部因工种多、岗位差异大，班次安排要适应营业需要。不管是一班制、二班制或三班制，必须保证满足餐厅服务需要，合理安排，既要发挥员工的积极性，保证满负荷运作，还要考虑员工的承受能力和困难，关心员工的身体健康，避免长期超负荷工作产生厌倦情绪，使餐厅经营受到影响。

第四节　餐厅部门的员工队伍管理

 案 例

强化管理，严格服务规范——小康被解雇了

某酒店宴会厅热闹非凡，一家公司正在举行大型宴会。宾客们推杯换

盏、开怀畅饮。席间,举办单位的主人看到一位贵宾总喝矿泉水,便建议该客人换杯酒精饮料。客人沉思了一会儿,"要不,喝杯扎啤吧。"主人立即将服务员小孔招呼过来说:"给这位客人上杯扎啤!"小孔答应了一声,转身而去。过了十分钟,还不见酒水送来,也不见小孔的面。主人急坏了,客人也有些坐不住,便不耐烦地对另外一位服务员说:"没扎啤就算了,还是给我杯矿泉水吧。"一瓶崂山矿泉水很快就放到了客人面前。

餐厅刘经理看着主宾阴沉的脸色,便来到后台询问小孔,为什么这么长时间扎啤上不来,小孔回答说:"我跟吧台(服务员)说了,他不理我。"刘经理气冲冲地来到吧台,服务员小康见到经理来了,吓得脸一阵白一阵红。面对经理的质问,小康支支吾吾说不利落。

刘经理平素温和,几乎没有对员工发过脾气,但他的原则性很强,这次是真的气坏了。他厉声对小康说道:"明天你可以离开酒店了!"

小康为什么不及时向客人提供啤酒呢?原来,小康和小孔平时素有矛盾。当小孔到吧台告诉小康客人点要啤酒时,故意拱小康的火,大声嚷嚷着:"嗨!要杯扎啤。"小孔既没有打招呼,也没有说要多大的杯子。小康认为小孔是在为难、气他,再说取扎啤要到40米外的另一个餐厅,所以就没有理睬。小孔见小康不答复,心里说:"你不是拿客人的事斗气吗?好!咱俩看谁倒霉,我还不管了!"于是不再说话就回到了餐厅。

第二天,小康被解雇了。鉴于小孔在此事件中不能以客人利益为上,个人之间的矛盾影响了工作,对客人的要求怠慢、失责,给餐厅带来极不好的影响,刘经理召开全体员工大会予以公开批评。同时召开餐厅主管会议,讨论扣除小孔当月奖金,记警告一次,借此教育全体员工,若再有拿客人的需求当儿戏者,必当严惩。

点评

在本案例中,小康和小孔都有严重的过失。餐饮企业强调"以客为尊,以诚为本"。服务人员在工作中任何时候都不能将个人的矛盾冲突凌驾于对客服务之上。小康和小孔在工作中玩忽职守,违背了职业道德。小康的被解雇,是咎由自取;而小孔有意识地利用重要的宴会场合为小康设圈套,置客人需求、服务质量于不顾,实属思想品质有问题,理应受到处分。刘经理坚决执行企业制度,严格按照奖惩条例将小康解雇,给予小孔经济处罚,非常必要。

诚然,刘经理对小康、小孔的处罚无可非议。但刘经理和此次宴会的各位管理人员也应反省。首先,如此重要的宴会,没有在现场提供扎啤,连咖啡厅、酒吧的员工都没有通知到,显然说明在餐厅管理层内部存在着沟通障碍。其次,在服务意识和基本的职业道德方面,餐厅经理和各位管理人员平时对员工的培训存在严重漏洞。最后,解雇一个小康绝对解决不了餐厅管理的服务意识和质量问题。餐厅经理应强调规章制度的学习与落实,从标准化、程序化、制度化方面着手,从管理层做起,在根本上转变管理形象。

员工队伍管理的目的是发挥员工智力和劳动能力。做好员工队伍的管理,既是餐饮企业和楼面经理做好各项管理工作和业务组织的人力保证和共同任务,又是提高劳动力素质,调动员工积极性,保持员工动力和士气,进而保持企业生机与活力的重要条件。为此,本节研究楼面经理做好餐厅员工队伍管理的方法与技巧,以供参阅。

一、员工队伍的任务目标管理

（一）指导员工制定任务目标

在餐饮企业管理中,楼面经理在做好员工队伍配备的基础上,根据企业经营方针和计划任务的要求,指导和帮助员工制定任务目标,将企业和部门目标分解落实到员工,是做好餐厅部门管理、调动员工积极性、确保提供优质服务的重要工作。为此,楼面经理要帮助员工制定具体目标,落实具体任务。其基本方法是:

（1）明确企业总目标。餐饮企业的总目标是在总经理领导下,由财务部、餐厅部等各部门共同制定。企业总目标包括年度和各月、各季度的目标,又以需要完成的经济指标为主。为此,楼面经理要帮助餐厅部门员工制定目标,就要明确企业全年和各月、各季的任务目标。具体包括餐厅上座率、接待总人次、客人食品人均消费、饮料比率、各月各季必须完成的食品收入、饮料收入、其他收入、总收入等。只有明确这些目标,才能指导和帮助员工制定具体的任务和目标。

（2）分解餐厅经济目标。在明确企业年度和各月、各季总目标的基础上,楼面经理要将企业总的经济目标分解到各个餐厅,形成每个餐厅各月、各季的经济目标。如饭店、宾馆要将企业各月、各季的目标分解落实到中、西餐厅、宴会厅、咖啡厅、酒吧间等。酒楼、饭庄则要分解落实到大众餐厅、雅座餐厅、宴会厅和包房餐厅等。分解时要以企业下达的计划任务为基础,根据每个餐厅的座位数、计划上座率、接待人次等分别确定,不能将各月、各季的目标平均摊派。只有这样,才能形成各个餐厅各月、各季的奋斗目标。

(3) 制定班组员工目标。在各餐厅目标确定的基础上,楼面经理要和餐厅主管协商,将各个餐厅每月的任务目标再分解到班组和员工。经济目标一般以班组为单位,形成班组员工每月、每天平均必须完成的接待人次、营业收入指标。这样就将餐厅部门的任务目标落实到了班组和员工,便于执行和考核,也才能保证部门目标的逐期完成。

(4) 制定员工服务质量目标。这项目标主要通过服务程序、质量标准的贯彻执行来达到。目标内容可以班组为单位,通过质量标准来实现。具体包括班组每天营业中的设备用品的完好率和有效率应趋于100%,优秀服务达标率应达到80%以上、合格率应为100%,客人投诉率应低于2%,每次餐厅组织的客人满意度调查中宾客满意程度应达到80%以上等。通过这些指标,即可完成班组员工服务质量目标制定。

(二) 做好员工任务目标管理

在制定班组和员工任务目标的基础上,楼面经理要同各餐厅主管和领班做好任务目标管理。重点是做好以下两个方面的工作。

1. 任务目标的执行要以班组为主,具有灵活性

餐饮企业各个餐厅的任务目标是由班组员工共同完成的。任务目标常需要改动。真正具有挑战性的目标,要以班组为单位。目标能否达成,要通过逐日、逐周、逐季检查。同时,要向班组授权,调动班组员工的积极性来共同完成。

2. 在任务目标管理过程中要注意的问题

(1) 应以餐饮企业最高管理者为起点,逐级管理,全体员工积极参与,持之以恒,确立整个企业和各部门对任务目标管理的信心。

(2) 任务目标管理开始,就应有周详的计划,特别重视对各级管理人员和全体员工的教育和培训。

(3) 任务目标的设定应尽可能做到可以衡量。执行时的成果必须让每个人都知道,并得到大家的认可。

(4) 任务目标管理的检查要与控制制度相结合。经过检查,发现市场发生变化,需要改变时,要再次明确班组员工的任务目标。

(5) 对取得良好业绩的员工应给予奖励。奖励应该与任务目标完成的效

果相结合。

（6）在任务目标管理期间,楼面经理应该鼓励各级主管、领班和员工讨论,让每个人明确。并定期检查,建立资讯反馈制度,以保证任务目标的顺利完成。

二、员工队伍的规章制度管理

餐厅规章制度是为实现餐饮企业的经营目标,反映管理要求,由企业制定的指导员工行为规范的约束性文件。餐厅部门管理中的规章制度很多,主要分为企业管理制度和部门管理制度两种类型。前者是全店员工都必须贯彻执行的,后者主要在部门管理中运用。从楼面经理管理的角度来看,两者都必须贯彻执行。其重要内容和管理方法是:

（一）员工手册

员工手册是餐饮企业规章制度的重要内容,是餐厅全体员工明确权利和义务、共同遵守的行为规范。员工手册和每一名员工息息相关,是餐厅具体工作中运用最广泛的规章制度。

员工手册明确阐述了企业的性质和任务、经营宗旨和指导思想,使员工对企业产生信任和归属感。它确定了员工在劳动合同书以外附带的权利和责任,使员工产生责任感,树立主人翁精神。它规定了员工的奖惩条例,使员工把遵循行为规范和自身利益结合起来,保证员工素质和企业形象建立。

员工手册的主要内容包括:序言、总则、组织管理、劳动管理、员工福利、企业规章、奖励、处罚及其他有关内容。员工手册的条文要杜绝官话、废话和空话,避免出现条文与国家政策法规不一致或者条文本身不协调,但条文也不要太烦琐。员工手册要印刷成册,人手一册。

（二）服务规程

餐厅服务规程的作用是规定餐厅服务质量标准,衡量餐厅服务水平。服务规程是对服务过程规范化的描述,内容必须具体、详细和严谨。其制定方法是:

（1）要以餐厅特定的内容和过程为对象。服务规程的内容通常是餐厅较经常性的服务,每一项服务应有与之相关的一套规程,如迎宾服务、客人零点用餐等,每一项服务都应有时间和作业范围。通常把某一特定的服务从开始到结束称为一个服务规程。不仅服务工作要有服务规程,各管理岗位、工作岗位都应有相应的服务规程。

（2）要规定每个服务过程应包括的操作程序，如动作、语言、姿势、手续、信息传递、用具、例外处理、权限、时限等。这些内容都是服务规范化的体现。操作程序要符合操作过程的规律，适合员工劳动、减少物料消耗等。

（3）要规定服务的规格和标准。不同档次的餐厅要求是不一样的。这些要求不但体现在设施、设备上，同时要在服务水平上体现出来。同一等级的服务规格，不能随意简化或降低标准。此外，无论什么规格都要详细、具体。

（4）每套规程的首尾都有能与其他规程互相衔接的内容。在餐饮企业各项服务中，每一套服务规程都是与其他规程密切关联的，如餐厅迎宾与值台、值台与订餐、领位与桌面、桌面与传菜、服务员与厨师、服务员与清洁员等的服务规程之间都存在衔接。服务规程要保证餐厅服务工作的系统化和有序化。

（三）薪酬制度

薪酬制度是企业对员工劳动付出的一种回报和酬谢，它与员工的切身利益密切相关，是影响员工工作态度和行为的重要因素。同时，薪酬制度与企业的经济效益密切相关。因此，餐饮企业必须建立行之有效的薪酬制度，科学合理地分配员工报酬，保障员工物质利益，激发员工的工作积极性和稳定高素质的员工队伍，以保证餐饮企业获取最佳经济效益。

薪酬制度的内容在《员工手册》中的奖金、基础工资、津贴、福利和保险等条文内容中有所体现，它们的区别在于员工手册以规范员工日常工作表现为主，薪酬制度以年度、月度、季度考核评估为依据，根据员工工作业绩与企业经济效益决定工资福利的多少。餐饮企业薪酬制度的制定方法是：

（1）报酬调查。明确同行其他企业对同类工作的支酬情况，确保外部环境公平。

（2）工作业绩评估。通过对每个员工岗位的工作评估来明确企业内部每一个工作岗位的价值，以确保内部公平。

（3）对相似的工种进行薪酬等级划分。

（4）运用工资曲线对每一工资等级进行评价。

在薪酬管理中，楼面经理为适应员工观念变化，制定的薪酬制度必须有灵活性，不能一成不变。选择适当的方法去检测员工的工作业绩，是每一名楼面经理必须认真考虑的问题。面对人才市场竞争的日趋激烈，必须使餐饮企业自身的薪酬体系具有竞争优势。要采取适宜方法，使员工心理趋向平衡。

一套薪酬制度的成功,有赖于企业领导和楼面经理在运用中的可行性和灵活性。在餐饮企业中,薪酬制度的制定、实施与管理是一项重要的人力资源管理活动。员工的满意程度、企业经营的成败,在很大程度上取决于企业是否具备一个具有吸引力的薪酬体系以及楼面经理在薪酬体系中所发挥的作用。

(四)劳动制度

餐厅员工劳动以服务操作为主。必须用劳动管理制度来规范员工的行为。其制度内容和管理方法是:

(1)劳动管理制度。主要内容包括劳动组织、劳动纪律、签到制度和考勤制度等。建立劳动管理制度是为了加强餐饮企业的劳动管理,建立健全、良好的人员劳动秩序,改善劳动组织,合理使用人力,不断提高工作效率和服务质量。

(2)奖励制度。内容包括奖励和处罚的各项条款。建立员工奖励制度是为了适应餐饮企业市场竞争的需求,使企业在竞争中求得生存和发展,通过员工奖励制度的贯彻与落实,为企业培养一支品质好、技术精、作风硬、纪律严的员工队伍,保持较高的工作效率与优质服务。

(3)考勤制度。主要对出勤、缺勤、各种休假(包括事假、病假、婚假、产假、计划生育假、女员工长假、丧家、探亲假、工伤假、带薪年假、法定节假日)、旷工和加班加点等从制度上加以规范。

(4)行为规范。主要是对员工制服与号牌、出勤与班后时间、工作调动、企业财物和客用物品、员工餐厅、安全义务等作出规定。

(5)礼仪、礼貌实施细则。包括餐厅服装、仪容仪表、形体动作、服务态度、礼节礼貌、服务语言、职业道德、客户关系、服务纪律、工作效率、安全消防、环境卫生、个人卫生、投诉处理等条款。

三、员工队伍的工作考评管理

员工考评管理是企业根据自身需要,对员工素质、工作能力和绩效进行的考查、评估活动。从楼面经理的管理角度来讲,工作考评为员工任用、晋升、培训和薪酬、奖励等决策提供了客观依据,它是合理用人的前提条件。从员工的角度来讲,考评可以保证员工在岗位上发挥才能、爱好和兴趣。

(一)考评标准

员工考评的目的是为了保证员工的才能得以发挥。为达到这一目的,楼面经理在制定考评标准和进行考评时,应注意掌握好如下尺度:

（1）标准要适度。适度是指楼面经理在制定考评标准时,其标准既不要太高也不要过低。标准制定得过低,员工不费气力就能达到,失去了考评的意义;标准过高,员工无论怎么努力都不能达到,容易使员工泄气、情绪低落。只有那些经过员工一定努力才可以达到的标准,才能对员工产生激励作用。

（2）标准要经得起时间的检验。任何一个绩效标准都不可能是一成不变的,它需要时间的检验。标准的制定与实施之间或多或少会存在着差距,这就需要楼面经理及时地收集反馈信息,使绩效评价标准切实发挥评价依据的作用。

（3）标准要具体。标准是考评中用来衡量员工优劣的尺度,它表示员工完成工作时需要达到的状况。因此,考评标准必须具体、明确,不能让员工感觉到模棱两可。

（二）考评内容

餐饮企业的员工考评内容很多,楼面经理大多运用表格形式来确定其考评内容和方法。主要内容和标准可参阅表4-4、表4-5。

表4-4 餐厅员工工作绩效考评表

年　　月　　日

姓名		职务		部门	
项目	考评内容	总分标准	实际得分	主管评语	
1	敬业精神	10			
2	工作态度	10			
3	技术能力	10			
4	服务品质	10			
5	表里如一	10			
6	仪容仪表	10			
7	基本礼节	10			
8	人际关系	10			
9	纪律出勤	10			
10	协调沟通	10			
总分					
楼面经理			考评主管		

表 4-5 员工考核评估表

餐厅：　　　　　　　　　　　　　　　　　　　日期：　　年　　月　　日

部门		单位		姓名		职称	
到职日期		现职日期		总评分			

考核项目	考核基准	评分标准	考核评分	
			考评主管 a	楼面经理 b
工作迅速性	工作速度非常快	5		
	工作速度很快	4		
	以一般速度进行	3		
	稍慢,急需时不能放心交其处理	2		
	工作慢,需要时常督促	1		
工作正确性	周密细心、周到、规规矩矩、谨慎,无缺点	5		
	很细心,工作没有过失、遗漏	4		
	大致令人满意	3		
	不正确,但不会发生事故或者失误	2		
	缺少正确的工作态度,有显著的缺点或失误	1		
工作知识及技术	有丰富的工作技术和经验,能完成困难工作	10		
	有很好的工作技术和经验	8		
	工作技术和经验可以独当一面	6		
	工作技术和经验一般,有时要给予工作指导	4		
	缺少技术和经验,表现不佳	2		
执行及责任感	自动自觉,贯彻始终,负责到底	10		
	对工作执行有力,尚能自动改进	8		
	尚能职守本分,但无甚表现	6		
	只做交办之事,依赖他人帮助	4		
	做事需再三催促,敷衍了事,妨碍工作完成	2		
对上级指示理解	迅速、准确地把握指示关键点,圆满完成任务	10		
	有时未完全领会指示,但能依照指示标准工作	8		
	能职守本分,但无甚较出色表现	6		
	擅作主张太多,草率行事而引起返工	4		
	经常忘记上级指示而没有做工作	2		
工作协调性	服从上级,照顾后进,协助他人,促成团队合作	10		
	服从上级,照顾后进,协助他人,保持团队合作	8		
	只顾自己工作,不主动协助他人	6		
	只顾自己工作,不愿意协助他人	4		
	自私自利,不顾他人,阳奉阴违,影响团队合作	2		

（续表）

考核项目	考核基准	评分标准	考核评分	
			考评主管 a	楼面经理 b
人际关系	诚意做人做事,主动协助他人,沟通良好,表现能力佳,人际关系极佳	5		
	诚意做人做事,乐于协助他人,沟通表达能力良好,人际关系好	4		
	诚意做人做事,主观意识强,沟通表达能力不佳,人际关系一般	3		
	做人做事诚意不够,缺乏主观意识,沟通表达能力欠缺,人际关系较差	2		
	做人欠缺诚意,阳奉阴违,造成团队中成员的反感	1		
工作纪律性	完全遵守企业规定,绝不敷衍	10		
	遵守企业规定,极少犯规	8		
	遵守企业规定,偶有犯规	6		
	不遵守企业规定,经常犯规	4		
	不遵守企业规定,经常犯规且唆使他人犯规	2		
出勤状况	事假　日（每日扣0.1分） 病假　日（每日扣0.1分） 旷工　日（每日扣1分） 迟到早退　次（每次扣0.1分） 全勤加6分	15		
奖惩计分	嘉奖　次（每次加1分） 小功　次（每次加3分） 大功　次（每次加9分） 警告　次（每次扣0.5分） 申诫　次（每次扣3分） 小过　次（每次扣3分） 大过　次（每次扣9分）	奖惩分数 B		
总分评定	$(a+b) \div 2 = A$ $A + B =$ 实际得分			

综合考评：

1. 对现职的适应性：　□现职成绩优异　　□尚适任现职
　　　　　　　　　　□现职成绩　　　　□不适任现职
　　　　　　　　　　□适任现职　　　　□其他

2. 优点：＿＿＿＿＿＿＿＿＿＿＿＿＿＿＿＿＿＿＿＿＿＿＿＿＿＿＿＿＿＿

   缺点：＿＿＿＿＿＿＿＿＿＿＿＿＿＿＿＿＿＿＿＿＿＿＿＿＿＿＿＿＿＿

3. 建议晋升：＿＿＿＿＿＿＿＿＿＿＿＿＿＿＿＿＿＿＿＿＿＿＿＿＿＿

4. 建议调职：＿＿＿＿＿＿＿＿＿＿＿＿＿＿＿＿＿＿＿＿＿＿＿＿＿＿

5. 加强训练项目：＿＿＿＿＿＿＿＿＿＿＿＿＿＿＿＿＿＿＿＿＿＿＿

6. 未来发展：＿＿＿＿＿＿＿＿＿＿＿＿＿＿＿＿＿＿＿＿＿＿＿＿＿＿

7. 提出改善意见：＿＿＿＿＿＿＿＿＿＿＿＿＿＿＿＿＿＿＿＿＿＿＿

考评主管		楼面经理		被考评人	
总经理		评审委员会			

（三）日常考评

日常考评是检验培训效果、检查员工绩效、促进员工学习业务技术的行之有效的手段和方法，也是使各项标准得以实施的可靠保证。楼面经理对此必须足够重视，应在每个月（季度）工作计划中提出业务考评要求。可以分餐厅、按工种安排下属汇报工作，加强日常考核。

四、楼面经理留住优秀员工的方法

据统计，北京、上海、广东等地区的餐厅员工平均流动率在30%左右，有些餐厅甚至高达45%。从整个社会的角度来看，人员流动有利于实现人力资源的合理配置，提高人力资源的使用效率；从餐厅的角度来看，适度的人员流动，可优化内部人员结构，使饭店充满生机和活力。

然而，一位高素质并拥有大量忠诚客户的优秀员工的离去，对一个餐饮企业的客源流失和经济效益造成的影响是很大的，有时候甚至是致命的。这种情况几乎每天都在发生、无法回避，正如赛普拉斯公司的首席执行官 T. J. Rodger 所说："现在已没有一家公司能将自己密封起来，阻止外来竞争的侵袭，公司内部高质量的员工，始终不断地收到来自外面提供的工作机会。"据有关统计：在自愿离职的优秀员工当中，去意已决、向企业提出辞职的大约占40%；辞职目标不是特别明确的约占20%；介于两者之间的辞职员工约占40%。从这组数字可以看出，只要企业的高层管理人员能够及时做出积极、正确的反应，准确把握优秀员工离职的心态和原因，大部分优秀员工是可以被挽留下来的。

（一）挽留优秀员工的工作要领

应如何通过有效沟通，最大可能地挽留员工而又不失企业的尊严呢？楼

第四章 餐饮企业楼面经理的员工队伍管理

面经理应该耐心、细致地做好下列工作：

（1）尽快进行面对面的沟通。收到优秀员工辞职报告后，楼面经理应该在5—10分钟时间内迅速做出反应（人力资源顾问建议在5—10分钟内），甚至可以中断会议，放下手头的日常工作，以示对这件事情的重视。任何迟疑、怠慢都有可能让这位员工理解为冷漠、轻视，使他们更加坚定离职的决心。同时，一定要争取面对面沟通。因为电话或E-mail交流失去了表情与语气的辅助，不利于楼面经理掌握更真实、更全面的信息。这个时候首先要通过面谈，察言观色，尽可能地了解到员工离职的真正原因，判断还有多少挽回的余地。

许多时候，离职的员工不愿意说出辞职的真相。比如，明明是由于企业的工作压力过大或人际关系原因而另谋高就，但员工怕直言相告会使自己显得无能，或者怕开罪某人，因此常常拿"为高薪跳槽"来搪塞。这样不利于楼面经理判断事情真相，采取有效的对策。所以，此时楼面经理的询问应有一定策略，在真诚挽留的同时，旁敲侧击地了解真相。如果直截了当地问："你为什么选择离开餐厅？""谈谈你辞职的理由。"不如换个角度，有技巧地问："你觉得你要去的那家餐厅在哪些方面更吸引你？""是你主动找到那家餐厅，还是那家餐厅主动找你的呢？"（员工的主动与被动决定着他留下来的可能性有多大。）"你希望餐厅做出哪些改变可以使你继续留在这里？"（表明挽留的诚意，从中寻找自身的不足。）

（2）谈话切中要害，争取双赢。准确掌握员工离职的真正原因之后，楼面经理可以针对主要问题（如有些次要原因在短期内无法解决，楼面经理应给予合理的解释，以求得员工的理解），根据企业政策，在资源许可的范围内先口头承诺在哪些方面可以做出调整和改善，并保证在多长时间内给出具体挽留方案。语气要诚恳，但更要有原则性。争取双赢，就是留住人才的重要方面，但也不应该为了留住人才而开出有损企业利益或尊严的条件。不能把谈话降格为和员工讨价还价的交易。

（3）不要做无法兑现的承诺。在面谈过程中，如果对方提出企业无法满足或明显不合理的条件，楼面经理切忌为留住员工，过度承诺，以此取悦对方。这样做不但有损企业尊严，容易引起对方轻视，而且无法兑现，依然会让人才得而复失，给企业留下失信于人的不良形象，得不偿失。面对这种情况，楼面经理可以从自身的权限与能力出发，将企业的难处和局限讲在明处，让员工明白：如果他能够克制自己的欲望，企业十分欢迎他回来。如果不能，企业也不会委曲求全。

(4) 留不住人才留建议。对那些义无反顾、去意已决的员工,楼面经理不妨放松心情,"留不如放",但依然可以在和这些员工的面谈中,获得对企业有价值的建议。比如,可以在辞职员工办好一切离职手续,没有后顾之忧的情况下,再一次安排面谈,挖掘其"剩余价值",根据他们离职的原因,谈谈企业应该改进的地方,以利于企业今后的发展与进步。

(5) 注重随机沟通。员工离职的情绪,多半情况下都有一个积累的过程,不是一蹴而就的。楼面经理如果将工作做得足够耐心细致,就能够在优秀员工离职之前发现一些苗头,防患于未然。

(二) 挽留优秀员工的技巧

为挽留优秀员工,楼面经理在做好面对面"谈判"的同时,要注意做好细节上的安排,运用一些工作技巧,以提高留住优秀员工的可能性。

(1) 做好保密工作。楼面经理应尽最大可能将员工辞职的消息控制在最小范围内。这样做可以为员工在日后回心转意,继续留用消除障碍。否则,辞职的消息已经被闹得沸沸扬扬,员工想留下来就会面对更多的尴尬,可能使他迫于压力而无法回头。做好保密,同样也可以避免让其他员工去猜想企业为挽留员工做出的让步或答应的条件,以防其他员工日后仿效。

(2) 安排无干扰的环境面谈。这样做可以防止其他敏感性强的员工察觉、猜测、传播小道消息。另外,如果有必要,或者楼面经理认为合适,可以邀请员工在下班后去外面餐厅用餐。如果员工的辞职或最终的去留与员工的家庭成员有关,那么也可以邀请其家庭成员一同参加,并向家庭成员做必要的游说工作。

(3) 一定要兑现承诺。在整个挽留过程中,企业管理者应做到:其一,答应员工的条件一定要如期兑现,绝不能时过境迁,说话不算数;否则,必将鸡飞蛋打,使今后任何挽留措施通通付诸东流。其二,对引起辞职的因素予以整改,并立即公布。让辞职者看到企业珍惜人才,同时也降低其他员工流失的可能性。其三,如果楼面经理未能适时发现用人机制上的疏漏,防患于未然;也没有及时察觉优秀员工离职前的征兆,做到抢先一步,那么离职面谈就是留给楼面经理最后的一次留人机会。一定要入情入理,尽可能有礼有节地留住那些有价值的员工。

(三) 挽留优秀员工的工作方法

(1) 公平的人事政策。楼面经理考虑人事变动应本着内升外求相结合的原则。如果内部有适当人选,要首先考虑从内部选拔,一切从餐饮企业的整体利益出发,注意缩小优秀员工与管理人员之间的差距。楼面经理应本着公

第四章
餐饮企业楼面经理的员工队伍管理

平合理、不偏听偏信的原则,以大量调查研究为前提处理各种人事问题,经常与优秀员工谈心,使其总是保持愉快工作的情绪和精神。

(2) 规范职业道德,比贡献、树正气。楼面经理应提出切合实际的口号作为职业道德规范,激发员工的积极性,从小事做起,从个人做起,为企业贡献自己的力量。如北京京伦饭店提出的"京伦的微笑、首都的骄傲"口号,成为北京乃至全国服务行业的表率。

(3) 倡导精神鼓励。餐饮企业挽留优秀员工,关键是把每一个员工都纳入到企业这个大集体,充分开发每一个员工的潜力,创造和谐、协作的团队气氛,培养认同感、归属感,形成向心力和凝聚力。楼面经理应根据员工个人表现从内部选择提升,使企业内部形成竞争机制。企业可以根据各自的经济效益,或者以加薪方法挽留优秀员工,或者采取带薪休假及其他奖励方法,如榜样激励——每月评出"本月杰出经理"、"本月杰出员工"等,还可运用一些激励措施,如"情绪激励"、"目标激励"、"责任激励"、"反馈激励"等。

(4) 有效沟通,民主参与。楼面经理可以通过每月的工作例会向全体员工通报当月经营情况和服务动态,让大家为本餐厅的业绩而骄傲、自豪。以此促使全体员工增加企业意识,培养对企业的信任和责任感。国外一些餐饮企业还开设员工抱怨机构,专门供员工发牢骚、泄私愤,为员工提供一个倾诉自己苦衷的场所,缓解员工的紧张心理和情绪。

(5) 精心培训。良好的培训是对员工最好的激励。楼面经理应特别注重培训优秀员工,可采取诸如外语等级考试,根据成绩发放奖励津贴,鼓励优秀员工学外语、学业务、学技术、学技能、学先进管理知识等,为员工创造良好的个人发展氛围。

(6) 增加劳动合同的年限。楼面经理可以充分利用签订合同的优越性协调劳资关系,在运用法律手段维护餐饮企业和员工合法权益的同时,挽留住优秀员工。在维护餐饮企业的权益方面,楼面经理可以在劳动合同中加入一定的限定条款,限制员工跳槽后在一定时间内,以相同的职位效力于同行业竞争对手,如不得受雇于某些指定酒店或餐饮企业。为奖励和长期挽留、稳定住优秀员工,楼面经理可以增加续聘员工合同期的年限。一般员工续聘期为一年,优秀员工可以续聘2—3年,领班可以续聘3年,主管可以续聘4年等。

(7) 轮岗与岗位职责延伸。许多国外的餐饮企业特别强调员工定期或经常交叉换岗。对优秀员工,企业可根据自身需要或采纳优秀员工提出的要求进行调配,采取例行性轮岗。楼面经理通过交叉培训和轮岗,可促使员工掌握岗位服务技能,同时熟悉其他岗位的程序,从而适应不同工作的需求。这种方法可提高优秀员工协调能力和沟通能力,提高工作效率,还能为全面提升、未来晋升新的职务开阔视野,打下牢固的思想、业务和管理基础。

第五节 餐厅部门的员工培训管理

里兹-卡尔顿酒店的培训

培训是里兹-卡尔顿酒店创建其品牌王国的基础。里兹-卡尔顿酒店培训的成功开始于高级管理层对员工要求自我进步、发展和取得成功的心理需求的重视。由于对员工培训工作极为重视,里兹-卡尔顿酒店的培训首席执行官霍斯特·舒尔茨常常被酒店的高级领导和从业人员向公众介绍为是"我们的总裁、我们的总培训师、我们的朋友"。

里兹-卡尔顿酒店的培训内容是经过精心遴选的。主要包括迎新情况介绍会、将员工介绍给企业的中心人物、新员工接受的18个关键持续培训等。当受训员工掌握了所学习的内容后,他们将保证能为客人提供优质服务。酒店将新员工取得结业证书的考试安排在为期60天的迎新情况介绍会和培训期间。如果员工通过培训不能够掌握所学习的内容,酒店将为他们提供继续培训和考试的机会。

培训是里兹-卡尔顿酒店管理工作中不间断的一部分。管理人员通过不断强调守时、整洁、友好的重要性来培养员工优良的工作习惯和行为规范。这种对培训工作持之以恒的重视是里兹-卡尔顿酒店区别于其他竞争对手的独树一帜的一面。即使在酒店业竞争激烈、经营不太景气的20世纪80年代后期,这家酒店依然重视培训。里兹-卡尔顿酒店承诺要精心培养那些为企业做出重要贡献的人们。

里兹-卡尔顿酒店的培训经验虽然文字不多,但体现了酒店培训的精髓。第一,酒店高层管理者在组织培训中起到了关键作用,即培训成功开始于其高级管理层对员工培训工作的极为重视。第二,酒店培训的动机非常明确,承诺要精心培养那些为企业做出重要贡献的人们。第三,培训的原因清晰,即对员工要求自身进步、发展和取得成功的心理需求的重视。第四,培训内容是经过精心遴选的,而不是一般的百科全书。其培训的直接效果是保证能为客人提供优质服务。第五,酒店将培训融为管理工作中不间断的一部分。管理人员通过不断强调守时、整洁、友好的重要性来培养员工优良的工作习惯和行为规范。第六,酒店对培训的时间和质量效果有充足的保障,将新员工取得结业证书的考试安排在为期60天的迎新情况介绍会和培训期间。如果员工通过培训不能够掌握所学习的内容,酒店将为他们提供继续培训和考试的机会。最后,培训的作用和效果超乎一般预想,使培训成为酒店创建品牌的基础。

通过案例启示,楼面经理应领会培训工作的重要性和必要性,要对培训有非常确切的理解和认识。

餐厅员工培训是指餐饮企业管理者对员工进行政治理论教育、专业知识传授、服务技能训练,使员工的服务态度、服务意识、服务技能得到全面系统发展。为此,本节介绍餐饮企业楼面经理做好员工培训的有关原理和方法。

一、楼面经理员工培训的重要作用

(1)是对餐饮企业员工进行智力开发和提高生产力的重要手段。劳动力是社会生产力中最积极、最活跃的因素,其素质高低是餐饮企业兴衰成败的关键。劳动力素质的提高,离不开培训。餐饮企业是以提供劳务为主的服务性行业,服务对象成分复杂,服务需求多种多样。要确保为客人提供优秀品质服务,餐厅服务员必须具备良好的服务态度、丰富的业务知识和熟练的服务技能。所有这些都需要楼面经理坚持不断地对餐厅员工开展培训。

(2)是提高餐饮企业管理水平和服务质量的根本措施。现代餐饮行业竞争十分激烈。管理水平的高低和服务质量的优劣成为企业竞争的主要因素。这种竞争的根本要素是劳动力素质,即员工综合素质高低的竞争。楼面经理只有加强对员工的日常培训,不断提高员工综合素质,才能帮助企业适应竞争形势,立于不败之地。我国著名五星级酒店白天鹅宾馆提出"钢材和人才同步"的培训观,大力加强员工培训,使酒店成为享誉国内外的一流酒店。

(3)是餐饮企业生存、发展的客观需要。由于各餐饮企业重视程度不同,餐厅规模、成本开支的限制,员工素质差成为一个主要的问题。据统计,餐饮企业员工流动率非常高,大部分社会开办的餐厅、餐馆、饭庄的餐厅服务员少则三个月、多则半年就要流动一批,能够在一个餐厅工作一年以上的服务员平均不会超过员工总数的15%。由于用工紧迫,往往新员工到餐厅的第一个小时就要进入岗位开始工作。这也波及不少管理人员、专业技术人员在文化水平、业务知识方面存在明显不足,要改变硬件一般、软件更差的局面,餐饮企业必须加强对员工培训,改变企业管理水平落后或不平衡、服务质量跟不上形势发展需要的境况,以迅速适应餐饮行业激烈竞争的局面,使企业正常生存和顺利发展。

楼面经理采用科学方法,促使员工在知识、技能、能力与态度几个方面得到提高,可以保证员工能够按照预期标准或水平完成所承担的工作任务。所以,培训又被喻为企业的阿司匹林。它可以针对问题开出处方,楼面经理通过员工培训,可以达到如下目的:① 启发员工工作潜能,使员工增加自信心;② 增加员工对工作的满意度,减少人员流动率;③ 增加专业知识,改善业务技能,消除工作压力,增加工作的成就感;④ 振奋工作情绪,注重个人的仪容、仪表,注意言行举止,减少客人的抱怨,增加客人的满意度;⑤ 增加工作安全性,减少意外事故发生,增加员工晋升机会,实现餐厅人才开发;⑥ 提高工作效率,减少损耗,降低经营成本。

二、楼面经理员工培训的内容

餐饮企业楼面经理培训以餐厅服务员为对象,以员工形体语言、仪容仪表、餐厅服务操作等为主要内容。具体包括以下各项:

(一)仪容培训内容

(1)头发。培养员工坚持每天沐浴、洗头。头发要勤梳理,发型中规中矩,不得过分怪异,避免客人嫌恶。男性头发不宜太长,每3周理发1次。女性头发保持正常款式。遵循带发网或带帽子的规定。

(2)脸、口腔。培养员工洗脸时要特别注意洗净耳朵内和周围的污垢,男性每天早晨将胡须刮理干净,剃须后勿用气味浓烈的香水喷洒。早晚要仔细刷牙,不残留污垢。上班前务必将口腔清理干净。

(3)女性化妆。化妆要庄重、高雅。化淡妆,不宜化浓妆。香水的气味宜素淡高雅,不宜太浓。

(4)制服。每天更换。平时勤整理。注意扣子是否脱落,衣服是否有破损绽开现象,及时修补或更换。领带、领花样式、颜色必须按照餐厅规定佩

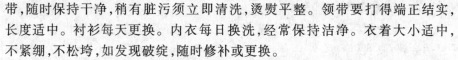

带,随时保持干净,稍有脏污须立即清洗,烫熨平整。领带要打得端正结实,长度适中。衬衫每天更换。内衣每日换洗,经常保持洁净。衣着大小适中,不紧绷,不松垮,如发现破绽,随时修补或更换。

（5）手与首饰。随时保持手的清洁、干爽,如厕后立即洗手。每天修剪1次指甲。女服务员上班不抹指甲油,首饰只佩带手表与婚戒,禁止带手镯和项链等配饰。

（6）皮带、鞋袜。要搭配服装来选择皮带。不要系过分豪华、过粗、过细或皱皱巴巴的皮带。男性袜子应与制服、西装裤颜色相协调。不穿着松垮、有异味、过分花哨的袜子。女性丝袜颜色以淡雅、接近肤色为宜。鞋要合脚,每天用心擦亮皮鞋。穿皮鞋要随时注意系好鞋带。

（7）男性西装裤。须着制服。折线要熨齐。随时注意裤管、裤边角有否污渍,发现污渍立即清除或更换干净制服。

（8）女性裙子。穿规定的制服裙。随时注意裙子是否有污渍。发现污渍立即清除或更换干净制服。

（二）礼仪规范培训内容

（1）主动服务。培训员工主动提供规范服务,充分显示对客人的尊重、热心和照顾。对客人要耐心、有礼节、有礼貌。服务时不要离客人太远,避免客人提出要求时无人提供服务。

（2）适时服务。客人用餐完毕,注意为客人勤加茶水、勤换烟灰缸,收拾客人餐巾,避免桌面上凌乱。

（3）微笑服务。从看到客人的第一眼开始,要随时保持自然、亲切的笑容,从内心深处体现对客人诚挚的欢迎与感谢。

（4）敬语服务。主要服务敬语包括:"您好";"请";"请问";"我能为您效劳吗";"欢迎光临";"请吩咐";"谢谢";"谢谢光临";"请稍候";"谢谢您";"请用茶";"不客气";"请慢用";"对不起,请稍候";"请慢慢品尝";"请多多指教";"是的,马上来";"请慢走"。

（三）服务人员培训内容

（1）餐厅整体介绍。主要介绍餐厅组织结构、服务形态、工作区域。

（2）服务技能培训。主要包括餐厅摆台、托盘、菜单、酒单知识、斟茶技巧、更换烟灰缸、分菜叉匙的拿法、分菜叉匙的操作、布巾领送、餐具擦拭保养等。

（3）服务流程培训。主要包括服务接待、服务准备、上菜、分菜、收拾清理桌面、跑菜、饮料服务、安全作业、清洁卫生服务内容和标准等。

（四）宴会预定培训内容

（1）宴会预订知识。包括订餐员岗位职责；订餐电话礼仪；预订类型介绍（包括会议、宴会、酒席、外会、冷餐会预订内容、标准、预订方法）等。

（2）宴会场地培训内容。预订人员要掌握宴会厅面积、用餐客人容量、桌椅排列方式、宴会布置类型变化、设备介绍、产品介绍、场地参观、推销技巧、酒水、设备、租金相关计费方式。

（3）预订操作方法。包括宴会单、酒单知识、菜单设计、开立菜单、配菜技巧、签订合约细节和注意事项、预订电脑功能操作、发单注意事项、预订更改注意事项、各式单据、报表功能知识、与相关部门的工作协调等。

（五）主管、领班培训内容

（1）工作职责。主要包括开单技巧、菜单解说、点菜与配菜技巧、菜点与酒水推销技巧、服务人员的工作分配、宴会报表制作认识、餐厅领货程序、餐具及器皿报废程序、盘点程序等。

（2）客人付款方式。培训内容包括客人现金付款的接待方法和流程、客人其他付款形式的方法与注意事项。

（3）服务技能。主要培训向客人打招呼、客人进入餐厅接待方法、订位安排、座次安排、带位、现场营运管理。

（4）服务品质控制培训。主要包括客人反映内容掌握、客人抱怨处理、餐厅内外合作协调等。

（六）处理客人抱怨、投诉培训内容

1. 处理客人抱怨的原则

培训内容包括冷静，切忌提高声调；表现出乐意帮助客人的态度；表示了解客人的心思和情绪；不要和客人争吵或告诉客人是客人的错。

2. 处理客人抱怨的步骤

（1）向客人抱歉，表示同情；鼓励倾听客人说出原因，中间不可打断。

（2）表示了解客人的感受，听完客人的陈述后，找出客人所抱怨问题的症结。

（3）向客人说明处理的方法，解释处理问题的原因或根据；如果当时问题无法圆满或妥善地解决，须马上向上级领导报告，与上级领导探讨解决方法，最后谢谢客人的建议。

（4）把问题记录下来，作为日后解决此类问题的参考或培训案例。

3. 处理客人投诉的方法培训

（1）了解客人的观点。试着站在客人的立场，找出他们的兴趣、需要与想法。

(2) 引导客人说出真相或原因。碰到正在烦恼的客人,设法让他吐露心声,使客人的情绪平静下来。

(3) 注意倾听,在倾听中找出问题的症结。尽量用客人熟悉的语言与客人沟通,切记不要使用客人听不懂或听着很别扭的词汇。

(4) 尊重客人。以尊敬、礼貌、友善的语调和客人交谈,使客人感觉到自己受到了尊重。

三、楼面经理员工培训计划

(一) 员工培训计划的基本要求

餐饮业是一个综合性的劳动密集型行业,岗位较多,专业较强,技术工种齐全,人员构成复杂。因此,楼面经理员工培训计划的制订要遵循以下基本要求:

(1) 培训计划强调针对性和时间性。楼面经理进行员工培训,必须针对不同岗位安排培训内容,才能收到理想的效果。例如,经常接待外宾的餐厅要多安排外语培训等。培训不是走过场,是要解决存在的问题。如新员工宴会业务不熟练,收银员对新币缺乏检验知识等,都要安排适应性培训。同时,员工培训计划还要有一定的时间性。餐厅经营有淡、旺季之分。旺季工作繁忙,对员工培训只能忙里偷闲,抓重点,侧重提高餐厅经营服务水平的培训。此时培训不宜强调系统化。淡季则是餐厅培训的集中时间,楼面经理应周密策划,系统安排培训课程。

(2) 培训计划强调全员性和层次性。餐饮知识和业务培训涉及服务对象、服务程序、服务质量标准、服务规范等方方面面。楼面经理必须按照餐饮企业管理目标建立餐厅部门员工培训体系,将所有员工纳入到培训体系中。新员工上岗前都要经过岗前服务意识、专业技术、技能和基本业务操作培训。培训计划要针对全体员工。另外,员工培训计划要有层次性,一般可以分为三个层级:一是各餐厅经理层级的培训,二是主管和领班等督导层级的培训,三是各岗位服务员的培训。楼面经理在制订培训计划时,分别针对各层级人员的业务要求制定培训标准。

(3) 培训计划强调逐级性和灵活性。楼面经理对餐厅人员的培训应从上一层级开始,先培训楼面主管,再由主管培训领班和员工。先培训管理人员,也就是先培训做培训的人员,以点带面。再培训操作层级的人员,即逐级进行。同时,员工培训计划还要有灵活性。培训要根据不同对象安排不同的培训内容。除了经常采用的课堂教学外,还可组织员工进行情景对话、案例分析、工作研讨、操作表演等。在教学中通常采用直观教学,可用录像、录音、幻灯、投影等电化教学手段,以增强培训效果。楼面经理对培训形式的选择要根据餐厅培训资源的具体状况来确定。

(二)员工培训计划的制订与实施

(1)制订培训计划的要点。楼面经理在制定员工培训计划时应考虑三个要点:一是新入职培训具有鼓励性和启发性,不能采取填鸭式的教育方法;二是一般员工培训要符合工作需要,结合日常工作实际进行,保证培训内容符合餐厅服务品质要求;三是通过员工培训,要达到提高员工素质的效果,能够实际运用。

(2)培训计划的制订和实施。新入职的员工,不一定需要一套全新或全然不同的培训教材。因为新员工在其受聘之前都已经过遴选,符合餐厅制定的用人基本标准。因此,新员工培训只要具有灵活性、富于鼓励性和启发性即可。其他各种不同层级、岗位的员工培训计划的制订要考虑员工过去的经验、年龄,征询现职优秀员工意见。培训计划实施之后,应定期研讨与修正。

(3)培训方式的选择和确定。员工培训计划应运用不同方式达到培训目的。包括:现场工作指导与业务示范,自我学习,小组讨论,视听教材如录像、投影、幻灯片、光盘和工作交接或营业时间内进行实地观摩等。具体方式灵活多样。

(4)培训方案的制定和实施。培训方案是落实培训计划的一项重要工作,应分为三个步骤:一是确定培训目标,保证培训目标与餐厅经营目标相吻合。一次培训所制定的目标不要太分散,目标要合适,要具体,具有可度量性。二是培训目标确定后,要确定培训时间、地点、讲课提纲、讲义、培训资料,形成切实可行的培训方案。三是做好课程安排。例如,语言培训主要包括英语和服务规范语言、接待技巧语言,业务培训主要包括客人投诉处理、推销技巧、餐厅服务知识等。培训内容要具体、明确,注重针对性和实用性,并要做好培训方案的实施,以保证培训效果。

四、楼面经理员工培训方法

楼面经理要想通过培训实现培训目标,必须先了解员工学习倾向,掌握他们的学习心理,保证培训内容具有吸引力。主要应掌握好六种形式的培训方法。

1. 自我控制法

这是一种对个人发展长期有效的方法。楼面经理运用自我控制的培训方法鼓励启发员工自我学习。学习内容来自于行业标准或国家有关规定。为使这种方式能达到学习和实际操作效果，楼面经理应指导员工制定学习目标，自觉自我训练。辅助的学习工具有录像带、光盘、磁带、学习手册、各种资料文件等。

自我控制法广泛适用于重复性高和同质性高的工作，也非常适合流动率、临时用工率高和经营规模较小、用工很少的餐厅员工。自我控制培训方法的优点是成本低，无须投入太多人力和设备，培训教材可重复使用。对受训员工而言，不受时间、场合各种条件的限制，非常便利。自我控制培训方法的缺点是学习者必须有学习的欲望、毅力和求生存与发展的积极性，对于那种不思进取、行为懒惰的员工没有任何效果。

2. 岗位与个人结合法

岗位与个人结合法是员工业务培训最常采用的一种方法。楼面经理在日常管理中可针对某个岗位的服务程序、服务方法、服务技巧组织培训。例如，为提高餐厅服务员走台、摆台、叠口布花、迎宾、斟茶、斟酒等，都可采用这种培训方法。采用这种方法完成培训后，能够迅速提升员工能力。

岗位与个人结合的具体培训方法是：首先由培训师做操作示范，接着由受培训者自行模拟操作，反复练习到基本符合标准，培训结束前由培训师做出评价，给表现较优秀者适当奖励，所有受训员工可利用业余或工作间歇反复演练直至操作纯熟、符合工作标准。

3. 团体培训方法

团体培训方法适合于经营理念、知识、常识、规章制度等内容，可以组织整个餐厅员工共同培训学习。培训中要尽量注意员工对培训内容的掌握、熟悉、了解、记忆。团体培训的最大优点是通过全体人员的共同参与，使员工之间建立与保持和谐的人际关系，学习服务协作、树立优秀团队意识、发扬团队精神等。

4. 现场讲授法

现场讲授法是一种传统的培训方法。主要形式是组织者授课。组织者要有效组织材料，使用视听设备，将培训内容形象化、立体化，以激发受训员工的学习兴趣，语言简洁、精练，并采取提问、思考、回答等启发方式。

5. 角色扮演法

让受训员工模拟实景，分别扮演不同角色。这种培训方法多用于改善人际关系培训，受训员工可分别扮演成客人、主管、领班、保洁员等。让员工扮演与工作相关的另一角色，进行模拟，亲身体验对方的感受，从中认识到不正确行为,消除员工之间、员工与管理者之间、管理者之间的误会与隔阂,以达到相互沟通、理解,加强协作、建设优秀团队的培训目的。

6. 操作示范方法

操作示范方法是最常使用、最有效的基层培训方法,除培训组织者亲自示范以外,还包括教学电影、幻灯和参观学习等。这种方法适用于摆台、上菜、斟酒、叠口布花等实务操作示范。要对重点、难点反复加强示范与练习,直到每一个受训员工的操作动作都达到准确、熟练为止。

第五章
餐饮企业楼面经理的优秀品质服务管理

——餐厅优秀品质服务创建

第一节 餐厅优秀品质服务管理的相关知识

案例

消失的蒸鱼头

一个旅游团预计的开餐时间是晚上六点。但由于队伍庞大,当日旅游景点较多,加上旅游旺季交通堵塞,很难控制时间。因此,从客人入住酒店、办理住宿手续、分发行李直至整理完毕,集合到餐厅,已经是晚上六点半了。虽然客人六点半才进入餐厅入座,但服务员已在六点按时上菜。此时所有餐盆、菜盘已摆满全桌,妨碍了客人舒服、方便用餐。当服务员小张在为该餐桌客人服务时,看到一大盘盛装的剁椒蒸鱼头很占位置,在征得客人勉强同意后,将盘子暂时搁置在了后面的备餐桌上,以等桌面有空位后再重新放回。

客人用餐快结束时,一位客人突然叫服务员把那盘剁椒蒸鱼头端上桌。但是,当服务员小张再去备餐桌上端菜时,发现剁椒蒸鱼头已无影无踪。经过询问,原来是服务员小李清理桌面剩菜时,由于所有剩菜与这盘没有动过的菜混放在一起,没有特别注意,于是一同端到了洗碗间。客人们看到这种情况当然不满意,纠纷由此发生。客人一致要求重新再做一盘。而两位服务员在此争辩起来,互相推卸责任。争吵声引起了餐厅经理的关注,他迅速过来,重新安排厨房制作了一盘菜,并亲手端到客人餐桌上,诚挚向客人道歉,但客人依然余怒未消。

第五章
餐饮企业楼面经理的优秀品质服务管理

点评

案例中餐厅服务的问题可以汇总为四个方面：

一是餐厅缺乏与旅游团的及时沟通，没有掌握旅游团到来的准确时间，而是主观臆断，按预订时间送菜上桌，造成用餐服务时间失控。

二是未按服务程序上菜。客人没有到来前，餐厅服务员的工作应是将餐台摆好，待客人入座后，再按照上菜程序送菜上桌。而餐厅服务员在客人到来前，已将所有餐盆、菜盘摆满了全桌，这是对客人的不礼貌，妨碍了客人舒服、方便用餐；另外，热菜已经变凉，菜点的色、香、味、声、养、型几乎全部丧失。并且，正是由于餐桌摆得太满，服务员才将剁椒蒸鱼头搁置在了后面的备餐桌上。

三是服务员缺乏服务跟进。在为客人提供用餐服务的过程中，没有顾及放在后面桌子上的菜点，又没有相互转告，导致了问题的发生。

四是服务员缺乏服务意识。当客人表示不满，要求再做一盘时，不是马上向领导请示或是与客人商榷，而是置客人于不顾，互相争辩，推卸责任。如果不是因为餐厅经理及时过来解决问题，势必引起客人更大的不满。

问题出在服务员身上，根本责任应该由餐厅管理者来承担。正是餐厅管理者对服务员的日常培训和教育不够，使服务员缺乏强烈的服务意识和正确的服务态度；同时，对服务员在服务程序、服务质量、服务标准的贯彻执行上要求不严，才使得服务员发生了多项错误服务行为。

案例中虽然餐厅经理采取了妥善的补救方法，但客人依然余怒未消，由此可知，服务没有"成品"的形式，无法在提供之前进行质量检查。而质量问题一旦出现，客人已经感受到了，产生了不满意情绪，除非补救措施非常及时、周到，才能平息客人的不满。一般情况下，不良印象通常是挥之不去的。为此，本节针对餐厅服务中可能发生的问题，阐述餐厅优秀品质服务意识及其管理方法。希望楼面经理通过对本节的阅读，对餐厅服务管理工作有一个新的理解和认识。

一、餐饮企业优秀品质服务管理

（一）餐厅品质服务

品质是品牌及其质量的简称。餐厅品质服务是以餐饮品牌为基础所提供的优质服务。餐饮品牌是餐饮企业及其产品的名称、标志和质量所形成的招牌,即企业产品的形象和声誉。餐饮品牌质量实际包括产品质量和服务质量。它们通过企业和产品的名称、标志等形象表现出来。餐饮企业的产品质量是由厨房生产管理水平决定的。由于企业内部的分工不同,我们将厨房产品质量称为餐饮品质生产管理,而将餐厅质量管理称为品质服务管理。它们之间是互相联系、互相依存、互为条件、密不可分的。由于楼面经理的工作以餐厅服务管理为主,因此,本节所讲的餐厅品质服务主要是以厨房产品质量为基础所提供的餐厅优质服务。

餐厅品质服务主要通过餐厅的设施设备质量、环境质量、员工服务态度、操作技能、现场服务等表现出来。日本学者杉本辰夫对餐厅品质服务做了专门研究,总结出了餐厅品质服务所包括的五项品质。具体包括:

(1) 内部品质。是指餐厅内在的服务品质,如员工的服务态度、礼节礼貌、服务语言、清洁卫生、仪容仪表等给客人留下的印象和感受。

(2) 硬件品质。是指客人能看得见的设施设备品质,如餐厅室内装潢布置、照明亮度、餐桌椅和服务用品的美观、舒适、典雅程度、适用、方便程度等。

(3) 软体品质。是指客人能看得见的服务和菜点等的品质,如结账是否正确,菜点实物与菜单图片是否在颜色、分量上相符。

(4) 反映及时性。是指服务的时间与效率,如迎宾领位是否及时,出菜、上菜快慢和服务员回答、处理客人问题的及时性等。

(5) 心理品质。是指服务人员的心理素质,包括亲和力、反应力、应变力、幽默感、可靠性、稳定性等。

这五类品质如果能确保较高水准,符合客人需求,体现餐厅经营状况和整体良好的质量水平,即表示餐厅品质服务达到了优良的标准。

(二) **餐厅品质服务管理**

餐厅品质服务管理是指为创造和维护餐厅品质服务质量所开展的各项组织管理活动。必须以厨房产品质量为前提和基础,以餐厅环境质量为保证,以服务人员管理及其现场服务操作为主要内容,最终通过质量高低,即品质保证程度表现出来。因此,餐厅品质服务管理是楼面经理的主要职责和中心工作。楼面经理只有认真做好餐厅部门品质管理,广泛调动服务人员积极性,才能保证餐厅提供优质服务。

二、餐厅优秀品质服务的程序和服务态度表现

（一）优秀品质服务的程序表现

餐厅优秀品质服务是以服务程序为基础的，但又高于程序。其程序表现和要求是：

（1）稳定性。服务程序应比较固定，实施过程中不要有太多的变化和差异。

（2）适时迅速。高效率服务是迅速、适时地为客人提供服务。

（3）满足要求。服务程序应以提高效率满足客人需要为目的，而不是以服务操作简便为目的，必须时时、处处为客人着想。

（4）未卜先知。服务员通过对客人心理需求的揣度，使服务走在客人需要的前面。

（5）人际沟通。清晰与简洁的沟通是服务员与客人之间及服务员之间必须具备的条件，尤其是服务员在处理客人投诉中更应如此。

（6）客人反应。通过客人反应，能迅速知道餐饮产品与服务质量是否合乎客人需求和期望，从而及时改进与提高。

（7）管理监督。楼面经理将稳定性、适时迅速、满足要求、未卜先知、人际沟通与客人反应六项品质标准同本餐厅经营特色和管理要求结合起来运用，有效地对员工进行监督指导，则餐厅优秀品质服务必能流畅运行，以确保优质的服务水平。

（二）优秀品质服务的员工态度表现

（1）态度积极。诚恳的态度能流露出与客人沟通的意愿，积极表现更能使客人乐于前来本餐厅就餐并再度光临。

（2）身体语言。在与客人交谈中，身体语言传达着服务人员2/3的信息。面目表情、眼神流露、微笑、手部小动作以及身体移动都会传达服务人员对客人的态度。

（3）声调音色。声调比语言更能表达更多真实的信息。优秀品质服务要求员工与客人在沟通中具备开朗、友善祥和的态度，语言亲切、声调优美、语音和善。

（4）机智适当。适时说话是一项重要的服务技巧。应随时保持机智并注意哪些话该说，哪些话不该说，以此提高客人的满意度。

（5）善用名称。人们永远觉得自己的名字是最悦耳的，因此，记熟客人的姓名能反映出对客人的特别关注和照顾，也是对客人的尊重。

(6) 殷勤周到。殷勤的服务员待客为亲人和朋友,而不是待客为"物"。他们深知,生意的兴隆来源于礼貌、友善和尊重服务。

(7) 提供建议。服务员向客人提供建议是对客人表达细心和关心的方法之一。因此,要完全了解为客人所提供的产品和服务的全部细节和要求。

(8) 推销有方。优秀品质服务有赖于销售,服务员的工作之一就是销售。他们能积极推销客人不想要的服务或产品,并能使客人知道哪些对他们是有用的,从而有助于提高餐厅营业额。

(9) 解决问题。对客人的困难及抱怨,服务员应机智、流畅、冷静处理。"谢谢您告诉我这些"这句话令客人相信他们的问题、抱怨或关心是受欢迎的,并且能被服务员有效处理。

三、餐厅优秀品质服务管理特点

餐厅优秀品质服务管理是以创造和维护企业服务质量和服务品牌为目的的。优秀品质服务管理效果的关键在于质量高低。餐厅服务以厨房产品质量为基础,以餐厅服务质量为表现。餐厅服务过程就是客人的消费过程,服务操作的内容又十分庞杂。因此,餐厅优秀品质服务和一般程序化、规范化服务是有区别的。其服务品质要求更高,针对性更强。楼面经理正确认识这些特点,是做好餐厅优秀品质服务的重要条件。其管理特点主要表现在以下几个方面:

(一) 管理目标的明确性

餐厅优秀品质服务的管理目标可以简单地概括为一句话,就是通过为客人提供优秀服务,获得最佳的经济效益。餐厅管理的中心工作必须根据客人消费需求,从环境质量、产品质量、清洁卫生、服务态度、实务操作等各个方面加强管理。必须把创造和维护餐厅服务品牌作为主要目标,保证针对性、感情化、个性化服务要求,保证水平。这一明确的管理目标必然要求管理人员千方百计地增加客源、提高客人消费水平、降低消耗,以获得最佳经济效益。因此,优秀品质服务与获得最佳经济效益是相辅相成的,也是互为因果的。

(二) 销售和服务的统一性

在餐厅优秀品质服务中,销售和服务是融合在一起的,客源的大量吸引,使餐厅加快了座位周转率。餐厅除了销售产品外,还为客人提供用餐场所、设备、用具等。餐饮产品的销售过程也就是为客人提供服务的过程。由于餐厅经营要以销定产,热炒热卖,客人用餐时间一般比较短,这样就使餐厅座位周转加快。这种特点要求楼面经理在餐厅优秀品质服务管理过程中应加强餐厅与厨房的联系,根据客人对菜点花色品种的要求制作产品。楼面经理还应重视餐厅服务质量,针对客人心理需求组织服务人员提供优秀品质服务。同时,要合理安排客人座位,提高设施利用率。

(三)用餐环境的享受性和工作内容的庞杂性

这一特性要求楼面经理为客人提供典雅舒适的用餐环境,确保客人在舒心、惬意、愉悦的环境中享受餐厅提供的服务。餐厅属于高级消费场所,既能够让客人得到物质享受,又能够让客人得到精神享受。因此,楼面经理应非常重视餐厅环境的创造,包括装饰布置、台型设计、菜点质量、服务方式等,使客人赏心悦目。同时,餐厅管理以客人服务为中心。其工作内容十分复杂,从服务态度、服务方式、礼节礼貌、语言动作、菜点质量、环境布置、安全卫生、餐厨联系到迎宾领位、开单点菜、斟酒上菜、客人消费、投诉处理等,都是餐厅优秀品质服务管理的工作内容。为此,楼面经理必须研究各项管理工作的相互关系,掌握其规律,每天做好计划安排,做好督导检查。

(四)质量标准的不易界定性

餐厅管理要为客人提供优秀品质服务,但餐厅服务态度、礼节礼貌、语言动作、菜点质量、服务操作等很难用一定尺寸、一定规格和数量来规定其标准,这就增加了餐厅优秀品质服务管理工作和质量检验的难度。为此,楼面经理必须重点抓好服务人员个人素质、管理制度、操作程序等管理,同时从定性管理和定量管理两个方面着手,实行全员、全方位、全过程管理。只有这样,才能提高服务质量,适应客人消费需求,创造优秀服务品质和品牌。

(五)服务过程的间歇性

餐厅除了个别日夜餐厅提供24小时全天候服务外,大多分早、中、晚三餐进行,两餐之间有一定间歇,因而服务操作也有一定的间歇性。餐厅每餐营业时间一般为2—4小时。楼面经理要经常根据经营预测组织好劳动力,做好餐前准备,特别要注意加强高峰期的服务管理。同时,餐厅经营的效果又有一定的波动性。为此楼面经理对人员的安排必须与服务操作的间歇性和经营效果的波动性相适应,以节省劳动力、降低人工成本消耗,同时又要利用劳动间歇加强员工培训,不断提高员工业务素质和操作技巧,以保证服务品质。

四、客人风俗和用餐忌讳知识

熟悉中外客人的风俗习惯和用餐忌讳,是楼面经理组织培训内容和督导员工做好接待服务工作的重要前提之一。楼面经理首先要通晓各个国家,各民族、地区的风俗习惯和用餐忌讳,掌握他们喜欢什么、厌弃什么、心理需要是什么，这样才能有针对性地组织员工培训，使员工主动服务，保证优秀品质；反之，如果服务人员不了解客人的风俗习惯，不掌握客人的用餐忌讳，就是花再大的力气也不会使客人满意，甚至引起客人不满、投诉，造成不良影响。

　　随着市场经济和改革开放的深入发展，我国餐饮企业的客源市场广泛。星级饭店——特别是高星级饭店以海外客人为主，低星级饭店和大多数酒楼饭庄以国内和本地客人为主。做好餐厅优秀品质服务管理，需要结合本企业实际，掌握客人的风俗习惯和用餐忌讳。

　　（一）欧美国家客人的风俗习惯和用餐忌讳

　　（1）美国。美国客人的口味特点是咸中带甜，喜欢清淡，多数吃西餐，一般也爱吃中国粤菜。美国菜是从英国菜演变过来的，所以在烹调方法上大致和英国菜相同。不过铁排类的菜最为普通，如牛排、羊排等。菜肴中常用水果作为配料，如菠萝焖火腿、苹果烤鸭、紫葡萄等。在素菜方面，美国人喜欢吃青豆、菜心、豆苗和蘑菇之类；早餐喜欢吃水果汁和糖油煎饼夹火腿、椒盐小面包等；在冷菜中，多数是用色拉油、沙司作为调料。

　　（2）英国。英国人比西欧任何一个民族都更喜欢喝茶，他们早晨起床后，一般都先喝一杯浓红茶，而且有喝午茶习惯，时间在午后三点钟左右。英国人的饮食特点与美国人大致相同，但也有不同之处，如英国菜的调料中很少用酒，调味品大多放在餐桌上，任人自由选用。早餐中以熏咸肉、炝水果、麦片、橘子果酱为常吃品种。到了下午，英国人也习惯喝咖啡、吃蛋糕和三明治茶点，尤其爱吃隔水蒸的布丁。澳大利亚人在饮食方面与英国人基本相同。

　　（3）法国。法国人喜欢饮浓咖啡，还喜欢饮葡萄酒、苹果酒，爱吃蜗牛。法国人的烹调技术也是很高超的，法国菜以美味可口出色，不仅菜肴种类多，烹调方法也与众不同。大凡欧洲的佳肴，可以说无不是法国人烹制的，因为欧洲第一流的大饭店或餐厅，雇用的大厨有一大半都是法国人。法国菜的特点是选料广泛、用料新鲜、烹调讲究、装饰美观、品种繁多。由于法国人吃的菜肴比较生，所以原料一定要选择新鲜的，如烧牛肉、烧羊腿只需烧到七八分熟，野水鸭一段烧三四分熟就吃。在调味上，法国菜用酒较重，也比较讲究，烹制什么原料用什么酒。在法国菜里，焗蜗牛、黑蘑菇等都是名贵菜肴，法国人也爱吃素菜和海鲜，但是无鳞鱼一般都不爱吃。此外，法国菜大多以地名、物名、人名命名。

　　（4）德国。德国人属于肉食民族，与其他菜食民族有许多不同。在德国，一天的主餐是午餐，午餐的主食大多为炖或煮的肉类，还有马铃薯，除了北部沉海地区外，德国人大多不吃鱼类。主食方面，肉的烹调方法有红烧、煎煮、清蒸、特制高汤等。晚餐食用夹着香宣威火腿的土司,早餐是面包、咖啡。

(5)独联体。独联体各国生活方式属于欧洲方式,饮食方面习惯冷餐小吃。一般注重用早餐、午餐,晚餐比较简单,对京菜、粤菜、川菜口味很喜欢,喜欢水果、点心,爱喝饮料,特别爱喝烈性酒,酒量较大。由于独联体横跨欧亚,地域大、民族多,饮食要求有不少差别。如哈萨克族不吃整只鱼,东欧部分民族不吃海味,伊斯兰教徒不吃猪肉等。

(6)罗马尼亚。罗马尼亚人的主食是面食,不喜欢清淡食品,他们的口味特点与其他西方国家大致相同,喜欢吃酸牛奶、酸菜、猪肉香肠、生大蒜、辣椒等。不过他们的菜肴口味很重,土豆也作为主食,土豆片牛肉是他们的家常菜,香鸡香肠是他们的特产。罗马尼亚人也喜欢饮酒,特别是葡萄酒。他们生活比较俭朴,喜欢自己带些大红肠之类的食品来我国,就餐时买些面包,切几片大红肠,再喝一杯牛奶就可以了。

欧美一些国家非常忌讳"13"这个数字,认为它是不吉利的,应当尽量避开它。宴会不能13人同坐一桌,也不能有13道菜等编号,甚至对每个月"13"日这一天也常感到不安。他们认为星期五也是不吉利的,如果碰巧这一天既是13号又是星期五的话,有的人会认为将会大难临头。有的欧美国家人也忌"3",特别是点烟的时候,不论你用火柴还是打火机给他们点烟,点到第3个人时,他们往往会面呈难色,有的人甚至会有礼貌地拒绝。

一些欧美国家的群体在接触和谈话当中,如果有人在大庭广众之中无意说出一句不吉利的话,在座的人就会本能地用手指轻轻敲敲桌子,或伸出中指背在食指上,表示"醒邪祛鬼"。

欧美一些国家的姑娘在婚礼之前,拒绝试穿她们结婚用的礼服,原因是害怕将要到来的幸福婚姻遭到破裂。

法国人认为核桃是不吉祥之物。英国人忌用人像作商品装潢。捷克斯洛伐克人认为红三角形是毒的标记。土耳其用绿三角表示免费样品。而在国际上,三角形是警告性标记。在匈牙利,如果有人不小心打破了玻璃器皿,就会认为是逆运的先兆。罗马尼亚人最忌过堂风,在房间、客厅、过道或行车途中,如果有人同时打开两边门窗通风,一定会有人出来干涉,他们认为过堂风能使人得病。

(二)亚洲国家客人的风俗习惯和用餐忌讳

(1)朝鲜和韩国。朝鲜和韩国客人喜欢早起床、喝绿茶、吃中餐,并且爱整洁。朝鲜菜很有特色,主食是米饭,辣泡菜和汤是不可缺少的。在朝鲜和韩国,米饭通常拌有杂粮,一般是掺大麦、粟米或黄豆。特殊场合则掺果子、辣泡菜(朝鲜语称"京渍")。汤是不可缺少的,精细一点的汤可以加上牛肉、鸡肉、猪肉。炖汤比较特殊,以水和辣椒酱为主要成分,再加上豆腐、鱼、泡菜或其他肉类或蔬菜等。

朝鲜和韩国客人一般喜欢吃中国菜中的川菜。肉类方面,喜欢吃狗肉、牛肉、精猪肉、鸡肉和海味;不喜欢吃羊肉、鸭肉和肥猪肉。素菜方面,喜欢吃黄豆芽、卷心菜、细粉、萝卜、菠菜、洋葱。他们一般早上都吃米饭,不吃稀饭。也有人吃西餐。绝大多数朝鲜和韩国客人都吃辣,爱吃冷拌蔬菜,放醋,但他们不习惯热菜里放醋,会认为菜肴变质了。调味方面,除了爱放辣椒、辣椒粉、胡椒等,还常放大蒜和芝麻。因此,朝鲜和韩国菜中有香、辣的味道。他们的菜中不喜欢放糖和花椒,做法上喜欢烤、蒸、煎、炸、炒。他们喜欢吃的菜有干烧鳜鱼、肉丝炒蛋、细粉肉丝、香干绿豆芽、生火锅、炸虾球、辣子鸡丁、干炒牛肉丝、连锅汤、红油水饺等。对西餐中的铁板和串烧之类可以试用,因为朝鲜和韩国菜中很多菜的烧法与此相仿。

(2)日本。日本人的饮食习惯与我国有许多共同之处,如早餐爱吃稀饭,午餐、晚餐吃米饭。日本人口味清淡,做菜除煎外一律不用油,菜肴大多是用清水煮熟。日本人喜欢食用牛肉,但不少来我国的日本客人喜欢吃猪肉,因为日本养猪多用鱼粉之类的人工饲料,其味道比中国猪肉大为逊色。日本人喜欢吃鱼,如蒸鱼、生鱼片、鱼片汤等,但都把刺去掉。他们还有食用生鱼的习惯,并配上辣椒解腥杀菌。在做冷菜时,装盘后习惯在菜上撒一点芝麻或紫菜末、生姜末、白糖等,用来点缀或调味,同时也作为这盘菜未被动过的依据。日本人每逢喜事食用红豆饭,不加任何调料,只撒上一些芝麻盐。亲友临门或家人远行,通常要共用一餐四喜饭,以表示迎送的意思。四喜饭的做法甚多,最简便的是先用糖、醋、盐调成卤汁拌入米饭里,再用紫菜把米饭卷起来切成段。

日本人有一些忌讳和爱好。如认为绿色和荷花不吉祥;忌讳"四"、"九",因"四"在日语发音中与"死"相似,"九"的发音和"苦"相似,因此在请客送礼时,忌出现这两个数目。在日本,筷子的用法很讲究。同日本人共餐,不用公筷依次夹、拨食物,更不要把筷子垂直插在米饭中。另外,在日本,主人很少用香烟敬客,因为日本人认为香烟有害健康。日本人忌讳别人打听他的收入;女士忌讳别人问她年龄和婚否。日本的佛教徒还有"过午不食"的教规。日本人喜欢的动物主要是鹤、龟,因为它们表示长寿。

(3)新加坡。新加坡客人一般喜欢广东菜,而工程师、医生等知识分子早点则喜欢用西餐。他们很爱食用炒鱼片、油炸鱼、炒虾仁,有的不信佛教的人还喜欢咖喱牛肉。新加坡人主食喜食米饭和包子,不喜欢馒头;水果喜欢桃子、荔枝、梨等;下午用点心。新加坡位于马来半岛南部,属热带海洋性气候,所以他们很怕冷。

(4)泰国。泰国人很讲礼貌,小辈对长辈处处表示尊敬,他们对人尊敬往往用双手在胸前合掌来表示,小辈在长辈面前走过要有歉意的表示。平常不能碰他的头。泰国人忌用左手递食物,因为佛教徒和伊斯兰教徒一样,认为左手是脏的。泰国人的主食是稻米,副食主要是鱼和蔬菜。泰国人最喜欢吃具有民族风味的咖喱饭,它是用大米、肉片(或鱼片)和青菜调以辣酱做成的,他们也喜欢中国的粤菜和川菜。泰国人的菜肴口味是辛辣,还喜欢多放鱼露、味精,但不喜欢酱油,不喜欢红烧食品,也不放糖,并且他们不吃牛肉。

(5)菲律宾。菲律宾客人的口味特点是:烹调中使用颇多的香辣调味品,但因为受西班牙烹调法的影响,不像在泰国或印度尼西亚吃的东南亚名菜那样辣得难受。菲律宾的代表性名菜有:咖喱鸡肉、虾仁煮汤、肉类炖蒜,用炭火烤整只小猪抹上新鲜的干酪、米饼等,菲律宾啤酒也很可口。

(6)柬埔寨。柬埔寨客人养成了尊重鸟兽、不肯杀生、不多食动物肉的习惯。他们很讲礼节,有行合十礼的敬人习惯。饮食方面,主食以大米为主,进食不用筷子、盘子、叉子、匙,喜欢用手抓饭。他们的口味特点接近广东口味,对牛肉、鸡、鸭、鸡蛋、鱼虾等食品都喜欢,喜食辣椒,对冷盘以及烧、炒、串烤等烹制的菜肴很爱食用。

(7)缅甸。缅甸人喜欢饮用中国的红茶和咖啡,主食大米,中、西餐都喜欢食用,不喜欢食用猪肉、四肢动物和动物的五脏等,喜食牛肉、鸡、鸭、鱼、虾、鸡蛋和各种蔬菜,对炸、爆、烤、煎、烧、拌等方法烹制的菜肴也较喜欢,口味上注重清淡,喜食辣椒油,喜欢用咖喱调味。

(8)印度。印度人忌食牛肉,因为牛在印度被认为是神圣的。猪在印度被认为是下贱的,因此猪肉也不为印度人喜食。他们忌多人在同一食盘取食,喜欢按份用餐。印度人主食大米和印度饼,制法与我国烙饼大致相同,只是稍薄一些,用黄油烙成。印度人喜欢鸡、鸭、鱼、虾、素菜,特别喜食洋山芋,不喜食蘑菇、木耳、笋类、猪油、猪肉菜肴。

(9)巴基斯坦。巴基斯坦人忌食猪肉类食品和野生动物(包括母鸡、水鱼、海豹等),饮食以欧式西餐为主,一般也喜欢中餐(川菜口味),饮用葡萄酒。水果方面喜欢吃梨、柑、橙等,喜欢吃鱼肉、牛肉、鸡肉等肉类和西红柿、茄子、菜花等蔬菜。

(三) 非洲和阿拉伯地区客人的风俗习惯和用餐忌讳

(1) 坦桑尼亚。南美受英国人的影响较大，也喜欢食用欧式西餐，但口味要求清淡。坦桑尼亚人喜欢甜食、水果和牛肉、羊肉、禽类、鱼类菜肴，也喜欢中国的鲁菜和川菜，喜欢饮啤酒、葡萄酒、浓咖啡。

(2) 北非或阿拉伯地区。包括埃及、伊拉克、黎巴嫩、苏丹、约旦、也门、突尼斯等国家和地区。他们的饮食特点及习惯都以西餐为主，不喜欢煎、烤、炸的菜肴，不喜欢红烩和带汁的菜，如菜不带生的就不喜欢食用；善食辣（伊拉克人不吃辣椒），喜欢食用甜点心、雪糕和各种水果，尤其喜食香蕉、桃和西瓜，喜欢饮酸牛奶、咖啡、果子汁和冷开水，大多数人不饮酒，啤酒除外；在口味上喜食我国的川菜、粤菜、凉菜；在种类方面喜食牛、羊、鸡、蛋品、西红柿、黄瓜、洋葱、土豆等，特别喜食青菜。

(3) 信奉伊斯兰教地区。信奉伊斯兰教的地区忌用猪作装饰图案。中东人不用左手递东西给别人，他们认为左手用来洗澡、上卫生间，不干净。因此，他们接受物品、用餐都用右手。根据《古兰经》教规，巴基斯坦忌提猪，忌吃猪肉、猪油，不用猪制品，忌食狗肉等奇形怪状的食品。斋日期间，成年穆斯林均须斋戒。妇女忌海参、鱼肚。

对非洲国家的客人，楼面经理要通过培训服务员，使他们注意来宾的国家原来是哪个国家的殖民地，这对掌握来宾风俗习惯和用餐忌讳很有益处。如坦桑尼亚原属英国殖民地，所以坦桑尼亚来宾除了本民族的习俗外，总是带有英国人的风俗。而阿尔及利亚、毛里塔尼亚、马里等国家的来宾则带有法国人的习俗。非洲人的饭量，不论是国家元首还是一般来宾，都是比较大的。要特别注意的是阿拉伯国家和其他信奉伊斯兰教的国家是不食猪肉的，因此，猪鬃、猪皮和猪的内脏等都不能上餐桌，羊肉是他们的主要副食品，如羊肉大米饭、串烤羊肉、烤全羊等都是他们的佳肴。他们还喜欢带有嫩汁的豆豉鱼、辣味鱼、咖喱牛肉、咖喱鸡等，有时以汁拌饭食用，也喜食什锦蛋炒饭。在塞内加尔、刚果、几内亚、象牙海岸等一些国家，当地人大多以大米、甜薯、玉米等为主食，喜欢香而无辛辣味的食物，所以菜肴中多用椰子油、棕榈油、香叶丁香玉果、尖头辣椒和胡椒等作调料。他们习惯食用大块肉，不食肉片、肉丁和肉焦；蔬菜方面，喜食马铃薯、西红柿、卷心菜、萝卜和胡萝卜等，不喜欢食用鸡毛菜、青菜、蘑菇等，认为虾是虫，也不食用。

(四) 我国各少数民族的风俗习惯和用餐忌讳

(1) 蒙古族。蒙古族的饮食，牧区以肉、奶及奶制品为主，粮食为辅；农业区以粮食为主，肉食为辅。肉食以牛、羊为主，也食猪肉、鹿肉、黄羊肉。各种奶制品是辅助品。饮料有牛奶、羊奶、马奶和用牛、羊奶制成的奶茶和奶子酒。主食有米、馒头、面条、炸制的蒙古果子、油茶、饺子等。蔬菜不多,有马铃薯、白菜等。招待客人最高的规格是羊头和羊尾。蒙古族一般一日三餐。早餐多是奶茶、奶油、米、油炸制品或糕点。午餐无固定时间。晚餐食肉,最后在汤内放少许面条。爱饮红茶,喜白酒且饮量大。蒙古族一年中有四个节日,即春节、中元节、端午节和重阳节。

（2）回族。回族饮食方面忌食猪肉、狗肉、驴肉、骡肉,也不食用死的或非伊斯兰教徒屠杀的牲畜。水产品只食有鳞鱼,无鳞鱼及水鱼、海参等类均忌食。回族很注意卫生,主食大都与汉族相似,但每逢节日要炸油香、馓子及各式各样的油炸制品;糕点要食用清真的;肉食喜食牛、羊、鸡肉;饮料方面喜欢喝茶。回族礼俗反对不敬长者,禁止用食品开玩笑,不能用禁止的东西作比喻。在接待工作中要特别注意尊重他们的风俗习惯和用餐忌讳。

（3）藏族。藏族人民的食俗很讲究,主食是糌粑,即用炒熟的青稞或豌豆磨成的炒面。酥油茶是藏族人民最喜爱的饮料。一般早点饮酥油茶,食用点心、糌粑;午饭喜食"哲色"、肉包子、馅饼等;晚饭一般食用手抓肉、面条、面片等。菜的花样不强调多,但要精。忌食鱼、虾、螺、驴、狗肉,不喜欢海味。

（4）维吾尔族。维吾尔族讲究主食,对副食不太注意。主食的种类很多,如手抓饭、包子（蒸包和烤包）、面条、汤面、拌面、炒面及玉米糊（维吾尔族又称"吾吗汁"）等。菜肴主要是牛、羊、鸡肉和蔬菜。炒菜必须加肉,很少食用素菜。对维吾尔族人来说,"无肉不算菜",吃菜一般不超过三个。他们炒菜不用酱油、麻油,只用盐、花椒、胡椒、洋葱等佐料,多用羊油,菜量要丰满。手抓羊肉、包子、抓饭最好用大盘,哈萨克族就餐可摆刀叉。饮料一般都是奶类,喜欢饮用奶茶、茶水。维吾尔族习惯一日三餐。餐毕,要做一个简单的仪式,然后客人才能离席,否则即为失礼。在饮食方面,禁食猪肉、狗肉、驴肉、骡肉和骆驼肉,在新疆还禁止食用马肉、禽类,禁食鸽肉。

五、餐厅优秀品质服务管理的服务忌讳知识

（一）颜色与花草忌讳知识

（1）颜色忌讳知识。色彩是人们生活中常常接触到的东西,然而在不同国家,人们对于颜色的爱好不同。欧美许多国家一般都认为白色是纯洁的象征;黑色是肃穆的象征;黄色是和谐的象征;而蓝色和红色则是吉祥如意的象征。日本人忌绿色,认为绿色是不祥的颜色。巴西人以棕色为丧色,他们认为人死好比黄叶落下,所以很忌讳棕色。比利时人最忌蓝色,如遇不祥之事

都用蓝衣作为标志。他们相信若梦见蓝色的东西,第二天就会遇见凶事。埃塞俄比亚人出门做客绝不穿浅黄色服装。土耳其人认为花色是凶兆。

（2）花草忌讳知识。花是春天的信使,是人们生活中备受欢迎的礼物。但各种花在不同的国家里也是用以表达不同的感情的。在许多国家里,玫瑰花和白色的百合花是人们赠送亲戚、朋友,用以表达美好感情的礼物。但在印度和欧洲一些国家,这种花却是人们对死者的虔诚悼念品。在巴西,酱紫色的花是用于葬礼的。在法国,黄色的花朵是不忠诚的表示。罗马尼亚人喜欢探亲访友时送给对方一束鲜花。他们对花的颜色无禁忌。按传统习惯,罗马尼亚人送花时送单不送双,但过生日例外,如果你在生日酒会的桌上放两支鲜花表示祝贺,是最受欢迎的。赏菊是中国人的一种雅兴,然而拉丁美洲有些国家把菊花看做"妖花",只有人死了才会拿着菊花放在灵前表示致敬。

（二）服务员优秀品质服务的操作忌讳知识

（1）不要用目光凝视客人。服务员接待客人进餐时要手勤脚快、服务周到,即使客人均已入座就餐,暂时无事可做,也要随时注意客人的动态,主动服务,让客人感到服务员就在身旁。但是,服务员不可长时间地把目光停留在客人身上,因为客人在吃饭时,不论是独自一人或与亲友一起,总喜欢轻松随便些,若察觉到有人在凝视自己,容易感到拘束,甚至产生误会。

（2）迎送客人不要走错位。要坚持迎客走在前、送客走在后。为了表示对客人尊重,与客人并行时应让客人走在前面,服务员跟在后边。这也是礼仪规范。迎客走在前,是因为有的客人初来,不知道厅室,这时服务员要打手势,靠右边走在前边为客人引路,以便于迅速安置好客人。若服务员走在后边,客人会茫然不知所措,服务员呼唤客人转左转右就不够礼貌。服务员送别客人时要跟在后边,表示尊重、有礼貌、虚心,还体现出做好最后一个服务环节,并可注意照顾客人所携物品有无遗失,老人、小孩有无走动不便或走散。此外,客人茶余饭后会有一种悠闲的心情,一边走一边欣赏一下景物,服务员在后边,便于客人停步,不感到拘束。最后,服务员跟在后边,送到门口与客人握手或招手再见也显得自然大方。

（3）接待前和接待中不食用生葱、大蒜。大蒜本身有浓厚的大蒜素,生葱含有芥子油的芳香物质,吃后嘴里会留下一种异味。服务员整天和客人打交道,如果说话时口里散发出异味,会使客人生厌。因此,在上班前和工作中不可食用生葱、生蒜、韭菜、韭黄等,以利于做好服务工作。

（4）上班前不能饮酒。酒是一种刺激神经兴奋的饮料,不少人酒后面红耳赤、酒气熏人,甚至头脑发热、说话含糊,使工作受到影响。服务员要接待四面八方的客人,端茶送饭,写单结账,倘若因酒醉而出差错,既对客人不礼貌,又会使企业形象受到损失。因此,规定在上班前和工作时间里不能饮酒。

(5) 斟茶不宜太满。俗话说:"茶满欺人",其意思是说,给客人斟茶时,不要斟得太满,最多七八分满即可。

(6) 不要把有形菜肴的头部方向摆错。按照我国风俗习惯和一般礼节,有形菜肴的头部朝向正主位表示对主人的尊重。同时,有形菜肴的头部朝向正主位还能使主人容易辨别出菜的品种及菜式名称,从而心中有数。这尤其是针对整只的鸡、鸭、鹅、鱼等菜肴。此外,在宴会上,菜盘摆放统一还会增添美观、整齐度。

(7) 要重视餐具配套。重视餐具配套是为了客人方便,增添筵席美观、丰盛的气氛。若餐具不够美观大方、规格大小不一、颜色、花样、图案参差不齐,个别餐具有破裂、缺损,都会影响筵席的气氛,降低接待规格,使客人感到不受尊重,使餐厅的声誉受到影响。因此,越是高级的餐厅越要讲究餐具的质量,越是高级的筵席越要重视餐具配套。楼面经理应督导服务员经常负责检查每一件餐具,发现有破裂、损缺、规格大小不一以及颜色、图案不同等混杂现象,要立即更换、调配整齐。

第二节 餐厅优秀品质服务管理方法

旅游团迟到后

一个旅游团原定用餐时间为晚上六点。到了七点,客人仍不见踪影,领班小龙在焦急地等待着。又过了半个小时,小龙才看见导游带领着一群客人向餐厅走来。小龙迫不及待地迎上前去问道:"请问,您是青年旅行社的旅游团陪同吗?"陪同回答道:"不是。我们没有预订,但是想在你们餐厅用餐,请务必帮助解决。""请您稍候,我马上帮助你们联系。"小龙说完后,立即去向餐厅经理汇报。餐厅经理看到青年旅行社的旅游团都已经超时一个半小时了,就同意了客人的要求,决定请新来的团队客人先使用原预订的餐厅座位。

小龙刚把新到的客人安排落实,青旅的旅游团队就到了。小龙看着面带疲倦的客人,急中生智地解释道:"实在对不起,你们已经超过原定时间太长了。所以原先你们预订的座位我们已经安排了其他的团队用餐。不过,我先带你们去休息室休息一下,然后马上就给你们安排座位。时间不会很久的。"说完,小龙就带领客人来到休息室,并为他们送上茶水。

餐厅经理闻讯也急忙出面,向客人表示歉意,并马上巡视餐厅,调整安排座位。10分钟后,餐厅经理到休息室告诉客人,现在用餐人员太多,请再稍等一下。又过了5分钟,餐厅服务员终于抢着完成了空闲餐位的撤台、摆台,并立即通知厨房出菜,做开餐准备。小龙再次来到休息室,很有礼貌地请客人到餐厅用餐:"对不起,由于餐前和你们联系不够,没有及时掌握大家晚来的原因,所以让大家等候太久。请多多原谅。"

"这次迟到主要是我们的原因,餐厅能够在这么短的时间内为我们准备好,就已经相当不错了。感谢你们主动热情的服务。"陪同带头鼓起掌来。客人们虽然经过一天的奔波跋涉身心疲惫,但对餐厅经理、领班及全体员工的礼貌、热情和积极、周到的服务感到由衷的满意,他们有说有笑地跟随着小龙步入餐厅。

点 评

有效解决客人的问题会对客人及客户的满意度、忠诚度和餐厅经济效益都产生重大影响。换句话说,因客人失误,经过努力补救并最终让客人感到满意,这类客人的忠诚度将比一般客人更高。所以,楼面经理必须掌握接待服务要领,并通过对员工的培训和适当授权,提高员工服务技能,使员工能够熟练运用服务要领,鼓励服务人员创造性地为客人解决各种问题,向客人说明差错产生的原因,正确估计补救性服务所需要的时间,提出合理解决办法,及时告诉客人,使之清楚餐厅方面正在进行补救,以求得客人的谅解。反之,只会使不满的客人更加失望。

本案例中,客人迟到一个半小时,服务员没有强调客人原因;相反,千方百计帮助客人尽快准备好餐位,积极做好补救工作,所以客人非常满意。补救作为一项服务技能,是对服务止损采取的行动。失误可能因各种原因而产生,如服务双方可能没有如约履行、服务方式可能不正确或质量低劣、员工可能粗暴或漠不关心,所有这些失误都会引起客人的消极情绪和反应。接下去可能发生的情况是:客人离开,将其经历告诉其他客人,甚至通过消费者权益组织或法律渠道投诉等。本案例中,餐厅经理和领班小龙没有埋怨客人和推

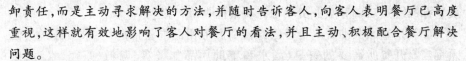

卸责任,而是主动寻求解决的方法,并随时告诉客人,向客人表明餐厅已高度重视,这样就有效地影响了客人对餐厅的看法,并且主动、积极配合餐厅解决问题。

本案例向楼面经理提出了一个问题,就是如何做好现场服务督导。服务现场管理是楼面经理亲临现场督导检查,掌握第一手材料,保证企业经营与管理意图的贯彻执行和计划任务的完成。楼面经理只有亲临现场才能发现接待服务的组织是否合理,服务程序、质量标准是否得到贯彻,各项定额的落实情况是否良好和管理中是否存在问题,也才能加强同下属成员的联系,了解员工的感受和困难,有针对性地提出改进措施,从而提高服务品质、服务质量和管理水平。为此,本节主要介绍楼面经理现场优秀品质服务的管理方法。

一、餐厅接待过程中的优秀品质服务管理方法

餐饮企业楼面经理的餐厅优秀品质服务管理主要体现在接待服务过程之中。只要这一过程的服务做好了,自然实现了优秀品质服务,由此创造优质服务品牌,确保服务质量。楼面经理要做好优秀品质服务管理,重点是要做好以下三个方面的工作:

(一)餐前准备优秀品质服务管理

餐厅营业前,楼面经理应督导餐厅主管领班和服务员做好如下管理工作,从而确保提供优秀品质服务:

(1)督导开好班前会。开始营业前30分钟组织服务员在现场集中,授权主管或领班召开班前例会,分配当日任务,按照服务程序做好开餐前准备工作,布置细节和重点安排。这是楼面经理做好优秀品质服务的序曲。

(2)检查着装仪容。检查、督导全体服务员上岗,穿好工作服,按仪容仪表规范要求服务员修饰整洁,佩带好工牌,开始餐前准备工作。

(3)掌握当日客情。督导服务员了解当日团体、预订客人的餐别、标准人数、用餐时间、菜单等。清楚了解当日餐厅上班的主管、领班和员工名单,确定各自的工作区域、餐桌管理数量和分组情况。

(4)检查营业区域。督导服务员按照分管区域内的餐桌检查设备、餐具、灯具、门窗等是否完好,检查餐桌与椅子布局是否合理美观。督导服务员清洁餐桌、餐椅、服务桌台、地毯或地面,保证达到清洁标准。调节好室温、准备接待客人,还要对个人的仪容仪表进行检查。发现问题,及时纠正,直至符合

质量标准。然后督导服务员填写好质量检查每日报表。

（5）检查服务准备。检查服务台和服务用品准备情况,要求服务人员必须将当日开餐所需要的餐具、酒水和辅助用品如餐盘、调料、茶壶、水壶、纸巾、餐布、菜单、酒单等准备齐全,满足客人用餐服务需要。

（6）做好员工督导。与主管或领班一起仔细查看菜单,考察属下对菜点原料、风味特色、烹调特点、菜点价格及上菜程序的掌握情况。要求下属能准确说明哪些菜点可以立刻上桌,哪些需要较长时间烹调;同前日相比,哪些是增加的菜点,哪些是减少的菜点。

（7）检查餐台环境。督导主管或领班安排服务员铺设餐桌。督导和检查坐席安排以及服务环境的布置情况。若举办宴会,与行政总厨或各厨房厨师长一起核对菜单、餐桌数及每桌人数。

总之,楼面经理要督导服务员以旺盛的精神、充沛的体力、清晰的思维、敏捷的动作,有条不紊地做好餐前准备工作。

（二）餐中接待优秀品质服务管理

营业期间,楼面经理必须深入现场,督导餐厅服务员提供优秀品质服务,保证质量水平。为此,应做好如下管理工作：

（1）督导迎宾服务员、领位服务员引领安排客人入座。督导服务员主动热情同客人打招呼,称呼客人名字。如不知道客人的姓名应尊称先生（女士或小姐）。引导客人入座的要点是：服务员面带微笑,两手和右脚尖将坐椅稍微后撤,然后向前轻推,使客人放心坐下;当客人离座时,协助拉椅。

（2）客人入座后,提醒、督导服务员向客人呈递菜单或酒单。用热情、主动的语言、手势建议客人享用鸡尾酒、葡萄酒或开胃酒。向客人推荐几种不同价格的酒类。客人选用酒水后,针对客人喜好和需求推荐餐厅名菜点,讲解酒水与菜点理想的搭配组合,推销小食品及现场烹调的食品。

（3）密切关注每一名服务员的行为。无论餐厅已满座还是有一些空闲座位,都不允许服务员围在一起交头接耳或议论聊天。发现不正确的行为,立即责成主管或领班去制止。但要注意营业场合即使服务员有过失,不可公开责备与处罚。

（4）当服务员与客人发生争执或产生纠纷需要楼面经理出面调解时,如遇有难题无法处理,应及时向上司汇报。

（5）针对客人用餐情况或客人离开餐厅时,抓紧时机征求客人对菜点、饮料和酒水的意见和要求。

（6）安排工作、督导管理要公证无私地对待每一名员工。除完成本职工作外,应灵活执行其他有关事项。

总之,营业期间楼面经理应始终坚守在服务现场。如有急事必须离开,须指定专人代理并告知去处,以便出现紧急情况时能及时到现场处理。

(三)客人用餐结束优秀品质服务管理

客人用餐结束,楼面经理应主动征求客人意见,督导餐厅服务员做好如下管理工作:

(1)客人用餐即将结束时,视情况提醒服务员准备好账单。客人提出买单后,督导服务员用账单夹将账单递送给客人。

(2)搞清楚客人结账形式。如果同一桌客人要求分开结账或统一结账,楼面经理应注意服务员是否能准确、清楚地将一客一账或总账向客人出示报账。

(3)客人结账时,现金结账要当面点清。酒店住客要求挂账,楼面经理应督导服务员请客人出示酒店欢迎卡或客房钥匙,请客人签单挂账,将账单及时转送收银处。

(4)客人结账后,楼面经理应提示服务员为客人拉椅,递送衣帽物品,提醒客人带好皮包等随身物品,面带微笑将客人送到餐厅门口。楼面经理亲自送别客人时,要热情征求意见,礼貌告别客人,并欢迎下次光临。

(5)餐厅设有电梯,督导服务员为客人按电梯,目送客人进入电梯,与客人道别。

(6)对客人的意见和反应要做好记录,可行性建议要立即着手研究,向上司汇报,以改进餐厅经营和管理工作。

二、餐厅预订优秀品质服务管理方法

餐厅预订以宴会为主。主要是由预订主管、领班和订餐员完成的。楼面经理主要起督导作用。其优秀品质服务的管理方法如下:

(一)掌握预订标准

(1)掌握预订标准。订餐员要熟练掌握中西餐宴会、酒会、茶话会等的起点费用标准,高级宴会的消费总金额,大型宴会的总金额起点标准;掌握各类宴会、酒会、冷餐会、团体与会议用餐、自助餐、小型聚会包桌等的各档次套餐价格、分档菜单、可变换、替补的菜点和可供选用的酒单。

(2)熟悉宴会菜点程式。订餐员要熟记宴会菜点程式,达到运用自如。应熟悉宴会菜点的八种基本套数,即四小吃、八小吃、十二簋、十六簋、二四簋、三二簋、六四簋、一二八簋。熟记各种菜单的具体菜点,以便客人预订时能熟练介绍,根据客人的预订标准选择合适菜点,当好客人的预订参谋。

(二)受理客人预订

(1)接待客户,了解情况。接待前来洽谈的客人,要主动热情,清楚了解客户情况,做好记录。楼面经理要经常检查记录内容是否清晰、全面、具体,并较详细地掌握主办单位的基本情况和服务需求。

(2)介绍环境设备。为使客人全面了解餐厅环境和产品特色,订餐员除需介绍餐厅环境和经营状况外,针对大型预订要邀请客人或通过电话、网络邀请客人前来观摩、探视餐厅实际状况。应介绍餐厅可提供的服务规格和服务项目,中西餐宴会、酒水的场地布置、环境装饰、台型布置,并介绍主要菜点和名酒实物或彩照照片,使客人一目了然、胸有成竹地实现预订。

(三)商榷宴会菜单

订餐员应按照预订工作内容、程序接听客人预订电话,接待客人当面预订,处理网络预订。对各类型团体、集体、家庭等预订要做好菜点酒水协商、订单填写等工作,保证预订准确。在了解客人基本需求后,要仔细询问客户具体要求,确认宴会预订的具体形式、场地布置、举办时间等细节安排。在此基础上,应与客人协商菜单、酒水和服务程序,做好记录审阅,对未落实的具体问题要与客人联系确认。

(四)洽谈预订价格

订餐员在明确客人需求、与客户确认菜单后,要与客人协商所预订宴会的费用标准和全部费用。费用标准包括菜点、酒水和场地布置等费用。在协商的基础上,应向客人说明宴会预订金的收费规定和提前、推迟、取消预订的有关规定。

一般客人预订便宴,其费用以菜点和厅堂租金为主,费用预算比较简单。高档豪华宴会,其费用项目较多,往往出现与客人讨价还价的现象。订餐员应根据餐厅各服务项目收费标准,反复与客人协商,做出正式预算。

(五)订单、订金处理

每次客人预订后,订餐员要当面与客人确定,根据商榷结果填写预订单。预订单应逐项列出需要用品,落实台型设计、座次安排、设备摆放、主宾与客宾的姓名与位置安排等具体事宜,以便餐厅做好准备。

预订确认后,要向客人收取一定预订金。收取的预订金可以增加流动资金,用于采办食品原材料和其他开支。楼面经理要经常检查预订情况和订金收取,以便确定宴会所需的服务人员数量,做好人力安排,控制劳动成本。

第五章
餐饮企业楼面经理的优秀品质服务管理

（六）预订注意事项

（1）提前时间较短、较小的预订，订餐员可不进行预订跟进。但对提前时间较长的预订，一定要做好跟进落实工作。客人预订的提前时间多则1—2月，少则1—5天。对那些提前时间较长的预订，订餐员要与客人保持联系，防止客人预订取消。所以，在宴会举办前2—5天要向客人签发确认书，表示客人预订得到了最后落实。

（2）如果客人中途或临时取消预订，订餐员要按照预订取消的规定处理预订金。凡超过时间取消预订，订金做取消预订手续费处理，不再退还。同时要将取消情况报表及时上交，以便餐厅掌握，将空下来的厅位安排给其他预订客人和零点客人使用。

（3）宴会预订通报。宴会服务需要多部门协同工作。因此，订餐员必须及时根据预订结果打印预订单，将预订的内容、时间、地点、要求、菜单安排、场地布置等通报厨房、采购、酒水等部门，以便各部门提前做好准备工作，保证宴会优秀品质服务。

（4）酒店客房送餐的预订。订餐员要按订餐内容和程序接听客人电话，详细记录客人房号、姓名、订餐内容、用餐时间、特殊要求，填好订餐单。将订餐单及时送厨房准备菜点，并分送餐厅主管，安排专人承担送餐服务工作。

（七）预订善后工作

（1）意见收集。每次宴会和各种聚餐、包桌服务任务完成后，订餐员要主动向客人征求意见，了解客人反应。对于客人投诉要反馈至楼面经理，请楼面经理妥善解决，及时弥补，确保优秀品质服务。

（2）整理客户档案。订餐员要将已执行过的预订书、协议书、接待方案等分类保存，整理出客户档案，以为今后开展推销提供客户信息。

（3）组织推销。预订是推销的一种形式。订餐员日常要做好其他形式的宴会和各种聚餐、包桌的推销，包括走访客户、请客人参观、发动员工推销、利用客人推销、客户档案推销等。

（4）宴会资料整理。楼面经理每天要检查订餐员各种宴会预订的准备资料和表单是否齐全。为方便客人预定、减少随意性管理弊端，楼面经理还应组织或参与编制一套供客人询问、比较、选择的图片文字资料或电脑资料。

三、餐厅优秀品质服务特殊情况处理方法

（一）客人特殊情况处理

1. 为带儿童客人服务

（1）在餐桌安排上，要将儿童安排在靠墙、离过道远一些的座位上。餐桌上的糖缸、烟缸、调味品要放置在儿童够不着的地方。如果儿童很小，经客人同意，为儿童提供儿童坐椅。

（2）用餐服务过程中，餐具根据儿童大小适量增加。点菜征求客人意见时，可征求儿童意见，使客人感到他的孩子受到餐厅的重视。如果儿童很小，服务员应主动向客人推荐适合儿童口味的饮料和食品。上汤类或软煎食物要放置在离儿童稍远的位置，以免被烫。

（3）用餐时，一般客人会照顾到自己的孩子。如果儿童在餐厅玩耍，打扰了其他客人或影响餐厅服务，要礼貌地将儿童领到餐桌旁，交给父母看管。

（4）客人用餐后准备离开时，服务员在征得客人同意后，将儿童从坐椅上抱下，然后交给客人。

2. 为老年客人服务

（1）根据客人情况，征得客人同意后，将客人安排在靠后、靠边、不易受到干扰的餐桌上，伺机引导和帮助客人入座，存挂衣物。

（2）客人点菜，及时送上老年餐牌，多推荐比较清淡、爽口的食品。客人用餐过程中，适时为老年客人提供所需要的茶水、白开水或其他服务，伺机说几句祝贺客人健康、长寿的语言。

3. 为残疾客人服务

（1）最难照顾的残疾客人是盲人和聋哑人，服务员一定要特别耐心。点菜时客人一般会选择能够自理的食品，拉椅让座和上菜要先移开桌上用品，防止打翻。

（2）安排专人服务。服务过程中及时派菜，斟酒不要太满，要学会用手势同客人交谈。要切实提供优秀品质服务，这项工作做好了，对企业声誉影响较大。

4. 为醉酒客人服务

（1）如果客人醉酒较重，影响其他客人用餐和餐厅服务，楼面经理或主管要亲自到场，搀扶客人离开餐厅处理，一般是先让客人醒酒。

（2）如果客人醉酒较轻，可先让客人坐在靠里边一些的座位上，使其安静。再请同桌的客人帮助照顾，最好劝告其停止饮酒。如果客人醉酒损坏了

餐具、茶具,弄脏了地毯,要记在客人的账单上,事后请客人付账。

5. 为有急事的客人服务

（1）首先要了解客人可以接受用餐的时间,请客人坐在靠餐厅门口的座位,为客人点菜取饮料,推荐制作较快的菜点,迅速将菜单送入厨房,告诉厨师加紧赶做,快速将做好的菜点送到客人的餐桌上。

（2）客人用餐后,迅速、准确地为客人结账,并礼貌地向客人示意,如因时间仓促服务不周,还恳请客人见谅,希望客人再次光临。

6. 为左手用餐客人服务

尽量安排客人坐在左边没有客人的座位,将餐具筷架调整至客人左侧,将饮料放置在客人左手易取用的位置,用右手托托盘,站在客人左侧服务。

7. 客满时接待用餐客人

（1）餐厅客满,对新到来的客人敬语问候,告诉客人已客满,表示歉意,建议客人暂时在酒吧或餐厅外坐椅上等候。如果是住店客人,可请其先回房间等候餐厅电话通知,或请其在本酒店其他餐厅用餐,并负责为客人联系。

（2）客人表示同意在餐厅外等候,可先提供酒水,递送上菜单,同时保证在预计的时间内让等候的客人用餐。

8. 为生病客人服务

（1）发现客人身体不适,应主动询问以示关心。了解客人病情及对菜点喜欢的口味,安排客人在靠近餐厅门口的位置或选择相对安静的位置,向客人推荐软烂、可口的菜点,同厨房配合,为客人单独制作菜点。

（2）客人用餐中突然发病,先照顾客人休息,同时安慰其他客人不要着急,通知医务室和报告楼面经理或主管、领班,拨打120电话,并在医生到来后配合医生诊断治疗。

（3）客人若得脑溢血、心脏病等急病,应立即拨打120电话,请急救车前来治疗处理。

（4）处理过程中,应尽可能避免客人围观。病人离开后,应迅速恢复餐厅秩序,尽量不影响其他客人用餐。

9. 客人被食品噎住

（1）个别客人因某种原因,在用餐过程中会被食品噎住。一般反映是脸色发青、停止讲话或用手指捏喉咙,服务员要热情帮助。如果客人被食品噎住较轻,可立即送一杯茶水供客人服下。

（2）如果客人被食物噎住较重,服务员可站在客人后面,双臂抱住客人腰部,用拳头拇指背面靠在客人肚脐靠上一点,另一只手握拳,迅速向上挤压震动客人肚子,反复几下,即可排出食品,然后送一杯茶水供客人服下。

10. 接待穿戴不整齐的客人

(1) 态度热情,婉转指出客人衣着不够妥当,礼貌阻止客人进入餐厅。

(2) 对态度强硬的住店客人,耐心解释,请求谅解,建议客人回房间更换衣服,答应为其保留座位。非住店客人,可报楼面经理或主管、领班同意,安排客人坐在靠里面的座位,并请客人减少走动。

(二) 客人现场问题处理

1. 客人反映菜点不熟

(1) 餐厅服务员要询问客人,加强和厨房配合。如果菜点确实火候不足,要向客人表示歉意,然后迅速向厨房反映,由厨师或主厨决定处理办法,或换一份菜点,或再回厨房回锅加工一次。

(2) 如果客人不了解某些菜点的风味特点,服务员要婉转而礼貌地向客人介绍其特点和吃法。因为我国南方不少餐饮产品是讲究鲜嫩清脆的,表面看好像不熟,其实已经完全熟透,符合食用要求。

2. 客人反映菜单不符

(1) 同客人耐心核对上菜品种、数量、大盘、小盘是否和客人点菜要求相符,重新核对后再向客人收款。

(2) 如果是工作上的失误,要向客人表示歉意。如果是客人计算有误,要巧妙地掩饰过去,以免使客人难堪。

3. 客人要求现场烹饪

(1) 根据客人要求,由厨房准备好食品原材料和带炉灶的推车推到餐厅,请客人过目,介绍菜点名称和操作程序与方法。

(2) 厨师站在客人餐桌旁边,迅速加工食品原材料,搞好切配,根据客人要的菜点烹制产品。要求动作要快,质量要好。

(3) 桌面服务员将烹制好的食品送给客人,请客人品尝。菜点要按照上菜顺序烹制。如果食品原材料加工复杂,可事先在厨房加工好或制成半成品,然后在餐厅制作。遇有这种情况,客人一般会很高兴,服务员要细心照顾。

4. 客人要求打包服务

客人用完餐后,服务人员应按照客人要求,用饭盒逐一将客人要求打包的食品装好,再将饭盒逐一装入塑料袋中。食品打包应注意方便客人提取,带汁汤的食品要确保不会外溢,然后祝客人愉快,欢迎下次光临,向客人告别。

5. 客人用餐时菜汤洒出

(1) 如果是服务员操作原因引起的,要向客人表示歉意,找一块毛巾为客人擦拭。如果客人衣物污染较严重,服务员要征求客人意见,为客人洗涤衣物。但楼面经理要注意不要当着客人的面批评服务员。

(2)如果是由于客人不小心所引起的,服务员要迅速到场,帮助客人擦拭。注意不能指责客人。如果汤菜酒在餐桌上,要迅速清除,然后用一块干净的餐巾垫在餐桌上。

6. 客人打坏餐具

(1)服务员应迅速上前询问、安慰客人,告知客人不要太着急。

(2)服务员应及时清理现场,收拾打碎的餐具。属于一般餐具,客人无须赔偿;若是贵重餐具,则按餐厅有关规定处理。

第三节 不同类型餐厅的优秀品质服务管理方法

案例

突出个性化服务,赢得大批回头客

现代酒店的程序化、规范化服务可以保持较高的质量水平,但难以解决优质服务要求的针对性。只有突出个性化服务,才能确保质量优良,赢得大批回头客。山东贵都大酒店餐厅部的个性化服务主要从以下三个方面下工夫:

(1)主动细微。主动表现在为客人订餐主动,迎接、问候主动,拉椅让座、开单点菜、斟酒上菜、征求意见、告别客人等都必须做到主动。细微是要观察细致,体贴入微。如客人订餐,餐厅订餐员会马上询问客人用餐时间、用餐人数、座位要求、某一道菜点需要的火候等;客人来到餐厅,刚想站起来脱去外衣,服务员能马上帮忙,并拿来布椅罩将客人的衣服盖好,显示出考虑得十分细致;团体客人用餐,桌上菜点较多时,服务员每过几分钟会给客人调换餐桌上的菜盘位置,以让客人夹菜方便等。

(2)体贴温馨。贵都大酒店餐厅接待体弱的老人、儿童用餐,每个服务员都会想到为客人点适合老人、儿童胃口的菜点,送上老年菜单或儿童菜单;商务客人用餐,服务员会主动将客人引导到靠边、靠窗的餐桌位前;回头客用餐,服务员能马上叫出他们的姓名或职务,并主动帮助点适合他们口味、过去点过的菜,使客人感到惊奇和兴奋;宴请客人时,服务员大多能根据客人宴请目的、主从关系提供有针对性的服务。所以,贵都大酒店的客人对各餐厅服务,大多感到亲切、温暖,愿意常来用餐。

(3)敢于超越程序和标准,善于处理一些特殊要求和服务。例如,一位客人一天夜里一点多钟才住进酒店,但因旅途劳累繁忙,还未用餐。他无意中在前厅说起此事。当他刚住进房间不久,餐厅服务员就送来香喷喷的面条,使客人十分感动。再如,德国考格尔公司驻山东济南代表是酒店的长住客人,因工作原因不能回家过生日。1997年他生日的那天晚上,酒店餐饮部和营销部密切配合,为他举办了一个小型隆重的生日宴会。生日烛光、生日蛋糕、生日祝福歌、法国大香槟等送上了餐桌,使客人十分感动。他激动地说:"今天的生日我虽然不是与家人一起度过的,但是比在家时过生日更加温馨、更为欢乐,也更有纪念意义,使我永难忘怀。"

点评

贵都大酒店餐厅部提出了"现代酒店的优质服务是超越程序和标准"的观念,并进一步针对这种观念提出了对员工的更高要求,即"程序化、规范化服务可以保持较高的质量水平,但难以解决优质服务要求的针对性。只有突出个性化服务,才能确保质量优良,赢得大批回头客"。案例中,贵都大酒店餐厅部在突出个性化服务上下工夫,通过几个生动事例对服务态度、服务程序、服务质量、服务标准做出了新的诠释。

贵都大酒店餐厅部服务人员的针对性、个性化服务突出体现在细微、温馨、超越程序和标准方面。例如,制作布椅罩,当客人要脱掉外衣时,立即将布椅罩拿过来,将客人的衣服盖好;对用餐老人和儿童精心呵护;将商务客人引导到靠边、靠窗的餐桌位置;能马上叫出回头客人的姓名或职务;根据客人宴请目的、主从关系提供针对性服务;仅凭客人无意中道出的言语就为刚刚进入房间的客人端来香喷喷的面条;为因工作原因不能回家的客人举办生日宴会……这些令客人永难忘怀的感人举动,用无微不至、体贴入微、关怀备至等词语都无法形容得淋漓尽致。

现代餐饮企业的餐厅类型多种多样。酒楼饭庄大多会有大众餐厅、雅座餐厅、包房和多功能厅等。饭店宾馆大多有不同风味的中餐厅、西餐厅、宴会

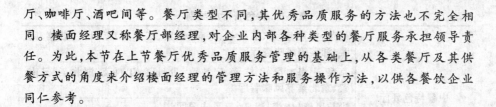

厅、咖啡厅、酒吧间等。餐厅类型不同,其优秀品质服务的方法也不完全相同。楼面经理又称餐厅部经理,对企业内部各种类型的餐厅服务承担领导责任。为此,本节在上节餐厅优秀品质服务管理的基础上,从各类餐厅及其供餐方式的角度来介绍楼面经理的管理方法和服务操作方法,以供各餐饮企业同仁参考。

一、不同类型的餐厅及其经营特点

随着餐饮业的发展,餐厅的类型和形式越来越多样化。大中型饭店一般设有多处餐厅,酒楼饭庄也有大餐厅、包房和多功能厅。根据餐饮内容、服务方式不同,主要可分为以下类型的餐厅:

(一)主餐厅或特色餐厅

主餐厅是指在早、中、晚三餐固定时间内提供餐饮服务的餐厅,具有食品精美、服务高雅、装饰华丽、环境舒适的特点。酒店的各类中餐厅、西餐厅、酒楼饭庄的大众餐厅均属此类,是一种主要的餐厅类型。

主餐厅通常使用点菜菜单,提供零点服务,菜单内容种类齐全,规格较高。国外不少酒店的高级主餐厅仅供午餐和晚餐。中餐厅多采用传统的中餐式服务方式,西餐厅服务方式则有法式、俄式、美式等。

主餐厅大多因其供应的菜点富有风味特色,因而又称特色餐厅,也称风味餐厅。特色餐厅是餐饮文化发展的产物,具有鲜明的地域、宗教、历史、文化等人文特征,它对餐饮文化或是继承,或是发展,或是创新,或是反思,代表了目前国际和国内菜点制作水平和餐饮企业的较高水准,也体现了餐饮企业的经营者对市场需求的敏感程度。

特色餐厅因经营内容的不同分为多种,我国常见的特色餐厅主要有专营某一老字号或某种菜点的风味餐厅、专营某一地方菜系的风味餐厅和专营某一时期或某一民族菜点的风味餐厅等。特色餐厅经营内容专一,菜式内容较为有限,服务程序具有一定的特殊性。特色餐厅的装饰布置应根据餐厅内容设计,突出个性,使之起到渲染、烘托主题特色的作用。

我国餐饮企业中所建设的常见的特色餐厅可参见表5-1。

表 5-1　特色餐厅的类别

类别	内容
中餐特色餐厅	川菜、鲁菜、苏菜、淮扬菜、粤菜、徽菜、江浙菜、潮州菜、徽菜、闽菜、湘菜等风味餐厅
	京菜、上海本帮菜、杭菜、宁波菜、贵州菜、江西菜、湖北菜、云南菜、东北菜等风味餐厅
	少数民族(傣族、清真)等风味餐厅
	特色菜点(海鲜、蛇、野鸡、烤鸭、素菜、火锅、烧烤、创意菜、自助餐、素食馆、简餐、小吃馆)等餐厅
	老字号餐厅(如全聚德、东来顺、沙锅居、鸿宾楼等餐饮企业)
西餐特色餐厅	法式、意式、俄式、美式等特色餐厅
	墨西哥餐厅、巴西烤肉餐厅、北欧式、意式、欧陆菜、德式、西班牙式、希腊式、南美菜、中东菜、面包甜点餐厅等
东南亚特色餐厅	新加坡、马来西亚、印尼、泰国、越南等国家特色餐厅
东亚特色餐厅	韩国烧烤、日本料理等餐厅
主题餐厅	音乐餐厅、江南水乡餐厅、海南风情餐厅、太空餐厅等
	怀旧餐厅、农家小院餐厅、西蜀老宅餐厅等
户外花园餐厅	啤酒花园
	户外池畔烧烤餐厅

（二）西餐扒房和宴会厅

扒房的"扒"字本是西餐的烹调术语，特指一种在烤炉上用铁架式煎锅烧烤菜点的烹调技术。扒房即为客人提供此项服务的餐厅。在欧洲的酒店中，扒房是最高级的专门提供法式大菜服务的餐厅，还提供一般方便菜点或套餐服务，属于法式豪华餐厅类型。

扒房属于酒店中的高级餐厅，在装潢设计上讲究高雅舒适、色调柔和。有的酒店还配有专门的乐队伴奏，以加深餐厅内的气氛。扒房的餐饮服务也应增加艺术成分，以此增进客人的食欲和提高餐厅的格调。

宴会厅是酒店不可缺少的餐饮设施，供中餐宴会和西餐宴会所用。大中型酒店一般设置多功能宴会厅，可容纳成百上千客人；小型宴会厅则仅可接待一桌或两桌客人。酒店宴会厅不仅为住店客人提供宴会服务，更多的是为当地企事业单位及当地居民提供各类宴会服务。由于宴会有婚宴、便宴、冷餐会等多种，其内容、规格、人数各不相同。因此，宴会的布置及宴会组织准备工作要根据客人要求而定。

（三）咖啡厅

咖啡厅是一种规格较低的西餐厅。但并非仅仅是饮咖啡的场所，而是提供方便菜点的餐厅,只是其供应的食品相对主餐厅来讲比较简单,如以面包、三明治、色拉及几种大众菜点为主。

咖啡厅服务迅速、营业时间长,一般24小时连续营业。几乎所有的三星级酒店都设有咖啡厅。咖啡厅备有足够的餐桌,可供众多客人同时用餐。厅内装饰色调明快,服务不拘泥于形式,桌椅布置成许多精巧别致的小区域,使客人感觉稳定舒适、轻松愉快。

到咖啡厅用餐的客人不受年龄限制,利用面广,已成为酒店餐饮经营的主要赢利场所。各酒店咖啡厅大多力图开发出价廉物美、独具特色的菜点,以在市场上更具竞争力。

(四)自助餐厅

自助餐厅的特点是将食品集中陈列在大型菜台上,供客人自行挑选。到自助餐厅用餐的客人,可以任意选用菜点,而且价格都较低,因此这种用餐形式深受家庭和团体旅游客人欢迎。自助餐厅既可以节约餐厅劳动力成本,又迎合了客人自我服务、随意享用美餐的心理需求。在自助餐厅中,除热菜由服务员根据客人的选择提供装盘外,其他所有食品、饮料都陈列在柜台上,由客人自取,然后通过收银处计价付款,按人收费。自助餐厅可要求客人用餐后将餐具送到指定地点,以节省服务员的工作量。

提供自助餐服务的餐厅与自助餐厅是两种不同功能和风格的用餐场合。自助餐服务在任何类型的餐厅中都可以采用,这种服务通常使用一个固定的价格,客人可以不限数量任意用餐,因而其食品耗用数量不宜控制。

(五)各类酒吧

酒吧一词的英文为Bar,原意为栅栏或障碍物。19世纪中叶,随着旅游业的发展和酒店的兴起,酒吧作为一种特殊的服务进入到酒店。酒吧在英文中还被称为Pub,意指公共聚会的场所。此种酒吧必须具备三个条件:一是要配备种类齐全、数量充足的酒水,并按照贮存要求陈列摆设;二是要有各种不同用途的载杯;三是配备必需的设备和调酒工具。酒店中常见的酒吧种类有三种。第一种是主酒吧,又称英美式酒吧。这类酒吧的特点是客人直接面对调酒师或坐在吧台前,调酒师的服务工作完全在客人的目视下完成。主酒吧装饰典雅、格调别致,通常也是豪华大酒店的标志性餐饮场所。第二种是酒廊。酒廊有三种形式。一为大堂酒廊,又称为大堂吧,设在酒店大堂,格调与大堂相似,主要供客人暂时休息、等人或候车。二为夜总会酒廊,通常附设于酒店娱乐场所,向客人提供各类酒水饮料和小吃果盘等。三为社会独立酒吧,即由经营者单独开设的各种酒吧。如北京三里屯酒吧一条街就设有各种类型的酒吧。第三种是宴会酒吧。宴会酒吧是根据宴会的形式、规格和人数临时设立的酒吧。宴会酒吧变化多样,常设置于鸡尾酒会、冷餐会和贵宾厅、主题餐饮活动中。宴会酒吧非常注重气氛设计。

（六）客房送餐服务

客房送餐服务是星级酒店为方便住店客人,迎合和关照客人生活习惯或特殊要求,如起早、患病、会客、夜宵、聚会等需要而提供的服务项目。此项服务可以增加酒店的经济收入、减轻餐厅压力,而且体现着酒店的档次。

客房送餐部通常是酒店餐饮部下属的一个独立部门,一般提供不少于18小时的服务。中小型酒店的客户送餐组常设置于咖啡厅或宴会厅。客房送餐服务的主要项目有:早餐、全天候送餐、下午餐点、各种酒水饮料、房间酒会、VIP客人赠品等。

二、楼面经理西餐优秀品质服务管理方法

西餐是酒店餐厅经营餐饮服务的一个重要形式,其餐位在三星级以上酒店中可占到酒店总餐位的20%—25%。社会上也有独立经营的西餐厅,其餐厅类型根据客人的风俗习惯和地域不同,又有法式、英式、美式、俄式餐厅之分。西餐的服务方法既有共性,也有个性。楼面经理西餐优秀品质服务管理重点是做好如下几方面的工作:

（一）西餐早餐优秀品质服务

西餐早餐服务的特点是:用餐客人较多、开餐时间较短、客人对食物饮料有特别需求,其品质服务质量要求较高。

1. 早餐优秀品质服务操作方法

客人来到餐厅,迎宾领位、拉椅让座和收银结账、告别客人等在操作方法上和中餐优秀品质服务相同。其桌面品质服务操作方法可概括为斟、点、摆、上、补、收六个字。

（1）斟——为客人斟饮料。西方客人早餐前习惯先饮一杯饮料,饮料要根据季节和客人需要确定。如夏天可饮鲜果汁、橙汁、矿泉水等,冬季可饮其他汁类。但都应先征得客人的同意,再开饮料单。

（2）点——客人点早餐。西餐早餐的食物种类一般为二十种左右,客人点早餐时要先将餐牌(即菜单)递送给客人,然后询问客人喜欢用什么早餐。西餐早餐的食品烹制方法有各种不同要求。如蛋类有煮蛋、煎蛋、炒蛋等,煮蛋又有3分钟、5分钟、10分钟等不同时间要求,牛奶、咖啡有多加糖、少加糖之分。所以,客人点菜时一定要问清客人的要求,并做好记录。

(3) 摆——摆上和客人菜单相匹配的餐、茶具。西餐服务和中餐服务不同,不同的食品需要使用不同的刀叉。因此,客人点完早餐后,按不同菜式要求,摆上与之相匹配的刀叉用具,以适应客人用餐习惯。具体需要哪些餐、茶具,需要根据客人的早餐菜点要求而定。

(4) 上——按顺序上早餐。西餐早餐服务有美式早餐、欧陆式早餐两大类,早餐上菜顺序不完全相同。美式早餐的上菜顺序是果汁、蛋类、多士、黄油、面包、果酱、咖啡或红茶等。欧陆式早餐的上菜顺序是果汁、多士、黄油果酱、蛋类、咖啡或红茶。如果有其他食品,也要根据客人的习惯和要求,按顺序上。

(5) 补——补充食物和饮料。客人用餐过程中,上菜一律用托盘,速度较快,因此食物和饮料的补充要及时。客人用餐结束时,还要补充咖啡或红茶,给客人斟好。

(6) 收——收款结账。客人未要求结账前不要主动请客人结账,应礼貌地询问客人是否还需要些什么,结账方法和中餐相同。

2. 早餐优秀品质服务管理要求

(1) 服务员每天提前 20 分钟到岗,开始进行西餐早餐前的准备工作。其中餐、茶用具,特别是刀叉盘瓶要根据餐牌上的食品种类准备充足,以适应菜式和摆台要求。

(2) 用餐服务中,服务员使用左手将食物从客人的左边送上餐桌,饮料用右手从客人的右边送上餐桌,客人用过的盘碟从客人右边撤走。

(3) 上饮料时要准备好相匹配的用具和用品。如上咖啡时要同时上咖啡伴侣、糖和牛奶;上红茶时要同时上茶壶、茶杯;上牛奶、面包时要同时上糖、黄油和面包刀叉等。

(4) 客人用完早餐清理台面时,不要拿走客人没有用完的饮料,每位客人面前至少应留一个杯子,待客人离去后再撤走。

(5) 由于多数客人没有足够的时间来享受一顿丰富的早餐,因此,要提高工作效率,尽快给客人上饮料和各种食物,以适应客人快节奏的生活方式。

(二) 西餐正餐优秀品质服务

西餐正餐优秀品质服务分为迎宾领位、开单点菜、桌面服务、收银结账和送别客人五个阶段。其中,迎宾领位、收银结账服务和送别客人的操作方法和中餐基本相同。在此,重点介绍西餐正餐服务中开单点菜和桌面服务的操作方法。大致可以概括为开、送、摆、供、上、撤六个字。

(1) 开——开单点菜。客人进入餐位,服务员先向客人问好,表示欢迎,然后开单点菜。开单点菜前,先将菜单正面送给客人,询问客人用什么餐前酒,再问客人用什么菜。西餐菜点品种很多,烹饪方法各不相同。点菜时要问清客人的具体要求。如牛排要问喜欢老一点还是嫩一点等。点菜后,主动向客人推销饮料。西餐饮料和中餐不同,饮料必须和菜点相匹配。一般要求是:吃冷菜,推销开胃酒;喝奶油汤,推销雪力酒;吃海味,推销白酸葡萄酒;吃肉类、野味,推销红葡萄酒。所以,服务员要有针对性地向客人推销饮料。

(2)送——将落单送入厨房或传菜部。传送落单要加台号夹,以便厨房按要求加菜。

(3)摆——按菜式摆餐、茶具。点菜完成后,要根据所点菜式要求添摆餐、茶具。如酒类有香槟酒、葡萄酒、啤酒或白酒,注意酒杯要求不一样。并且每用一道菜,都要换一次餐、茶具。所以,按菜式摆餐、茶具贯穿西餐服务全过程。

(4)供——供应餐前酒或鸡尾酒。这是西餐服务和中餐服务的主要区别之一,要根据客人点菜要求供应。若客人不用鸡尾酒,则供应其他饮料。

(5)上——按西餐菜式要求顺序上菜。其上菜顺序是:① 面包、黄油及刀叉,同时给客人斟饮料;② 上汤菜和冷菜,待客人用完后,撤走糖碟、汤勺等用品;③ 上主菜、旁碟,西餐主菜一般是牛扒、烤肉、焖鸡、烤火鸡等,在西餐零点服务中,烤肉一般只选一份汤,1—2 份主菜;④ 上甜点、雪糕或水果;⑤ 上咖啡或红茶。

上菜服务过程中,注意每上一道主菜,都要撤去客人用过的盘碟刀叉,这是西餐服务和中餐服务的又一重要区别。另外,还需为客人分菜、派菜和斟酒。餐厅档次越高,这项服务工作越细致。

(6)撤——根据需要,撤去多余的菜盘、杯碗。始终保持台面清洁美观,适应客人需要。

上述西餐优秀品质服务操作方法是就一般西餐厅而言的。由于西餐种类较多,其操作方法也不完全一样。

(三)西餐优秀品质服务标准

1. 预订服务

(1)接听电话或当面预订要主动、热情,询问需求要耐心,语音要准确。

(2)记录并复述客人人数、用餐时间、订餐订座要求准确,预订后应保证无差错,防止纠纷发生。

2. 领位服务

(1)客人到达,微笑问好。常客或回头客称呼姓名。引导客人入座,餐

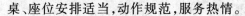

第五章
餐饮企业楼面经理的优秀品质服务管理

桌、座位安排适当,动作规范,服务热情。

(2) 能主动为老年、儿童、伤残病客人提供细致周到服务,递送菜单及时,与桌面人员配合良好。

3. 餐桌服务

(1) 拉椅让座及时,推销介绍餐前酒水、饮料主动热情。客人点菜时,介绍菜点、当日特价菜以及询问需求热情规范。记录客人菜点、酒水准确,菜单传送及时。

(2) 上餐前酒、汤菜及时,动作规范。上菜服务中,菜点与客人酒水匹配得当。每上一道菜,菜点与菜盘匹配良好,服务细致。

(3) 美式早餐、大陆式早餐服务准确及时,操作规范。午餐、晚餐服务上菜顺序合理,点菜后上菜及时。如果菜点需要增加制作时间,事先告知,勿使客人久候。上菜时间、节奏控制良好,分菜及时准确,服务操作规范得体。

(4) 客人餐台保持整洁。烟缸撤换及时,烟头不超过3个。清桌服务用专用毛巾,撤桌无声响。

4. 结账送客

(1) 客人要求结账时,账单准备妥当。用账单夹请客人结账,交款和挂账签收准确无误,手续完善。无跑账、差错和岗位责任事故发生。

(2) 客人离座时,微笑送客,欢迎再次光临。3分钟内清台和重新摆台完毕,准备迎接下批客人。

三、楼面经理宴会优秀品质服务管理方法

(一) 宴会预订优秀品质服务标准

(1) 预订机构和人员配备合理。预订人员熟知宴会类型、等级规格、宴会设计、预订程序等专业知识和操作方法,掌握较熟练的英语和普通话会话水平。

(2) 客人预订宴会、会议,接听电话和接待客人或客户主动热情,询问客人要求、引导客人查看场地、了解举办单位信息情况等细致、准确。

(3) 按照客人要求和预订标准协商宴会菜点、酒水饮料、场地与设备要求、宴会规格准确。宴会名称、种类、规格、预订单位、人数、保证人数、预订费用等信息录入电脑,打印成预订单等操作服务准确、细致,无差错发生。

(4) 宴会预订金、落实不确定预订、预订变更或取消处理得当。宴会通知单打印、分发准确及时,无岗位责任事故发生。

（二）厅堂布置优秀品质服务标准

（1）按照宴会通知单的规格、档次、主办单位要求制定厅堂设计方案,并与工程部门联系,准备好设备、用品。

（2）中餐宴会选用圆台。根据宴会人数台型设计美观大方。西餐宴会选用长台,"一"字形、"T"字形、"工"字形、"山"字形等,设计与摆放美观、舒适,台面整齐,布局合理。

（3）大型宴会设主宾席区,中小型宴会设主台。主宾席区或主台位置突出,设计美观,能够反映礼遇规格。

（4）根据主办单位要求确定座位安排,准备好名牌。并按照西餐或中餐、自助餐宴会、鸡尾酒会不同,做好宴会铺台。台面铺设美观大方,布置典雅,花坛、花环和口布叠花优良。

（5）自助餐宴会,菜台宽大,台裙整洁,台面菜点摆放整齐、美观,保温与展示效果良好。如果是鸡尾酒会,酒台设计美观大方,室内布局协调大方。

（6）视宴会需要,准备签到台、演说台、麦克风、音响、射灯等设备,摆放位置适当,同宴会厅或会议厅堂布置协调一致,美观大方。

（7）重要高档宴会设有存衣处、贵宾接待室,入口处屏风美观大方,花坛、花盆等绿化设置美观。

（三）开宴过程优秀品质服务标准

（1）客人到来,领位员面带微笑,主动问好,配合主办单位迎接、引导客人快速、准确入座。遵守先主宾后随员、先女宾后男宾的顺序,礼仪良好。

（2）客人入座,拉椅让座,递送香巾,服务餐前茶水（中餐）、餐前酒或鸡尾酒（西餐）主动、热情,操作规范。

（3）主人讲话,服务员停止走动。主人和客人祝酒,服务员斟香槟酒（西餐宴会）或酒水及时、主动。

（4）西餐宴会按汤菜和宴会上菜顺序上菜、报菜名、上与菜点匹配的酒水,分菜、斟酒等服务准确,操作规范,技术熟练。撤台、清台、上新菜、换旁碟、换刀叉等服务及时。

（5）中餐宴会按凉菜、热菜、面点、主食顺序上菜,报菜名、分菜、撤台、上新菜、斟酒等服务规范、准确。

（6）宴会服务中,上点心、水果、撤换烟缸、上咖啡或红茶（西餐）、撤换香巾等各项服务适时、细致,客人满意。

（四）餐后优秀品质服务标准

（1）宴会结束,征求客人意见,拉椅告别客人主动、诚恳,递送衣物及时,不催促客人。客人离去后,迅速清理台面,撤台收碗时动作轻、稳、无声响。

(2) 征求主办单位的意见,准确处理结账事宜,并向主办单位表示感谢。

四、楼面经理自助餐厅优秀品质服务管理方法

(一) 自助餐厅优秀品质服务知识

自助餐是餐厅经营服务的一种形式。它的特点是产品销售采用售票方式,按人收费。菜点饮料集中陈列,以客人自我服务为主。进餐速度快,服务人员少,可以收到省人、省时的效果,也是比较受客人欢迎的一种服务方式。

自助餐厅可提供中餐、西餐或中西合璧的自助餐服务。一些餐厅还利用圣诞节、复活节、情人节、母亲节、春节、国庆节等节假日期间举办食品节、食品周和大中型接待活动,采取自助餐服务形式。自助餐优秀品质服务的重点是要抓好以下三个环节的工作:

1. 餐厅环境布置

自助餐的环境布置要突出美观、轻松、活泼的气氛,重点要注意两个方面:一是餐厅装饰。自助餐的餐厅装饰主要是墙面和陈列物品,墙面可以用装饰屏幕、板条、字画、条幅来装饰,可以用盆栽的棕榈、蕨类植盆、鲜花来美化用餐环境,但要注意突出主题。在复活节或圣诞节时,台布如用深蓝色或深红色则更有装饰效果。平时用麻布做台布能体现农村风味,而用红白格子布又可以给客人以自由、不拘小节的感觉。具体采用什么装饰手法要根据自助餐的主题需要而定。二是餐桌安排。自助餐的菜台应设置在比较明显、客人取菜比较方便的地方。饮料台一般设置在靠餐厅里面一些的地方,餐桌要铺台布,摆放相对集中,但要留出一定距离。每个餐位的占用面积应在 1.5 平方米左右,为客人走动取菜提供方便。整个台面布置要美观、大方。

2. 菜台食品陈列

菜台是为客人提供自助餐优秀品质服务的中心,客人用餐过程中的大部分服务工作都在这里进行。菜台食品陈列要注意三个方面:一是台型要经过选择,一般用几张方桌拼摆成长台。台布比较宽大,拖到离地面 6.6—9.9 厘米处,遮住桌脚。菜台前面要留出较大空间,以免客人取菜互相碰撞。二是菜台食品陈列要美观、典雅,讲究空间构图形象。一般设置为三层:第一层陈列凉菜、点心;第二层陈列特色菜,如肉类、鱼类、火鸡、家禽等食品;第三层陈列经过雕刻的食品和鲜花。客人需要的餐盘、筷子、刀叉等餐、茶具整齐地放在两边。西餐食品陈列的通常顺序还要求:① 客人用的盘子、刀叉,可放置在第一层,也可放置在两边,整齐地摆放好;② 色拉、开胃品一般要用保鲜膜盖住;③ 热菜、烤肉和

其他主菜、汤汁、调味品、装饰物要和它们的配菜放在一起。各种餐式陈列摆放的效果都要显示出高低错落,形象要美观、典雅,富于吸引力。三是必要时用聚光灯或比较强烈的灯光照射菜台,充分显示菜台食品陈列的效果。

3. 客人用餐优秀品质服务

自助餐和一般餐饮服务形式不同,大多不提供桌面服务。因此,大部分服务工作是在菜台进行的。客人前来用餐,服务员主动迎接客人,微笑问好。然后将客人引导到餐桌或菜台前,由客人自己取用所需要的餐具。为客人提供优秀品质自助餐服务的方法是:

(1) 向客人介绍食品。自助餐客人用餐一般是事先购票,每人每餐标准一般固定在一定范围内,购票后可以自由选择食品。客人来到菜台前,服务员要主动向客人介绍食品的名称、风味,便于客人选用。有的热菜,如牛肉、鸡、鸭、小猪等,由厨师给客人分切。由于分切要占用时间,所以应尽量安排在热菜区的后部。对客人喜爱程度较高的菜点,餐厅可安排两位或两位以上的厨师为客人分切。分切菜点的厨师一定要衣帽整洁、洗手消毒、操作熟练。

(2) 疏导客人,撤换补充菜点。菜台前面要安排两名服务员,主要负责递送餐具、疏导客人和撤换补充菜点。自助餐客流量较大,为防止堵塞,服务员要引导客人迅速取菜。当菜盘的菜点剩下三分之一左右时,要将菜盘撤下,从厨房重新添菜陈列,保持菜台菜点丰盛。同时要保持台面清洁,当客人取菜发生碰撞或泼洒等意外时,及时清理台面。

(3) 给客人斟饮料。自助餐一般不提供桌面服务,客人取菜后在餐桌旁自己用餐。有的自助餐提供饮料服务,这时,饮料台要事先布置好,各种酒水和杯子整齐地摆放在台面上。客人需要时,由服务员取杯给客人斟好,送到桌面。

(4) 告别客人。客人用餐结束后,服务员要主动告别客人,欢迎下次光临。如果客人较多,要及时翻台,保持台面整洁,在自助餐结束后再清理台面。由此完成为客人提供自助餐优秀品质服务的全过程。

(二) 自助餐厅优秀服务品质标准

1. 餐厅布局标准

(1) 自助餐台位置合理、台面宽大、台裙美观。台上热菜、凉菜、点心、汤菜摆放整齐美观、错落有致,有层次感,装饰效果良好。

(2) 餐具台与自助餐台协调配合良好,餐具用品摆放有序,取用方便。

(3) 客用餐台选用线式、点式或点线式台型设计,均做到摆放整齐、协调,构图美观,客人走动取菜方便。

(4) 整个餐厅的菜台、餐具台、客用餐台之间的距离适当,通道、过道安排

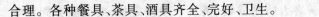

合理。各种餐具、茶具、酒具齐全、完好、卫生。

2. 用餐服务标准

（1）客人到来，主动问好，收取餐票，引导客人入座，取菜热情、快速。

（2）客人取菜时，菜台上各种菜点保持足够的温度，取用方便，补充及时。无短缺或供应不及时现象发生。

（3）客人用餐过程中，适时收回客人用过的餐盘、杯具，并及时回答客人问题，提供帮助。

（4）客人离开时，主动告别。清理餐台及时，3分钟内重新铺台完毕，迎接后来的客人主动、周到。

3. 菜点质量标准

（1）自助餐菜点花色品种齐全，菜点种类不少于30种，能适应客人需要。

（2）各种菜点形象美观、味道鲜美，色、香、味、养、质、形符合要求，供应充足。

五、楼面经理咖啡厅优秀品质服务管理方法

（一）咖啡厅优秀品质服务知识

咖啡厅属于西餐零点性质，它的特点是：餐饮产品小型多样、用餐客人多、消费水平较低。在国内三星级以上酒店中，咖啡厅已成为餐饮消费中很受客人欢迎的一种服务形式。咖啡厅服务与西餐零点餐厅相似，但也有区别。提供优秀品质服务的重点是应做好以下三个环节的工作：

（1）餐厅装饰要简洁、明快、开朗，给客人以轻松、自由的感觉。如墙面可以采用森林、海洋、天空、原野等大自然壁画或墙饰，天花可以采用图案或波浪式吊顶，颜色以明快、自然为宜。餐桌以方台或长台为主，一般不设大餐台。台布、墙饰、地毯的色调要协调，突出主色调。

（2）菜牌设计要美观，方便客人点菜。咖啡厅都采用零点销售方式，菜点品种要小型多样，以小吃、点心和一般西餐热菜为主。菜牌多采用纸张立体式，放在餐台上，造型美观、取用方便，也有采用其他形式的。但一般要注意让客人坐下后即可看清菜牌点菜。

（3）桌面服务要快速、礼貌。咖啡厅客人用餐时间较短，大多要求快速服务。咖啡厅与西餐服务操作方法基本相同，其不同的方面主要表现在：一是客人进入餐厅后一般自由选座，服务员只起引导作用。客人入座后，马上点菜。二是客人点菜速度较快，所点菜点品种一般不多。因此，服务员要尽快询问客人，提供快速点菜服务。三是上菜速度要快。服务员要尽快将点菜单送交厨房,以便及时出菜。客人所用的餐、茶具一般较简单,桌面服务同样要热情、主动、礼貌。

(二)咖啡厅优秀品质服务标准

1. 设备用品与环境标准

(1)餐厅餐桌椅、布菲台、接待台面等各种设备齐全、完好、稳固,无破损、折旧,摆放整齐,布局协调美观。通道、过道宽度合理,客人进出和服务员上菜撤盘方便。

(2)接待台的菜单、酒单,工作台柜的各种刀、叉、匙等餐具、茶具、酒具,出纳柜台的收款设备和用品等齐全、完好、清洁卫生,无污迹、油渍。

(3)整个餐厅装饰美观,环境舒适。盆栽、盆景适宜,通风良好,温度、照度、气流、微笑达到星级酒店规定标准。

2. 菜单食品标准

(1)咖啡厅菜单设计美观别致,菜点不少于30种,中英文对照,定价清楚。菜单表面清洁无破损,不陈旧、不涂改。

(2)餐台或布菲台所展示的西餐面点品种齐全、美观,摆放整齐,有防尘措施,清洁卫生。

3. 预订领位标准

(1)客人订餐,接听电话及时、主动。客人姓名、预订内容、时间与台号记录清楚准确,安排适当,通知厨房准备及时。

(2)客人到来,面带微笑,迎接问好。引导客人进入餐厅,拉椅让座、递送香巾及时,操作规范。

(3)为客人提供挂衣、取衣、传电话等服务及时。客人离去,主动告别,送到厅口,欢迎再次光临。

4. 餐桌服务标准

(1)客人就座后,上冰水。向客人推荐餐前酒水饮料,提供点菜服务,记录和复述要求准确,点菜服务操作规范。

(2)客人点菜后上菜迅速,上菜时间、节奏掌握准确适当,温度适宜,与厨房配合良好,菜点质量优良。菜点、餐盘、刀叉选用得当,斟酒及时,撤盘上新菜操作规范。

(3)上咖啡、红茶和餐后水果、冰激凌及时,服务细致。随时注意清理台面,撤换烟缸及时,烟头不超过3个。客人离去,主动告别,3分钟内完成清台和重新铺台,准备迎接新来的客人。

5. 收银结账服务标准

（1）客人要求结账时，账单准备妥当。用账单夹请客人结账，交款和挂账签收准确无误，手续完善。无跑账、差错和岗位责任事故发生。

（2）客人离座时，微笑送客，欢迎再次光临。3分钟内清台和重新摆台完毕，准备迎接下批客人。

六、楼面经理 KTV 包房优秀品质服务管理方法

KTV 包房是餐厅餐饮销售的一种高级享受方式，是客人用餐和自娱自乐、群体娱乐享受的理想活动场所，其经营管理的效果对满足客人休闲、消遣、愉悦、惬意的心理需求有着很重要的作用。

KTV 包房一般附设在风味餐厅或宴会厅。它类似宴会服务的小单间，但装饰、装修的档次更高，大多采用软包装加以美化，增设了电视、卡拉 OK 歌厅设备、沙发，有的 KTV 包房还留出客人跳舞的空间。因此，KTV 包房的特点是：档次较高，用餐服务和卡拉 OK、跳舞等文化娱乐相结合。收费标准和服务质量要求较高，客人一次性消费时间较长。KTV 包房的优秀品质服务，重点应做好以下三个方面的工作：

（一）客人预订和接待品质服务标准

1. 客人预订服务

客人使用 KTV 包房，大多是经过预订的。其预订服务一般由餐厅预订部负责。接受客人预订的优秀品质服务方法是：

（1）电话预订，接听及时；当面预订，接待热情、主动。询问客人的姓名、单位、预订时间、预订人数，向客人报价，询问餐费标准等准确、清楚。

（2）请客人交预订金，记录准确，填写订单，信息录入电脑，预订单送厨房、餐厅楼面及时。

（3）客人到来前，整理好 KTV 包房的环境卫生、餐茶用品，铺好台型，调试好卡拉 OK 设备、室内空调，等候客人到来。

2. 客人接待服务

对于事先没有预订而到达的客人，热情接待，主动问好。询问客人需求、人数、需用哪种 KTV 包房，并协商厅房租金或请客人看房。待客人同意后，引导客人进入 KTV 包房。

（二）客人用餐和娱乐品质服务标准

（1）专人负责。客人使用 KTV 包房，楼面经理安排专人负责包房服务。如果客人点菜，则根据客人人数和要求，主动、热情推销食品、饮料服务，告知

客人包房中的卡拉 OK 设备使用方法，并按宴会标准为客人提供桌面服务，回答、解答客人问题。

（2）娱乐服务。客人用餐过程中以自娱自乐为主，客人使用卡拉 OK 设备，适时提供点歌、播放等服务，尽量少打扰客人。

（三）送别客人优秀品质服务标准

客人 KTV 包房服务结束，及时开好账单。按包房费用、食品、饮料费用加服务费之和收款。订金、押金多退少补，服务周到。客人离去，主动道别，表示感谢，欢迎再次光临。

（四）结账送客优秀品质服务标准

（1）客人结账。客人要求结账时，账单准备妥当。用账单夹将账单呈送到客人面前核实，现金、挂账签单、信用卡结账处理准确、及时，手续完善，无跑账、差错和岗位责任事故发生。

（2）客人离座，主动告别，微笑送客，欢迎再次光临。客人走后，3 分钟内清台和重新铺台完成，准备迎接下批客人。

（五）KTV 包房优秀品质服务程序

（1）做好交接班工作，阅读工作日志，落实本班次应做的工作。开窗或打开空调通风，清洁营业环境和设备，检查清洁消毒后的餐饮具，物品发现损坏及时更换或报修，补齐各种用品，整理餐桌、座位等设备，做好迎客准备。

（2）迎宾员与吧台服务员应站立服务，双手自然握在一起，面带微笑恭候客人。客人到来后主动、热情迎接，敬语礼貌问好，欢迎客人光临。

（3）领位员微笑服务，询问客人是否有预订，如有预订，将客人引领至预订位置，如无预订将客人引领至选择位置。

（4）引领客人至适合位置时，如客人需要脱衣摘帽，领位员主动、热情为客人服务，并将衣帽送入衣帽间。

（5）引导客人入座后，根据用餐服务程序为客人提供规范服务。

（6）客人用餐基本完毕，需要享用 KTV 娱乐。包房服务员征求客人意见后，向客人呈上面巾、点歌册、点歌单、饮料酒水单等，主动向客人介绍 KTV 点歌机的使用方法。

（7）主动提供点蜡烛、准备打火机、送茶、斟酒、收拾杯具等服务。在客人点用酒水和小食品时，服务员按照客人口述或在饮料单上的指点，准确记录在落单本上，复述一遍，确认后落单。

（8）随时巡视，注意观察客人餐桌或茶几是否需要清洁整理，随时撤换客人用过的烟缸。撤换烟缸时应先用干净的烟缸盖上客人用过的烟缸，将两个

第五章 餐饮企业楼面经理的优秀品质服务管理

烟缸共同取回,再将干净的烟缸放回桌面上。

(9)服务员经常主动巡视观察,及时根据客人要求补充酒水与小食品等。

(10)客人用餐、娱乐完毕离开座位,服务员主动迎上前,敬语道别,欢迎客人再次光临。客人离座后应在两分钟内清洁和整理完毕桌椅或沙发。

七、楼面经理收银结账优秀品质服务管理方法

无论中餐、西餐或咖啡厅、酒吧,收银服务都是提供优秀品质服务的重要环节。其优秀品质服务的重点是做好以下工作:

(一)收银前的准备工作

(1)收银员按规定时间提前到岗,按岗位规范要求着装,做好交接班,准备好找零现金。

(2)检查电脑、收银机、鉴伪点钞机,修改收银设备,准备好收银单据、用品。

(二)收银优秀品质服务操作方法

(1)客人提出结账要求,服务员从收款台取来账单。餐厅收银员根据服务员开出的点菜单,按计算机程序输入客人姓名、菜点和酒水名称、金额。

(2)服务员将账单反面朝上放在客人右手桌上,小声告诉客人消费金额。客人用人民币结账。收银员请客人付款,用点钞机验收。

(3)客人如用现金付账,现金当面点清,请客人确认。客人如挂账,请客人签单。客人如用信用卡付账,检查信用卡真伪、有效期、客人有效证件,核对止付名单,确认无误后,核对客人签名是否与信用卡签名相符,记录持卡人证件号码,然后办理结账手续,经电话联系,确认公司名称属实,开结算单请客人签字;如果银行拒付,告诉客人用其他方式结账。单位客人用支票结账,请客人填写清楚姓名、电话号码和公司名称,电话核实准确后,请客人签单。

(4)酒店餐厅住店客人结账,用电脑查询客人姓名、房号,凭住房卡或客房钥匙,验看准确无误后,请客人签上姓名和房号,并将账款录入电脑。

(5)结账后敬语道别客人,表示感谢,欢迎客人再次光临。

(三)账款交接工作

(1)每营业班次结束,收银员检查核对当日收入,打印每班次营业报表,保存电脑信息。

(2)将现金打捆,和营业报表一起装袋交到财务部门,并与下一班次的收银员做好交接班工作。交接清楚,手续完善。

第四节 餐厅优秀品质服务的质量控制

案例

香格里拉饭店集团的"亚洲式接待"

　　香格里拉饭店集团是1971年在新加坡开始创建起步的,它很快便以标准化的管理和个性化的服务赢得了国际社会的认可,已发展成为亚洲最大、被许多权威机构评为世界最优秀的饭店集团之一,现总部设在香港。

　　香格里拉饭店集团始终如一地把客人满意作为企业经营思想的核心,并围绕它将其经营的哲学理念浓缩成一句经验之谈:"由体贴入微的员工提供亚洲式的接待。"即为客人提供周到细致、具有浓郁东方文化风格的优质服务。亚洲式接待具有五个核心价值,即尊崇备至、温良谦恭、真诚质朴、乐于助人、彬彬有礼。在此基础上,香格里拉饭店集团提出了八项对客服务的指导原则,即:(1)我们将在与所有人相处时表现出忠诚、关怀备至;(2)我们将在每次与客人的接触中尽可能多地为客人提供服务;(3)我们将保持服务的一致性;(4)我们将确保我们的服务过程能方便客人和员工;(5)我们希望每一位高层管理人员都尽可能地与客人相处;(6)我们要在为客服务现场及时做出果断决定;(7)我们将为我们的员工创造一个能使他们的个人事业目标能够得以实现的环境;(8)客人的满意是我们事业的动力。

　　以香格里拉饭店集团所管理的国贸酒店为例。正是因为很好地遵循了集团的服务原则,使该酒店的回头客很多。店方鼓励员工与客人交朋友,员工可以自由地与客人进行私人交流。酒店在2000年建立了"客户服务中心",该中心建立后,客人只需拨打一个电话,就可以解决其遇到的所有问题,感受到极大地方便,酒店也因此可以更好地掌握客人信息,协调部门工作,从而能及时满足客人的需求。酒店提醒员工要时刻为客人着想,在服务的心理效果上满足客人。在该酒店,全体员工达成了这样一个共识,那就是对客人投诉绝不说"不"。"我们不必分清谁对谁错,只要分清什么是对,什么是错。让客人在心理上感觉他'赢'了,而实际上是我们做对了,这是最圆满的结局。"国贸酒店根据来自不同国家、不同地区的客人的生活习惯和文化传统差异,有针对性地提供不同的服务。酒店还为客人设立了个人档案,长期保存,

第五章 餐饮企业楼面经理的优秀品质服务管理

作为为客人提供个性化服务的依据。

点评

  作为世界最优秀的饭店集团之一,香格里拉饭店集团以标准化管理和个性化服务赢得国际社会的认可和消费者的尊重,其尊崇备至、温良谦恭、真诚质朴、乐于助人、彬彬有礼的核心价值和在其核心价值基础上提出的八项对客服务的指导原则已成为许多酒店企业经营管理的服务原则和座右铭。而"由体贴入微的员工提供亚洲式的接待"更是被我国酒店业奉为经典名言。

  香格里拉饭店集团在我国酒店业的稳固、高质量的发展进程中做出了不朽的奉献,并开创了把客人满意作为企业核心经营思想的先河,如建立"客户服务中心",鼓励员工与客人交朋友,在服务心理效果上满足客人,时刻为客人着想,对客人投诉绝不说"不","让客人在心理上感觉他'赢'了,而实际上是我们做对了"等诸多做法和提法既具有新意,又具有创意。香格里拉饭店集团为我国众多酒店提高服务质量、提升管理水平树立了光辉的榜样。

  服务质量是餐饮企业生存和发展的前提。许多餐饮企业在经营管理过程中往往偏重于公关、营销、市场客源拓展、集团化经营等方面的工作,但却忽略了企业文化与特色服务的建立,忽略了对企业内部的服务质量的管理,造成原有客人的消失和客人忠诚度的降低。个性化服务、特色服务、超值服务、情感服务等新的服务观念和服务创新都必须立足于优良、稳定的服务质量。一切忽视服务质量的努力无疑是舍本逐末之举。服务质量管理已成为当今餐饮企业管理的一门艺术。

  餐饮企业管理的实践表明客人对服务的要求越来越高,服务质量的低下会造成已有客人的遗失和不利的口碑,从而影响餐饮企业经营的长期发展;反之,优质服务会给餐饮企业带来高额回报。这主要是因为服务质量会直接影响餐饮产品的价格、市场份额和整体利润。因此,餐饮企业对服务质量投资是一项高回报的投资。为此,本节主要介绍如何做好餐厅优秀品质服务的质量控制原则、观念和质量控制方法,供楼面经理参阅。

一、楼面经理优秀品质服务的质量要求

（一）用品齐全、清洁规范

用品是否齐全、质量是否优良、是否和不同类型的餐厅等级规格相适应，是影响餐厅优秀品质服务的重要因素。楼面经理要保证优秀品质服务的质量标准，应在餐厅日常管理工作中注意做好以下三个方面的工作：

（1）餐、茶用品必须成龙配套，做到规格化、规范化。中餐厅主要配备中餐用品。其中，宴会厅、风味餐厅必须配备高档餐具。西餐厅必须配备西餐用品，有的餐厅要以银器为主。配备时，杯碗瓢勺、刀叉用品都要成龙配套，同一类餐厅或同一个餐厅的餐、茶用品在品种、规格、质地、花纹、图案上要统一，不能东拼西凑。

（2）有破损的餐、茶用品不能上台。日常服务中，对有破损的餐、茶用品要及时清理，及时更换，不能凑合。口布、台布、香巾等服务用品如果有磨损、破损或污迹，也不能上台。这样，才能使餐、茶用品和服务用品与餐厅优美的环境协调一致。

（3）各种餐、茶用品必须始终保证清洁。餐厅餐、茶用品和服务用品属于客用多次性消耗物品，同一种用品每天反复供不同的客人使用，只有保持清洁卫生，才能防止疾病传染，提供优秀品质服务。因此，每餐结束后，各种餐、茶用品要严格消毒，凡是未经消毒的用品不能上台，这是餐厅优秀品质服务质量标准的重要体现。

（二）菜点优良，鲜美可口

客人要来餐厅用餐，主要追求的是色、香、味、形、声、器、养、质、量具佳的产品。因此，产品质量是餐厅优秀品质服务的物质基础和满足客人需求的本质内容。饭菜鲜美可口的具体表现主要有以下三个方面：

（1）花色品种既要适应客人需要，又要具有自己的风味特点。餐厅产品的种类很多，花色品种不同，口味不一样。一般来说，客人通过菜单中文字和精美图案展示，可以了解到一个餐厅的经营特点、主要风味。因此，餐厅要根据自身的风味特点设计好菜单。菜单上的品种数量不宜太多，每一种产品都必须和本餐厅的风味特点相符合，适应客人消费需求。如川菜应有麻辣特点，口味宜重；鲁菜应以清香、鲜嫩为主，讲究清汤和奶汤运用；粤菜应以清淡、鲜脆、爽口为主，原材料广泛；淮阳菜应讲究清爽适口、甜咸适中，注重原汤的运用。同样，海底餐厅应以海鲜动植物为主要原材料，突出鲜字特色，适应用餐客人的特殊口味需要。

(2) 餐厅产品讲究色、香、味、形、声、器、养、质、量,满足客人口味、感官和身体健康需求。色是菜点的装饰;香、味是菜点质量的欣赏要素;养、质是菜点及原材料选择的本质表现;形是菜点质量的外在表现;声是指有的产品上桌,可以伴随声音,如铁板牛肉、海鲜锅巴的吱吱声;器是指餐具的配套使用;量是指菜点的数量、分量要充足。因此,色、香、味、形、声、器、养、质、量的综合是餐厅饮食产品质量最重要、最本质的表现,是餐厅为客人提供优秀品质服务的客观要求。

(3) 产品档次多样化,价格合理。餐厅客人类型是多种多样的,他们的消费水平和支付能力各不相同。为了适应日益增长的多层次的各种类型的客人需求,扩大产品销售,餐厅饮食产品的档次必须多样化。一般说来,在一个餐厅的80—100个产品中,高档产品可占30%—35%,中档产品可占40%左右,低档产品占20%—25%左右。另外,在保证产品质量的前提下,价格必须合理。如果价格和质量不相符,尽管菜点质量好,但价格太高,客人也会不满意,产生抱怨情绪,影响餐厅优秀品质服务声誉。

(三) 主动热情、态度优良

餐厅优美的用餐环境、可口的饭菜必须依靠服务人员的具体劳动,才能使客人得到优秀品质服务。因此,主动热情、态度优良地为客人提供服务,是餐厅优秀品质服务质量标准的又一重要内容。它具体体现在以下四个方面:

(1) 强烈的服务意识。服务意识是服务态度的本质表现,服务态度所要求的主动、热情、耐心、周到,都源于服务人员本身的服务意识是否强烈,它是充分发挥餐厅全体员工主动性、积极性和首创精神的思想根源。餐厅服务的特点是劳动强度大、工作时间长、情况变化快、技术要求高。如果没有强烈的服务意识,主动、热情、耐心、周到的服务态度就不能表现出来。只有具备了强烈的服务意识,才能充分发挥餐厅员工主人翁的精神,发挥现场服务的作用。

(2) 助人为乐的精神。助人为乐是服务的根本要求。有了助人为乐的精神,就能做到有针对性地为客人提供优秀品质服务。如当客人对菜单及其风味感到陌生时,服务员就能主动向客人介绍菜点花色品种及风味特点;当客人时间比较紧张时,服务员就能提供快速服务;当客人来餐厅聚会或宴请时,服务员就能根据客人的具体情况帮助客人点菜;当单身客人感到孤独时,服务员能用亲切的语言主动同客人交谈,减轻其孤独感。这些都是餐厅优秀品质服务质量标准的具体反映。

(3) 互助合作精神。餐厅服务员为客人提供优秀品质服务,必须发扬合作精神。一是餐厅工作人员之间要互相合作,互相支援,及时救台和补台。二是服务员要主动与客人合作,善于同各种类型的客人打交道。服务员要了解客人需求,加强感情联系,有针对性地提供优秀品质的服务。三是餐厅和厨房的合作。点菜要快,点菜单应及时送到厨房,出菜、上菜要保证速度。加强合作以提高效率,也是提供优秀品质服务的客观要求。

（4）良好的纪律修养。作为服务员要有自律的习惯,服从领导,服从分配,遵守餐厅劳动纪律,严于律己,宽以待人。服务过程中,不能怠慢、冲撞客人,更不能和客人发生争吵,应自觉地遵守劳动纪律,提高服务质量。

（四）仪表端庄、操作规范

仪容仪表是餐厅优秀品质服务质量标准的重要表现,严格遵守服务程序,操作规范化,则是提供优秀品质服务的重要条件。

（1）注重仪容仪表。餐厅服务过程中,服务员同客人见面,给客人形成第一印象的就是仪容仪表,它将会影响客人对服务员和餐厅的观感。所以,优秀品质的服务必须注重仪容仪表,从服装、发型、饰物到坐、立、行等各方面都要做到整洁、大方、自然,给客人留下深刻的印象。

（2）遵守操作程序。餐厅服务操作程序是根据不同餐厅的具体要求制定的,包括早餐、正餐操作程序。这些程序具体规定了不同餐次、不同操作的先后步骤和方法,它们共同形成规范化服务。因此,服务人员必须根据餐厅服务程序做好工作,不断提高服务质量。

二、楼面经理优秀品质服务的质量控制方法

（一）优秀品质服务质量控制的基础

楼面经理对餐厅品质服务质量实施有效控制,必须首先建立质量控制的基础条件。这种基本条件应体现在三个方面：

（1）建立和落实服务规程。服务规程是餐厅服务员日常服务所应该遵守的服务规范、程序和所要达到的标准。为了提高和保证服务质量,楼面经理应首先制定和完善餐厅服务规程。制定服务规程时,楼面经理要杜绝盲目照搬,应广泛吸取国内外先进经验,紧密结合本餐厅实际,推出特色化的服务规范和程序。

服务规程建立之后,楼面经理的主要任务是执行规程,特别要抓好薄弱环节。要教育和督导员工将服务规程视作应该遵守的工作准则,视为内部工作法规。要用服务规程来统一餐厅服务中每一项具体操作过程,从而达到服务质量标准化、服务过程程序化和服务方式规范化。

(2) 收集掌握日常服务质量信息。楼面经理应全面掌握服务过程及其效果,了解和确认客人是否舒心满意。找出服务过程中的薄弱环节,采取服务改进措施,提高服务质量。楼面经理要通过日常巡视、定量抽查和统计报表、听取客人意见等方式来收集服务质量信息,掌握服务动态。

(3) 抓好员工培训。楼面经理应该明确,餐饮行业中各餐厅之间的竞争实质上是人才的竞争和员工素质的竞争。很难想象,没有经过良好培训的员工能够为客人提供高质量的优秀品质服务。因此,员工上岗前,必须进行严格的基本功训练和业务知识培训。不允许未经职业技术培训、没有取得一定技术资格的人上岗操作。对上岗时间较长的老员工,也要利用淡季和空闲时间进行培训,以提高业务技术水平、丰富业务知识。

(二) 优秀品质服务的质量控制方法

1. 优秀品质服务的质量预先控制

所谓预先控制是指楼面经理为使服务效果达到预定目标,在开餐前所做的努力。其主要内容包括:

(1) 人力资源的预先控制。楼面经理应根据餐厅经营和服务特点,妥善做好各班次人员安排,以保证足够的人力。开餐前,楼面经理必须对员工的仪容仪表进行一次检查,督导员工严格遵守餐厅仪容仪表规范。要监督所有员工开餐前进入到指定工作岗位,恭候客人的到来,给客人留下良好的第一印象。

(2) 物质资源的预先控制。开餐前,楼面经理要确保做好各项准备工作,要督导服务员按服务规范摆放好餐台,准备好餐车、托盘、点菜单、酒水单、订单、开瓶工具以及工作台小部件等。另外,还要督导服务员备足翻台用品,如桌布、口布、餐巾纸、刀叉、调料、火柴、牙签、烟缸等物品。

(3) 卫生质量的预先控制。楼面经理在开餐前半小时要认真、全面地检查餐厅环境和各种设备用品,包括墙面、天花板、灯具、通风口、地毯和餐具、转台、台布、台裙、餐椅等。对不符合卫生质量标准的项目,要立即安排返工,直至复验符合质量标准。

(4) 服务事故的预先控制。开餐前,楼面经理一定要与厨师长联系,核对前、后台收到的客情预报和安全通知单是否一致,以避免因信息传送不清或失误而引发服务事故。另外,楼面经理还要了解当天食品原材料和菜点供应情况,将当日缺菜通报给全体服务员,以便服务员向客人说明和解释,避免客人点菜时不满。

2. 优秀品质服务的质量现场控制

楼面经理应将现场控制作为优秀品质服务质量管理的重要工作内容。具体工作包括：

（1）服务程序控制。开餐期间，楼面经理应始终在服务现场。通过观察、判断、监督、指导服务员按服务程序为客人提供服务。发现偏差，及时纠正。

（2）上菜时机控制。楼面经理要督导服务员掌握好为客人斟酒、上菜的时机，做到主动询问客人，尊重客人意愿。开餐过程中，楼面经理要适情、适时指导服务员把握客人用餐速度、菜点烹制时间等，做到恰到好处，既不让客人等候时间太久，也不要把所有菜点一下子全部搬上桌面。在大型宴会服务过程中，楼面经理要自始至终亲自掌握好各种菜点上菜的时机。

（3）意外事件控制。当发生客人投诉时，楼面经理应参与处理，要指示员工采取弥补措施，以防止事态继续扩大，影响其他客人的用餐情绪。如果是因员工服务不到位而引起客人投诉，楼面经理除亲自向客人道歉，还应为客人换一道菜，或加一道菜。发现有醉酒客人，楼面经理要提醒服务员停止添加酒精性饮料，如果是客人醉酒闹事，要设法引导客人尽早离开餐厅，以维护餐厅用餐气氛。

（4）人力使用控制。开餐期间，安排服务员分区看台。具体人数要根据餐厅档次、客人多少来确定。一般说来，档次越高，服务水平要求就越高，服务人员的配备也就越强。当用餐高峰已过，楼面经理可让一部分员工先去休息，留下一部分人工作，到了一定时间后再交换，以提高工作效率。

3. 优秀品质服务的质量反馈控制

反馈控制是楼面经理通过质量信息反馈，找出服务过程中的不足，然后采取措施，加强预先控制和现场控制，以提高服务质量，使客人更加满意。每餐结束后，楼面经理应召集或授权主管、领班召开简短的总结会，听取服务员的评议，将客人的意见通报给大家。为及时收到客人信息，可在餐桌上摆放《客人意见表》，或在客人用餐完毕让服务员伺机将《客人意见表》呈送客人，请客人评议。客人向酒店总服务台、餐厅服务台提出的投诉，或由旅行社和外单位转来的客人投诉均属于重要反馈。楼面经理应高度重视。要召开全体员工会，进行通报，对责任人进行批评，组织大家评议，研讨改进方法，制定纠正方案，确保以后不再发生类似的质量偏差。

三、楼面经理餐厅优秀品质服务的质量监督和检查

服务质量的监督检查是餐厅管理的重要内容之一。楼面经理应掌握服务质量检查的方法，切实做好服务质量的监督与检查工作。

第五章
餐饮企业楼面经理的优秀品质服务管理

（一）优秀品质服务的质量监督方法

（1）制定并负责执行各项管理制度和岗位规范，抓好对员工进行礼貌待客和提供优秀品质服务等的教育和培训，实现服务质量的标准化、规范化和程序化。

（2）通过反馈系统了解服务质量情况，总结工作中的典型事例，并及时处理客人的投诉。

（3）组织调查研究，提出改进和提高服务质量的方案、措施和建议，促进服务质量和经营管理水平的提高。

（4）分析管理工作中的薄弱环节，改进规章制度、整顿纪律，纠正不正之风。

（5）组织定期或不定期的现场检查，开展评比优秀员工和服务竞赛活动。

（二）优秀品质服务的质量检查方法

楼面经理应根据餐厅服务实际需要，制定优秀品质服务质量检查表，并组织日常质量检查，为员工评估、绩效考核、奖惩、晋升或开除做好基础工作。具体内容和评分方式可参照表5-2。

表5-2 餐厅服务质量检查表

检查人：　　　　　　　　　　　　　　　　　年　　月　　日

检查项目	检查细则	等级			
		优	良	中	差
服务规格	1. 对进入餐厅的客人是否问候，表示欢迎				
	2. 迎接客人是否使用敬语				
	3. 使用敬语时是否点头致意				
	4. 在通道上行走是否妨碍客人				
	5. 是否协助客人入座				
	6. 对入座来宾是否端茶送巾				
	7. 是否让客人等候太久				
	8. 回答客人询问是否清脆、流利、顺耳				
	9. 要与客人讲话，是否先说："对不起，麻烦您了"				
	10. 发生疏忽或不妥时，是否向客人道歉				
	11. 对告别结账离座的客人是否说"谢谢"				
	12. 接受点菜时，是否仔细聆听并复述				
	13. 能否正确地解释菜单				
	14. 能否向客人提建议，进行适时推销				
	15. 能否根据点菜单准备好必要的餐具				
	16. 斟酒是否按操作规程进行				
	17. 递送物品是否使用托盘				

(续表)

检查项目	检查细则	等级			
		优	良	中	差
服务规格	18. 上菜时是否介绍菜名 19. 客人招呼时,是否迅速到达餐桌旁 20. 撤换餐具时,是否发生过较大声响 21. 是否及时、正确地更换烟缸 22. 结账是否迅速、准确无误 23. 是否检查餐桌、餐椅及地面有无客人失落的物品 24. 是否在送客后马上翻台 25. 翻台时是否影响了周围客人 26. 翻台时是否按操作规程作业 27. 与客人说话是否点头行礼 28. 是否根据菜单预先准备好餐具及佐料 29. 拿玻璃杯时是否叠放,是否未拿杯身的下半部分 30. 领位、值台、上菜、斟酒时的站立、行走、操作等服务是否符合规程				
用餐环境	1. 玻璃门窗及镜面是否清洁、无灰尘、无裂痕 2. 窗柜、工作台、桌椅是否无灰尘和无斑 3. 地板有无碎屑及污痕 4. 墙面有无污痕和破损处 5. 盆景花卉有无枯萎和带灰尘现象 6. 墙面装饰物有无破损、漏水痕迹 7. 天花板有无破损、漏水痕迹 8. 天花板是否清洁,有无污迹 9. 通风口是否清洁,通风是否正常 10. 灯泡、灯管、灯罩有无脱落、破损、污痕 11. 吊灯是否照明正常,是否完整无损 12. 餐厅内湿度和通风是否正常 13. 餐厅通道有无障碍物 14. 餐桌椅是否无破损、灰尘及污痕 15. 广告宣传品有无破损、灰尘及污痕 16. 菜单是否清洁,是否无缺页、破损 17. 台料是否清洁卫生 18. 背景音乐是否迎合客人用餐气氛 19. 背景音乐音量是否过大或过小 20. 总的环境是否能吸引客人				

(续表)

检查项目	检查细则	等级			
		优	良	中	差
仪容仪表	1. 服务员是否按照规定着装,并穿戴整齐				
	2. 制服是否合体、清洁,有无破损、油污				
	3. 工牌是否端正地挂于左胸前				
	4. 服务员打扮是否过分				
	5. 男服务员是否留有怪异发型				
	6. 男服务员是否蓄胡须、留大鬓角				
	7. 女服务员是否头发清爽				
	8. 外衣是否熨平挺括				
	9. 指甲是否修剪整齐,不露出指头之外				
	10. 牙齿是否清洁				
	11. 口中是否发出异味				
	12. 衣裤口袋中是否放有杂物				
	13. 女服务员是否涂有彩色指甲油				
	14. 女服务员发夹样式是否过于花哨				
	15. 除手表或戒指外,是否还带其他首饰				
	16. 是否有浓妆艳抹现象				
	17. 使用香水是否过分				
	18. 衬衫领口、袖口是否清洁完好				
	19. 男服务员是否穿深色鞋袜				
	20. 女服务员着裙装是否穿肉色长袜				
工作纪律	1. 工作时间是否有相聚闲谈或窃窃私语现象				
	2. 工作上是否大声喧哗				
	3. 是否有人放下手中工作				
	4. 是否有人在上班时打私人电话				
	5. 是否有人在柜台内或值班区域随意走动				
	6. 有无交手抱臂或手插入口袋现象				
	7. 有无在前台吸烟、喝水、吃东西现象				
	8. 有无上班时间看书、干私事行为				
	9. 有无在客人面前打哈欠、伸懒腰行为				
	10. 值班是否倚、靠、趴在柜台上				
	11. 有无随背景音乐哼唱现象				
	12. 有无对客人指指点点的动作				
	13. 有无嘲笑客人的现象				
	14. 有无在客人投诉时作争辩的				
	15. 有无不理会客人询问的				
	16. 有无在态度上、动作上向客人撒气				
	17. 有无对客人过分亲热现象				
	18. 有无对熟客过分随便的现象				
	19. 对客人能否做到一视同仁,又有个别服务				
	20. 有没有对老人、幼儿、伤残客人提供方便服务,对特殊情况提供有针对性的服务				

第六章
餐饮企业楼面经理的餐饮设备用品与安全管理
——创造享受成分，确保客人安全

第一节 餐厅设备用品配备

贵都大酒店餐厅用品与设备管理模式与规范

贵都大酒店的餐厅餐、茶用品采用两级管理和定额配备、循环使用、定期盘查更新的管理方式,餐厅设备使用采用专人负责的岗位管理方式,并逐渐形成了比较固定的独具自身特色的管理模式与规范,既保证了各餐厅的接待规格,又降低了费用消耗,收到了良好的效果。其基本做法是:

（一）餐、茶用品管理规定

（1）各餐厅和宴会厅的餐、茶、酒具根据餐厅规格和座位数成套定额配备,一次领齐,由各餐厅设专柜,指定专人管理。各餐厅共同使用的餐、茶用具和用品,由仓库保管员统一管理。

（2）各餐厅和管事部库房的餐、茶、酒具和用品、用具分别造册登记,分类记录品名、数量、规格、型号和进价及资金占用量,定期盘点,防止丢失。

（3）各餐厅需要向库房借用或互相借用的餐、茶用品,每次借用均办理借用手续,用后归还。发生短缺、丢失,由直接责任人负经济责任。

（4）各餐厅使用的餐、茶用品、用具发生损坏或耗用,凡属自然损坏和正常损坏(如缺边、缺口、破裂等),由餐厅主管审核,填写报损单报餐厅部经理签字,然后到库房领取,补足原有定额。凡属人为损坏,由责任人赔偿。

（5）库房餐、茶用品和用具。每月申购补充进货一次。其中,餐、茶、酒具必须保证统一规格、型号、质地。

（6）各餐厅、库房每月末最后一天盘点。盘点按当月耗用量＝月初存量

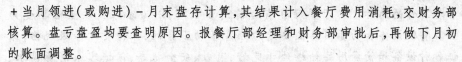

第六章
餐饮企业楼面经理的餐饮设备用品与安全管理

+当月领进(或购进)-月末盘存计算,其结果计入餐厅费用消耗,交财务部核算。盘亏盘盈均要查明原因。报餐厅部经理和财务部审批后,再做下月初的账面调整。

(7)各餐厅餐、茶、酒具必须按照餐厅规格档次配备,做好维护。凡有裂纹、缺口、缺边的,不得上桌,确保饭店星级服务标准。

(二)餐厅设备使用规定

(1)各餐厅由餐厅主管、领班负责对各自工作区域内的设备、设施进行检查,及时维修。

(2)设备、设施属于客人损坏的,服务人员必须立刻报告当班领班或主管,以便客人当场确认。如属轻微损坏,报设备部维修;如属严重损坏,请客人支付适当限度的损失赔偿费。

(3)设备、设施如属服务人员违反操作规程损坏的,酌情由责任人予以赔偿,或对责任人罚款。

(4)各餐厅员工必须爱护设备、设施,严格遵守操作规程,不许违章作业,并做好日常维护与保养。

(三)餐具损耗奖惩规定

(1)各餐厅必须控制餐具损耗量,做到月月盘点,及时获得餐具周转及损耗数据。

(2)各餐厅规定餐具损耗率为3%。月均若超出规定,由各餐厅洗碗间按比例分摊赔偿,赔偿比例将视具体情况而定。

(3)各餐厅餐具损耗率月均低于3%。视情况给予表扬和奖励。

点评

餐厅设备和餐、茶用品的两级管理和定额配备、循环使用、定期盘查与更新、专人负责的岗位管理方式,是贵都大酒店独具特色的管理模式与规范。而《餐、茶用品管理规定》、《餐厅设备使用规定》、《餐具损耗奖惩规定》和其详细内容是这种管理模式与规范的具体体现。由此,我们充分认识到餐饮企业加强餐厅设备、设施和物资用品管理工作的必要性。

餐饮企业做好设备配备和物资用品的管理工作,是出于维持餐厅等级规格和满足客人享受的需要。餐厅设备用品管理是围绕设备、设施和物资用品的物质运动形态和效用发挥而进行的选择购置、维修保养、更新改造等各项管理工作的总称。由于餐厅具有超前消费性质,以为客人提供生活享受为主。餐饮设备和物资用品主要是为经营活动服务的,保持餐厅等级规格,保证各种设备和物资用品始终处于完好、有效、安全状态,保证客人消费需求、使用方便和经营活动需要,是餐厅设备和物资用品保障管理的主要任务。为此,本节介绍楼面经理做好设备配备管理的有关原理和方法,以保证餐厅业务需求,创造享受成分。

一、餐厅设备用品配备原则

(一)等级规格和餐厅经营风味相结合的原则

星级饭店餐厅、社会高档酒楼或档次较低的饭馆,其餐厅设备和用品配备都依其等级规格来确定。并且餐厅经营产品风味不同,设备用品配备的风格、种类也不同。如高星级、豪华等级的餐厅必然配备高级豪华的设备用品,其中,中餐厅一定要配备中式餐桌、餐椅和餐、茶用品,其配套厨房也要配备中式炉灶、厨具和炊具。而西餐厅则应配备西式餐、茶用品、西式炉灶和厨具炊具。反之,低星级的大众型餐厅则应配备经济型设备用品。因此,楼面经理在餐厅设备用品配备的管理上要坚持等级规格与经营风味相结合的原则。

(二)节能环保与安全方便相结合的原则

餐厅设备用品种类很多,生产性设备、经营性设备和供客人使用的设备和用品要齐全。因此,为了使餐厅经营顺利开展、确保最佳经济效益、保证客人用餐需求,在设备配备中必须坚持节能环保和安全方便的原则。节能是指配备在餐厅厨房的炉灶、机械设备、电热设备等要尽量有利于降低能源消耗,节省成本开支;环保是指餐厅设备用品要有利于环境保护,适应环境变化;安全是指设备必须保证安全系数,有良好的安全保护措施,以杜绝人身事故、火灾事故、失窃事故和各种自然事故的发生;方便则要求餐厅配备要有利于员工操作,特别要处处方便客人。

(三)成龙配套和美观、适用相结合的原则

楼面经理在对各种餐桌、餐椅、餐车、台布、餐巾以及各种餐具、茶具和酒具等设备用品的管理过程中,既要注意保证设备用品的成龙配套,又要重视美观,突出餐厅等级规格,创造客人的享受成分。成龙配套的具体要求,一是各单项设备和用品配备要成龙配套,如同一餐厅的同种餐桌、坐椅、餐盘、茶具用品等要配套,不能东拼西凑。二是同一餐厅中的各种不同用途的设备和餐、茶用品要配套,如餐厅中每个餐台、每个餐位的骨碟、汤碗、筷子、酒杯等都必须是成龙配套的。三是外观要配套,即同一餐厅、酒吧、宴会厅的同种设备和用品要在外观、风格、色彩、质地等方面统一配套。美观适用,是要充分考虑餐厅等级规格和客人精神享受的需求,保证餐厅各种设备用品美观、大方、舒适、适用,能够突出餐厅特色,增强美感效果。

(四)集中管理与分级归口相结合的原则

集中管理与分级归口是餐饮设备用品管理的基本要求。集中管理是指在总经理和财务部门的指导下,在设备用品配备、采购、预算、价值核算等方面都遵守餐饮企业的统一制度、规章,防止混乱。分级归口主要包括三级:一是餐饮设备用品的价值量管理要以财务部门为主,各餐厅配合;二是设备的维修管理要以工程部门为主,各餐厅配合;三是各种设备用品的日常使用和维护管理应由各餐厅下属的管事部或楼面经理授权专人负责,各餐厅配合,形成分级归口、互相协调配合的运行机制,这样才能保证餐饮生产经营的需要,降低费用消耗,提高餐饮管理的经济效益。

二、餐厅类型与餐位设施配备

(一)餐饮企业餐位数量配备

餐位数量配备是企业餐厅配备和设备用品配备的前提和基础。具体分两种情况。

一是饭店宾馆的餐位数量,主要是根据客房数量来确定的。基本方法是:
$$餐位总数 = 客房数 \times 2 \times 80\%$$

由于各饭店性质、类型、接待对象不同,地理位置、交通状况、本地客人到饭店用餐、宴请的人数比例不同,具体到不同饭店,其餐位配备又有区别,大致有以下三种情况:

(1)商业型饭店。商业型饭店大多建立在市中心。其特点是客房以单人房为主,标准房较少,有一定比例的套房,因而会影响座位数。每间客房可配备的餐位数在0.8—1.2;如果地理位置好,外地客人较多,餐位数可安排在客房数的0.8—1.6倍。

(2)观光型饭店。观光型饭店多建立在旅游度假区的城市或旅游点,以接待团队客人为主。客房80%以上都是标准房,单人房和套房较少,其餐位数一般为客房数的1.5—1.8倍。

(3)会议型饭店。会议型饭店以接待会议客人为主,多建在大中城市和旅游度假区。客房也以标准房为主,有少量套房,会议室较多。其餐位数一般为客房数的 1.5—2 倍。

在餐厅座位数确定的情况下,酒吧座位一般按客房数的 0.3—0.5 倍的比例安排。具体比例也要根据饭店性质与类型来确定。通常是商业型饭店比例最高,会议型饭店次之,观光型饭店略低。

二是独立经营的酒楼、餐馆、饭庄等餐饮企业的餐位数量。一般来说,这类企业的餐位数量没有固定的计算方法。主要取决于当地目标市场的客源状况、餐饮企业投资人的资金实力、能够租赁到的餐厅面积大小等几个条件,最终是由投资人在企业筹建或租赁后的房屋面积决定的。面积大,则餐位总数就多;反之,则餐位总数就少。

(二) 餐饮企业的餐厅类型配备

餐饮企业的餐厅类型也分两种情况:

一是饭店宾馆的餐厅类型,主要是由星级高低和客房接待能力决定。在餐位确定的基础上,星级越高,餐厅类型越多。一般三星级以上饭店须设中餐厅、西餐厅、咖啡厅、宴会厅、酒吧间等 5 种以上的餐厅。大型高档饭店可配备 20 个以上餐厅。而二星级以下的饭店可配备 1—3 个餐厅。其配备方法是:

(1) 划分中餐厅与西餐厅。饭店星级标准规定,二星级饭店必须配备咖啡厅(西式快餐)。三星级以上饭店必须中、西餐厅齐全。安排餐厅配备,应首先根据餐厅总座位数将中餐厅和西餐厅划分成两大类。海外客人来我国旅游,主要是要享受中餐。因而中餐厅座位数一般应占饭店总座位数的 65%—70%,其余安排在西餐厅。

(2) 根据市场客源安排餐厅档次。在饭店各类餐厅中,无论是中餐厅,还是西餐厅,其客源都有不同的档次。一般来说,档次较高的餐厅座位可安排 20%—30%,中档餐厅座位可安排 45%—50%,其余为低档一些的餐厅座位。

(3) 根据各档次座位确定餐厅类型与数量。饭店餐厅类型较多,中餐厅和西餐厅都有不同的风味。大中型饭店一般是每一风味配备一个餐厅,小型饭店也可在一个餐厅同时经营 1—2 种风味。饭店的餐厅类型和数量主要根据客源市场供求关系配备。其基本思路是:

西餐厅的类型与数量配备可根据不同档次的餐厅座位数来安排。其中,低档餐厅以咖啡厅为主,中档餐厅以某一风味或某个国家的西餐或自助餐厅为主,高档餐厅以西餐扒房或法式西餐为主。具体类型和餐厅数量须根据各饭店实际情况确定。

中餐厅的类型和数量配备也应根据各档次的餐厅座位来安排。其中,高档餐厅以宴会厅或某些特殊风味的餐厅为主,中档餐厅以不同地方风味的餐厅为主,低档餐厅以快餐厅、固定收费的火锅、烤肉或日夜餐厅为主。中餐厅应尽量考虑到团队和会议客人的需求。

  饭店各类餐厅的数量配备和每个餐厅的大小十分灵活,没有固定的模式和比例,主要取决于饭店性质、规模、市场竞争状况、目标市场客源选择以及厨房技术选择和安排。

  二是社会餐馆的餐厅类型配备。酒楼、饭庄等社会餐馆的餐厅类型大致分为两种,即低档餐馆和高、中档餐馆。低档餐馆一般可配设一个大厅和若干包房,餐位数分别占总餐位的 80% 和 20% 左右。高、中档餐馆一般配备大众餐厅、雅座餐厅、多功能餐厅(宴会)和包房餐厅等 3—4 种类型,其餐位比例一般占总餐位的 30%—35% 和 40%—45%。具体配设几种餐厅以及每种餐厅的数量无统一标准,要根据企业规模、档次、目标市场的客源档次和规格来确定。

(三) 每种餐厅的餐位数量配备

  餐厅类型配备确定后,各餐厅餐位数量的设置要根据餐厅类型、主要接待对象和餐厅面积大小来确定,其中要注意考虑餐位平均需要占用的面积。其计算公式是:

$$餐位数量 = \frac{餐厅使用面积}{餐位平均占用面积}$$

三、餐厅设备分类及配备方法

  餐厅设备、设施配备是体现餐厅等级规格,确保为客人提供优秀品质服务的物质凭借,其设备分类和配备方法如下:

(一) 餐厅桌椅

  餐厅餐桌以木质结构为主,也有钢木结构和装饰大理石桌面或钢化玻璃台面的高档餐桌。餐桌的形状以正方形、长方形、圆形、椭圆形较为常见。根据大型宴会等的要求,还可以用长方形、正方形等多张餐桌拼摆成不同的台型。餐桌的规格根据台面大小不同而确定。通常正方形桌面边长分别有 40 cm、60 cm、80 cm、100 cm 等多种不同规格,长方形桌面有 60 cm × 100 cm、80 cm × 100 cm、100 cm × 150 cm 等多种不同的规格,而圆形桌面的高度均为 72 cm—76 cm 之间,直径如表 6-1 所示。

表 6-1　圆形桌面座位数与直径　　　　　　　　　单位：cm

座位数	4	6	8	10	12	14
桌面直径	900	1 100	1 350	1 650	1 950	2 300

餐厅所使用的餐椅须与餐桌配套，一般以木质坐椅为主，也可根据不同类型的餐桌配套要求选用藤椅、扶手椅、钢木结构椅等。餐椅的标准高度在45 cm左右，椅背高度与椅子腿之间的跨度也在45 cm左右。在桌椅配备上应注意两个方面：

1. 餐台选用

（1）团队餐厅和宴会厅。以10人圆台为主。其座位数占餐厅总座位的85%—90%。若使低于10人的小型宴会和表面凑整10人的宴会客人有舒适感，餐厅可同时安排10%—15%的4人台和6人台，便于客人选择。其台型可用小圆台，也可用长台或方台。摆放在餐厅边角的适当位置。

（2）零点餐厅和风味餐厅。一般零点餐厅和风味餐厅餐台选用应以客人数量为基础。分别选用2人台、4人台、6人台和10人台。2人台和4人台摆放在餐厅边角位置，6人台摆放在餐厅前部靠边，10人台摆放在餐厅中部。这样，确保一张客单不管客人多少均占用一张餐台，便于客人相互交谈、用餐方便。要尽量避免几张客单的客人共用一张餐台，以防止因客人相互不熟悉、谈话内容不同、消费水平参差不齐而感到不方便或心理不平衡。

（3）咖啡厅和自助餐厅。咖啡厅和自助餐厅接待的特点是快速、方便，客源量大，零星分散。其台型选用以2人、4人方台为主，同时选用部分4人、6人圆台或长台，一般不用或很少使用10人大台面。餐台摆放应尽量做到整齐、规范，注意餐厅空间构图美观大方。餐台之间的通道要尽量宽阔一些，便于客人进出和服务员上菜端盘。

（4）西餐厅和西餐扒房。其台型选用都以长台为主。其中，零点西餐厅和西餐扒房多安排6人台，适当选用少量4人台。西餐宴会以6—10人台为主。西餐厅的台型可根据客人多少拼摆或撤开。如客人较多时，可将餐台拼摆成T字形、工字形、U字形等。其台型可根据客人多少决定而变化。

（5）快餐厅和厢座式餐厅。除咖啡厅（也属快餐）外，中餐快餐厅和厢座式餐厅一般以4人、6人长台为主。适量安排少量2人台。其中，厢座式餐厅易于营造客人用餐的小气氛，使客人感觉温馨、舒适、方便，因而受到客人欢迎。

2. 桌椅质量

基本要求是造型美观、舒适大方、坚固耐用、服务方便。如高档豪华餐厅可选用明式、红木或硬木餐桌椅，做工考究，工艺精细。三星级以下饭店的一般餐厅和酒楼、饭庄可选用坚固、耐用的硬杂木或普通木质桌椅，造型美观、大方即可。

（二）工作台面

餐厅使用的工作台面主要有迎宾台和订餐台、接手桌、签到台、演说台、礼品台（可临时安装）、方便拆除的酒水台等。这些工作台面的用途、规格、大小各不相同。从餐厅设备配备要求的角度来看，重点应注意两个方面的问题：

（1）台面设计与使用功能相适应。餐厅台面应根据不同工作台的主要功能来设计和选择，以满足功能需要为主。如迎宾台是设在餐厅门口供迎宾员迎送客人的，其台型设计要美观大方，能留给客人美好的第一印象。迎宾台高度以85cm—90cm为宜，台面光滑、水平或略倾斜。订餐台是供订餐员同客人洽谈、提供订餐服务设置的，其台桌可选择较豪华、高档次的老板台、写字台或专门设计的工作台，并配备扶手椅或简式沙发供客人落座和洽谈订餐事宜。接手桌是供服务员提供桌面服务的，其台型设计要尽可能美观、小巧、灵便，配有平顶和抽屉以便于上菜、撤盘和存放餐具。签到台是设在餐厅或宴会厅门口供客人签名的，多选矩形桌，铺台布、扎台裙。而演讲台则要求小巧、美观，台面和前面要装饰典雅，镶嵌店徽或餐厅徽记标志。

（2）台型美观，移动方便。餐厅各种工作台面都是为客人服务或供客人直接使用的。因此，台型设计和制作一定要保证功能需要，尽量美观、小巧、雅致，与餐厅桌椅协调，增强美感效果。餐厅的工作台面大多是根据随机服务需要而设置的，应随时可以撤除，因此，要确保移动方便。有些工作台可安装脚轮，便于移动。

（三）各种餐车

餐厅使用的餐车种类很多，通常有送餐车、活动服务车、小吃点心售卖车、咖啡茶水车、烈性酒车、烈焰车、奶酪车、开胃品车、蛋糕甜品车、切割车等。在餐车配备工作中，应注意两个方面：

（1）功能性与方便性相结合。餐厅各种餐车种类不同，功能用途也不相同，餐车的选择配备要以功能为主。如奶酪车是用来陈列、推销并切割奶酪食品的，切割车主要用于在客人面前切割食品和简单现场加工，烈焰车则是用来现场烹制食品的。由于功能不同，其餐车的结构与车上配备的台面、陈列架、炉子等的构造也不同。因此，餐车配备要以功能需要为主，同时注意使用方便，便于推动、陈列和销售餐饮产品。

（2）牢固性和易清洁性相结合。餐厅使用的各种餐车最好选用不锈钢结构,既坚固耐用,又平整、光滑、美观,易于清洁和擦拭整理,有利于搞好食品卫生。

（四）售卖柜机

售卖柜机主要包括陈列、销售食品、饮料的橱柜、机械设备,如酒水贮存柜、保鲜蛋糕柜、菜点保暖柜、电热盘器、咖啡售卖机、电脑点菜机、刷卡收款机等。这些设备各自有专门的用途,配备的重点是要注重设备的专用性、操作使用的方便性、外观造型的美观大方和清洁擦拭的方便程度。

（五）配套家具和固定设施

餐厅配套家具包括屏风、花架、古玩架、衣帽架等。固定设施则包括空调、暖气、照明、背景音乐等。其配备要求是:

（1）配套家具。屏风、花架、古玩架、衣帽架等配套家具要根据餐厅等级规格和实际需要来选择其造型、式样,要以美观大方为主,突出餐厅使用功能和美化效果。

（2）固定设施。餐厅门窗、墙面、空调设备、暖气、照明、背景音乐等设施设备配备合理、装饰美观,根据餐厅等级、规格、经营风味等来安排。

四、餐厅用品定额配备方法

做好餐具物品定额配备及每年预算,是楼面经理的职责之一。楼面经理在制定餐具物品配备定额的过程中,要充分考虑到餐厅总体计划、方针策略、财务情况和仓储条件。在制定配备定额时,要把握餐具物品市场状况、生产周期、进口餐具的供货渠道等,并运用所掌握的数据资料比较科学地计算出餐具物品配备标准和预算定额。

（一）客用餐具配备

（1）餐具、茶具、酒具配备要齐全,成龙配套,金器、银器、瓷器、不锈钢餐具和玻璃制品的配备与餐厅等级规模相适应。

（2）同一餐厅同种餐具在造型、质地、花纹、色彩上要统一,花色品种配套要齐全。餐具数量应不少于3套,高档餐厅应不少于4套。

（3）酒具不用塑料酒杯。瓷器、玻璃器皿无缺口、破损,银器和不锈钢餐具亮度统一。餐桌上无缺口、破损的餐具出现,并有足够数量的备用餐具。

（二）服务用品配备

（1）餐厅各种服务用品分类配置。餐巾、台布、口布、餐纸按座位和台面配备。餐巾每座不少于3条,台布每桌不少于4条,每餐必换。

（2）围裙、开瓶器、打火机、火柴等用品按服务员人数配备，能够满足换洗和开餐服务需要。

（3）各种服务用品分类摆放，清洁卫生，取用方便。无因用品不全或不规格而影响餐厅服务质量的现象发生。

（三）清洁与消耗用品配备

（1）餐厅清洁器、吸尘器、擦拭毛巾、香皂、各种洗涤剂等配备齐全。

（2）清洁用品分类专用，基本无混用、乱用影响餐具用品和表面光洁现象发生。

（3）有毒的清洁用品专人保管，按需发放，用后收回。无毒气扩散和污染空气现象发生。

（4）鲜花、调味品等客用消耗用品数量和质量须满足客人需要。无因用品不良、供应不及时而影响客人用餐的现象发生。

（四）餐具用品的标准库存量

餐具用品的标准库存量，是餐厅营业量最大时所需的餐具数量。它要根据餐厅座位及周转率、洗碗间的效率、菜单项目等来计算出定额和配备标准。计算公式为：

预算需求量＝标准库存量＋每年平均损耗数－现有库存数－在途订购数

第二节　餐厅设备用品使用与保养

破损餐具引起的问题及处理

翻译引领五位外国客人走进了西安某三星级酒店的中餐厅。入座后，服务员请客人点菜。几位客人点要了一些菜点和啤酒、矿泉水等饮料。突然，一位客人发出了诧异的声调。原来，他的啤酒杯有一道裂缝，啤酒正顺着裂缝向桌面上流。翻译急忙招呼服务员换杯具。服务员小常赶紧走过来，另一位客人也用手指着眼前的碟子让小常看，原来小碟子上也有一个缺口。翻译赶忙全面彻底地检查了一遍桌子上的餐具，发现碗、碟、瓷勺、啤酒杯等餐具均有不同程度的裂纹、脱瓷等现象。

翻译站起身，将小常拉到一旁，说道："这里的餐具怎么都有毛病啊？这可会影响外宾的情绪,造成不好的国际影响啊!"

"这批餐具早就应该换了,可是我们最近太忙,没有来得及更换。您看其他桌子上的餐具不是也都有毛病吗?"小常答道。

"这可不是理由啊!难道这么大的酒店连几套像样的餐具都没有啊?"翻译不满意地询问着。

"您别着急,我马上给您换新的餐具。"小常急忙改口。

翻译回到桌位上,与几位客人交换了意见,然后对小常说:"请你最好给我们换一个地方,我的客人们对这里的环境不太满意。"

餐厅经理出面与客人们进行了商洽,吩咐小常将客人们安排在小餐厅用餐,配备上较高质量的餐具,并根据客人的要求摆放上了餐刀和餐叉。

看着桌子上精美的餐具,品尝着可口的啤酒,几位宾客终于露出了满意的笑容,边用餐边开心地聊了起来。

 点评

设施设备与用品管理是为保证经营需要,提供优秀品质服务,围绕餐厅物质资料的使用价值和费用消耗所进行的计划、采购、储存、使用等各项管理工作的总称。它既是反映餐厅等级规格、满足客人消费需求的物质凭借,又是餐厅保证供应、加快周转、降低消耗、节省费用的重要工作任务之一。

本案例中的三星级酒店餐厅缺乏对优秀品质服务的充分认识,为客人用餐所提供的餐具大多有不同程度的裂纹、脱瓷等损坏。出现这种严重的问题,仅靠"太忙,没有来得及更换"来简单解释显然不符合服务规范。其结果不仅影响一个餐厅的形象,更有损于我国的国际影响。由于餐厅经理出面将客人们另行安排在小餐厅用餐,配上较高质量的餐具,根据客人要求摆放餐刀和餐叉,才挽回了餐厅的形象和国际影响。

通过本案例,我们对餐厅设施设备和物资用品管理的重要性有了深刻的认识。为保证餐厅设施设备和物资用品满足客人消费需求、提供优质服务,作为餐饮企业主要管理者的楼面经理对设施设备和物资用品的管理应给予高度重视。为此,本章在餐厅设备用品配备的基础上,重点介绍楼面经理做好餐厅设备用品使用和保养的方法。

一、餐厅餐、茶用具选用与保养

餐厅使用的餐、茶酒具的材质有陶瓷、玻璃和金属等三种,其中金属制品有银器制品和不锈钢制品。所有用品材质选用主要依据餐厅等级规格、经营风味、经营主题、经营风格和客源档次来确定。其分类选用和保养方法是:

(一)陶瓷器皿的选用与保养

在餐厅服务过程和陈列展示中,做工精致、色彩丰富、令人赏心悦目的陶瓷器皿常常会使客人增加愉悦的用餐心情。因此,楼面经理应掌握陶瓷器皿知识和选用技巧,选用有外观特色和质量上乘的陶瓷用品,从而显示优秀品质服务水平,提高餐厅名望和经济效益。

1. 陶瓷器皿的选用方法

(1) 所有陶瓷餐具都要有完整的釉光层,以确保较长的使用寿命。

(2) 客人用餐经常使用的碗、盘子边上应有一道服务线,便于厨师装盘时掌握分量和服务员操作。

(3) 要检查陶瓷餐具图案是在釉的里面还是外边,应该选择将釉烧制在里面的餐具。如釉烧制在餐具外边,餐具使用不久便会很快脱落或失去光泽,缩短餐具的使用寿命。当然,图案在釉里面的陶瓷器皿价格较高,但使用寿命长。

2. 陶瓷器皿的保养方法

(1) 要按照不同的品种、规格、型号分别存放。切忌乱堆乱放。这样,既便于日常管理清点,又便于服务员使用时拿取,避免因乱放乱叠造成餐具挤碎、压裂。

(2) 使用的陶瓷餐具、茶具要及时清洗干净,不得残留油污和茶锈。发现陈渍污垢,用洗涤剂加热水浸泡擦洗,不要用去污粉等搓磨,否则会损坏瓷器表面的光洁度。

(3) 陶瓷器皿上架送入机器消毒时,要按照瓷器品种、规格分类稳妥摆装。消毒后,要用专用清洁布擦干水渍。

(4) 搬运陶瓷器皿,要轻拿轻放、平拿平放。要轻稳平推、防止碰撞。存放时,应分类、分档放在防尘橱柜内。注意叠放有序,叠置不宜过高。

(二)玻璃器皿的选用与保养

餐厅各种形状、不同用途的玻璃器皿很多。此外,摆台和陈列展示也要使用玻璃器皿。玻璃器皿透视度、光洁度、光亮影射效果好,价格便宜。但使用不够广泛,材质脆弱,易于碰碎和刮花。楼面经理应全面了解玻璃器皿知识和选用技巧,掌握玻璃制品造型,选用晶莹剔透、美观适用、体现餐厅经营风格和艺术魅力的玻璃用品。

1. 玻璃器皿的选用方法

(1)根据餐厅等级规格选用杯口镶金边、杯身镶红边或绿边的器皿为好。杯具颜色是在生产过程中加入某些金属形成的,有黑色、粉红色、桃红色、皂红色、绿色、蓝色,可根据需要选择。

(2)选用水晶玻璃杯具应有精细花纹,或棱角分明、富有质感。

(3)用于餐前制作的咖啡杯具有耐高温的性能。

玻璃器皿除广泛用于酒具和饮料具,还应根据菜单和服务要求,选择菜盆、汤盆、甜品盘、沙拉盆和装饰瓶、花瓶、泡泡瓶(呈球状、盛清水、浸入鲜花、起装饰的作用)、盐瓶、胡椒瓶、调味瓶、烟缸、糖盅、烛台、烛灯及玻璃罩等。

2. 玻璃器皿的保养方法

(1)各种玻璃杯具通常存放在准备间,一般单排倒扣在架子上,以避免落进灰尘,也可在包塑料皮的特别金属架上插放。

(2)平底无脚杯具不可叠放,以防受损。拿取平底无脚杯具和带把扎啤酒杯时,应该倒扣在托盘上运送。取用葡萄酒杯和高脚杯时,可将其插在手指中,平底靠掌心。服务过程中,所有玻璃杯必须用托盘运送。用圆银盘时,应在圆盘上放置一块口布,以防灰尘倒入杯中。

3. 玻璃器皿的使用方法

(1)洗涤玻璃杯具,要经过消毒水清洗和开水烫洗两道程序。消毒水宜用温水,不用冷水,以防从冷水中拿出再放到开水中时,因温度骤变而爆裂。烫洗前,要逐个检查,发现有损伤破口随时挑拣出来,以防划伤客人,引起事故和客人投诉。

(2)玻璃杯具洗涤消毒时,一次放入不要太多杯具,以免相互挤压撞碰而破碎。

(3)擦拭玻璃杯具时,动作要轻,力度得当,摆放时要注意稳妥安全,切忌堆叠、重压而破碎。

(三)金属器皿的选用与保养

1. 金属器皿的选用方法

金属餐具种类繁多,使用较广泛的当属镀银餐具和不锈钢餐具。购买哪种材质的餐具及购买数量,应当参照餐厅菜单和服务种类、餐厅平均座位利用率和高峰期的座位周转率及餐厅洗涤设施周转率来考虑。

(1)银器餐具。用于高档中、西餐厅。中餐筷架、骨盘、垫盘、叉、匙、菜盘座、大小公勺、温酒壶等银器餐具较为常见。西餐中的刀、叉、匙、衬碟、茶壶、咖啡壶、沙司盅、盐瓶、胡椒瓶、自助餐盘、保温炉、冰桶、酒篮、花瓶、烛台等也是常用银器。银器分纯银和镀银两种,以镀银餐具为主。这种餐具是用强度大、光泽度高的铬镍混合铸造成不锈钢,然后镀银。其镀银厚度介于12—15微米之间。镀银餐具的费用很高。

(2) 不锈钢餐具。几乎所有的银器制品都可以用不锈钢替代。近年创新出的玻璃面不锈钢餐具制品光洁明亮而平滑,与银器的视觉效果几乎一样,完全可以达到以假乱真的境界,售价只及银器售价的2/5。银器餐具和玻璃面不锈钢餐具的区分技巧是:选用时,将手指纹按印在餐具表面,仔细观察,如果手指纹清晰可见,便可确定是银器制品;如果看不到任何手指纹,则可确定是不锈钢制品。选用不锈钢餐具比其他餐具更防滑、耐磨,更容易保洁,长时间使用不会生锈和失去光泽。

2. 金属器皿的使用与保养

(1) 银制餐具和各种镀银设备用具是餐厅中较为贵重的物品。日常管理中,必须认真呵护和保养。银器在潮湿的空气中会与二氧化碳和水蒸气产生化学反应,即使放置不用也会变黄甚至变黑。所以银器必须定期抛光保养,妥善保管贮存。使用银器餐具时一定要带上白色的手套。

(2) 保养银器餐具应注意三点:一是每年必须大洗和抛光2—3次;二是保养银器餐具的用具和清洁剂必须品质优良,以免损伤餐具;三是必须由专业技术人员保养。楼面经理在日常管理中,要指定经过培训的人员按照计划,定期分门别类做好各种银器和镀银餐具的擦洗和保养。

(3) 购置国外进口银器餐具,名牌厂家会派技术人员培训银器保养知识和技能,以保证他们的银器餐具能够始终奕奕闪光,受到客人赞誉。如果从国内购置,应要求厂家提供类似售后服务。银器制品具有越频繁使用越漂亮的特点。因此,楼面经理不要因怜惜而将银器餐具长期封存在柜子里。

二、餐厅餐车的选用与保养

餐车是餐厅为客人提供灵活服务、特色服务的工具。餐厅服务中的餐车有活动服务车、送餐车、茶水车、咖啡车、蛋糕车、甜品车、开胃品车、烈酒车、奶酪车、切割车、燃焰车等十多种,一般根据各餐厅经营需要选配。楼面经理应熟悉餐车功能,懂得餐车选用知识,以满足客人的不同用餐需求,提高餐厅品牌效益和经济效益。

(一) 餐车的使用

(1) 活动服务车。活动服务车用于餐前为客人分菜。这种车轻便灵巧,可以在餐厅内推来推去,也可以用来上菜、收盘。餐车的大小和功能可根据餐厅经营需要设计。但应注意餐车不应太大,以免行走时过多占用餐厅通道和餐厅营业空间。

(2) 送餐车。送餐车是为酒店客房提供送餐服务使用的。服务员将客人点要的菜点放在餐车上,做好保温后将餐车推送到客人房间。有些送餐车通过插头接通电源来保温。服务员应注意在菜点装车前一定要将车内先预热。

(3) 茶水车、咖啡车。这两种车通常用于咖啡厅供应下午茶时使用。服务前在准备间放好咖啡或各种名茶和餐具、加热炉等,然后将餐车推入餐厅,现场制作热茶或热咖啡,供客人享用。

(4) 蛋糕车、甜品车。一辆经过精心设计的银制蛋糕车或甜品车是高级、豪华餐厅的炫耀品,对客人具有极大的吸引力。普通餐厅则可使用不锈钢或玻璃面不锈钢制品的餐车。餐车上陈列蛋糕或甜品,最关键的是要保持新鲜、整洁,以供客人随意选择和开心享用。

(5) 开胃品车。开胃品车用于陈列各种冷的开胃菜,每层可放置少许冰块降温。这种餐车的卫生程度要求很高,每餐结束后要彻底清洁车身和各层菜盘。

(6) 烈酒车。烈酒车主要用来陈列和销售烈酒、开胃酒和餐后甜酒,要配备相应的酒杯和冰块等。装备齐全的餐车相当于一个流动小酒吧。售酒服务员推着餐车在餐厅内流动观察,看到客人吃完甜品或咖啡时,应迅速将烈酒车推到客人餐桌旁,请客人点用。服务员要熟悉各种酒水的知识和服务方法。如果客人要求冰化,要加碎冰,并呈上较大的杯子和短吸管。如果客人提出加奶油,服务员应用匙背慢慢倒入,千万勿搅动。

(7) 奶酪车。奶酪车上层用于陈列各式奶酪,架子里备齐奶酪切割工具和备用餐具。服务时根据客人需要切割奶酪。每餐结束后,收起奶酪放入冰箱贮存。然后擦净餐车车身,铺上干净台布后备用。

(8) 切割车。切割车用于餐前切割整个或整块的食品,用酒精炉或交流电加热。切板下面是热水箱,一端有一个放置热盆的地方。第一层架子上不存放任何物品,底下第一层摆放多余的餐具和盆子等。上酒精炉前一定要保证水箱里装足热水。切割车属于比较贵重的服务车,清洁时,先用擦银粉擦净,彻底抹掉沾在车内的残屑,以防与食品相接触,每次使用后要及时整理清洁。

（9）燃焰车。燃焰车可用液化气作为原料，将炉头内嵌，使表面成为一个平台，这样烧制和燃焰时会更加安全。餐车表面使用不锈钢材质，易于清洁。要注意煤气开关、餐具储放抽屉和砧板的位置。餐车面槽用来放置酒精和调味品。

（二）餐车的保养

各种餐车保养时要注意做好四个方面的工作：一是餐车使用时不能装载过重的物品；二是不能图方便、省事而将各种餐车混用，一定要遵循专车专用的原则；三是餐车车轮较小，使用推动的速度不能太快；四是在每次使用后，一定要用蘸清洁剂的干布将餐车认真擦洗干净。

三、餐厅家具的选用与保养

餐厅的家具主要指餐桌、餐椅、工作台等。餐厅家具必须根据经营特点、装饰布置主题风格和格调选择。选择家具时应注意：一是使用灵活和易维修、方便贮存；二是为客人提供的服务方式和客人的类型；三是家具的风格、造型、颜色、耐用性；四是成本和资金因素、长久的适用率和最小的损坏率。

（一）餐厅家具材质选择

木质材料是餐厅家具中最常见的材料，有各种各样的木材和装饰板，它们适合于各种特定的场合。木质家具较硬、耐磨、易清洁，是餐厅家具主要选用的材质。

家具及室内装修分为三个档次：一是优质装修材料，装修工艺精致，有豪华吧台、吧椅等配套家具；二是装修材料较好，装修工艺较好，有较好的吧台、吧椅等配套家具；三是装修材料一般，装修工艺一般，有吧台、吧椅等配套家具。

选择家具首先要了解家具的用材。目前餐厅家具，不管星级多高，由于成本上的不经济与人们审美观的变化，很少采用全实木家具，通常用人造板与实木结合制作或人造板、实木、金属、石材结合制作。人造板在家具中主要用作基层，如写字台、电视柜、茶几等平整的台板或立面部分，实木则用作收边和腿、脚等支撑部分。为满足审美要求，不论是人造板还是实木，家具表层都用有天然材质特征，如枫木夹板、榉木夹板、橡木夹板等各种表面为天然材质的人造板，这种人造板加实木边组成家具的表面层，表面层下面是人造或天然的普通板材。而家具收边及支撑部分一般采用材质与人造板材质相同或接近的天然实木，这样制作的家具整体上才美观自然。

除上述因素，从选材上区分，餐厅优质家具用材一般以树榴木、花樟、红影木、白影木、纹榉木、胡桃木、雀眼木、枫木、柚木、酸枝木、花梨木等实木及夹板为主。中档家具用材以山毛榉、白松、橡木、白木、波罗格、水曲柳、沙比力等实木及夹板为主。普通家具用材以各种硬杂木、桦木、柞木、楸木、杂木夹板为主,家具表面贴木皮、木纹纸等。餐厅优质家具所用实木须经严格脱脂、高温烘干处理,基材须表面精细的木工板或高密度板,台面合成的实心厚度须达到3 cm以上,家具所配辅料如拉手、导轨、铁花、石材及软包面料须高档、豪华、美观。中档餐厅家具所选基材多用普通木工板、纤维板及紧密型刨花板,台面合成厚度须达到3 cm以上,选用拉手、软包面料须大方,以中档为主(提花布或混纺织物)。普通餐厅家具所用基板由普通刨花板或内衬木架(简称排骨档),所用金属件也较普通,软包面料用普通提花布或化纤面料即可。

餐厅家具工艺好坏,主要凭视觉、触摸及使用区分,有精致、较好、普通三种。

(1) 精致家具。做工精致的家具无论从哪一个角度观察总能给人细腻、精巧的感觉,色泽一致,接缝均匀紧密,台面平整光滑,封边线条流畅、精细,配件安装准确,使用顺畅,手感平滑,家具前后、内外做工考究一致,软包贴切、柔软。

(2) 较好家具。家具做工较细致,接口及连接平整、均匀,台面平整光洁,五金件安装到位,软包工艺平整,缺点是材质及油漆上有细微的色差,抽屉使用时有细小的摩擦声。

(3) 普通家具。家具做工一般,漆面也较平整,实木收口及转角连接处也较均匀,但门及抽屉关合欠平整,互相容易错位,导轨关启时摩擦声较大,使用一段时间后漆膜易剥落,实木连接处易裂缝,返修率较高。

关于家具用漆,由于审美观和漆面种类不同,凡漆面丰满、柔和、细腻、手感佳的油漆均属高档。凡漆膜厚、均匀、亮度及反光度高、透明无色的油漆属中档。漆膜不均匀或是有色漆、有颗粒、易变色即属低档漆。

尽管木质家具在餐厅占主导地位,但是越来越多的金属家具,特别是铝制品和铝合金、钢制的家具正被逐渐运用到餐厅中来。铝制品较轻、质硬,容易清洁,成本也不高。随着用餐客人心理享受需求档次的不断提高,人造大理石桌面在高、中档餐厅和咖啡厅已广泛运用,塑料桌面在低档餐厅和员工餐厅中使用得也较多,且它们清洁方便,表面色彩和设计多变,适合各种场合。有时,一些餐厅还用席垫代替台布在餐桌桌面上使用。

(二) 餐厅餐桌选用

餐厅所使用的餐桌基本上以木质结构为主,形状主要有正方形、长方形、

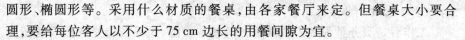

圆形、椭圆形等。采用什么材质的餐桌,由各家餐厅来定。但餐桌大小要合理,要给每位客人以不少于75 cm边长的用餐间隙为宜。

餐厅举办宴会时,常常用长方形和正方形餐桌拼摆成"一"字形、"工"字形、"U"字形、"T"字形、"山"字形等台型。当长方形和正方形餐桌合并使用时,一定要注意将桌腿弹簧固定好,以免碰撞时错位。

圆桌是中餐宴会最常用的桌型,西餐宴会有时也使用椭圆桌。圆桌大体上又分为整体圆桌和分体圆桌两种。整体圆桌的桌面与桌架固定在一起,桌架可以折叠。摆设花台宜用直径240 cm的桌面。分体圆桌桌面都是由两块或四块小桌面拼接而成。有的用与圆桌相吻合的1/4圆弧形桌面拼接而成。

许多餐厅现在专门设计或购置多功能组合餐桌,可分可合。分可以各自为"阵",合可用于自助餐、冷餐会、鸡尾酒会、会议台型、展示台的台型设计等多种用途。餐桌高度通常为72 cm—76 cm,但同一餐厅所有餐桌的摆台高度应完全一致。

(三)餐厅餐椅选用

(1)适合餐厅经营方式和客人用餐要求。一流的高档豪华餐厅,让客人舒适是提供优秀品质服务的第一宗旨,应选用带扶手和弹簧垫的舒适餐椅。大众化餐厅为提高餐座周转率、加快用餐速度,则选用硬度较强的餐椅。常见的餐椅种类有木椅、钢木结构椅、扶手椅、藤椅等,各餐厅可根据实际经营需要来选用。

从舒适的角度考虑,餐椅的靠背和客人肩背之间应该是锐角而不是钝角,这样客人向后稍倾,可以靠着休息。餐椅的标准高度在45 cm左右(不含椅背高度)。如果选用带弹簧的餐椅,弹簧垫压下去时,椅子的高度也不应超过45 cm。

餐椅套应该易于清洗。一些人造织物的椅套因其好洗易干、色彩鲜艳多样,被餐饮行业广泛使用。另外,皮革和人造皮革敷面的餐椅亦被较高档的餐厅普遍使用。

(2)方便餐厅的服务。餐椅选用要方便服务员操作。靠背宜上窄下宽,而不是上宽下窄或相等,以便于服务员为客人服务。椅背高度在45 cm左右,这样适宜客人用餐,也有助于服务员操作。

(3)空间合理。餐椅椅腿应垂直于地面,不向外伸呈"八"字形。这样,餐椅所占用的位置就同座位空间大小相同,便于服务员走动,不必担忧羁绊。椅子腿之间的跨度应达到45 cm,以确保餐椅稳当。

(四)餐厅工作台选用

工作台是服务员为客人提供服务的基本设备,主要功能是存放开餐所需要的餐具、调味品、菜单、餐巾等物品。

餐厅工作台的大小和类型各不相同,但都有一个平顶,以便放置空托盘。平顶下有放置刀、叉、匙等物品的抽屉。抽屉之下,有三个架子,放置其他必备物品。餐厅工作台选用要注意两个方面:一是餐厅服务方式、菜单种类和使用同一工作台的服务员人数、一个工作台所对应的餐桌数和所要放置的餐具数量;二是工作台的设计要尽可能小型、方便。

(五)餐厅服务台架选用

餐厅服务所使用的服务用台有迎宾台、签到台、演说台多种,服务用架有衣帽架、雨伞架和屏风、指示牌及礼品屋。这些都是餐厅经营和服务必要的附属配套设备。其功能和选用方法如下:

(1)迎宾台。通常设置在餐厅门口一侧,高度以迎宾员肘部到地面的垂直距离为准。台面光滑,水平放置或者略为倾斜。台上摆放预订簿和客人资料、电话、插花等。迎宾台的下部有摆放服务用品的抽屉。

(2)签到台(用矩形桌)。一般设置在餐厅入口处,台面上铺设台布,围上桌裙。签到台上面摆放插花、签到簿、笔等文具用品和有关活动的图文宣传资料。活动主办方安排专人在此接待出席活动的客人。

(3)演说台。演说台主要是在举办大型宴会和活动时,供主宾领导人讲话、致辞和演说。演说台的形状与迎宾台相似,朝向会场一方的正前面镶徽标标记。台面摆放插花、麦克风。演说台放置于主席台或主宾席的一侧,用于宾主双方轮流致辞等。

(4)指示牌。指示牌是餐厅活动的告示指南。指示牌上的内容可以是宴会名称、平面示意图、台型桌号、宾主座次安排入位路线等。服务人员应将事先做好的内容整齐地装插在字牌架上,活动开始前半小时,要将准备好的指示牌放在餐厅门口、一侧或主办方要求的位置上。楼面经理要安排服务员定期擦拭指示牌,保持金属框架光亮度、玻璃面清洁光亮及内部照明线路完好。

(5)屏风。餐厅通常使用屏风分隔空间。屏风的材质多种多样,有全木制、金属制、玻璃制等。屏风可分为折屏和座屏,屏面内容大多为反映中西历史文化的艺术作品。屏风可放置在餐厅入口处,组成一道屏障,也可以摆放在餐厅后墙,成为餐厅背景墙,形成一道亮丽的风景线。在中小型宴会餐厅经营中,屏风的作用是把用餐区域分成独立的用餐单元,以使用餐客人之间不受干扰。经过精心设计制作和布置摆放的充满诗情画意的屏风是宴会厅室内布置与美化的重要组成部分。另外,小型宴会厅还经常使用不同形式、不同风格的落地罩将贵宾休息室与用餐区域分隔开来。

(6) 衣帽架、雨伞架、礼品屋。服务齐全的大宴会厅和多功能厅经常在入口处设置衣帽间、配衣架、雨伞架和礼品屋。楼面经理要派专人管理,为客人提供服务。为了使客人在取回衣服、包袋等物品时不发生差错和混乱,必须用对牌服务形式,客人寄存衣物时服务员发牌,活动结束后,客人凭牌取回衣物。

(六) 餐厅家具保养

餐厅家具除了餐桌、餐椅和工作台、接待台、签到台、演说台等外,还有收银台、电脑桌、餐具柜、酒水柜、蛋糕柜、食品展示柜、售卖台沙发、茶几等。在这些家具设备中,绝大多数都以木质结构为主,有的餐厅完全使用木质家具。所以,餐厅家具使用与保养主要是防止家具的断裂、变形、表面油漆脱落和褪色。

(1) 木制家具的使用。搬动家具时要巧搬轻放。切忌硬拖强拉,以防脱榫,折断或撞碎台面。大件家具应尽可能一次定位,不要再次搬动。如不得已需要搬动,必须轻抬轻放,以免受损。使用中,无论是固定的还是经常搬动的家具,都要放平稳,不要三条腿或两条腿着地,以防脱榫或折断。家具上面不要摆放过重物件,尤其是不能长期摆放较重物品。否则,家具可能断裂或变形。

(2) 木制家具的摆放。木制家具受潮后易膨胀,受晒后会收缩。一胀一缩会使家具变形、裂缝或色泽减退。因此,摆放木制家具要注意防潮防晒。不要把湿毛巾、湿衣服和其他潮湿物品放在家具上。有水渍时要立即擦干。平时擦拭时要用较干的抹布,不宜用湿布。阳光照射家具时,应拉上窗帘。家具应放置在干湿度适宜的地方,与暖气片保持一定距离。潮气较重的厅房,家具放置勿紧靠墙壁,也不要摆放在阳光直接暴晒的地方。要注意经常开门、推窗换气,以免家具开裂、变形、霉烂或失去光泽。

(3) 木制家具的保养。油漆家具大多忌烫,放开水杯时,应有垫盘。如不慎烫出白痕,可用煤油、酒精、花露水擦拭。白痕时间较长久,可以用蜡消退。写字台上放玻璃板时,下面应垫上呢绒布,不宜垫纸或塑料。纸和塑料的透气性能差,久之会使漆面失去鲜亮色泽。还要注意勿让水浸入玻璃板下面。如有浸入应立即擦干,以免损伤桌面、茶几面。

为保持家具色泽光亮,需定期抹蜡打光。抹蜡时,先在家具表面薄薄地涂抹一层,然后用洁白的绒布反复搓擦,使之光亮、整洁、美观。已褪色家具,可用地板蜡擦拭,再用干布抹擦,使家具表面光亮如新。

餐厅家具要常保持空气流通,调节湿度。必须适时打开窗户,调节空气。木制家具抽屉或柜子里放置花椒,可防止老鼠进入;放置樟脑、烟叶,可防止蛀虫和蟑螂;放置石灰,可防潮防湿、防蚂蚁进入。

还要注意经常检查家具有无榫头松动、椅凳有无铁钉突出、扶手横档有无断折现象、橱柜抽屉拉手及五金件是否完整等。发现问题,及时报修或跟进落实维修。

四、餐厅电器设备的选用与保养

随着现代化科学技术的发展和人们生活水平的日益提高,电器设备已广泛运用在餐厅食品生产过程中,同时利用电子计算机处理各种信息数据,使餐厅经营管理更科学、规范和系统化,也更精准、工作效率更高。

(一) 餐厅电器设备构成

餐厅日常使用的电器设备可分为服务和办公两大类。服务类电器主要有空调系统、背景音乐(音响)、卡拉OK系列、电冰箱(冰柜)、制冰机、电开水器、保温箱、洗碗机、蛋糕柜、咖啡机、微波炉、电热毛巾柜、消毒柜等,办公类设备主要有电脑、菜单机、打印机、程控器、程控加密盒等。

(1) 空调系统。星级酒店餐厅大多采用中央空调。在不同的季节中,餐厅温度可通过空调温度开关调节。冬季温度应保持在18℃—20℃,夏季温度应保持在22℃—24℃。

(2) 背景音乐(音响)。供客人用餐时使用,音量适度,可调节气氛、降低噪音影响。当餐厅举行宴会或大型接待活动时,用于扩大会场效果。主要设备有DVD、麦克风、功放、音箱等。主要用品有光盘、影碟等。

(3) 卡拉OK系列。用于餐厅各包房供客人娱乐使用。主要设备有不同尺寸的电视机、卡拉OK选曲设备、DVD、麦克风、功放、音箱等。主要用品有光盘、影碟等。

(4) 电冰箱(冰柜)和制冰机。前者贮存各类需要冷藏的酒水饮料和新鲜水果等,如白葡萄酒、红葡萄酒、香槟酒、软饮料等。后者是自动制作冰块的电器设备。冰块的形状主要有方形、菱形、圆形三种。

(5) 电开水器和保温锅。前者用电源将冷水加热烧开,使用非常方便,洁净卫生。后者用来保持食品温度。

(6) 洗碗机。洗碗机是洗碗间的主要设备,餐厅应根据接待客人量的大小选择不同规格型号的洗碗机。目前常用的洗碗机主要有多槽分布式洗碗机、多槽循环式洗碗机、多槽立式洗碗机等。在洗碗机系列中大多配备垃圾处理设备。

(7) 蛋糕柜。有陈设各类蛋糕和甜品的展示柜,柜内配置灯光和制冷恒温系统。其中圆柱形蛋糕柜中的陈列架具有缓慢转动功能。

(8) 咖啡机、微波炉、电热毛巾柜、消毒柜等,分别用于快餐食品、饮料和保证食品卫生。

(9) 电脑和菜单机。前者用于储存各种数据资料,可查询、统计、输出,也可制作各种文档、表格、幻灯片等文件。后者又称点菜品,主要供服务员为客人点菜、厨房接收信息做菜,快速、方便。

(10) 打印机。主要用于向客人开具机打发票。

(二) 餐厅电器设备的使用与保养

1. 保温锅的使用与保养

保温锅的保温热源有两种:固体燃料和酒精燃料。操作时应慎重,先在保温锅内添上足够开水,然后将有菜点的盘子放上,盖上锅盖,点燃固体或酒精燃料。使用保温锅应随时掌握燃烧情况,待要熄灭时,将盖子盖好即可;如使用酒精燃料,则用浸湿了的布盖住即可。保温锅用后要认真擦洗,防止水垢,要及时清除。

2. 电冰箱的使用与保养

(1) 电冰箱要立式搬动。正在使用的电冰箱挪动地方时,要先拔下插头,切断电源,清除蒸发器内的余水,然后才能挪动。

(2) 电冰箱应放置在通风良好的地方,保持一定空间。应尽量减少打开电冰箱的次数。每次打开时间应尽量地短。

(3) 热的食品一定要先放凉,再放进电冰箱内。

(4) 停电后,要将电冰箱内的温度调节器调节到强档,使箱内的食品得到充分冷却。电冰箱如因各种原因较长时间不用,要拔下电源插头,取出食品,将箱体清洁干净。

(5) 擦拭电冰箱应使用中性洗涤剂或温水。果汁、汤汁和食品会对电冰箱门垫产生腐蚀作用,因此要定期清洗电冰箱门垫和托盘、托架。电冰箱粘上油污,要立即擦掉,但不要使用酸、稀释剂、石油精等化学药品。

3. 洗碗机的使用与保养

洗碗机操作前,先打开水源掣,将水放入洗碗机内,同时打开蒸汽掣和电源开关,对水加热。温度达到指定温度时方可开机启用。洗涤餐具要按顺序放置在传送带上。餐具先经过洗涤药水的下部冲洗,再经清水上下冲洗,自动送出洗碗机,由此完成餐具洗涤全过程。要经常检查洗碗机内配件是否有损坏、温度是否稳定、机器运转有无异常声音、机内有无异味。发现异常,要马上停机。楼面经理得到报告后,要及时安排专人处理或报修。

每次使用洗碗机前,要清理洗碗机内的过滤网,检查喷嘴有无堵塞。过滤网要经常取出清理。喷嘴常会被碎骨、果核等杂物堵塞,要经常查看,及时清理。定期保养时,要检查离心泵和变速箱,适时加油,保持完好。

洗涤餐具时,要做好安全防护,穿长袖工作服、戴手套,防止被热水烫伤。每次洗涤完成后,要做好如下清理工作:

(1) 关闭洗碗机传动开关。关掉总电源、热水掣和蒸汽开关。打开洗碗机机门,使热气散发出去。

(2) 拆下洗碗机内的配件、窗帘、隔热器、水箱隔网、喷臂等,清洗擦拭干净。

(3) 将水箱内的污水放回原位,关上排水阀。工具擦洗干净后归类放好。清洗工作现场和排水渠道。

(4) 将干净餐具运送到餐具柜分类叠放整齐。

(5) 将垃圾运送到垃圾房去,将垃圾桶清洗干净后放回原处。

第三节　餐厅安全管理

案例

危险的安全通道

×年9月的一天,位于某大城市市中心的一家大酒店开张运营不久,邓先生和几位朋友来到这里用晚餐。这是一家由著名管理集团参股的四星级酒店设置的餐厅,豪华的装潢和美味的佳肴让邓先生等人都有赏心悦目的感受,热情、周到的服务更令用餐氛围锦上添花。晚上八点多钟,愉快的聚会接近尾声。此时,邻近几个包厢的客人纷纷不约而同地散场,邓先生一桌见状,便举杯畅饮,干尽杯中酒,买单离开餐厅,打道回府。来到电梯前,正值人满,电梯一次容纳不了过多的客人。为了不再傻等第二部电梯,邓先生一行决定从楼梯走下去。当他们慢慢踱步到楼道口时,看到安全通道的大门关得严严实实,楼道灯也未打开。透过门玻璃朝内望去,漆黑一团。邓先生一行中立

第六章 餐饮企业楼面经理的餐饮设备用品与安全管理

即有人叫服务员来开门,谁知几个服务员问来问去,谁也不知门钥匙在哪里。几番周折,安全通道的门是打开了,可时间也已过去了十多分钟。可想而知,邓先生一行的心情都糟透了,对酒店的感觉一下子从高空栽到了低谷。这顿晚餐最终没有能够画上圆满的句号。下楼后,邓先生直奔值班经理台说明了问题的严重性,指出万一发生火灾,后果将不堪设想。

无独有偶,另一篇与安全通道有关、已经发生严重后果的著名报道是中央电视台《夕阳红》栏目多彩生活的原主持人沈旭华在某餐厅遭遇惨死的意外事件。事件发生在×年8月1日晚8时左右,当时沈旭华与朋友相约在位于北京市安贞桥旁边的××餐厅用餐,预订了二楼紧靠消防通道2米处的12号包厢。席间,沈旭华的手机响起。包厢内比较嘈杂,沈旭华边接电话边走出包厢,来到了消防通道门旁,并推门而进。不料尚未完工的消防通道此时不但没有照明,也没有栏杆。沈旭华只迈进一步就从二楼直接摔到了一楼。后在医院里抢救多日,一直没有苏醒,不久便离开人世。

专程从杭州赶回来的沈旭华的爱人喻先生对记者说,沈旭华坠楼后一个小时左右才被一个走错道的送装修材料的工人发现并报警。闻讯赶来的记者在发生事故的餐厅看到,餐厅通往消防通道的门已用软锁链锁上,门上贴着"消防通道,非紧急情况禁止通行"的提示标志。餐厅负责处理此事的李主任认为对此事餐厅无责任。他对记者说:"她(指沈旭华)出事是在餐厅外面,至于她是不是从餐厅摔下去的,或是从别的平台上摔下去的,目前警方还没有做结论。"

点评

许多发达国家十分注重安全意识的树立,特别是在公共场所。同是亚洲人的日本人对防火措施就特别重视。他们每住进一个酒店,要做的第一件事,就是了解安全疏散通道的准确位置。上述案例中发生的事情都出现在高档餐厅,第二个案例造成的事故则令人非常痛心。表面看起来如果客人未按要求进入安全通道,发生死亡事故是偶然事件,但由于餐厅的经营者对安全防范玩忽职守,使偶然事件演变成必然事件。案例说明,如果心存侥幸,没有必要的安全意识,发生事故是必然的。

因此,餐饮企业的楼面经理必须十分重视并做好安全防范工作,时时刻刻保持高度警惕性和责任心,不能只看重经营收入和经济效益,看重看得见

267

的餐厅服务和产品,而疏忽了隐藏在餐厅中的各种潜在的问题。从本质上看,没有安全保证,金碧辉煌的用餐环境、美观大方的工作服装、服务员热情的微笑和甜美的嗓音,都会因发生重大事故而失去价值。因此,餐饮企业的经营者和全体员工具备安全意识是非常重要的。

在规模较大的酒店、饭庄和酒楼,都设置了专门的保安、消防、车辆管理的安全部门和食品检验的卫生部门。而在绝大多数的普通饭馆、快餐店,由于经营规模较小,其人工成本控制较严,安全管理工作的责任往往由楼面经理1人或委托少数人担负,可见楼面经理的责任重大。为此,楼面经理在做好日常经营管理、保证为客人提供优秀品质服务的同时,必须要高度重视安全。楼面经理要明确安全管理的目的和任务,了解安全管理的原则和特点,掌握餐厅安全管理的各项具体工作内容,制定紧急情况处置预案,提高突发事件的应变能力,及时、妥善地处理好各项安全管理事务。为此,本节着重介绍餐饮企业安全管理工作,以提高安全管理水平,全面提升楼面经理的综合素质。

一、楼面经理餐厅安全管理的目的与任务

(一)餐厅安全管理的目的

餐厅安全管理是指为避免任何事故发生所采取的防范措施。餐厅安全管理的目的,是消除可能存在的不安全因素,采取必要、有效的措施消除事故隐患,保障企业、员工与客人的人身、财物安全。日常工作中发生事故一般都是由于当事人的粗心大意所造成的,往往具有不可预料性。只有从业人员不断强化安全管理意识,认真执行国家和企业各项安全管理法规和制度,才能够减少和避免事故发生。因此,在餐厅管理过程中,楼面经理应该具备高度的安全管理责任,通过对下属的培训与督导,使每一位员工不断增强安全意识,遵守安全管理规程,自觉承担安全管理的义务。

(二)餐厅安全管理的任务

餐厅安全管理的任务是实施安全监督与检查,使员工养成安全操作习惯,确保餐厅各种设备正常运行,避免不应出现的事故发生。为此,楼面经理应研究安全动态,把握餐厅安全管理规律。沟通信息,教育全体员工牢固树立安全第一、预防为主的方针,及时发现、分析、解决安全管理上存在的事故隐患和不安全因素,采取行政、技术、经济等不同手段,调动全体员工做好安全工作的积极性,确保餐厅服务安全。楼面经理应重点在以下六个方面做好

安全管理工作：

（1）参与做好餐厅设施安全管理。根据企业和地方安全部门要求配备自动喷淋头、防火门、防火卷帘、火灾报警、防盗报警和监控装置、烟感装置、安全报警电话等各种安防设施、设备。参与审查装修及改造工作，设备请购和审批，采购应保证符合消防要求。配备安全消防器材，保证安全需要。

（2）制定餐厅安全管理制度和操作规程，督导全体员工贯彻实施。楼面经理应经常或定期组织各项安全消防检查，力争将不安全因素消除在萌芽状态。

（3）建立和健全餐厅义务消防队。由各餐厅主管、领班分别担当小队长或中队长，全面实现安全防火责任制。通过培训使义务消防队员掌握、熟悉各种消防器材的操作方法，通晓紧急事故和发生火灾的处理办法，做到发生突发事件时，全体员工都能够做到"招之即来、来之能战、战之能胜"。

（4）做好日常安全管理的组织工作。搞好安全工作统计，按时向公安消防监督机关报告安全工作落实情况。按照企业要求，做好员工日常安全指导，督导全体员工学习安全管理知识，掌握事故发生后及时处理的方法和技术。火灾事故处理后，楼面经理要视需要配合消防主管部门调查火灾原因和刑事案件，要认真总结教训，研讨防范措施。

（5）熟悉餐厅人、财、物的基本情况，落实防范措施。同时通过多种渠道，观察和搜集可能给企业造成危害的信息，注重调查研究，提高预测能力。

（6）重要客人和各种大型宴会、酒会等接待活动，要将安全管理工作列入其中，必要时，楼面经理应召集各级管理人员和服务人员，专门对安全防范进行详细布置、宣讲、解释，确定各岗员工安全防范区域、防范重点。要有条不紊地做好接待服务，让客人有安全感。

二、楼面经理餐厅安全管理的原则与特点

（一）餐厅安全管理的原则

（1）宾客至上、安全第一的原则。为确保餐饮企业和用餐客人的人身及财务安全，在餐厅接待服务过程中，楼面经理要建立健全安全管理工作的规章制度、操作规程、奖惩措施，并作为维护餐饮企业声誉、提高服务质量、保证餐厅服务活动正常开展的重要条件。楼面经理必须通过对员工的培训、督导，首先保证客人的人身和财物安全，这是餐饮企业经营活动正常开展的基础。

（2）预防为主、防消结合的原则。楼面经理要采取各种安全防范措施，做

好安全防范工作,把事故隐患消除在萌芽状态,防患于未然。特别要防止破坏和治安灾害事故发生。事故发生时,楼面经理在处理事故、制定纠正方案并跟进落实的同时,要认真总结经验教训,避免类似事故发生,达到以防为主、防消结合的目的。

(3) 确保重点、兼顾一般的原则。楼面经理要针对餐厅接待服务的主次和工作量大小,合理安排和分配各岗位、各环节员工的安全任务。凡是影响餐厅形象和国家声誉的重要工作岗位和环节要花大力气保证万无一失,确保国家、客人、企业、员工人身和财物安全。

(4) 群防群治的原则。楼面经理首先要对安全工作予以高度关注、重视。要建立安全组织和人员兼职机制,建立健全安全防范制度,积极推行安全操作岗位责任制,并逐级安排落实到每一个员工,充分发动和依靠全体员工共同做好安全服务和接待工作。

(二) 餐厅安全管理的特点

(1) 管理难度大。餐厅安全管理的难度很大,主要原因一是安全管理的主要对象是客人。餐厅客流量大、人员复杂、彼此之间互不认识,每个餐次的客人几乎完全不相同,因此往往是犯罪分子作案的理想场所和隐居藏匿的地点,发案可能性较大。二是餐厅设施设备种类多、分布广,放置在不同区域,其中相当一部分设施设备直接供客人使用,而安全部门不能直接管理。这就给制定和落实安全管理措施带来了一定困难。另外,高档餐厅外籍客人较多,这些外籍客人中,有不少政府官员、知名人士和普通旅游者,还有港、澳、台同胞、华侨以及知名度较高的各界民主人士。因此,楼面经理还必须懂得国家政策,才能妥善处理好各种问题。

(2) 服务性强。餐厅安全管理不同于政府机关团体和工矿企业。餐厅服务中,楼面经理的主要职能是为客人提供服务安全管理,既要注意积极防范,又要内紧外松,不能戒备森严、气势吓人;既要监督各岗位员工严格执行安全规定,又要尽量简化手续,努力为大家提供方便。

(3) 工作幅度大。餐厅安全管理不仅包括客人的人身、财物安全,也包括客人的心理安全、员工和餐厅场所安全。管理内容涉及餐厅工作的方方面面。除了做好内部的安全管理,还要同社会各方面保持联系,尤其是与地方公安、消防、卫生防疫等主管部门经常联系。

(4) 不安全因素较多。一是餐厅用具、用品种类较多、数量较大,多为客人直接使用,如刀、叉、玻璃杯、酒瓶等,容易因使用不慎而受伤;二是用火、用电、用气的设备多,能源使用量大,易燃易爆,潜在性的不安全因素多;三是客人用餐集中,用餐高峰时因相互拥挤容易人与人碰撞、服务用具与客人碰撞、造成被烫伤、碰伤。这些都使不安全因素增多,从而发生事故的机会增加。

(5) 安全管理责任重大。餐饮服务一旦发生事故,不仅影响餐厅形象和声誉,严重的还会给国家造成政治和经济上不可弥补的损失。"外事无小事","安全是服务行业的生命线"。因此,餐饮安全要求标准高、责任重大,必须执行"全面预防、突出重点、确保安全"的方针。

(6) 从业人员的安全素质要求高。餐饮安全管理以防火、防盗、防暴、防特、防食物中毒、防自然事故发生为主。发生重大事故往往大多是涉外案件。由于事故发生突然、客人流动性极强、破案时间要求紧迫,因而要求管理人员和服务人员责任心和安全意识要强,要善于随时观察现场发生的各种情况,对可疑现象随时记在心里,必要时及时向楼面经理汇报,并在有关安全管理部门调查事故原因时积极协助,准确提供证据。

三、楼面经理餐厅安全管理工作的内容

(一) 餐厅消防管理

餐厅消防管理主要包括火灾预防和火警、火灾事故处理。因火灾而造成餐厅重大损失和人员伤亡的事件时有发生。一旦发生火灾,直接经济损失非常大。火灾不仅给客人的生命财产带来损害,还会对餐厅品牌形象带来极其不利的负面影响。为此,楼面经理要做好餐厅消防管理工作,必须做到计划落实、组织落实、措施落实、安全责任制落实,具体内容如下:

1. 落实消防安全责任制

餐厅应建立安全领导小组和防火组织,确定各级防火负责人。楼面经理作为一级防火负责人,应履行的基本职责是:认真执行消防法规,领导餐厅各岗位消防安全工作;制定和贯彻执行消防规章制度、应急防火方案;实施防火责任制;立足自防自救;对员工进行防火安全培训;组织义务消防队或所属员工进行消防演练;布置、检查、总结消防工作;定期向公安消防监督机关或上级主管部门报告工作情况;组织消防检查;消除火灾隐患,组织扑救火灾事故。

2. 制定防火措施

餐厅引起火灾事故的原因很多,但以吸烟、使用明火不当、电器设备故障、厨房起火居多。楼面经理要搞好餐厅消防管理,必须协助总负责人制定严格的防火措施,以确保消防管理有标准、有依据,有章可循。

(1) 餐厅内不得乱拉临时电气线路。如因餐厅布置需要增加新灯等装饰,必须由工程部电工按规定安装。装饰灯具功率不得超过60瓦。

(2) 各餐厅及洗碗间必须随时保持干燥,完善防滑措施,防止滑倒员工造成工伤。

(3) 易燃易爆物品、有毒清洁剂设专人管理,不许乱放,防止事故发生。

(4) 严格贯彻落实使用明火规定和电器设备的安装检修规定。发现火灾隐患或事故苗头,及时报告,立即采取补救措施。

3．配备完好的消防设施

为有效地做好防火工作,楼面经理应掌握餐厅消防知识,设在高层建筑内的餐厅,必须配置消防灭火系统,用于 A 类火灾(木质材料、纸类物品)。喷水灭火系统有湿管喷水器、干管喷水器和水喷淋器等系统。餐厅可根据自身需要配备。餐厅内部与外部都要有消火栓给水系统,必须配备二氧化碳和干粉灭火器,以防止 B 类火灾(易燃液体起火)和 C 类火灾(电起火)发生。

4．确保安全疏散通道和预警渠道畅通

餐厅安全疏散通道保持畅通是重大火灾发生时疏散客人和员工,确保人员伤亡控制在最低程度的关键。因此,楼面经理要每天检查安全疏散通道保持畅通,并组织服务人员定期对安全疏散通道进行整理和清洁。

设在高层建筑内的餐厅,消防电梯是重要的安全疏散通道。电梯发生火灾时,内部温度极高,浓烟滚滚,控制器很快失灵。为避免事故发生,楼面经理应经常协调专业人员做好电梯防火检查。保证发生火灾时,消防电梯能疏散客人并输送消防人员到火灾现场灭火。

报警效率也是楼面经理做好安全防范应该重视的问题。餐厅应配备消防控制中心和报警装置、排烟和烟感报警装置、自动喷淋装置等消防设施和器材。楼面经理应做好定期检查,确保设施、器材的完好使用率。

5．及时消除火灾隐患

餐厅火灾往往是由于没有及时发现、及时排除事故苗头和隐患引起的。这些苗头和隐患又大多发生在包房、厨房等地方。因此,楼面经理要经常对员工进行强化安全意识的培训,做好对客人的宣传,普及防火知识;培训员工掌握二氧化碳灭火器、干粉灭火器、泡沫灭火器、1211 灭火器等的性能和使用方法。餐厅要制定和张贴防火安全须知,指导客人安全疏散、安全自救,使客人有安全感,万一出现火灾时,将人员伤亡和财产损失减少到最低限度。

(二) 餐厅治安管理

餐厅服务中常见的违反治安管理的行为有扰乱公共秩序、侮辱妇女、结伙打架斗殴、偷窃、骗取、抢夺、故意损坏公私财物等,餐厅犯罪行为有放火、失火、爆炸、投毒等故意或过失危害客人和企业人身财产安全和以非法占有

第六章
餐饮企业楼面经理的餐饮设备用品与安全管理

为目的攫取公私财物或故意、非法毁坏公私财物的行为。为此,楼面经理要做好以下治安管理工作。

(1) 加强客人安全管理。餐厅是公共消费场所,人员流动性强、流量大、人员结构复杂,往往是犯罪分子作案的理想目标和隐匿藏身的地点。所以,楼面经理在餐厅服务工作中,一定要注意加强对客人的安全管理。要安排服务员配合保安人员掌握好客人动态,发现异常及时报告。要注意保护好客人物品。发现客人离去后遗留的物品,要做好监护工作,防止被他人取走。

(2) 加强车辆安全管理。楼面经理应协助保安部门做好餐厅门前车辆防盗保护工作。车场管理员应合理安排停泊车辆。收费车场要按章登记收费,不得随便免收车费。不得私自拉客谋利,确保停泊车辆安全。发现被盗或其他事故要立即处置并及时向上级报告。

(3) 做好员工通道防盗工作。楼面经理要协助保安部门监督员工和外单位施工人员出入通道情况。发现员工或民工携带餐厅财物离开通道,按章处理。严禁客人和无关人员进入员工通道。同时,楼面经理要经常召开安全工作会议,向全体员工传达上级领导安全工作指示,学习安全管理文件,针对工作中出现的新情况、新问题,提出整改措施。必要时请公安部门给予指导和协助,真正做到群防群治。

(4) 配备必要安全设备。为有效防止失窃、凶杀等案件发生,餐饮企业应配置必要的防盗、防暴设备,如防盗报警装置、视频监控系统等。在可能的情况下,最好配备双向电子锁系统。明亮的灯光对罪犯有心理威慑的作用。楼面经理要注意夜间公共区域灯光是否明亮。要对停车场加强监控,设置足够照明设备和视频监测系统。餐厅服务中应配备椅背套,保护客人衣物。

通过摄像探头及报警器实现与公安部门的联网是我国各餐饮企业正在普及设置的最新型的一项安全管理技防设备。麦当劳、必胜客等企业已率先通过摄像探头及报警器实现与警方联网,即由公安机关统一安装摄像头和报警器,或将现有摄像头与警方联网。餐厅监控画面将实时传送至警方内保系统,警方可随时监控餐厅图像,如有突发事件,将在第一时间赶到现场。

(5) 健全员工管理制度。楼面经理要明确岗位责任制和行为准则,加强对员工服务过程的管理。主要包括:员工出入餐厅及携带物品的规定、员工更衣室管理制度、员工领用钥匙的程序和手续等。各项制度必须健全,得到落实。此外,楼面经理还必须加强外来施工人员的管理。

(6) 突发事件的处理。餐厅安全防范虽然很严,但也难免会出现一些如打架、盗窃等违法犯罪活动。因此,楼面经理必须参与制定突发事件处理的有关规定和预案,列明报警、现场保护、急救、各种事故的处理方法等,以便一旦发生火灾事故或刑事案件,可以把损失降低到最低程度,并为破案创造有利条件。

(三)餐厅安全检查的主要内容

(1)易燃、易爆、危险物品的贮存、管理、使用是否符合安全要求。贮存容器、管道是否定期测试,有无跑、冒、滴、漏现象。

(2)使用酒精炉和液化气、天然气、煤气炉灶是否按照安全要求操作,摆放位置是否符合安全规定。

(3)餐厅、包房、过道等处烟头等物品遗留火种是否妥善处理,有无隐患。

(4)存放布巾、餐具等用品的储物间是否符合安全规定,通风、水温等是否符合安全要求。

(5)电器设备运行是否正常,有无超负荷运行,电线、电缆绝缘材料是否有老化、受潮、漏电、短路等,电机是否有空转现象,防雷设备是否完好。

(6)使用可燃、易燃油类是否符合安全要求,残油、残气是否及时妥善处理。

(四)餐厅员工劳动安全保护

劳动安全保护是为保护员工在劳动过程中的安全与健康所采取的各种技术措施。楼面经理在搞好餐厅员工劳动安全保护工作中应做好四项具体的工作:

(1)坚持生产安全,防止工伤事故。

(2)改善劳动环境,预防员工疾病。

(3)实现劳逸结合。

(4)注意保护女员工的身心健康。

四、楼面经理餐厅突发事件处理

(一)突然停电处理

(1)楼面经理要立即到现场,先向全体用餐客人道歉,请客人们不要担心,承诺餐厅会尽快恢复供电。随即安排专人启用备用电机发电和组织服务员在营业区、餐桌上摆放、点燃蜡烛,采取临时照明措施,方便客人继续用餐。

(2)组织员工检查停电原因。通过分闸到总闸的步骤查看停电是否是餐厅使用、操作不当所致。立即抢修相关设备或线路,尽快恢复供电。

(3)如停电是非餐厅内部原因所致,楼面经理应立即与当地供电维修单位联系。如属于餐厅附近地区故障,请速派人抢修;如属于地区停电,要询问恢复供电的时间。

(4) 楼面经理应协调相关部门建立停电紧急处理预案,与供电局或相关单位保持密切关系。一遇停电,即可以借用发电机(功率大于 200 千瓦)发电应急。平时要对应急灯做好日常检查维护,备足蜡烛等应急照明物品。

(5) 停电后尽量保证营业。不能继续制作的菜点请相邻餐厅或连锁餐厅援助,或提供快餐服务。

(6) 停电时间如正好赶上夏季超过 35℃ 的高温季节而无法继续营业,为确保客人不出事故,应立即停止进客。

(二) 突然停水处理

(1) 楼面经理立即到现场,马上与自来水公司联系询问停水原因和恢复供水时间。如一时不能恢复供水,请自来水公司采取暂时解决措施,如派水车解难。同时及时与附近餐厅或单位团体联系,请求帮助。

(2) 组织员工到餐厅附近有水的区域运水,以保证正常营业。

(3) 因停水而造成一些凉菜清洗不便,向客人说明原因,请求其原谅,向客人推荐一些不用清洗、削皮即可食用的瓜果蔬菜制成的凉菜,待客人允准后,安排厨师制作。

(4) 因停水造成餐具清洁不便,可尽量使用一次性餐具。

(5) 卫生间需配备专用水桶和舀水瓢,备好水冲卫生洁具,安排专人负责。洗手池准备好专用洗手液。

(三) 突然局部起火处理

(1) 遇有餐厅内起火,如火小立即组织灭火,遇危及客人人身安全的火情,要及时疏散客人。如电路起火,要及时关闭电源。火势较大时,马上拨打 119 电话报警。

(2) 楼面经理局部火灾处理事后 24 小时内报告上级主管领导。如火灾较严重,必须当时上报主管部门领导,事后还要呈报书面报告。

(四) 员工受伤处理

(1) 组织现场救护。如严重,可速送附近医疗机构医治;如不可移动身体,速报 120 请求派急救车到现场救护。要尽到救护、医疗、看护的责任。

(2) 组织人员照顾受伤员工,表达慰问和关怀之意,并指定其他服务员替代受伤员工,继续做好现场客人服务工作。

(五) 客人受伤处理

(1) 视客人受伤的程度,报请附近医疗机构,采取急救措施。确认客人的身份,做好住院客人的准备工作。

（2）尽快联系客人家属或工作单位、团体，商议是否有需要住院的必要性。如需要，协助客人家属或工作单位、团体办理好住院手续。

（3）保护现场，寻求目击客人，记录目击客人的身份等相关情况，为做好日后保险处理备案。

（六）突发斗殴事件处理

（1）客人在餐厅内发生斗殴，立即组织保安人员劝阻。楼面经理视情况组织服务员先疏导旁边客人，引领他们到其他安全区域。保留点菜单，或让客人买单。如因特殊情况客人未能买单，报告上级领导。

（2）组织员工劝解打架斗殴客人，视需要及时拨打110，保护好现场，交110警方处理。提供事情目击经过见证，协助110处理斗殴事件。

（3）做好现场内被损坏餐具、餐厅设备用品的统计、定价，请肇事客人赔偿。

（七）地方主管单位突然检查处理

（1）遇到当地消防、工商、卫生、派出所、城管等突然来餐厅检查，楼面经理和餐厅主管人员要认真做好接待，配合检查工作。

（2）安排另一名管理人员组织部署准备接受检查的项目，为主管部门顺利检查提供便利条件。

（3）经过简单准备，陪同主管部门领导到检查区域检查。对卫生部门的抽样调查要及时送上受检用品。如检查的内容中有餐具清洁，则在受检餐具用开水烫过后再上交。检查中发现的问题，按要求整改，同时向上级领导汇报，请示解决方法。

（八）客人投诉餐厅食品中毒处理

（1）楼面经理接到客人投诉中毒事件，立即向客人了解用餐时间和菜点，请客人出示医院诊断书，搞清是否确因在本餐厅用餐而发生食物中毒。楼面经理对诊断书要亲自过目，如果有必要，请上级领导过目诊断书的具体内容。

（2）楼面经理立即安排人员对客人用餐时间段的相关菜点用料进行化验检测。同时带上客人诊断书到该医院，了解客人具体病因。

（3）如经确定客人中毒的原因不是餐厅产品引起的，立即与客人联系，将检测结果告知客人，并欢迎客人再次检测食品，到医院再次复诊。如确属餐厅原因造成客人中毒，楼面经理要将情况向上级领导汇报，按领导指示与客人协商解决方案，征询客人意见。如客人提出索赔要求，楼面经理须慎重，按领导确定的方案答复，双方协商处理。

（4）查明客人中毒的餐厅责任者，采取必要的处罚措施。同时以此为例，分析原因,提出纠正方法、制定防范措施,对全体员工进行教育培训。

(5) 如突然接到防疫站通知餐厅发生了食物中毒事故,立即向上级主管领导汇报,请求指示。并请防疫站领导出面协调,妥善做好内部处理。

(6) 查清事实真相和具体情况,认定内部责任,对责任人给予处罚。

(7) 在事件处理过程中与上级领导保持联系,及时报告处理进程。同时使用合理公关手段,将事件尽量控制在最小范围,不再传播和扩散。

(九) 遇到新闻媒体曝光处理

(1) 楼面经理在第一时间内向上级主管领导汇报,听取领导指示,并告知员工,特别是一线服务员,在客人询问时告知此事纯属捕风捉影,切忌肆意扩大事实。

(2) 楼面经理立即与当事人联系,代表餐厅致以诚挚歉意,了解事件真实经过,保证对客人提出的意见及建议给予积极解决。

(3) 登门拜访媒体负责人,请媒体能够站在企业的角度上看待问题,尽量避免或减少负面影响。

(4) 楼面经理平常应与媒体保持良好关系,欢迎他们经常光临本餐厅指导工作,避免再次被媒体曝光。

第七章
餐饮企业楼面经理的预算目标与效益管理

——瞄准预定目标，确保优良效益

第一节 餐厅预算目标确定方法

案例

一家星级酒店餐饮成本控制带来的投诉

处于长沙市区黄金地段、地理位置绝佳的某星级酒店,开业后一直生意不错。但由于近几年周边开了多家星级酒店,又出现了几家装饰豪华的大型高档餐厅和多家小型但却很有特色的餐馆,使得非住店客人到酒店用餐的人数大为减少,而住店客人也纷纷外出用餐,酒店餐饮日渐冷落。为扭转不利局面,酒店高层领导要求餐厅管理人员更新观念,在原有严格规范的基础上,强化成本管理,引入诸如"零库存"之类的理念和方法,重新制定部门考核制度,对餐厅根据成本、卫生、质量、进度等指标每月考核。连续三个月完不成任务者,即便勤勤恳恳、加班加点、任劳任怨,所谓"无功劳也有苦劳"者也要免职。

由于在指标体系上成本排在首位。餐厅经理把降低、控制成本的工作主要授权给主管一级,并与主管绩效考核挂钩。餐厅经理又授权主管级人员制定了若干成本控制的具体方法和措施,并通过主管反复向员工强调:一是努力节约水、电等能源,严格规定餐厅各区域灯的开关时间;水能少用就少用,能重复用就重复用。二是严格控制一次性物品的使用量,能延长使用的尽量延长使用。三是能再次使用的物品一律回收利用。

上述措施实施后,各餐厅成本确实控制在了指标规定的范围内。但是,酒店总体成本并没有下降,而客人的投诉也大大增加。酒店高层管理者委托专人组成调查小组对客人、餐厅相关部门及部分员工进行了调查,经过统计分析,得出客人投诉的原因如下:

第七章 餐饮企业楼面经理的预算目标与效益管理

（1）执行规定引起投诉。如某晚7点多钟有9人到8号包厢用餐，主题内容是为老朋友过生日。服务员见到已经过了9点半钟，规定的关灯时间已到，但客人仍没有结束用餐，而其他包厢的客人均已离去。为促使客人离去，服务员使用了假装停电的招数。结果引起客人大为不满，投诉到大堂副理处。大堂副理与餐厅经理向客人道歉，并打折、送蛋糕。

（2）客用一次性物品限量引起的投诉。当客人使用餐厅一次性用品时，服务员以"用完了"为理由拒绝满足客人需要。如有一次，一位办了30多桌婚宴的客人要求打包，主管只向客人提供了10个饭盒。当客人提出增加饭盒的要求时，餐厅服务员根据主管吩咐，向客人回答："餐厅的饭盒都用完了。"客人大为恼火而提出投诉。

（3）成本费用本位观念影响总费用。对计入餐厅成本的物品和费用，千方百计到其他部门去"借用"，以降低餐厅成本。而对于不计入餐厅成本的物品和费用则铺张使用。例如，餐厅服务员对布草的铺张使用，大大增加了洗衣房的洗涤费用。

（4）对客人吝啬，员工自身私用却大手大脚。如餐巾纸，服务员对客人每位只提供一张，多了没有，而服务员自用却随意拿取。

（5）使用不能再次利用的物品，如回收并再次使用盛装蔬菜、水果的器皿等。

点评

企业成本控制是以成本预算为基础的，而成本预算要以提供优质服务、创造最佳经济效益为基础，确定企业和各部门的营业收入、营业成本、营业利润等目标。企业管理就是围绕着这些目标来进行的。案例中酒店的成本控制之所以带来了客人投诉，就是因为他们没有处理好成本控制与预算目标和提供优质服务以创造最佳经济效益之间的关系。国际著名的麦肯锡公司对400家企业在过去30年里所取得的经济成就进行调查分析后得出结论，竞争优势是以提高质量、创造性和革新为基础，而不是以降低成本为基础的。因此，楼面经理必须对餐饮成本控制管理有一个正确的认识。为此，本章主要介绍餐饮企业楼面经理预算目标的制定、餐饮促销和利润管理的有关原理和方法。其最终目的都是为了明确方向，降低消耗，努力提供优质服务以提高经济效益。

一、楼面经理餐厅预算管理的原则依据及其基础工作

（一）楼面经理的餐厅预算特点

楼面经理的餐厅预算是在总经理领导下，根据企业经营方针和决策要求，在分析企业内外客观环境的基础上，对餐厅部门的管理任务和目标及实现措施所做的安排。楼面经理的餐厅预算属于部门预算的性质，它有如下四个特点：

（1）依存性。餐厅预算是逐级编制、逐级贯彻执行的，是餐饮企业总体预算的一个部分。其指标确定和执行都是在企业总经理领导下进行，同企业及各部门的预算指标互相联系、互相依存。因此，楼面经理应参与企业预算的制定，既要在预算内容和指标的贯彻执行等方面和企业总体预算保持衔接和协调，又要结合餐厅实际，合理确定各项指标，保证预算目标的科学性和先进性。

（2）目标性。从本质上讲，预算就是确定经营目标。楼面经理要以企业经营方针为指导，在分析客观环境、掌握市场供求关系和收集计划资料的基础上做好预测，然后通过预算，对餐厅的收入、成本、费用和利润等做出全面安排。这些指标一经确定，就成为餐厅及各部门的管理目标。因此，其目标性较强。

（3）综合性。餐厅预算是企业总体预算的一部分，又有其相对独立性。餐厅预算工作涉及餐厅经营全过程。预算内容涉及餐厅收入、成本、费用和利润等各个方面。预算指标的贯彻执行涉及餐厅的各个工作环节，因而具有较强的综合性。为此，做好餐厅预算目标，必须搞好综合平衡。既要搞好与企业总体目标的平衡，又要搞好餐厅部门内部各项预算指标之间的相互平衡。

（4）专业性。餐厅预算是一项专业技术性较强的工作。在编制预算前，要做好调查研究，掌握市场经营环境与市场供求关系。在预算过程中，要做好各项预测和预算，合理确定各项指标。在执行预算过程中，又要利用信息反馈，掌握预算指标完成的进度，采取措施纠正偏差，发挥控制职能。楼面经理只有掌握这些专业技术，才能做好预算管理。

（二）楼面经理的餐厅预算管理原则

楼面经理的餐厅预算是在总经理领导下，由企业财务部门牵头，会同销售部等部门共同完成的。因此，必须遵循统一领导、分级管理、逐步编制预算目标、分级贯彻落实和逐级考核的原则。

（1）坚持市场经济法则，正确处理供求关系。餐厅的上座率、客源构成和

人均消费要根据市场供求关系预测确定。餐厅饮食风味、花色品种和产品价格、收费标准要根据市场竞争事先做好计划安排。餐饮经营的成本消耗、费用指标、毛利标准要充分考虑当地物价上涨情况和市场客源的接受能力。

（2）保持预算指标的科学性和先进性，调动员工的积极性。先进性是要掌握市场发展趋势，充分挖掘内部潜力，同时指标的可行性要高。科学性是要反映餐厅饮食经营的客观规律，防止想当然，并正确处理各项预算指标的相互关系。

（3）局部服从全局，搞好预算指标综合平衡。在预算科目、预算指标的安排和贯彻实施过程中，要树立全局意识，服从企业总经理领导和财务部门指导。同时要搞好综合平衡，包括餐厅预算指标要和企业各部门的指标平衡、餐厅内部各项指标要平衡，以保证整体经营的协调发展。

（三）楼面经理餐厅预算的依据

楼面经理的餐厅预算管理是以预算编制为前提和基础的。只有正确掌握预算编制依据，才能合理确定预算目标，做好预算管理。其主要依据是：

（1）餐厅等级规格和接待能力。各餐厅等级规格是由餐饮企业的星级高低决定的。饭店宾馆、酒楼饭庄的星级或等级越高，餐厅部门的预算收入也必然相对较高。既使同一企业内部的不同餐厅，其等级规格也不完全相同，也会影响不同餐厅的预算目标和数量确定。接待能力则是指各餐厅的餐位多少不同，经营方式和接待对象不同，在上座率相同的条件，其预算收入也会有较大差别。所以，餐厅等级规格和接待能力必然成为餐厅预算管理的重要依据。

（2）餐厅市场供求关系和客源情况。餐厅经营是以吸引客人前来用餐，宴请、举办各种活动而创造经济收入的。市场环境好，求大于供，客人必然越多，预算目标就会相对较高；反之，供大于求，竞争激烈，价格上不去，客源较少，预算目标必然降低。在市场供求相对稳定的条件下，企业管理水平、产品质量和服务质量越高，企业自身的客源状况就会相对越好；反之，则同样会影响预算指标的高低。所以，餐饮市场供求关系和客源状况也是影响楼面经理餐厅预算的重要依据。

（3）餐厅经营的历史资料和季节波动程度。楼面经理的餐饮预算不是凭空想象的，它总是在原有基础上逐步发展的。因此，餐厅历史资料，即前1—3年各餐厅实际完成的营业收入、营业成本、费用消耗等必然成为预测未来预算指标的客观依据。同时，餐厅预算分为年度预算和月、季预算。一般要以逐月、逐季预算为主，企业季节波动程度不同，月、季指标的波动程度较大，在具体确定各餐厅各月、季的预算目标时,其季节波动程度又会成为预算编制和预算执行与考核的主要依据。

（四）做好餐厅预算管理的基础工作

餐厅预算是企业预算的组成部分,从财务管理的角度来看,任何企业和部门预算都是以做好基础工作为前提的。所以,餐厅预算的基础工作,就是企业财务管理的基础工作。具体包括以下各项:

（1）建立科学、规范的预算管理体制。预算管理体制是餐厅计划管理的基础工作。其制度内容可概括为:以企业预算为指导、餐厅预算为基础,总经理负责、财务部门主持预算审核、综合平衡和指标考核,为餐厅提供预算管理决策的预算管理体制。

（2）健全合理的预算指标体系。这是保证餐厅预算编制和管理控制的科学性、系统性和问题处理的针对性的重要条件。餐厅预算的指标体系应包括四个方面:一是销售指标,包括餐厅的接待人次、上座率、饮料比率、预算收入等;二是成本指标,即企业和餐厅的成本额、成本率、原料及资金需要量、库存周转率等;三是费用指标,包括直接费用和间接费用;四是利润指标,包括企业利润额、利润率、成本利润率、资金利润率、利润增减率等。餐厅利润是由厨房部门和餐厅部门共同完成的,所以一般以企业为主。这些指标共同构成餐厅预算指标体系。

（3）统一餐厅费用分摊的财务决策与口径。企业各部门的费用分摊需要由财务部门事先统一分摊内容、分摊方法和比例,然后才能具体落实,形成餐厅及各部门的预算指标。因此,费用分摊的财务决策与口径必须统一。

（4）做好原始记录与统计分析工作。原始记录制度与统计分析是企业和餐厅积累、收集预算资料的基础和确定预算指标的前提,也是餐厅预算编制、执行与控制的基础工作。原始记录涵盖企业和餐厅收入、成本、费用和接待人次、人均消费等各项指标的直接发生额。统计分析则是根据原始记录逐日、逐周、逐月、逐季地对各项指标的完成结果做好统计分析。这样,既可为餐厅提供原始资料,又可为预算管理控制提供信息反馈,从而指导餐厅经营活动的顺利开展,保证预算指标和经营目标的顺利完成。

二、楼面经理参与做好餐厅预算的内容和方法

餐厅预算必须在企业总经理领导下,由财务部门牵头、各部门共同参与才能完成。

第七章
餐饮企业楼面经理的预算目标与效益管理

（一）餐厅营业收入预算

饭店、酒楼等餐饮企业内部大多有不同类型的餐厅。如饭店、宾馆一般都设中餐厅、西餐厅、咖啡厅、宴会厅和酒吧间，酒楼、饭庄则设有大众餐厅、雅座餐厅、包房或多功能厅。凡是餐厅和厨房配套、具有相对独立性的餐厅，其营业收入的预算方法都是相同的。具体方法大致分为以下四个步骤：

1. 餐厅接待人次预测

餐厅接待人次预测是餐厅销售预算的起点，其客源又包括店客和外客两部分，预测方法为：

（1）店客预测方法。店客预测主要适用于饭店、宾馆。各饭店餐厅的店客主要分散客、团队客人两大部分。预测时可根据过去的经验，参照这些客人到饭店各个餐厅用餐的客人比例大致确定。团队客人的一部分或部分时间在本店内餐厅用餐。因此，其餐厅接待人次预测要根据饭店销售预测和饭店团队客人在本餐厅用餐的客人比例来确定，需要考虑客人的客源结构，参照客人的具体情况来确定。

（2）外客预测方法。外客接待人次主要是根据各餐厅的接待记录，分析其接待人次的变化规律来大致确定。

（3）综合预测方法。餐厅接待人次的预测以历年接待的人次或餐厅上座率为基础，研究其增减变化规律，然后根据其接待人次反映出来的市场类型，选择不同的方法来预测。

2. 人均食品消费预测

人均食品消费是影响餐厅销售收入的主要因素。预测方法主要考虑四个因素：一是餐厅的等级和接待对象，即客人的档次高低；二是餐厅以往客人人均食品消费已经达到的水平；三是当地物价上涨水平对餐厅经营所带来的影响程度；四是当地餐饮市场竞争对餐厅价格政策、客源数量带来的影响。将这四个因素结合起来，即可根据餐厅的具体情况预测安排各餐厅的客人人均食品消费。

3. 餐厅客人饮料比率预测

饮料比率是指餐厅饮料销售额在食品销售额中所占的比例。预测餐厅饮料比率通常也是根据餐厅的等级规格、销售方式和历年已经达到的实际水平来确定。一般来说，酒吧的饮料比率最高，宴会厅和风味餐厅次之，咖啡厅和团体餐厅较低。

4. 餐厅营业收入预算

餐厅营业收入以食品、饮料收入为主，另有烟草和其他收入、服务费收入，宴会厅还有厅堂租金、其他收入等。这些收入可根据历年占食品和饮料收入的比例来确定。在预测餐厅接待人次的基础上,只要将接待人次和客人食品人均消费相乘,并参照饮料比率和其他收入的比例,即可做出各餐厅的营业收入预算。

(二) 餐厅成本预算

成本是影响饮食利润的重要因素。凡是餐厅和厨房配套、具有相对独立性的餐厅,其食品和饮料成本要分开预算,以便分别考核每个餐厅的实际成本消耗。其他成本则以餐饮企业或餐饮部门为基础预算。其预算方法是:

(1) 食品成本预算。食品成本预算是根据市场供求关系、餐厅等级规格和接待对象不同来确定的。一般说来,餐厅的等级规格越高,毛利率标准也越高。毛利率标准一经确定,餐厅的成本额和成本率也就确定了。其公式为:

食品成本率 = 1 - 毛利率

食品成本额 = 预算食品收入 × 成本率

(2) 饮料成本预算。餐厅饮料成本受饮料收入和成本率两个因素的影响。其成本率一般低于食品成本率。其中,酒吧的成本率一般又低于餐厅的成本率。预算方法是根据餐厅历年已经达到的成本率水平,分析其成本降低的可能程度来确定。计算方法与食品成本率计算方法相同。

(3) 签单成本预算。签单成本是餐厅交际费用的转化形式。餐厅和餐厅的上级主管单位为了开发市场、组织客源、招待重要客户和发展对外业务,需要一部分交际费用。这些交际费用的大部分用于饮食消费。当这部分费用发生时,均由有关主管人员签单,列入餐厅成本消耗。其预算方法也是根据餐厅历年统计资料和一定比例确定。公式为:

签单成本 = 预算交际费用 × 签单成本比率

(4) 员工饮食成本预算。员工饮食属于员工福利。一般按企业(酒楼、饭庄)或部门(饭店、宾馆)为单位预算。其预算方法是根据员工膳食补助预算额和成本单来确定。公式为:

员工饮食成本 = 员工膳食预算 × 成本率

(5) 原料期初、期末库存预算。食品原材料的期初、期末库存会影响餐厅成本预算额。其中,期初库存是由上年底库房盘点后转入预算年度的,可以取得实际数据。期末库存则根据历年的统计记录和当年年末预算收入大致确定。一般以企业或部门为单位预算。

(6) 原料资金周转率预算。原料资金周转快慢直接影响餐厅成本消耗和资金使用效果。其预算方法是根据历年实际达到的程度和预算库存资金平均占用额来确定,一般也是以企业或部门为单位。公式为:

$$原料资金周转次数 = \frac{预算收入额}{原料资金平均占用额}$$

（7）餐厅成本汇总预算。将前述各项汇总，即可编制出餐厅的成本预算额。公式为：

餐厅成本额 = 各餐厅成本 + 签单成本 + 员工饮食成本 − 期初库存 + 期末库存

在此基础上，根据预测资金周转，还可预算出餐厅原材料周转资金需要量。公式为：

$$原材料周转资金 = \frac{餐厅成本额}{原料资金周转次数}$$

（三）餐厅直接费用预算

餐厅直接费用是指餐厅直接使用、可以控制的费用。主要项目和预算方法是：

（1）直接人事费用。分为固定费用和编外人员费用。各餐厅和部门预算方法相同。其预算方法是：

在编人员工资 = 人均工资额 × 平均在编人数

编外人员工资 = 在编人员工资 × 预算百分比

社会统筹 = 预算退休保险 + 医疗保险 + 大病统筹 + 其他

餐厅奖金额 = 餐厅计划收入 × 预算奖金比率

直接人工成本额 = 在编工资 + 编外人员工资 + 奖金 + 社会统筹 + 其他

（2）餐厅餐、茶具消耗。预算方法有两种：一是根据在用餐、茶用品消耗情况确定耗损率和更新率，以当年餐、茶用品购置的形式纳入预算；二是以餐厅饮食消耗额为基础，根据历年统计资料，确定餐、茶用品消耗占饮食消耗额的比率。公式为：

餐、茶用品消耗 = 在用餐、茶具资金额 × 年度耗损率　　　　（1）

餐、茶用品消耗 = 部门销售额 × 费用比率　　　　（2）

（3）水电燃料费用。预算方法是以历年统计资料为基础，分析费用消耗的合理程度，结合销售额预算的增减变化来确定。公式为：

水电燃料费用 = 上年实绩 × (1 ± 销售额增减率) × (1 − 费用降低率)

（4）餐厅管理费用。餐厅管理费用包括办公用品、文具纸张和各种表格印制等。预算方法是以历年统计资料为依据，根据餐饮销售额，大致确定其费用比率。公式为：

餐厅管理费用 = 餐饮销售额 × 费用比率

（5）餐厅家具折旧费。这部分费用由财务部门采用分类折旧法确定其费用额。公式为：

$$家具设备折旧额 = \sum \frac{分类设备原值 - 残值 + 清理费用}{预计使用年限}$$

（6）营业税金。餐厅营业税金以餐厅销售收入和服务费收入为应纳税所得额,税率为5%。公式为：

$$营业税金 = （部门销售额 + 服务费收入）\times 营业税率$$

（7）其他各种费用。主要包括客用消耗用品费用、清洁用品与服务用品费用、洗涤费用、装饰费用和不宜纳入上述各种费用中的餐厅直接消耗的费用。其预算方法通常都以历年统计资料为依据,根据餐饮销售额,然后大致确定其费用比率来确定。

（四）餐厅间接费用预算

（1）餐厅间接费用。是指单一部门难以确定、控制,需要经过分摊才能纳入部门预算中的费用消耗。企业财务管理制度和体制不同,则需要分摊的具体项目多少也不同。主要费用项目包括销售费用、维修费用、培训费用、保险费用、房屋折旧和其他间接费用。其预算方法除房屋折旧以外均为财务部门根据企业总体间接费用进行计算后分摊。

（2）餐厅房屋折旧或资金分摊。新建餐厅的房屋折旧主要用于还本付息,已经还本付息的餐厅则用于再生产积累。房屋租金则主要适用于租赁经营的餐厅。本项目的预算方法与折旧预算方法相同,均可分摊到各餐厅中。其预算方法是由财务部门根据餐厅投资政策和国家有关规定,预算出折旧额或租金,然后分摊到餐厅部门。公式为：

$$餐厅房屋折旧额（或租金额） = \frac{全店折旧额（或租金额）}{建筑总面积} \times 餐厅使用面积$$

（五）餐厅营业利润预算

将餐厅预算收入、成本和费用汇总,形成餐厅预算方案。具体方法分为两个步骤：

（1）编制餐厅营业明细表。它以餐厅为基础,将餐厅的预算收入、成本和毛利汇总,形成餐厅预算方案。这种预算方案必须在全店计划会议以后,餐厅预算方案经财务部门审核、总经理审批的基础上编制。其目的是控制餐厅的成本消耗,保证营业毛利的实现。

（2）编制餐厅营业利润表。其方法是将餐厅的预算收入、成本费用和利润汇总,形成餐厅损益预算表,并将年度预算分解为月度和季度预算。它是餐厅预算的本质内容,也是餐厅目标管理的具体体现。其中,营业明细表是餐厅利润表的补充,两者结合使用,既成为餐厅预算管理的工具,也是企业对餐厅管理控制的主要依据。

三、餐饮企业对楼面经理预算目标的任务确定

在餐饮企业和各餐厅预算方案已经确定,报总经理和董事会审批后,餐饮企业财务部门还要向餐饮部或餐厅部下达预算指标,作为年度和各月、各季部门管理的任务。

(一)饭店餐饮部门的预算目标任务确定方法

饭店餐饮部门的组织形式有两种。一是全店设一个餐饮部,负责各个餐厅管理。以餐饮部为基础,采用计划任务书的形式,用表格分别下达,形成全年和各月的任务和目标,部门必须完成。其中,营业收入目标和原料成本目标分别下达到各餐厅和厨房。营业费用和部门利润(仍有毛利润性质)目标则下达到部门,不再往下分解。二是餐饮管理设厨房和餐厅两个部门。但餐厅和厨房是配套的,其预算目标任务的下达基本相同。这时,饭店餐饮费用则不分解到厨房和餐厅部门,由全店统一按餐饮部、客房部等部门形式下达计划目标。其营业收入和原料成本任务书的格式可参阅表7-1。

表7-1 饭店或餐厅部门预算目标任务书(以月度为例)

月度:××月

任务项目 \ 餐厅	中餐厅	西餐厅	咖啡厅	宴会厅	酒吧间	合计
餐厅上座率						
接待人次						
食品收入						
饮料收入						
其他收入						
合计收入						
食品成本						
饮料成本						
合计成本						
餐厅毛利						
毛收入(加服务费)						
营业税金						
税后毛利						
月度餐饮费用	人工成本总额		直接费用		间接费用	餐饮费用合计
月度预算额						
部门经理签字:				月部门利润额:		

（二）酒楼、饭庄预算目标任务确定方法

酒楼、饭庄在组织机构的设置上一般是设立厨房部和餐厅部或前台部。前者由行政总厨或厨师长负责，主要承担餐饮原料成本控制目标。后者由楼面经理负责，承担大众餐厅、雅座餐厅、包房和多功能厅三种餐厅的营业收入任务目标。在企业预算的基础上，其任务目标的确定方法也是以逐月下达计划任务书为主。目标任务书的格式可参阅表 7-2。

表 7-2 酒楼、饭庄餐厅部门预算目标任务书格式（以月度为例）

月度：××月

餐厅 任务 项目	大众餐厅	雅座餐厅	包房和多功能厅	合计
餐厅上座率				
接待人次				
食品收入				
饮料收入				
其他收入				
合计收入				
食品成本				
饮料成本				
合计成本				
营业税金				
税后毛利				
月度费用项目	人工成本	水电能源	直接消耗	其他费用	费用合计
月度预算额					
部门经理签字：			餐饮利润额：		

第二节 餐厅预算目标促销方法

 案 例

歌舞晚宴——北京凯莱大酒店餐厅"逍遥游"倾倒宾客

娱乐助兴促销已成为凯莱大酒店新的营销增长亮点，这一新生事物伴随着酒店企业品牌和经济效益的快速提升而早已人尽皆知。但是，要使娱乐式

第七章 餐饮企业楼面经理的预算目标与效益管理

的餐厅经营保持新鲜面孔,从而留住口味不断变化、升级的客人,已成为酒店餐厅经营不断探讨的主题。至少参加过北京凯莱大酒店餐厅"逍遥游"歌舞晚宴的客人都认为,娱乐经营远不是经常变换一些歌手或调整一下节目单就能够满足客人享受需求的。

在北京凯莱大酒店与北京歌舞团携手隆重推出"逍遥游"歌舞晚宴最初7年的时间内,演出500余场次,接待海内外宾客8万多人次,经久不衰,被北京市旅游局评为最佳晚间活动奖。

"逍遥游"荣获"最佳晚间活动奖"绝非浪得虚名或有炒作之嫌,看看其内容就能略知一二。"逍遥游"是由大型歌舞"华夏古韵"结合酒店餐厅演出需要浓缩改造而成的,汇聚了华夏几千年来的舞韵风情。整个剧目分为朝风野韵(先秦)、铁甲雄风(秦)、烛光剑影(汉)、妙乐仙姿(唐)、寂海情天(宋)、法曲妖娥(元)、威面柔肠(明)、古舞祥歌(清)共八场演出。每场的歌舞表演都是一个时代的展现,秦之悲壮、刚烈,汉之轻盈、柔弱,唐之歌舞升平等,都被专业演员们演绎得淋漓尽致,强大的艺术魅力感染了每一场观看的宾客。

既为晚宴,则可以边欣赏艺术,边品尝具有浓烈北京风味的美味佳肴。餐厅专门为晚宴配套推出了以北京烤鸭和宫廷仿膳为主的五种套餐,均是由见多时广的名厨们总结不同地区和民族的饮食习惯而精心设计制作的精点美食。

"逍遥游"的推出成为国际旅游客人了解中华民族的文化窗口,并且使餐厅在最初的7年内每天获得3万多元的丰厚收入,正可谓"物质、精神双丰收"。

点 评

促销是采用各种能够吸引客人的方法来促进产品销售,增加经济收入。任何餐饮企业的目标确定后,如果不加强促销,任其自然,每天平平淡淡按时开餐,按时打烊,要想完成预算目标和任务是十分困难的。北京凯莱大酒店的"逍遥游"歌舞晚宴就采用了餐厅主题营销的促销方法。

主题营销是餐饮企业促销工作中最为广泛运用的一种方法,是指一个餐饮企业或餐厅为了引起社会公众的集中关注,令其产生购买行为而选定某种主题作为活动中心来开展的一种市场营销策略。主题营销的突出特点是赋予企业或餐厅营销活动以某种主题,然后围绕这一主题来塑造企业或餐厅的经营气氛,使餐厅内的环境布置、相关产品、服务、色彩、灯光、服饰等都为主题服务,从而吸引客人、客户的集中关注,使主题变成吸引客人的标志。案例中北京凯莱大酒店"逍遥游"歌舞晚宴的推出就是主题营销的一个范例。

  北京凯莱大酒店"逍遥游"歌舞晚宴是一种以娱乐助兴的促销方式。其歌舞晚宴形式新颖,活动内容极为丰富,使之成为国际旅游客人了解中华民族的文化窗口。专业演员们的精彩演出淋漓尽致地演绎了华夏几千年来的舞韵风情,强大的艺术魅力感染了每一场观看的宾客,并且客人可以边欣赏艺术边品尝佳肴美点。所有的特色使活动广受客人的喜欢和赞赏,受到社会公众与媒体的关注,从而被北京市旅游局评为最佳晚间活动奖。

  餐饮企业要完成预算目标,其促销管理方法是多种多样的。为此,我们在楼面经理餐厅预算目标确定的基础上,介绍其促销管理的方法,以供各餐饮企业楼面经理参阅。

一、预算目标餐厅现场展示促销方法

  在餐饮企业管理中,企业和部门的预算目标确定后,楼面经理必须采用各种促销方法,广泛吸引客人前来用餐,这样才能不断提高餐厅上座率,保证预算目标的顺利实现。餐厅现场展示促销是为了保证计划目标的顺利完成,由楼面经理组织员工采取各种方法,将食品展示在客人面前,供客人挑选,从而达到扩大销售、增加餐厅收入的目的。

  (一)餐车流动展示促销方法

  在餐厅配备流动餐车,每辆餐车设计成2—3层,将餐厅小吃、点心、凉菜、饮料等展示在餐车台面上。由服务员推着餐车,在餐厅内部来回走动,供客人挑选,以此扩大餐厅菜点销售,增加收入。楼面经理运用这种方法的工作步骤是:

  (1)准备食品。每餐正式开餐前,楼面经理应对餐车上准备的各种食品进行查验。通常,餐车上展示的食品以风味小吃为主。花色品种可安排在10—20种。每层食品均需用小盘、小碗、小笼屉等盛装整齐、美观地摆放在餐车上,供客人挑选。

  (2)展示推销。每餐开餐过程中,楼面经理指定专人负责食品展示推销。展示推销的服务员手推餐车,带上点餐牌,在餐厅巡回走动,展示推销食品。客人坐在餐桌上,可以随时点要各种食品。这时,服务员取下点餐牌,根据客

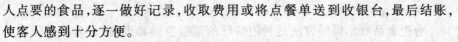

第七章 餐饮企业楼面经理的预算目标与效益管理

人点要的食品,逐一做好记录,收取费用或将点餐单送到收银台,最后结账,使客人感到十分方便。

(3) 食品补充。随着展示推销的进行,餐车上的食品越来越少。这时,服务员回到厨房,将短缺食品补充到餐车上,或根据餐厅推销活动的安排补充新品种,继续巡回展示推销,直到开餐结束。

(4) 食品控制。楼面经理在餐车食品推销过程中,要始终注意食品销售的控制,其具体方法是:要求并适时检查服务员在领取、补充食品时,与厨房发放食品的厨师认真记录领取的食品种类、名称和数量。开餐结束后,楼面经理应督导服务员与厨师对账,确定应该交回的销售收入,将账单交到收款台,确保销售收入的实现。

(二) 现场制作展示促销方法

利用小推车和小炉等设备和服务工具,在客人餐桌旁边展示食品制作是一种有效的推销方法,主要适用于西餐服务和烤鸭、烤肉等切制加工食品。现场制作展示是一种高雅的服务方式,它的特点是操作细致、热情,既可以使客人从中欣赏烹调、切制等制作艺术,品尝美味食品,又能够吸引餐厅客人的注意力,活跃餐厅气氛,促进食品销售,增加餐厅收入。在现场制作食品促销管理中,楼面经理应注意做好如下环节的工作。

(1) 配备制作设备、用具。楼面经理要开展现场制作食品展销,应为服务员配备必要设备。包括一辆设计为2—3层、顶层为备餐桌的小推车(备餐桌面材料为硬木板、大理石、硬橡胶或塑料),需光洁、美观。如需切制加工可准备砧板,烹制可准备小炉和液体酒精、固体酒精、丁烷或丙烷等燃料,还需配备菜刀、勺、叉、剔骨刀、削皮刀等各种用具和原料。

(2) 制定餐车食谱。采用现场制作方法展示推销食品,餐车食谱上所列的菜点品种不宜过多,一般应控制在3—5种。所选择的菜点品种应具有一定风味、加工不太复杂,便于现场制作,以速度较快的菜点为宜。

(3) 选好服务员。现场制作既是一种食品促销方法,又是服务员展示专业制作技术、活跃餐厅气氛、吸引客人注意力的好机会。一辆餐车要配备具有烹调制作专业知识、烹调熟练、操作快速、服务规范的服务员。

(4) 现场食品制作展示。楼面经理督导服务员推车在餐厅巡回走动,礼貌询问客人是否点用现场制作的食品。当客人点菜时,将餐车推到客人餐桌旁边,根据客人所点食品,现场加工、配菜,烹制或切制食品。食品制作完毕,将食品装盘,呈送给客人享用。

（三）台柜食品展示促销方法

台柜食品展示促销方法是利用餐厅的适当空间和设备，将食品展示出来供客人选用的一种推销方法。其形式多样。楼面经理可以根据餐厅具体情况，选择适用的形式，以活跃餐厅气氛，吸引客人，增加餐厅经济收入和品质服务的效益。常用的台柜展示促销方法有：

（1）吧台展示。经过精心装饰的展示吧台，可以丰富餐厅室内形象，强化餐厅气氛，吸引客人注意力，配合桌面销售来增加餐厅收入。楼面经理可以组织服务员在餐厅内靠墙的一侧或适当位置设置吧台。吧台分为两个部分：前面设食品柜台，展示各种凉菜、小吃、香烟等，供客人挑选；后面靠墙处设酒水陈列柜，展示各种烈酒、葡萄酒、饮料，并做现场销售。

（2）食品走廊展示。楼面经理可以组织服务员在餐厅区域的过道、通道或大厅通往餐厅的适当位置，设置食品展卖区，形成食品走廊。在走廊的一侧连续摆放食品柜台和货架，摆放上各种面包、香肠、火腿等食品，标价出售。这种展示方式既可满足住店客人的需要，还可以让客人将食品带走，以此增强食品展卖推销效果。

（3）养活食品展示。这是一种既可美化餐厅环境、活跃餐厅气氛，又可扩大鱼、虾、蟹等海鲜食品推销，大量增加餐厅销售收入的展示方法。楼面经理可组织人员利用靠近厨房的某一部位，设置精心装饰的海鲜柜台、鱼类养活柜或鱼池，将活虾、活鱼、活蟹及各种水产品直接展示在客人面前，供客人当场点用。

（4）自助展示。这是一种方便客人自助用餐的形式，适用于自助餐、冷餐会和早餐、正餐、鸡尾酒等快速服务。通过这种形式，可以调节餐厅客人用餐，使客人随意选择自己最喜欢的美食，满足心理和生理需求。为此，楼面经理要组织服务员在餐厅设置自助餐台，将各种食品装盘摆放在餐台上，食品用小炉保持温度，配备装饰性的灯光来调节用餐气氛，增加客人的食欲，创造品牌服务。

（四）流动吧台展示推销方法

这是一种以在餐厅、酒吧、冷餐会现场推销酒水、饮料及小吃为主的推销方式。其主要步骤是：

（1）准备流动酒吧。流动酒吧是一种轻便式吧车，有2—3层。上层展示配制鸡尾酒、混合饮料或软饮料，留出一边作为配置酒水的操作台；中层展示冰块和酒吧杯具、用具等；下层展示软饮料。楼面经理督导服务员对吧车精心布置，并检查布置效果，确保美观。

(2)展示销售酒水。楼面经理安排专职服务员,在开餐过程中推着吧车在餐厅、酒吧间、冷餐会现场巡回走动,将流动吧台上五颜六色的酒水和配制好的精美多色鸡尾酒展示在客人面前,吸引客人的注意。客人点要酒水时,服务员将吧车停放在客人餐桌前,现场展示才艺,配制客人点要的鸡尾酒、混合饮料等,当场请客人品尝,既可以引起客人兴趣,吸引其注意力,又可以扩大酒水饮料的销售。

二、预算目标优惠促销方法

餐厅优惠促销是为了适应市场竞争需要、刺激客人需求来扩大产品销售的常用方法。这种方法通常用来招徕新客人,稳定现有客人,报答忠诚客人。由于优惠促销要追求销售迅速增长的效果,往往是大张旗鼓地进行,以造成一定声势,吸引公众注意,产生轰动效应。其常用的具体方法有:

(一)餐厅特式优惠促销方法

特式优惠促销是餐厅普遍采取的一种促销方法,是在餐厅正常经营的基础上,增设"每周特式"、"厨师长推荐特式"、"特色菜点"等。其步骤如下:

(1)拟订计划。特式菜点是餐厅为吸引客人而推出的树品牌、招徕客源的独创菜式,是在餐厅菜单以外新增加的产品。特式菜点一般带有季节性、时令性或具有特别促销价值,其产品质量一定要高于菜单上的同类产品。为了推广新菜,餐厅可采用优惠价格推出,待推广成功、客人需求量增加后,再考虑提高价格。特式菜点一经推出,就应该坚持下来。为此楼面经理应和厨师长协商拟订计划,选出准备推出的特色菜点,分阶段实施,并力争形成"每周特式"和"厨师长推荐特式"。

(2)制定特式菜卡。"每周特式"和"厨师长推荐特式"确定后,楼面经理应参与设计特式菜卡。这种菜卡应在菜式推广的每一个阶段(3天、每周、10天等)更新一次。卡片可以装在菜单套芯内,也可以用"台历卡"方式放在每个餐桌上。卡片制作要精美,有菜名,也有简单的风味特点介绍和制作方法,以引起客人注意,有利于促进销售。

(3)服务员主动推销。特式菜卡展示出来后,楼面经理应对服务员进行培训,熟悉和掌握特式菜点的促销方法和内容。在此基础上,客人点菜时服务员主动介绍,主动推销,告知客人"每周特式"、"厨师长推荐特式"、"创新特式菜点"的名称、口味特点、烹制方法,引起客人的兴趣,从而扩大菜点销售,增加餐厅经济效益。

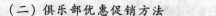

（二）俱乐部优惠促销方法

餐厅、酒吧采用俱乐部形式，吸收各类客人成为俱乐部成员，定期或不定期地组织餐饮产品促销活动。这是稳定客源、塑造餐厅形象、发挥名人效应、增加餐厅收入的一项重要销售方法。

（1）餐厅组织俱乐部。由餐厅出面组织俱乐部，如常客俱乐部、美食家俱乐部、常驻外商俱乐部、公司秘书俱乐部等。具体工作中，楼面经理参与工作计划，以餐厅名义向相关客户发出邀请，将常客、美食家、常驻外商、公司秘书分客源类型召集到一起，共同商定俱乐部章程、活动内容、活动形式。活动内容应以同类客人感兴趣的话题或信息交流为主，每次活动有一个主题，推举一位召集人或负责人。餐厅提供场地，向客人发放俱乐部会员卡，让客人享受一些特别优惠，如食品饮料优惠、场地租金优惠、舞会和 KTV 包间优惠等。必要时，也可收取一定俱乐部成员的会费，如美食家俱乐部的特殊食品原料费。这样，定期或不定期地举办俱乐部活动，既可满足客人信息交流、朋友社交的需求，又可促进餐饮产品销售、增加客源、搞活餐厅经营、增加经济收入。

（2）利用社会团体开展俱乐部活动。由餐厅出面，与当地的一些俱乐部或协会联系，如球员俱乐部、企业家俱乐部、艺术家俱乐部、律师协会等。具体工作中，楼面经理参与工作的组织、策划和落实，与各俱乐部达成意向或签订协议，让这些俱乐部或协会的活动在餐厅举行。餐厅提供活动场地、食品饮料服务和娱乐服务，让客人享受门票优惠、租金优惠、食品饮料优惠、赊账优惠（定期结账）。通过这种方式将社会团体的一些重要活动吸引到餐厅中来举办，扩大餐厅影响，并提高餐厅设施、设备的利用率，促进餐饮产品销售，增加经济效益。

（三）参与优惠促销方法

餐厅在产品销售过程中，欢迎客人参与销售，以新奇感和刺激感招徕客人，创造品牌效益和经济效益。这种促销方法是在餐饮产品销售过程中，让客人参与到饮食服务中来。一种形式是，楼面经理组织服务员准备好笔、纸或卡片。在推出特别菜点时，不先进行产品介绍，而是将笔、纸或卡片发放给客人，请客人填写这款特别菜点的主要原料和烹调方法，答对的给予菜点价格优惠。另一种形式是，楼面经理在客人点要菜点时，安排服务员在客人每点一种菜点时，发放一张卡片。客人积累到十张卡片时，就可以获得一份免费食品，以此刺激或鼓励客人多消费。还有一种形式是，楼面经理在餐桌上摆放好卡片，请客人评选最佳菜点和最佳服务员。以菜点或服务员的得票率

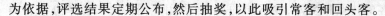

第七章 餐饮企业楼面经理的预算目标与效益管理

为依据,评选结果定期公布,然后抽奖,以此吸引常客和回头客。

（四）其他优惠促销方法

(1) 场地优惠促销方法。利用餐厅场地,在淡季或清淡时段供客人举办活动。场地不收费,但限时段,超过规定的时间收取一定费用。这样,客人可享受高档酒吧、小型聚会的贵宾厅房,提供个人私密空间和专人服务。餐饮企业的多功能宴会厅既可满足客人婚宴、记者会培训、生日聚会等需求;还可提供投影仪、传真、网络、视听系统设备等,为客人休息、用餐会友、从事商务活动提供方便。

(2) 优惠券促销方法。麦当劳、肯德基等多家著名的大型洋快餐从来不打折,他们每季发行一整版的优惠券,按照时间来区分内容,大多是当季所要强力推广的食品。一些洋快餐机构每年推出一本台历,当你在某个特定的时间里消费到特定的金额,就能获得一定优惠。这可不是普通的台历,因为每一页上都附送优惠券,让你在每个月都能有机会优惠品尝到指定的餐饮产品。这种推销方法的具体形式多种多样,楼面经理可结合本店实际采用。

(3) 电子优惠券促销方法。现在的网络也盛行优惠促销,电子优惠券是大众美食群体上网所能享受到的好处之一,不仅可以帮助人们用最便捷的方式了解并下载,而且还节约了印刷及派送传统优惠券的成本——打印或复印的版本皆可使用。这种促销手段也被视为"最具杀伤力"的优惠促销手段之一,渐渐成为众多有竞争实力的餐饮企业的常用手段。

(4) 利用事件行销、噱头促销的方法。比如在国庆、春节期间,各餐饮企业竞相开展让利降价、有奖销售活动,总能吸引到大批客人光顾。在知名人士造访后,一些餐厅可乘机推出"名人套餐",充分满足客人的好奇心,达到促销的目的。不同的优惠促销方式同时使用,可吸引更多的客人,不断推出价格折扣、有奖促销、优惠券、服务促销等方式,不断刺激客人的购买欲望。随着市场竞争日益激烈,优惠促销方式花样不断翻新。

三、预算目标活动促销方法

为搞活餐厅经营、活跃餐厅客人的用餐气氛、增加餐厅对客人的吸引力,楼面经理可根据季节的变化,抓住节假日和食品原材料上市的时机,经常、适时地举办一些具有特色的促销活动,也可以将餐饮销售和文娱活动结合起来,组织促销活动。

（一）不同时期活动促销方法

"特殊时机"在餐饮推销学上被称为"EVENT"。餐厅出于销售上的需要,根据目标顾客的特点和爱好，在不同的场合，利用不同的时机可举办多种类型的促销活动。

（1）节假日特殊活动促销方法。节假日是人们聚会庆祝和共娱共乐的好时光，是楼面经理等管理人员举办特殊促销活动的大好时机。在节日搞餐饮促销，楼面经理应精心策划，将餐厅环境或举办促销活动的现场装饰一新，营造出耳目一新，并具有独特主题和节假日气氛的感觉。为此，楼面经理要结合各地区民族风俗的节庆传统组织促销活动，使活动多姿多彩，使顾客感到新鲜。在一年的各种节日里，如春节、圣诞节、国庆节、情人节、中秋节、复活节等都可以举办各种活动。如春节家宴活动、元旦宴会活动、国庆大型自助活动、中秋赏月活动等。

（2）清淡时段促销方法。楼面经理可自行设计一些优惠方式，在清淡时段推出，吸引客人前来消费。如餐厅晚10:00—12:00举办"美好时刻"活动，食品优惠30%；酒吧下午2:00—4:00组织"快乐时光"活动，酒水优惠50%，或买一送一；咖啡厅上午9:00—10:00安排"欢乐聚会时光"，优惠咖啡、小吃20%。楼面经理采取这些优惠促销方法时，要注意活动的新奇性、刺激感和幽默感。为此，服务品质一定要跟上，以挖掘客人潜在的心理需求，刺激客人点用菜点、酒水饮料的消费，扩大产品销售。

（3）季节性特殊活动促销方法。餐厅可针对不同的季节进行多种形式的促销，如盛夏季节推出清淡菜、清凉菜，隆冬季节推出火锅系列菜、沙锅系列菜、烧烤菜等。楼面经理还可以考虑采用举办特色风味餐、各种食品节、美食节、烧烤会、抽奖活动促销等。

（二）文化娱乐性活动促销方法

将餐厅销售和文化娱乐活动结合起来开展各项促销活动，也是餐饮企业吸引客人、增加客源、扩大销售、保证计划任务顺利完成的重要方法。其基本思路是让客人在餐厅组织的文化娱乐活动中享受美食菜点。楼面经理采用文化娱乐性活动开展餐厅促销要注意以下两个问题：

（1）适当选择文化娱乐性活动的促销方式。其常用方法可以概括为四种类型：一是艺术型。楼面经理通过邀请书法艺术家到活动现场举办书法表演、国画展览、古董陈列展览等来招徕客人，开展促销活动。二是娱乐型。为活跃气氛，使经营别开生面、妙趣横生，达到吸引客人用餐消费、心情愉悦的效果，楼面经理可策划、举办一些如猜谜、抽奖、游戏等互动形式的娱乐活动，举办卡拉OK更是一种吸引和刺激客人消费的活动形式。三是演出型。为提升客人享受娱乐需求的期望，楼面经理可邀请专业文艺团体、少数民族歌舞团体和演员来演出爵士音乐、轻音乐、钢琴演奏、民歌等,邀请时尚表演队到活动现场演出,以为客人用餐饮酒助兴。四是实惠型。楼面经理可针对客人追求实惠的心理进行餐饮产品折价销售,实现促销赢利的目的。如向用餐客人奉送免费礼品、精美小食品等。给客人以实惠的促销形式通常是很有吸引力的活动。

(2)要创造文化娱乐活动促销的闪光点。在举办文化娱乐促销活动时,要注意五个问题:一是新闻性。楼面经理举办的促销活动应尽量获取新闻价值,能够在公众中产生话题,引起新闻媒体的兴趣和关注,以便间接地带动客人,吸引招徕潜在客源。二是新潮性。楼面经理组织的文化娱乐促销活动的主题要鲜明,具有时代气息,能够满足消费群体追求时尚、追求新潮刺激的心理需求。三是好奇性。楼面经理在策划、设计促销活动的过程中要有好的创意、好的设想,使活动力求标新立异,讲求奇妙。四是视觉性。策划和安排促销活动时,楼面经理为突出餐饮企业经营意图和活动主题,要组织员工在环境装饰、活动现场布置上下工夫。餐厅的菜单、餐具和食品的摆放力求美丽诱人,使活动举办得多姿多彩。五是参与性。在促销活动的具体过程中,楼面经理可开展形式多样,尽量让组织者、节目表演者与客人之间互动的娱乐活动,如演员与客人共同表演、客人上场表演、卡拉OK等,使大家互娱互乐。

四、餐厅品牌创建促销方法

楼面经理做好餐饮产品促销工作的目的之一是创建餐饮企业的品牌。餐饮品牌促销包括外部与内部两种形式。只有将品牌创建工作列入餐厅促销的指导思想,才能够吸引更多的客人到餐厅用餐,扩大销售,保证计划目标的顺利完成和超额完成。其重点工作是:

(1)店名促销。为适应目标顾客层次、贯彻餐厅的经营宗旨、调节餐厅情调,店名要易记和易读,笔画简洁、字数少、文字排列避免误会,字体设计应美观大方、具有独特性;多数顾客通过电话预定餐桌,所以店名应好听和易念,避免使用易混淆的词、发音困难或不顺口的词,特别是不能用怪字、难字和生僻字,造成模糊性。

(2)招牌促销。招牌推陈出新是餐厅最重要的宣传工具,招牌大则醒目,可见性大,易吸引人的注意力。晚上招牌要有霓虹灯照明,使得店名易于辨识。

(3)外观与橱窗促销。餐厅外观与橱窗应美观大方,门口和橱窗可种植摆放花草树木,保持清洁卫生,特别是树木的叶子上面不应有尘土,只有这样才能让顾客觉得餐厅讲究清洁卫生。在门前或橱窗上可列出特色菜肴并标明价格,使顾客能够安然踏进餐厅消费。

第三节 餐厅预算目标的销售控制和利润考核

餐厅收款签字笔迹不符的风波处理

1995年3月上旬,属于宁波市最繁华地段的中山东路因市政建设封路,明都大酒店的营业受到一定的影响。这天中餐结束时间已到,整个餐厅只剩下一位已喝得半醉的客人。见到其他用餐客人都已走光,这位客人回头朝服务员示意结账,并慢慢地从西装口袋里掏出长城卡。只见他在签账单上龙飞凤舞,签上字便将签账单交给服务员。服务员将签账单送到收银台,经检验,发现签账单上的签名与长城卡上的不一样,且有多个明显不符之处。服务员又将签账单拿回到餐桌,请客人重新签名。

不知道这位客人是真的喝醉了还是无理取闹,他大声呵斥酒店不懂与国际接轨,连信用卡付款都不敢收。这位客人拒绝重签,还气势汹汹地走到收银台,说他有的是钱,几百元钱不过是"毛毛雨",酒店可以不用他的长城卡结账,但必须在收银台前放块公告牌,公告明都大酒店拒收长城卡。

收银员和餐厅服务员共同耐心向客人解释酒店的财务制度,并诚恳地说明,即便酒店收下了这张长城卡,送到银行后也是会有麻烦的。客人一听此话,犹如火上浇油,扔下卡,拎起包就朝门口走去。一边走还一边嚷道:"你们马上到银行去,看他们是不是和你们一样不懂世面?哼,你们明天早晨九点以前必须把我的卡送回到××公司。"

酒店会计接到这张卡,迅即赶往银行。果然不出收银员和服务员所料,因笔迹不符,银行拒收。会计请银行查清长城卡主人的家庭地址和电话。原来,此卡是这位客人的朋友借给他的。晚上,酒店便与这位客人联系,客人恰好没有在家。酒店便向其家属说明情况,并希望客人本人有空到酒店餐厅账台补办手续。

到第二天上午八点四十分,客人给明都大酒店陈总打来电话,态度生硬地要求酒店九点以前把卡送到他的单位。此时正下着瓢泼大雨,从酒店到该

第七章
餐饮企业楼面经理的预算目标与效益管理

单位有好几公里路。尽管如此，陈总考虑到酒店的声誉和客人的权益，还是决定派餐厅服务员冒雨将卡送到客人手里。九点整，客人收到长城卡，终于收敛了强硬的态度，用现金支付了前一天用餐的费用。

在餐饮企业管理中，预算目标确定后，促销管理和销售控制是相辅相成的，两者都是为了保证预算目标的顺利完成。为此，楼面经理必须以预算目标为基础，在餐厅促销过程中认真做好销售控制。案例中的收款风波处理属于餐厅收入控制的范围。在餐厅收银过程中，财务和收银员应根据国家有关规定和企业的规章制度严格把关。管理人员、服务员都应争取既不"得罪"客人，又可维护企业合法权益。案例中正是由于酒店竭诚服务的精神使客人改变了强硬的态度，最终按照酒店的要求用现金支付了用餐费用，保证了餐厅营业收入的实现。

楼面经理要做好餐厅预算目标的销售控制，需要做好各方面的工作。为此，本节在餐厅促销管理方法的基础上，研究介绍楼面经理餐厅销售控制的方法和技术，以保证餐厅预算目标的顺利完成。

一、楼面经理预算目标销售控制的原则和指标

（一）预算目标销售控制的原则

销售控制是指以餐厅预算指标为基础，在销售过程中做好控制工作，保证餐厅部门逐日、逐周、逐月、逐季完成销售目标和计划任务。在餐厅营业收入、营业成本、营业费用和营业利润预算的基础上，促销管理和销售控制是一个问题的两个方面。促销的目的是增加客源、促进销售，控制的目的是保证预算任务和目标的顺利完成。前者以促销活动的组织为主，后者以数量检查、考核为主，都是一个比较复杂的过程。为此，楼面经理需要遵循三个基本原则：

（1）控制过程比控制结果更重要。现代餐饮产品销售观念认为：产品销售重在过程，控制了过程就控制了结果。结果只能由过程产生，什么样的过程产生什么样的结果。现代销售管理中最可怕的现象是"暗箱操作"和"过程管理不透明"，因而导致过程管理失控，最终表现为结果失控。

企业采取"结果导向"还是"过程导向"的控制方式,在很大程度上决定了销售管理的最终成败。我们并不完全反对依靠结果进行销售控制,通过对销售结果的分析,同样能够发现并采取有效的控制措施。但实际上,"结果导向"的控制只能起到"亡羊补牢"的效果,因为结果具有滞后性和不可预测性,企业今年的销售情况好,可能是去年销售努力的结果,而今年的销售努力要经过很长时间才能体现出来,且可能不会取得预想的成功。在现代企业销售决策中,必须根据最新的市场信息进行决策。如果单纯根据具有滞后效应的"销售结果"进行决策和销售控制,显然没有成功的把握,是不可取的。

(2)该说的要说到,说到的要做到,做到的要见到。这是 ISO 9000 质量保证体系的精髓,这三句话同样可以有效用于餐饮产品的销售控制,而且应该成为餐饮产品销售管理的精髓。

"该说的要说到",它的基本含义是指销售管理必须制度化、规范化、程序化,对销售管理的对象、内容、程序都必须以文件和制度的形式规范,避免销售管理过程的随意性,实行"法治"而不是"人治"。在销售管理中必须树立"法"的权威性而不是人的权威性,销售管理的"法"就是销售管理制度。因此,成功的销售管理的首要任务是建立销售管理制度,依法管理,依制度管理。

想到哪就管到哪,想怎么管就怎么管,这是销售管理之大忌,也是目前普遍存在的销售管理现象。根治这一管理弊端的最有效措施就是坚定不移地贯彻"该说的要说到"这一销售管理的基本理念。

"说到的要做到"这句话的含义要容易理解得多,但执行的难度也大得多。"说到的要做到"指的是,凡是制度化的内容,都必须不折不扣地执行。餐饮企业管理最可怕的不是没有制度,而是制度没有权威性。有制度而不能有效执行或不执行,比没有制度对企业管理的危害更大。

"做到的要见到"是销售管理中普遍存在的盲区,它的含义是:凡是已经发生的销售行为都必须留下记录,没有记录就等于没有发生。

"没有记录就没有发生"是销售管理的一个重要理念,它对销售管理有三大作用:一是建立了责任(业绩)追踪制度,当每件事都留下记录时,就很容易对事件的责任进行追诉;二是使销售过程透明化,能够有效避免销售过程中的"暗箱操作"现象和销售人员工作中不负责任的现象;三是销售人员可以通过销售记录进行总结提高。

(3)预防性的事前管理重于问题性的事后管理。餐饮产品销售通常有两种典型的管理方式:一种管理者习惯于"问题管理",另一种管理者习惯于"预防管理"。

习惯于"问题管理"的管理者,他们管理的特点是哪里发生问题,就到哪里解决问题。"问题管理"属于事后纠错式的管理,这种管理只能解决已经发生的问题,而不能预防问题的发生;习惯于"预防管理"的管理者,他们的管理特点是在问题发生之前就已经预料到问题可能会发生,并采取相应的措施预防问题的发生。

一个企业的餐饮产品销售,不可能没有事后的"问题管理",但问题太多,只能说明管理的失败。一个习惯于问题管理的楼面经理,不管他解决问题的能力有多强,不管他曾经解决的问题难度有多大,不管他曾经做出过多么轰轰烈烈的事,这样的管理者总是很难成为最优秀的管理人员。最优秀的管理人员总是由于他们的远见和洞察力,由于他们的调研能力,把问题消灭在萌芽之前。习惯于预防管理的管理者,可能并没有习惯于问题管理的管理者那样津津乐道的故事,他们的管理由于预防了问题的发生而显得平平淡淡。

凡事预则立,不预则废。没有做好预防性销售管理的企业,必然会由于问题成堆而不得不花大量的时间去解决问题,这又使得他们缺乏时间和精力去预防问题,从而形成恶性循环。

楼面经理要做好销售管理的预防性工作,就必须加强调研,通过调研发现问题的苗头,发现问题的规律,发现可能发生的问题。楼面经理必须明白:他的工作场所在餐饮服务的现场,只有深入现场才能发现真正的问题,才能提前发现问题。在服务领域,最优秀的管理人员的最有效的管理方式是"走动管理",即要经常来到现场发现问题、解决问题。

一般管理者只局限于解决问题而不是预防未来发生问题,而优秀的管理人员注重继续思考问题的性质是偶发还是频发。优秀的管理者解决偶发问题后,要建立一种原则,以后发生类似的问题,根据原则处理即可。面对频发问题,要完善规章制度,加大处罚力度,力求令行禁止。

(二)预算目标销售控制的指标分解

餐厅销售控制指标是以预算目标为基础的。预算目标一般以营业明细表和部门的损益分析表形式表现出来。但这种表格中的数据还未落实到各餐厅和班组,时间段较长,作为控制指标还难以操作。因此,楼面经理和企业财务会计还应将计划指标的内容按时间段分解落实到各个餐厅和各班组有关人员,形成各项销售控制指标。然后通过逐日、逐周、逐月、逐季的过程控制,才能做好督导、检查、监督与考核,保证销售目标的逐期顺利完成。其控制指标的内容和分解方法如下:

(1)营业明细表指标分解落实。落实明细表中的收入、成本和毛利只计算餐厅食品和饮料项目,以真实地考核营业效果。签单成本应单独列入预算中,并在日常接待中单独记账。此外,餐厅的食品和饮料收入、成本与毛利在分解落实到各月、各季度时,必须充分考虑企业经营的季节波动程度,根据历年统计资料所反映的季节指数来确定,防止平均安排各月预算指标。如果资料齐全,也可逐月预算。

(2) 变动费用指标分解落实。餐厅的水费、电费、燃料消耗、客用消耗物品和洗涤费用等变动费用是随着销售额的变化而变化的。这些费用在分解落实到各月、各季度时,也要考虑饮食经营的季节波动性,按季节指数分解落实。

(3) 固定费用指标落实。餐厅的管理费用、人事成本中的工薪、膳食及装饰费用等固定费用是不随销售额的变化而变化的。因此,在餐厅预算指标确定后,可以按各月、各季度平均分摊,作为餐厅预算控制的基础。

(4) 间接费用指标落实。餐厅的销售费用、维修费用、保险费用等间接费用主要是从全店出发,先确定年度需要量,然后分解到各部门。具体落实到餐厅时,要根据餐厅实际情况,分析各费用项目,确定分解比率,然后确定各餐厅预算额。其分摊费用比率一般是根据统计资料大致确定的。

二、楼面经理餐厅销售过程的控制方法

餐厅销售过程就是客人的消费过程,也是楼面经理做好餐厅销售业务的控制过程。要保证餐厅各项指标的逐日、逐月、逐周、逐季的顺利完成,楼面经理必须做好各餐厅销售过程的控制,确保提供优质服务,扩大产品销售。其控制过程和方法如下:

(一) 餐前准备工作的控制方法

餐前准备是餐厅每日销售服务的前提和基础,也是保证客人需求、提供优质服务、广泛吸引客人、扩大餐厅销售的重要业务。为此,楼面经理要认真做好下列工作:

1. 掌握客情,做好销售服务准备

(1) 团体、会议和包饭。楼面经理应督导主管、领班和服务员掌握每一餐客人的人数、标准、国籍、生活习惯和宗教信仰、开餐时间和服务质量。因宗教信仰和生活习惯不同,对有特殊要求的客人,要安排服务员提前做好安排,提供有针对性的特殊服务。

(2) 零点餐厅。应督导主管、领班和服务员掌握客源变化,预测用餐人数和客人对不同餐饮、产品的喜爱程度,以便在开餐过程中有针对性地做好客源组织,扩大产品销售。

(3) 人员组织。在预测用餐人次的基础上,提前安排好服务员的班次,确定每个班次上岗人数,按区域确定责任人,明确各区域负责的餐桌、餐位范围和数量。

(4) 熟悉菜单。正式开餐前,楼面经理应督导主管、领班和服务员对重点推销菜、时令菜、季节菜、特式菜点等准确掌握产品名称、主要原料、制作方法、菜点价格和风味特点,以便有针对性地向客人推销,扩大产品销售。

2. 搞好餐厅布局和卫生,提供优良用餐环境

(1) 餐桌、餐椅摆设。餐桌、餐椅摆放要美观舒适。一般餐厅靠门边和四周摆放2人台或4人台,中间摆放8—10人台。咖啡厅摆放4人台或6人台。餐厅进门处摆放花坛或屏风,四角或适当位置摆放盆栽或盆景。桌面摆放要整齐、美观、疏密得当,便于客人进出,形成美好的桌面构图,给客人以舒适感。

(2) 高档餐厅环境布置。设有小型酒吧、休息室和酒水饮料柜台的高档餐厅,环境布局要给予重点装饰,台面、家具要美观舒适,留出较大空间,便于客人消费或餐前小饮休息。

(3) 餐厅卫生。楼面经理应督导主管、领班和服务员每餐做好桌椅擦拭,墙面、地面保持清洁,门窗和玻璃每天擦拭。天花板、墙角、高处玻璃、灯饰定期循环清洁。餐、茶用品每餐消毒,清除油腻,台布、口布每餐换新,香巾每次消毒。整个餐厅卫生要和桌面布局结合,形成优良的用餐环境,这样才能正式接待客人。

3. 准备餐、茶用品,保证销售服务需要

(1) 备餐室餐、茶用品准备。正式开餐前,要组织服务人员准备好各种餐具、茶具、酒具和服务用品,做到每种餐、茶用品数量适当、摆放整齐、清洁卫生、取用方便。传菜、送菜所用的小推车、托盘和餐、茶、酒具的准备情况都要经过严格检查,以保证正式开餐需要。

(2) 服务人员的用品准备。正式开餐前,要组织服务人员准备好围裙、点菜单、开瓶器、打火机等,并检查桌牌号、牙签、烟缸等的位置摆放是否适当。同时,检查服务员个人卫生、着装、仪容仪表和女服务员的化妆情况,为正式开餐做好准备。

(3) 检查准备效果。楼面经理和主管、领班要逐一检查各项准备工作效果。如服务员菜单是否记熟,桌面布局是否美观、舒适,清洁卫生是否达到标准,各备餐室和服务人员的各种餐、茶用品和服务用品是否标准、恰当,服务人员是否按照工作程序、服务规范要求做好各方面的准备。

（二）餐厅铺台服务的控制方法

（1）明确餐厅类型和销售方式，掌握铺台标准和要求。楼面经理在督导主管、领班组织铺台工作时要按照餐厅的种类和服务档次，组织服务人员按照相应的要求和标准做好铺台工作。

（2）督导铺台服务。组织服务人员按程序和规范进行铺台操作。铺台前要设计好台型，准备好铺台所需要的台布、餐具、口布等各项用品，然后再按程序和规范进行铺台操作。

（3）检查铺台质量，保证台面效果。楼面经理和主管领班对服务员完成的铺台效果要进行确认，如台布是否铺正、餐具摆放是否对称、餐具是否齐全、有无肮脏破损等。发现问题要及时纠正，需要返工的一定要返工，确保铺台操作质量符合标准。

（三）迎宾、领位服务的控制方法

（1）明确迎宾员和领位员的岗位职责。楼面经理应选用素质较高的服务员担任迎宾领位工作，以确保给客人留下深刻的第一印象。迎宾领位员要选择形象大方、声音甜美、吐字清晰、微笑动人、手势规范的人员担任。迎宾员的主要工作是在开餐前与其他服务员共同做好餐前准备，开餐后在餐厅门口迎送客人。为此，必须做到面带微笑，迎接客人主动热情，拉椅让座准确及时，递送与收回菜单服务周到，送别客人热情友好，能给客人留下良好印象。

（2）检查仪容仪表，迎接引领客人。开餐前，楼面经理应检查迎宾领位员的仪容仪表，确保她们着装整洁、美观，仪表端庄，化妆淡雅，精神奕奕。做好迎接客人的精神准备和物质准备，备好整洁完好的菜单，掌握备餐情况，开餐前5分钟左右进入岗位，准备迎接和引领客人。

（3）主动迎送客人，提供优质服务。开餐期间，要多关注迎宾员和领位员的服务状况，督导他们主动、热情迎接客人，将客人引入餐厅。替客人存放衣帽、雨伞等物品。餐厅满座时，要了解客情，随机安排客人。客人离开餐厅时迎宾员和领位要微笑送客，感谢客人光临，耐心回答客人的询问，接受客人的建议、投诉，收集客人的意见并及时向上级汇报。

（四）开餐服务的销售控制方法

（1）开好班前会，做好现场服务的事前控制。正式开餐前，楼面经理要督导主管、领班召集班前会，讲清用餐人数、开餐时间、重点客人或有禁忌的客人的注意事项、当天的特色菜、时令菜、厨师长推荐菜等；检查备餐室、餐厅台面布局、餐茶用品及各种服务用品的准备情况，做好迎接客人的心理准备。

（2）督导员工上岗，保证开餐质量。正式开餐前10分钟，督导服务人员

第七章
餐饮企业楼面经理的预算目标与效益管理

到岗,桌面服务员最后检查台面效果,准备好点菜单;传菜员准备好托盘、餐车,收银员要检查票据、收银机和零钱。第一批客人进入餐厅,服务员通知厨师准备做菜。如果是事先预订的团队、会议、宴会或客人聚餐,必要时要先安排服务员上好凉菜和酒水,引导客人就座。

(3)提供用餐服务,满足客人需求。客人来到桌边,服务员热情问候,拉椅让座,送上毛巾、茶水和菜单,准备为客人点菜。客人点菜过程中,应有针对性地向客人介绍菜单,主动推销餐厅菜品。客人点菜完成后,复述所点菜点,比较费时的菜点要向客人说明。点菜完成后,要及时将点菜单送入厨房。传菜员要及时、准确地将烹制好的菜点送到客人餐桌前或接手桌。桌面服务员严格按照服务程序,做好上菜、斟酒、分菜、撤换餐具等工作,照顾好每一位客人。满足客人需求,提供优质用餐服务。

(4)加强巡视检查,做好现场指挥。客人用餐过程中,楼面经理要加强巡视检查,做好现场指挥工作。主要工作有:检查服务员是否坚守工作岗位,严格遵守服务程序;协调每个区域的忙闲程度;调度客源,督促服务员做好翻台工作;处理客人投诉;用餐高峰时加强餐厨联系;提高上菜速度和餐位利用率;纠正服务过程中可能出现的错误;亲自为重要客人服务。

(5)掌握餐厅气氛,保证服务规格。楼面经理在客人用餐服务过程中要十分重视餐厅服务气氛。指挥服务员根据需要调节灯光,适时上银器、烛灯。若是高档餐厅或KTV包房,要视需要做好钢琴伴奏、文艺演出的组织工作,处理演出过程中的特殊情况,接待好演出人员。要使客人在用餐过程中感觉环境舒适、气氛和谐、心情愉快。

(五)餐后服务的控制方法

(1)善始善终,接待好最后一位客人。在餐厅营业过程中,楼面经理和主管、领班要督导热情接待好最后一分钟到来的客人。用餐结束,必须等到最后一位客人用餐完毕,才能收拾餐具。要做到善始善终,给客人留下美好的回忆。

(2)准确收款结账,欢迎客人再度光临。客人用餐即将结束时,服务员要准备好账单,待客人示意结账,立即将账单交给客人,礼貌地请客人付款。签单客人,要核对账款,请客人签字。收款员和餐厅服务员要密切配合,防止出错。客人离开餐厅时,主动向客人告别。

(3)指挥收拾餐具,搞好餐厅卫生。客人离开餐厅后,组织服务员迅速收拾餐具。将客人用过的餐具送到洗碗间,搞好餐厅卫生,准备好洁净的餐、茶用品,准备迎接下一批客人。必要时楼面经理召开总结会,表扬好人好事,总结经验教训,改进餐厅管理和服务工作。由此做好餐厅全过程的销售业务控制。

三、楼面经理餐厅销售指标的控制方法

楼面经理做好餐厅销售服务过程控制的目的是要提高服务质量,扩大产品销售,增加经济收入,保证各项销售指标的顺利完成。为此,在餐厅销售服务过程中,楼面经理应做好如下工作:

（一）做好原始记录和统计分析

餐厅预算目标和销售指标确定和分解落实后,只有逐日、逐周、逐月、逐季做好原始记录和销售统计,才能控制销售指标。其重点是要做好两个方面的工作:

（1）认真做好原始记录。楼面经理在餐厅销售服务过程中,要组织财务收款和有关人员逐日、逐周、逐月、逐季做好原始记录。应注意以下三个问题:一是餐厅的收入、成本和毛利额必须按不同餐厅逐日、逐周、逐月做好详细记录,以掌握实际发生额;二是餐厅直接费用发生后,必须逐项记录发生数额和日期,并在餐厅费用中列支;三是餐厅间接费用发生后,应由财务部门根据财务决策所确定的比例按时分摊,也记入餐厅费用开支。

（2）准确、及时做好统计分析。原始记录的统计分析要做好两个方面的工作:一是餐厅的收入、成本和毛利要每天统计,每周分析,每月汇总公布一次,并报送餐厅楼面经理、厨师长等管理人员;二是餐厅的直接费用和间接费用要每月统计公布一次,将统计报表及时报送各管理人员。

（二）做好部门销售指标控制

在掌握原始记录和统计分析资料的基础上,楼面经理还要逐期做好餐厅部门的营业收入、营业成本和费用消耗控制,以保证利润指标的实现。其控制方法如下:

1. 餐厅营业收入控制

（1）餐厅收银主管每日、每周提供餐厅销售统计报告,将接待人次、人均消费、座位利用率、食品收入、领料收入、人均消费等指标实际发生额报餐厅经理和楼面经理。然后,将这些数据和预算指标比较,即可发现预算指标逐日、逐周完成结果,分析存在的问题。

（2）每周分析餐厅销售存在的问题及原因,提出控制措施。其具体方法是分析销售收入和预算指标之间的差额,找到发生偏差的具体原因,提出改进措施,从而做好收入控制。

(3) 落实改进措施,保证餐厅预算指标顺利完成。具体方法是将改进措施与每日经营活动的开展结合起来,加强市场开发、改进餐厅预订,调整产品花色品种,切实提高产品质量和服务质量,认真做好餐厅推销,从而增加接待人次,提高客人人均消费。保证营业收入指标的逐期顺利完成、超额完成。

2. 餐厅营业成本控制

(1) 逐日、逐周统计餐厅实际成本和成本率发生额,掌握成本控制基础数据。在每日原始记录的基础上,督导成本核算员将这些原始记录单据汇总,分别按餐厅食品、饮料成本发生额核算,制作每日成本报表,为楼面经理提供成本控制的基础数据。

(2) 每周分析餐厅成本消耗,找出存在的问题,提出改进措施。具体方法是将餐厅的实际成本额、成本率和预算成本比较,找出偏差。比较的重点是食品原料成本率。一般控制标准应在预算指标的±1%—2%。如果超过这一标准,楼面经理应和厨师长在采购原料质量、采购价格、加工制作损耗、用料合理性、配菜标准掌握、内部超吃超喝或其他方面找原因,再提出有针对性的控制措施,以降低成本消耗,保证餐厅成本预算指标顺利完成。

3. 餐厅营业费用控制

(1) 财务部门每月统计餐厅各项费用的实际发生额,为餐厅费用控制提供决策参考。具体方法是:第一,餐厅的直接费用按当月实际发生额记账,然后按费用性质逐项汇总,形成餐厅各项直接费用发生额;第二,财务部门根据决策制定的分摊比例,统计餐厅当月间接费用实际发生额;第三,财务部门将各项直接费用和间接费用汇总,编制营业费用报表,供楼面经理参考使用。

(2) 餐厅每月分析各项营业费用消耗,并和预算标准比较,分析存在问题。其方法是每月召开营业分析会议,分析各项费用差额,找出存在问题的原因,重点是分析直接费用,对于当月超标准使用的费用项目,要结合经营活动,分析具体原因,然后针对存在的实际问题,提出改进措施。

(3) 针对具体问题,采取相应的控制措施,降低费用消耗。具体改进措施包括减少采购申请、降低库存物品、控制物品使用数量、严格掌握物品消耗定额、加强废旧物品回收和再利用等。将这些具体措施落实到餐厅和厨房经营管理的实际工作中去,即可达到费用控制的目的。

四、楼面经理餐厅利润控制和考核

利润是餐厅一定时期经营成果最重要的表现形式。楼面经理做好收入、成本和费用控制的目的,最终都是为了提高餐厅经营利润。所以,餐厅利润的多少,既是衡量企业管理水平和服务质量的客观反映,也是衡量企业经济效益高低的表现。为此,楼面经理要在企业总经理领导下,会同厨师长和财务经理共同做好利润控制和考核,以确保提高经济效益。

(一)餐厅利润控制的考核指标

(1)利润额和利润率。餐厅利润是营业收入扣除成本、费用和税金后的余额。所以,控制利润与控制餐厅收入和成本费用是相辅相成的。其指标计算公式为:

$$餐厅利润额 = 营业收入 - 原料成本 - 营业费用 - 营业税金$$

$$餐厅利润率 = \frac{利润额}{营业收入} \times 100\%$$

(2)毛利额和毛利率。餐厅毛利是营业收入扣除原料成本后的余额。餐厅毛利高低主要取决于厨房成本消耗。所以,这一指标主要控制和考核厨房原料控制。楼面经理的工作是增加营业收入。两者结合,才能控制利润额和利润率。其计算公式是:

$$餐厅毛利额 = 营业收入 - 原料成本$$

$$餐厅毛利率 = \frac{毛利额}{营业收入} \times 100\%$$

(3)餐饮附加价值和附加价值率。附加价值是指劳动力所创造的新增价值。在餐饮经营过程中,企业价值主要包括两个部分:一是预算期内投资人和企业所投入的价值。其中,固定设施和设备通过折旧和核算形成预算期内的固定成本,其他价值通过财务计账和核算,形成酌量性固定费用和变动费用。这些费用在餐饮经营过程中只存在价值转移,它们不会自己增值。只有加入员工的劳动,才能创造新的价值。所以,就产生了另一部分价值,即劳动力所创造的新增价值,称为附加价值。附加价值越高,说明楼面经理等管理人员的管理水平越高,经营效果越好。在实际工作中,附加价值转化为人工成本、上缴税金和企业留利。附加价值率则是附加价值和营业收入的比率。所以附加价值和附加价值率也是餐厅利润控制和考核的重要指标。其计算公式为:

$$餐厅附加价值 = 人工成本 + 上缴税金 + 企业留利$$

$$餐厅附加价值率 = \frac{附加价值}{营业收入} \times 100\%$$

(4)劳动分配率和利润分配率。这两个指标是餐饮利润控制和考核的相关指标。其主要作用是调节企业劳资关系。只有企业的劳动分配率在同行中处于平均水平之上,能够维护员工利益,才能充分调动员工积极性,为企业创造更多利润。利润分配率的高低则直接影响投资人的利润分配,但投资人要有长期观念,逐步取得利润回报,才能促进企业的长期发展。这两项指标的计算公式为:

$$餐厅劳动分配率 = \frac{人员成本总额}{营业收入} \times 100\%$$

$$餐厅利润分配率 = \frac{餐饮利润额}{附加价值额} \times 100\%$$

(二)餐厅利润考核方法

(1)财务部门每月编制餐厅损益核算表,考核餐厅经营利润的实际完成额。其方法是每月汇总餐厅的食品、饮料等营业收入和餐厅直接费用、间接费用和上缴税金,计算出当月餐厅利润,形成餐厅月度损益核算报告,同时计算出餐厅营业利润率、成本利润率、资金利润率、原料资金平均库存、原料资金周转次数和周转天数等数据,并和预算控制标准比较,以此考核餐厅经营利润的实际效果。

(2)餐厅每月掌握各项利润指标完成情况,总结成绩,分析存在的问题。其方法是每月召开一次餐厅经济活动分析会议,具体分析餐厅各项收入、成本和费用指标的完成效果,并和历年同期完成结果及当月预算指标比较,找出存在的问题和具体原因,从而有针对性地提出改进措施。

(3)根据餐厅营业利润完成结果,贯彻奖罚措施,调动员工积极性,不断提高管理水平。其方法是根据餐厅奖罚制度和财务部门制定的劳动报酬及奖金控制总额,结合餐厅各岗位的实际经营成果和员工表现,具体落实餐厅劳动工资分配和奖金发放标准与数额。对于那些表现突出、超额完成计划任务的员工给予必要奖励,坚持奖勤罚懒、奖优罚劣,充分调动员工的积极性,保证餐厅利润指标的顺利完成。

(4)餐饮企业财务部门分析每月和年度附加价值、附加价值率、劳动分配率和利润分配率,与当地同等规模和档次的企业比较,并将分析结果报企业董事会和高、中层管理人员,作为考核高、中层管理人员的参考依据,其中,劳动分配率和利润分配率作为调节企业劳动关系的重要参考依据,并根据存在的问题,调整企业劳动分配政策和工资标准,逐步提高员工待遇,以便充分调动员工积极性,保证员工队伍的相对稳定,从而让员工为企业创造更多的经济效益。

(三)楼面经理提高餐厅利润水平的途径和主要方法

餐厅利润的高低是由多种因素决定的。在餐饮利润控制和考核的基础

上,楼面经理要根据影响利润的因素和存在的问题,有针对性地采取各种措施,提高利润水平。其主要途径和方法是:

(1) 提高人均消费额。人均消费是指平均每位客人每餐次的平均消费。餐厅人均消费受客源层次、产品质量、服务质量等多种因素的影响。在客人数量一定的条件下,人均消费越高,说明餐厅服务人员的推销工作、客源开发和组织工作及服务质量越高,总收入和餐厅利润会相对越高。所以,提高人均消费是餐厅提高利润水平的重要途径。

(2) 培养忠诚客户。忠诚客户是对餐厅经营和服务有好感,反复来餐厅用餐、宴请、举办活动的客户,一般以单位客户为主。餐厅忠诚客户越多,回头率越高,收入越高。楼面经理要采取建立客户档案、加强客户联络、增进客户和客人感情联系、有针对性地满足客人消费需求、确保优质服务等多种形式,培养更多的忠诚客户,增加回头客以增加餐厅收入,获得更多利润。

(3) 提高餐位利用率。餐位利用率有两种表达方式:一是指餐厅上座率,即平均每个餐次的客人数和餐厅座位的比率;二是座位利用率,即平均每天、每个座位接待的客人数量。餐厅餐位利用率越高,说明餐厅客源越丰富,每天每餐的客人数量越多,其餐厅收入和能够获得的利润必然越多。为此,楼面经理要组织餐厅销售人员、预订人员广泛联系客户,增加客人数量。同时,餐厅产品质量越高,价格越合理,服务质量越高,对客人的吸引力就越大,餐位利用率必然越高。这些也是楼面经理提高餐厅利润水平的重要途径和考核指标。

(4) 提高时段销售额。餐厅一日三餐,不同时段的销售额不同。提高时段销售额,重点在清淡时段的销售额,如咖啡厅、酒吧间的下午2:00—5:00、酒楼、饭庄晚餐高峰期后的8:00—10:00 或 9:00—12:00。楼面经理做好餐厅销售的组织工作,要会同企业公关销售人员加强宣传推广、优惠促销,开展有吸引力的促销活动,提高清淡时段的销售额,从而增加总销售额、提高餐厅利润水平。

(5) 降低成本消耗。餐饮成本是影响利润的重要因素。上面四种途径都是以增加餐厅销售收入为主的,在此基础上,降低成本消耗,减少采购、加工、配菜、销售过程中存在的损失、浪费、偷吃偷喝等不良现象,使餐厅成本率保持在一个合理的水平上,即可实现餐厅收入和餐厅毛利额的同步增长,从而提高餐厅利润水平。

(6) 降低费用开支。餐厅费用可分为固定费用和变动费用。固定费用除约束性固定费用,如房屋与设备折旧、还本付息、租赁经营的餐厅租金等不能改变以外,其他固定费用只要加强计划管理,尽量节省实际开支,是可以逐年降低的。楼面经理要加强水电、燃料、餐茶用品、服务用品、清洁用品等变动费用控制,在保证餐厅业务需要、服务质量的前提下,降低上述变动费用,就必然能够增加餐厅利润,逐步提高利润水平。

第八章
餐饮企业楼面经理的成效考核与职业发展
——把握职业发展的成功之路

第一节　优秀楼面经理的成功标志

 案 例

团队餐厅的歌声

　　武夷山风景区某三星级酒店，团队餐厅里人生鼎沸，一百多位游客正在用晚餐。突然，餐厅一角一阵热闹。原来是来自台湾省的一个旅游团，他们正在相互敬酒，有人要求地陪导游来一首内地歌曲以助酒兴。这位导游是一位年轻小姐，秀气而腼腆。她红着脸，连连挥手表示不行。越是推托，客人越是来劲起哄。全陪导游出面向大家解释："这位小姐是正在大学念书的学生，只是因为考取了导游证，才利用放假时间出来兼职导游，还没有见过这种场面，请大家原谅。"全陪导游说完，众位客人一下子静了下来。全陪的话还是有道理的，于是大家不再强邀地陪小姐唱歌，但整个用餐场面却冷了下来，客人们显得有些扫兴。

　　此时，在现场督导服务的楼面经理方芳来到台湾客人面前，提高声音向台湾朋友说道："各位台湾朋友，你们千里迢迢来武夷山观光，住在我们酒店，我们十分高兴。为了让大家开心，我向大家推荐一下我们餐厅的一位服务员，也是我们酒店艺术团的成员帅小姐为大家演唱一首歌助助兴。大家说好不好！"话音刚落，个个红光满面的台湾客人齐声叫好。服务员小帅在大家的鼓励下，大大方方地唱起了风行内地的《山路十八弯》。高亢优美的旋律在整个餐厅回响，引起了餐厅内各路旅游团客人有节奏地击掌应和。一曲过罢，客人们意犹未尽，不断鼓掌欢呼，要求帅小姐再来一首。于是，小帅又演唱了一首全世界华人都熟悉的歌曲《同一首歌》。优美动听的歌喉将热烈的气氛

第八章 餐饮企业楼面经理的成效考核与职业发展

推向了高潮,看情景真不亚于中央电视台播放《同一首歌》的场面。

点评

在市场经济条件下,楼面经理的职业发展是以任职期间的成效考核为基础的。本章的目的是要以楼面经理绩效考核为依据,探讨职业发展的成功之路。案例中反映了一位楼面经理在餐厅服务中的一个闪光点,是一次具体服务成功的描述,也是楼面经理工作成效的一个具体体现。事实上,楼面经理能否把握住自己的成功之路,关键在于其任期目标的工作成效。它是一个比较全面的考核过程,其成功标志和考核内容多种多样。而职业发展的成功又需要多方面的工作、知识与经验的积累及机遇。为此,本章以楼面经理把握职业发展的成功之路为中心,探讨其成功标志、考核方法和职业发展趋势。本章既是全书内容的总结和归宿,又指明了楼面经理未来发展的方向,希望能够引起餐饮企业中层职业经理人员的广泛重视。

餐饮企业楼面经理的工作是在企业总经理领导下,以餐厅部门或楼面各餐厅管理为舞台,以餐厅接待服务过程的组织为中心,以提供优秀品质服务、广泛吸引客人、不断增加经济收入为目的的。那么,餐饮企业楼面经理工作是否成功、是否称职、是否取得了优异成绩,应该以什么为标志呢?总体来看,其成功标志主要表现在以下方面:

一、餐厅部门形成健全有效的运行机制

餐厅部门的运行机制是在企业管理体制和规章制度指导下,在餐厅部门内部形成的具有管理科学化、规范化、自动化特点的运行机理和功能。一个好的运行机制就像一台自动化程度较高的机器设备,只要给足动力,即可自动运行。它是餐饮企业和部门管理水平高低的重要体现。判断餐饮企业楼面经理的工作是否取得了成功,是否是一位优秀的中层职业经理人员,首先应看他所领导的餐厅部门管理的运行机制是否健全、有效。其具体判断标准则主要表现在三个方面:

(一)形成体现竞争、能上能下的人才选用机制

现代餐饮企业在用人制度上,均实行任期目标聘任制。事先确认每一管理岗位和工作岗位的任务目标,定期考核,到期重新聘任。同时,辅以360°考

核评估，根据考核评估结果进行奖惩、晋升或撤职，以加强每一位管理人员的责任心和危机感，具体表现为：

（1）在科学运筹方法指导下，尽量细分工作任务和职责，统一考核工作效率、工作绩效，能激发员工积极性、创新性，将企业和餐厅各项任务和责任形成量化指标。

（2）注意各种形式的培训，不断培养思想好、业务精、能力高、知识全面的餐厅管理人员和优秀员工，能缔造高效率的领导核心和管理人才，随时选拔、晋升优秀人才。

（3）将考评、评估落到实处，加大员工参与评议比率，使各级管理者的受评议面更广，评定效果更接近实际表现。尽可能反映真实情况，使实事求是的工作作风能落到实处。

21世纪已经进入到知识经济时代，餐饮企业和楼面经理在任用管理人员过程中，要改变观念，树立无功就是过的思想。将目标放大，在立足本企业选拔人才的同时，还能注意物色社会优秀人才。能建立阶梯式的人才培养模式，注重基层、初级管理人员的培养，将有知识、有抱负、有开拓创新精神的人才选拔到管理队伍中来。能够建立科学的、可量化的干部评估体系，公正评价每一位主管、领班的功过是非，做到能者上、庸者下。

（二）形成严明的干部约束机制

人才需要培养和使用，更需要管理。面对社会上比较严重的腐败、拜金主义和其他丑恶现象，楼面经理要能够在自己所管部门形成内部约束机制。如果做不到这一点，即使是贪图一时小便宜，也会在员工中造成恶劣影响，挫伤员工积极性。因此，楼面经理和各级管理人员都必须行得正，以身作则，为员工做表率。

楼面经理建立管理人员的约束机制，首先要有严明的制度，对违纪违法行为绝不姑息、迁就。同时，能发挥上下级之间的相互监督作用，直接上司必须对下属的违法违纪现象负责，定期进行必要的审纪检查。只有这样，餐厅部门才能按照企业既定的方针政策和任务目标来顺利发展。

（三）形成内部有效的员工激励机制

充分调动广大员工的积极性和创造性，动员员工同心同德、万众一心、完成企业的战略目标是餐饮企业楼面经理的重要工作内容。激励就是调动积极性的主要手段。

只有满意的员工才能把满意的心情带到工作中去，从而创造满意的绩效。楼面经理要着力创造员工的工作和生活条件，在企业效益提高的同时，不断地提高员工的工资福利待遇,为员工创造学习、锻炼的机会,提高员工的知识水平,提高员工对企业的满意度。

楼面经理应积极主动地号召员工参与企业各项工作的计划安排,为员工提供施展个人能力和岗位成才的机会。努力营造"人人动脑筋,企业出黄金"的工作氛围。发扬民主,集思广益,让广大员工有参与感、认同感。在实现企业目标的同时,实现员工个人的自身价值。这些都是实现运行机构健全有效的重要条件。

楼面经理应公平、合理地分配工资和奖金,使企业效益和个人待遇有机结合。企业的报酬应向工作努力、成效大、效益好的餐厅和个人倾斜,向市场紧缺型人才倾斜,奖勤罚懒,发挥经济杠杆的作用。这些都是管理成功的标志。为此,在强化企业运行机制的同时,楼面经理必须强化管理手段,做好预算,通过事先计划,有目标地赚钱,有计划地花钱,以增加收入、控制成本、提高利润,形成餐厅部门内部激励机制。

二、创建满意的餐厅员工队伍

(一) 餐厅员工满意度的个人判断标准

餐厅员工对本职工作满意,在上岗时精神饱满,着装整齐,充满自信,不仅表达了对客人的重视和尊敬,而且也充分展示了企业形象和管理水平。自信来源于对工作的驾驭能力、满意度和相关知识,自信的员工才会有工作的自豪感,才会得到客人的尊重。因此,创建满意的餐厅员工队伍,让员工义无反顾、全身心地投入到优秀品质服务工作中,从而提高企业品牌效益和经济效益,是优秀楼面经理取得出色业绩和成功的标志之一。

楼面经理能否创建满意的餐厅员工队伍,取决于企业领导体制、规章制度、工作环境、员工待遇等多种条件。但企业条件一经确定,又主要取决于楼面经理的领导能力、管理水平、个人职场道德给员工形成的人格魅力。员工满意作为一种态度,夹杂着不少情绪因素,所以很难对满意度进行严格区分。但根据实践经验总结与综合评价,楼面经理只要从员工对工作本身、工作回报、工作背景、工作群体的满意度和对餐饮企业的满意度五个方面创造条件、开展工作,大力创造员工满意的环境、条件和氛围,充分调动员工积极性,即可创建出满意的员工队伍。具体说来,主要体现在五个方面。

1. 对工作本身的满意度

(1) 工作合适度。员工要求工作适合自己需要的条件,符合自己的期望,有兴趣,能够扬长避短,提供学习机会、成功机遇、可实现的目标、合适的工作量并可解决自己的问题和困难。楼面经理应尽可能针对每个员工的这些要求和希望,达到员工的工作适合度。

(2) 责权匹配度。员工希望企业给予自己的责任和权力既匹配、合适,又明确、清晰。

(3) 工作挑战性。楼面经理对员工的工作安排要尽可能有挑战性。这种挑战性使员工感到有兴趣、有一定的心理刺激、有动力和奋斗方向,并使这种挑战的难度让员工能够适应、感受和经受得住,是合理的。

(4) 工作胜任度。个人具备工作技能、素质、能力,适任现职,同时通过部门对员工培训,具备更高层次的工作技能、素质和能力。

2. 对工作回报的满意度

(1) 工作认可度。员工希望自己的所作所为能够得到管理人员的表扬、称赞和认可。即使偶尔发生过失,也能够经受上级适度的批评和责备。

(2) 事业成就感。工作的成功能够受到领导的赞许和表扬,通过公开表彰能激发员工的工作成就感,满足员工自身期望取得成就的心理需求。

(3) 薪酬公平感和自豪感。日常薪酬和奖金发放能使员工感受到与自己付出相比或与企业外部相关人员相比,具有公平性。超出同行同等级一般员工的提薪和奖励,能使员工感受到薪酬自豪感,从而进一步激发员工为企业更好地工作、作出更大贡献的精神和力量。

(4) 晋升机会。员工得到晋升,能体会到个人被企业、被上级领导认可,体会到在本企业、本餐厅的重要作用,增加自信心和上进心,为企业做出更好的业绩。

3. 对工作背景的满意度

(1) 工作空间质量。员工每天要感受到餐厅工作环境的温度、湿度等微小气候和绿化状况、装修装饰与摆饰效果等的适应程度与舒适感受程度。

(2) 工作时间制度。员工认可企业工作时间、上下班时间、休息时间、加班时间和合理的加班制度、规定等方面的安排。

(3) 物品和条件配备的齐全度。企业和为员工配备的用具、条件、设备齐全,能方便、得心应手地开展工作,工作和生活方面的物品配备是自己没有想到、看到、用到过的,感觉舒适。

4. 对工作群体的满意度

(1) 工作和谐度。要让员工在工作过程中感受到企业、上级对自己的信任、关心、支持和指导,感受到与同事之间能够相互了解和理解,和谐友好相处;能够开诚布公;下级能够领会上级的意图,圆满地完成工作任务等。

（2）信息开放度。企业信息渠道畅通，企业管理者能够将经营状况、服务、管理、人员使用状况、人员培训、晋升、调整状况及企业面临的困难等及时、清晰地通报给每一名员工。

5. 对企业的满意度

（1）企业了解度。员工对本企业和餐厅部门的历史、企业文化、战略、政策、制度理解和认同程度较高。

（2）组织参与感。员工积极参与餐厅部门管理，他们的意见、建议能够得到企业重视，具有较强的参与意识，又能具体实现。

（二）餐厅员工队伍满意度的综合判断标准

餐饮企业楼面经理是否能够创造出满意的餐厅员工队伍，不仅要看员工个人的感受和印象，还应保证餐厅部门的业务经营和队伍成长。因而，可以从三个方面来判断楼面经理是否创建出了满意的餐厅员工队伍。

（1）满意的员工队伍要能培育出忠诚客户。调查表明，员工满意度与客人满意度之间存在着十分密切的联系。美国《财富》专栏作家托马斯·斯蒂文指出："一个顾客是忠诚还是背叛，是由他在企业的一系列遭遇的总和构成的。"餐厅员工就控制着每一个细小的遭遇。联邦快递认为："无法想象一个连内部顾客都不满意的企业，能够给外部顾客提供令人满意的服务。"当一个企业的内部客户满意度达到85%时，企业经营者会发现，外部客户的满意率将达到95%。正因为如此，现代企业推崇人本管理，因此，企业客户管理的重点已从外部客户转向内部客户的满意度为主，即着眼于员工满意度。由此可见，楼面经理能通过员工努力来提高客人满意度，形成客人忠诚感。培育出餐厅大量忠诚客户，就说明他们已经建立了满意的餐厅员工队伍，也反映了楼面经理的工作是成功的。

（2）满意的员工队伍要能不断提高餐厅利润。员工满意度与餐饮企业之间存在着一个价值链。员工对工作和餐厅的态度直接影响他们在客人面前的所作所为，而员工的工作行为又决定着客人是否再次光顾，这两个因素与餐厅的利润有直接的关系。在餐饮企业中，员工满意度高，工作积极性随之高涨，他们对待客人的态度、行为方式就会更诚挚、专业、热情，会更乐于帮助客人，想客人之所想，急客人之所需，使客人更加满意，从而吸引更多可靠的人，创造丰厚的利润。这也是判断餐厅员工建设和楼面经理工作好坏的重要标志。

（3）满意的员工队伍要能形成团队精神。许多调查表明，员工的满意度越高，敬业爱岗精神就越强。员工非常喜欢自己的工作和所在的餐厅，就会努力工作，取得良好的工作成绩，这又会使员工内心感觉良好，满意度提高。二者相辅相成，形成个人和餐饮企业发展的良性循环，形成餐厅部门良好的团队气氛和团队精神。这也是楼面经理在餐厅员工队伍建设中的成功标志之一。

总之，员工满意度对稳定员工队伍起着十分积极的作用，是优秀楼面经理成功管理的重要标志之一。楼面经理应该努力创造条件，使员工在工作中出色发挥，并为他们取得的成果感到满意，给予赏识。要尽力确保员工的合理需求得到满足，使他们有提高、发展的机会，使每一名员工的成长、发展都融入企业经营发展的浪潮之中，融入优秀楼面经理成功的事业和职业生涯之中。

三、餐厅部门忠诚客户的比例持续提高

持续提升忠诚客户的比例是楼面经理管理成功的重要标志。现代餐饮企业为确保生存和发展，不但要培养出相当数量的优秀员工，还必须通过餐饮产品供给和优秀品质服务来满足客人需求，造就出一批忠诚客户。忠诚客户对现代餐饮企业的经营和发展有着非常重要的意义。

（一）忠诚客户对餐厅发展的重要价值

（1）忠诚客户是餐饮企业经济效益的主要来源。客户价值既包括客户当前的赢利能力，也包括客户贡献的折现净值。企业的客户资产是指企业所拥有的客户终生价值折现值的总和。客户对餐厅的直接价值主要体现在消费能力和消费次数上，因此吸引一大批稳定客户来重复性消费对餐饮企业的长期经营是至关重要的。这样的客户称为"忠诚客户"，忠诚客户的重复性消费称为客户价值。

每个餐饮企业的营业收入和经营利润都是用餐客人提供的。但不同的客人对企业效益的"贡献"也是不同的。忠诚客户惠顾一家餐厅的时间长、次数多、频次高，使餐厅产生积累的绝对价值就越大。因此，忠诚客户成为餐厅收入和利润的主要提供者。我们可以通过具体的数字分析来体现出客户的价值。例如，一家拥有300个座位的高档餐厅，按忠诚客户消费占35%、自来散客占65%计算。假定一位忠诚客户每次消费额度为200元，每月消费4次，月消费额即为800元，将客户消费及餐厅的经营周期设为5年，那么这个客户的消费价值将是48 000元（800×12×5）。如果餐厅拥有1 000个忠诚客户（不计入散客消费因素），以5年为周期计算，餐厅的忠诚客户资产总值是4 800万元。假如这家餐厅的投资总额是1 000万元人民币，餐厅拥有1 000

第八章
餐饮企业楼面经理的成效考核与职业发展

个忠诚客户,每月消费4次,每次消费200元,月消费总额为80万元,即使不计入散客消费因素,餐厅只需1年时间即可收回投资。从以上简单的计算,我们就能得知忠诚客户对于餐厅可持续经营的重要价值。所以,忠诚客户是餐饮企业经济效益的主要来源。

(2) 忠诚客户决定餐饮企业的人气和经营规模。在现代餐饮企业经营过程中,决定企业经营规模的关键因素不是员工数量的多少,也不是企业资产的多少,而是客户所占有的销售份额,是现有和潜在客户的数量。忠诚客户比普通自来散客愿意更多地购买餐厅产品,忠诚客户的消费是普通自来散客随意支出的2—4倍,而且随着忠诚客户年龄的增长、经济收入的提高或客户单位本身业务的增长,其需求量也进一步增长。而在众多数量的客户中,忠诚客户的数量又是重中之重。一旦忠诚客户形成了一个群体,且这个客户群体的个数在增加、规模在不断壮大,其声势壮观程度都是其他同行所不可比拟的,从而必然扩大企业经营规模,使餐厅经营长期受益、长期发展。

(3) 忠诚客户能够减少餐厅销售成本。首先,餐饮企业和忠诚客户相互之间比较了解、比较熟悉。同时,忠诚客户也比较容易和餐饮企业配合,这样员工为忠诚客户服务就轻车熟路,比较容易获得客户的满意,工作效率自然就会提高,也就有利于服务成本的节约。其次,餐饮企业与忠诚客户在感情上比较融洽,有利于避免服务纠纷,减少纠纷或投诉造成的经济损失。最后,餐厅吸引新客户需要大量广告投入、促销费用和了解客户的时间成本,但维持现有客户的成本却会逐年递减。因为随着双方关系的进展,客户对餐厅的产品或服务越来越熟悉,餐厅也十分清楚客户的特殊需求,因而其维护费用就逐渐降低,从而必然减少餐厅销售成本。

(4) 忠诚客户是餐饮企业最好的义务宣传员和促销媒介。餐饮企业在市场上口碑非常重要。良好的口碑是企业与外界联系的重要媒介和取得良好沟通的重要手段。在餐厅经营中,新客户在做决策时会感觉有较大风险,这时他们往往会咨询餐厅现有客户,此时忠诚客户的建议往往具有决定作用,他们的有力推荐往往比各种形式的广告更为奏效。这样,餐厅既节省了吸引新客户的销售成本,又增加了销售收入。一家餐厅的忠诚客户往往会自觉或不自觉地在亲属、同事、朋友中推荐他所喜欢的这家餐厅,因而起到餐厅员工所不能做到的口碑宣传效果,从而促使更多的客户光临本餐厅。这就是忠诚客户所起到的义务宣传员的作用。

(5) 忠诚客户的增加有利于提高员工忠诚度。这是客户关系营销的间接效果。如果一个餐厅拥有相当数量的稳定客户群,也会使餐厅员工形成长期和谐关系。在为那些忠诚客户提供服务的过程中，员工将体会到自身价值的实现，员工满意度的提高又会导致餐厅服务质量的提高，使客户满意度进一步提升，形成良性循环。

因此，楼面经理要特别重视对忠诚客户的培养。在餐饮产品的营销过程中，楼面经理要向忠诚客户实行政策倾斜，制定和实施忠诚客户的营销策略，并在餐饮企业的管理目标和工作任务中制定发展忠诚客户的数量或比例指标。

（二）楼面经理培育和提高忠诚客户的正确思路

《哈佛商业评论》的一项研究报告指出：再次光临的客户可带来25%—85%的利润。另一项调查表明：1位满意的客户会引发8笔潜在的生意，其中至少有1笔成交；1位不满意的客户会影响25个人的购买意向；争取1位新客户的成本是保住1位老客户的成本的5倍。

客户是餐厅生存和发展的基础，市场竞争实质上就是争夺客户。在餐饮经营管理中，如果只注重吸引新客户，不但营销成本较高，而且客人消费与营业额不稳定性也较大；如果能够加强对现有客户的跟进管理，不但服务成本较低，而且老客户对价格也不如新客户敏感，同时还能提供免费口碑宣传，致力于提高客户的忠诚度，使竞争对手无法争夺这部分市场份额，保持餐厅员工队伍的稳定。因此，楼面经理应该建立如下正确思路：

（1）把关系营销作为经营工作的主线，致力于建立长期、互信、互惠的客户关系。楼面经理把"客户是上帝"奉为宗旨，但仆从和上帝的关系并不是理想的餐饮企业与客户的关系。餐厅与客户之间存在共同利益，客户支付价值来获得使用价值，餐厅提供产品来获得利润。餐厅与客户之间是一种合作和依赖关系，二者应该长期合作、互动、实现双赢。因此，楼面经理经营的重点应该从维持客户忠诚度着手，通过一系列识别、建立、维护和巩固与客户关系的活动，在餐厅与客户交易关系的基础上建立非交易关系（友谊和互信），以保证交易关系能够持续不断地确立和发展。

（2）以全面质量和品牌优势树立餐厅形象，赢得客户的高度满意。全面质量管理包括从客户需求—销售—消费—满足到反馈等循环过程，全体员工要致力于提供优质、高效的服务。要赢得忠诚客户，楼面经理就要注重用优秀、和谐的硬件与软件最大限度地满足客人需要，用客人的满意打造餐厅品牌，而优良的餐厅品牌又能树立良好的餐厅知名度，树立餐厅形象，吸引更多的客人，培育大量忠诚客户，从而提高忠诚客户比率。

（3）依靠信息和网络技术实现餐厅与客人的全面互动。从客户为导向和客户关系营销来说,高效收集、处理和传递信息尤为重要。餐厅建立客户数据库是实施客户关系营销的基础。餐厅通过客户消费,建立数据库和详细的客户档案,借此降低营销成本、提高营销效率、保持与客户的沟通和联系、强化客户与餐厅密切的关系,并便于为客户提供更具个性化的服务。

(4)以价值让渡和感情投资搭建与客户之间的友谊桥梁。客户大多愿意在能够提供让渡价值的餐厅消费,这是每个楼面经理必须牢记的准则。客户让渡价值是客户价值与客户成本之差,即客户期望从特定服务中获得的全部利益。此外,楼面经理还应积极创造多种渠道和场合加强与客户沟通,建立关系效应。通过价值让渡和感情投资将企业和客户紧密联系起来,必然加深相互了解,提高餐厅忠诚客户比率。

(5)采用多种促销手段来留住忠诚客户。楼面经理要采用多种促销手段,如给多次重复购买的客户奖励,设立累计积分奖励、消费点数返还、折扣等,从而体现关系营销的核心思想,即留住老客户比争取新客户更容易与划算。通过重复购买,客户对餐厅积累了一定知识,餐厅只需要较少的关注就可以再次赢得客户。通过频繁的市场营销计划,可以给客户以更多的理由来再次选择餐厅的服务。同时,有条件的餐饮企业可以采取建立各种俱乐部的形式,其成员主要是餐厅的现有客户和潜在客户,并为会员提供各种特制服务,如优先入住、优惠价格享受等。客户俱乐部的形成可以加强餐厅与客户之间的相互了解,培养客户对餐厅的忠诚度,从而提高餐厅忠诚客户比率。

(三)楼面经理建立忠诚客户队伍的正确方法

楼面经理应该将建立餐厅稳定的客户群和维护客户的忠诚度作为餐厅管理的一项核心工作。具体的有效方法如下:

(1)建立客户信息资料库。现代信息技术的发展,为餐厅管理创新提供了物质技术条件。楼面经理在餐厅日常经营中应注重要求下属员工为每一位来餐厅用餐的客户都建立起完备的数据库档案,并通过客户的个人档案,记录下客户的姓名、单位、职衔、消费偏好、禁忌习惯和行为特征。这样,当客户再次惠顾时,餐厅就能够提供有针对性的个性化服务,使客户每次光临都能产生"满意加惊喜"的感觉,从而进一步强化客户的满意度和忠诚度。

(2)加强客户信息的收集与处理。客户是餐厅服务产品的直接购买者,他们在消费过程中反映、反馈的意见与建议,通常能准确地反映出客户的消费需求、市场潜在动向及餐厅服务品质等,故楼面经理应重视通过内部渠道进行分流整合,以便及时改进自身的服务工作。具体方法包括:一是发放、收集客户意见单(卡)。在餐厅营业位置,如中餐厅、西餐厅、大众餐厅、雅座餐厅、包房餐厅等摆放客人意见卡,供客户填写、反映消费意见与建议。意见卡可由楼面经理授权专人收集,或由客户自行投放设于各处的意见箱内。二是设置客户意见箱。在前厅或各营业位置设立宾客意见箱或企业信箱,供客户投诉之用,意见箱的钥匙由楼面经理亲自掌握。三是设客户投诉直线电话。

同时,楼面经理要妥善处理客人投诉。一些餐厅管理者认为,只要客户在用餐期间没有投诉,就说明餐厅的管理合格。实际上,大部分不满意的客户不会向餐厅管理人员诉说自己的不满,而会不声不响地转而选择其他餐厅,也可能向亲朋好友诉说不满。这样,餐厅失去的不止是这一位不满的客户,而是一批客户。如果餐厅处理得当,不满的客户也能够变成满意客户甚至是忠诚客户。因此,楼面经理要对所有客户的意见都非常重视,对每天的客户意见要求下属在第一时间反馈给自己,及时督导处理客人投诉事宜,使餐厅的客诉处理工作更具效率、更为完善。

(3) 组织餐厅员工积极开展创新性营销。餐饮经营只有不断创新才会有生命力与吸引力,因为客户不断需要新的产品,如果餐厅产品创新与推广不力,总是保持着一成不变的产品组合与价位,必然会使一些老客户逐渐失去消费兴趣而流失。楼面经理在经营工作中,要积极组织策划新产品,做好创新营销,以吸引新客人、留住老客户。具体做法包括:一是餐厅每年至少推出2—4次有影响的大型营销活动,保持餐厅在该地区的影响力,楼面经理要会同营销部、行政总厨或厨师长每年策划举办2—4次大型食品节、美食节等展销推广活动,以保持并提高餐饮企业的知名度,同时使忠诚客户的身份感与尊荣感得到加强。二是要组织餐厅员工开展月度新产品促销。楼面经理协调厨房每月应推出一两个新品种,通过组织员工推销、印制消费手册、店内广告牌等形式向新老客户推介,不断吸引客户前来消费。三是加强节日促销活动策划与组织。针对各个月度不同的节日特点,要求餐厅员工布置好内外环境,强化节日气氛,给来店消费的客人一种常来常新的消费感觉,从而培养忠诚客户。

(4) 大力推行餐厅会员制度,不断扩大餐厅的忠诚客户群。会员是一种消费身份的象征,也是客人享有的优惠待遇。会员制是餐厅吸引散客消费群的重要手段,对于来餐厅次数较多的商旅散客、本地富裕人士等,楼面经理都可以通过会员卡形式,将其吸纳为餐厅忠诚客户,也可以将一些商业协议型的企业客户提升为有消费承诺的会员客户,由此构筑餐厅牢固的经营基础。

(5) 坚持推行增值服务计划,提高客户的满意度。加强促销,把客户引进来只是餐厅成功的第一步,能否留住客人,使客人成为忠诚客户才是楼面经

第八章 餐饮企业楼面经理的成效考核与职业发展

理经营成功的目标。留住忠诚客户的关键因素是要让每一位客人满意,还应做到提供增值服务,即给客户以消费之外的惊喜。这项工作的有效开展对于巩固餐厅的忠诚客源、提高餐厅的美誉度都具有非常重要的意义。楼面经理实施增值服务计划的方法主要有三种:一是建立消费累计回馈制度。客人在本餐厅的消费累计达到一定额度或次数,餐厅以实物、送菜、个别产品免费或现金形式给予回馈与返还,以此激励客人不断来餐厅重复消费。二是实行消费幸运抽奖制度。餐厅每月举办一次幸运宾客抽奖活动,以奖励来店消费的客人。月末时抽奖,抽中的客人如未在本地,奖品可以通过奖券留底电话或地址通知或邮汇。通过消费幸运抽奖制度可使餐厅在增加卖点的同时,提高经济效益,收集到更多的客户资料,培育更多的忠诚客户。三是赠送消费礼品。可在节假日采取加送果盘、纪念品、送消费优惠券等增值措施,使客户获得等值消费之外的意外惊喜,提高客户满意度。

(四)楼面经理成功创造忠诚客户的标志

餐厅经营取得成功的标志之一是培养忠诚客户。忠诚客户相信餐厅能够始终尊重他们,能够为他们提供最佳的消费价值。因此,他们乐于在众多同类餐厅中选择本餐厅的产品和服务,而在长期的大量消费中不会"跳槽",从而使餐厅能够从忠诚客户那里获得最大利润。楼面经理成功培养忠诚客户的标志在于:

(1)获得客户高度的信任。客户认为餐厅确实能够满足他们的消费需求,使他们在餐厅消费中获得了尊重、感受到愉悦、能够获得利益。

(2)使客户感觉受到偏爱。这种偏爱蕴涵着两个方面的意思:一是客户对本餐厅提供的产品、服务和承诺有透彻的了解和高度信任;二是客户对本餐厅提供的产品、服务和承诺特别赞赏,有了这种偏爱,客人总是乐于反复前来本餐厅消费。

(3)客户真正体会到餐厅能够设身处地为他们着想,他们会一次又一次的反复光顾。久而久之,客户就会形成与餐厅、服务员之间与日俱增的友情,从而成为餐厅的忠诚客户。

四、保持餐厅部门与各部门之间关系和谐

在餐饮企业实际工作中,楼面经理需要得到企业内外各部门的支持和帮助。因此,能否保持和谐关系,相互沟通、相互理解、相互支持,使餐厅管理工作顺利开展,也是一位楼面经理是否成功的显著标志。这种部门之间的关系和谐主要体现在如下方面:

（一）与厨师长或行政总厨关系和谐

在餐饮企业,楼面经理管理的工作障碍常常发生在与厨师长(大的餐饮企业为行政总厨)之间的碰擦,引起实权之争,结果导致企业内员工分成楼面经理与厨师长两个势力范围。这样,就很可能导致餐饮管理的危机。因此,楼面经理与厨师长或行政总厨关系和谐是餐厅业务顺利开展的直接保证。

在餐厅管理中,楼面经理的责任是维系QRS(即产品、服务、氛围)的水平,行政总厨的责任是组织产品生产,保证菜品质量,他们之间必须保持良好的协调与配合。为此楼面经理与厨师长之间要有明确的责任分工。通过明确分工,厨师长能够保证餐饮产品质量,认真听取楼面经理的建议,有效地控制菜点成本。楼面经理也能够与厨师长认真探讨,保证菜点的视觉、味觉不出现问题,能满足客人要求。同时,楼面经理应经常与厨师长交流,主动请教产品制作业务,会同厨师长共同提高菜点质量,开发新产品,在产品制作上达成共识。通过主动沟通、交流,楼面经理的管理责任得到了充分体现与落实。

（二）与采购部门关系和谐

在制定新菜单时,行政总厨和楼面经理要征求采购部门对市场原材料行情的意见,制定采购规格书。要与采购部门经理、经办人友好协商,确定采购量,制订采购计划,严格控制全年各时段的成本开支,减少计划外采购。同时,要加强同采购部门之间的市场信息沟通,及时掌握新设备、新原料和时令菜的行情。

（三）与销售部门关系和谐

销售部门负责餐饮大型宴会活动的推销和承接会议、宴会活动。因此,楼面经理要与销售部门保持密切联系,互通信息,向销售部门提供促销资料,共同制订年度和中、短期促销计划,做好促销组织安排,及时了解销售部门掌握的客人反映和投诉情况。另外,楼面经理要依靠企业销售部门提供的信息,对餐厅未来一段时期的客源状况和销售收入等做出准确预测。

（四）与工程部门关系和谐

餐厅设备使用过程中,服务人员要经常检查设备运转情况。发现故障或异常立即报告工程部门,使工程专业维修人员能够在五分钟内来到现场检查和维修,尽快消除故障、解决问题。工程维修人员也应主动询问餐厅设备、设施使用状况,根据餐厅员工的合理化要求加强设备、设施的维护和管理。

楼面经理要与工程部经理或主要负责人共同制定各种设施、设备的维护、保养计划。明确职责分工,日常维护与计划保养相结合,减少人为机器设备损坏。同时,楼面经理应邀请工程部门专业维修人员对餐厅员工进行专业

第八章
餐饮企业楼面经理的成效考核与职业发展

培训,督导餐厅员工按照规定的使用和保养程序及方法操作,责任落实到具体服务人员。当餐厅突发停水、停电事故时,工程维修人员应主动赶到现场,检查事故原因,当问题无法解决时,能主动联系社会相关部门及时解决,为餐厅正常营业保驾护航。

(五)与保安部门关系和谐

(1)餐厅客人醉酒、产生斗殴等事件,保安部门人员要随时进行现场监控,发生事件时迅速劝阻,制止与处理。无法解决问题时,应立即报告公安部门,根据公安部门指令将事件双方当事人稳住,由公安部门前来处理,以维护餐厅良好的用餐环境。

(2)消防安全防范是餐厅管理的重点工作内容。保安部门应配合餐厅按照安全岗位责任制要求做好防火工作,配备灭火器,做好消防器材的日常维护、保养、清洁等工作。保安部门应根据楼面经理的要求组织员工培训,使全体员工掌握灭火器材的使用方法。

(3)为确保客人的身心健康,餐厅不应发生任何食物中毒事故。如果发生食物中毒事故,保安部门应配合楼面经理协助公安部门和卫生防疫部门妥善处理,将企业损失和客人损失降到最低程度。

(六)与财务部门关系和谐

楼面经理应与财务部门经理或主要负责人共同监督相关人员及时、准确地完成营业日报制作,正确掌握实际经营情况。财务部门能够通过楼面经理的协调,在其职责范围内加强餐饮成本控制,及时提供餐饮成本的波动数据,做好成本控制与监督工作。

(七)与人力资源部门关系和谐

楼面经理应协调人力资源部门,制定餐厅人员基本素质条件,包括各岗位人员职业道德、业务能力、服务技能等。人力资源部门能够与楼面经理共同做好餐厅各级管理人员和各岗位员工的定岗、定编、定人、员工招聘、业绩评价、考核、晋升与降职、奖惩与增减薪酬等工作。同时,能够根据企业培训计划,配合楼面经理制定、安排、组织和落实员工日常培训考核等工作。

(八)与酒店前厅部门关系和谐

酒店餐饮部与酒店前厅部的关系和谐主要体现在内部客源信息沟通和业务工作开展方面。楼面经理应依据前厅部门提供的客房住客量来预测餐厅日常的销售量,根据前厅部提供的团队用餐预订来安排团队客人用餐服务,根据前厅部提供的贵宾(VIP)入住通知单及接待规格安排服务员为贵宾送水果、花盆或点心、茶水等。楼面经理能够从前厅部取得住客信用信息,决定能否为客人赊账,如有大型餐饮活动计划、重要宴会等,要通知前厅服务员准确地回答客人咨询。

(九) 与酒店客房部门关系和谐

酒店餐饮部与客房部之间的关系主要体现在客房送餐、VIP特别服务、公共卫生清洁管理、布巾用品洗涤与更换、花卉与绿色植物摆放等方面。

(1) 客房送餐。楼面经理应通过与客房部门的协调,将餐厅菜单陈列在客房内,供客人订餐,为客人提供客房送餐服务,以此提高餐厅和酒店经济效益。

(2) 为VIP客人提供特别服务。楼面经理应督导餐厅服务员根据酒店VIP客人特殊规格要求,通过客房服务员的协助将水果、花盆或点心、茶水等送至VIP客人房间,以体现酒店服务档次,提升酒店和餐厅服务品牌。

(3) 客房公共卫生清洁。楼面经理应与餐厅公共卫生部门建立和谐关系,协调客房公共卫生部门主动、认真地做好餐厅地面保养、地毯洗涤、地面打蜡等工作,确保餐厅清洁、舒适的用餐环境。楼面经理应督导专人负责制订公共卫生保养计划,并在具体实施过程中给予积极配合。

(4) 布巾用品的洗涤与更换。楼面经理应建立餐厅与洗衣部门的和谐关系,协调洗衣部门人员将餐厅台布、小毛巾等各类布巾洗涤及时、完好无损地送回到餐厅,降低布巾损耗。

(5) 花卉与绿色植物摆放。餐厅摆放的花卉和绿色植物均由酒店客房部的花房来提供和进行日常保养。楼面经理应协调花房按时将花卉和绿色植物送到餐厅并做好保养工作,保证餐厅舒适、美观的用餐环境。

(十) 与社会相关主管部门和单位关系和谐

为顺利开展餐厅的经营管理与服务工作,楼面经理应主动与社会相关主管部门加强联系,及时解决各种突发事件,按照行业要求做好日常餐厅工作。

(1) 楼面经理通过与公安部门建立良好、和谐关系,发生安全事件时,能够迅速与公安部门联系,果断、妥善地处理。

(2) 楼面经理通过与卫生防疫部门联系,定期对食品卫生状况进行检查,保证卫生合格和餐厅经营活动正常开展。

(3) 楼面经理要与供电、供水、供气等部门密切联系,当餐厅发生停电、停水时,能够及时得到这些部门的帮助,确保餐厅营业活动的开展。

五、餐厅经营的成本效益指标达标

（一）成本控制比例达标

成本是影响餐厅经济效益的重要指标。在餐厅销售收入确定的条件下，成本越高，则利润越低。餐厅成本控制的效果评价主要是采用成本率指标，具体包括食品成本率、饮料成本率、平均成本率。

餐厅成本率的高低受企业等级或酒店星级高低和餐厅类型、档次、销售收入、原料进价、加工损耗等多种因素的影响。具体标准应采用梯次渐进标准，即同一类型、同一档次的餐厅做比较。如同是咖啡厅，二星级酒店的成本率在55%左右，三星级酒店在50%左右，四星级酒店则可控制在40%左右，五星级酒店则能达到40%以下。即星级越高，成本率越低。具体指标应以同一星级、同类型餐厅的平均成本率为基础，高于平均值则说明成本控制效果较差；反之，则说明效果较好。

（二）经济效益指标达标

追求利润、提高经济效益是餐饮企业管理的根本目的所在。因此，经济效益的高低就成为评价餐饮企业管理效果的指标。其具体评价指标包括以下几项：

（1）经营利润率。经营利润率以营业收入为基础，根据实际利润来确定。餐饮企业利润是营业收入扣除原料成本、营业费用和营业税金后的余额。其中，营业费用应包括餐厅直接费用和应分摊的各项间接费用，如人事费用、管理费用、销售费用、折旧费用等。餐饮企业是一个利润较低的行业，其利润率的高低很难确定一个统一的定量标准。因为各地区、各城市餐饮企业的市场供求关系不同，即使是同一地区、同一城市，也存在着酒店星级、餐厅数量、客源多少、价格水平等区别。因此，评价一个餐饮企业利润率的高低，应以当地同一星级的平均利润率为依据。超过平均利润率、获得超额利润即为管理效果好；低于平均利润率，则说明管理效果较差。

（2）成本利润率。成本利润率以餐饮企业饮食原料成本为基础，根据实际经营利润额来确定。成本利润率是反映成本控制好坏的重要指标。在利润一定的条件下，成本消耗越少，则成本利润率越高。它可以促使餐饮企业降低原料采购费用，降低原料库存加工损耗，加快资金周转，从而降低成本开支。成本利润率控制在多少才可以反映出优良的管理效果，各星级、各类型的餐厅没有统一的标准，但其数字必须大于企业经营利润率20%以上。这项指标主要用于内部比较。

(3) 资金利润率。资金利润率以餐饮企业的资金占用为基础,根据实际利润来确定。资金利润率是从另一个角度来考核餐饮企业管理效果的重要指标。它反映一定的资金占用和消耗能够带来的利润多少。餐饮企业的资金占用包括固定资金占用和流动资金占用两个方面。所以,资金利润率还可以进一步分解为固定资金利润率和流动资金利润率。资金利润率达到多少为好的最低标准是银行利率。如果低于银行利率,则说明管理效果很差;与银行利率持平,则说明经营毫无成效,管理效果不好。所以,资金利润率越高,经营效益越好。

(4) 原料资金周转率。餐饮企业管理的突出特点是食品原材料资金周转快。它主要利用资金周转来获得利润。资金周转越快,获得的利润越多,则管理效果越好。

关于餐饮企业原料资金周转次数的确定,各企业不完全相同。正常情况下,每月应周转2.5—3次,即10—12天周转一次。越高于这一指标,则管理效果越好;越低于这一指标,则反映管理效果存在一定问题或较差。

(5) 投资回收期。投资回收期以餐饮企业应该承担的投资额和利息为基础,根据年度利润来确定。其计算公式为:

$$投资回收期 = \frac{总投资 + 利息}{年利润 + 年折旧}$$

餐饮企业的投资较大,投资回收期较长。在还本付息以前,资金压力大,利润低。只有在还本付息完成后,才能获得较高利润。当然,投资回收期越短越好。比较合理的投资回收期为:酒楼、饭庄以2—3年为好,饭店、宾馆一般在5—8年。达到5年这一标准,说明管理效果较好。

第二节 楼面经理的任期目标考核

案例

百胜全球集团餐厅经理的考核激励

每年,百胜餐饮集团旗下的三万多家肯德基、必胜客、TacoBell(墨西哥式食品)餐厅按照全球统一标准共同举办一项竞赛活动,集团公司将派出专家从服务、顾客、利润三个方面对所属各餐厅进行综合测评。经过严格筛选,在以上三个方面综合成绩都达到最优秀的餐厅经理将获得全球冠军俱乐部大奖。

在百胜集团中国区年会上,上百位来自全国各地的餐厅经理会因他们出色的成绩被授予优秀奖牌。中国百胜总裁会向取得优异业绩的餐厅经理颁发刻有飞龙的金牌——"金龙奖",极富中国特色和激励性。对于每年在餐厅销售和管理中出色完成公司"冠军检测"考核要求的餐厅经理,公司给予特别礼遇,邀请他们从世界各地飞到百胜集团总部,由名贵轿车接送并与总裁共进晚餐。

按照百胜全球餐饮集团对餐厅管理人员的职责要求,每一位餐厅经理必须熟悉并详细了解餐厅内的全部运作流程,从介绍产品、库存管理,到人员管理、危机处理,再到品质控制和人力成本,都要了然于胸。

餐厅管理人员不但要学习入门的分区管理手册,还要接受公司高级知识技能培训,并会被送往其他国家接受新观念以开拓思路。由于餐厅经理是直接面对顾客的最重要管理人员,公司特别安排他们参加各种有趣的竞赛活动,如每年的"餐厅经理年会"、"餐厅经理擂台赛"等,使餐厅经理们既有机会交流学习,也有积极向上的风气。

作为世界上最大的餐饮连锁企业,肯德基自进入中国以来,带给中国的不仅是异国风味的美味炸鸡、上万个就业机会,还有全新的国际标准人员管理和考核激励系统。

中国苏州地区的一名餐厅经理昝旭东曾携新婚妻子前往参加年会,享受到贵宾般的迎接。席间,诺瓦克和部门主管还送上逗人的塑模食品:"鸡"、"巨大的奶酪"以及表示吃得津津有味的"会说话的牙齿",以表扬这些餐厅经理出色的表现并作为纪念。

"注意细节!""请陈述找零的全套操作过程!""请问上校鸡块是用哪种鸡肉制成的?"如此刁钻古怪的问题,台上的选手们却争先恐后地给出了正确的答案。这是在某届百胜餐饮集团的中国区年会上热烈进行的"业务冠军挑战赛"中出现的精彩场面。包括台湾地区和香港地区在内,来自中国区九十个城市的近五百名餐厅经理分成若干代表队,经过逐级淘汰,最后角逐出本年度冠军。

服务行业无小事,无论是食物质量、服务态度、餐厅气氛……餐厅对顾客提供的价值,正是这一点一滴的细节的总和。"业务冠军挑战赛"体现了百胜全球餐饮集团对完美的服务质量的重视和追求。

点评

百胜全球餐饮集团对餐厅经理评估考核的方式方法在全球范围的企业中是出类拔萃的。案例中仅"全球冠军俱乐部大奖"、"金龙奖"、"冠军检测"、"餐厅经理年会"、"餐厅经理擂台赛"、"业务冠军挑战赛"这些名目,就会令众多同行眼花缭乱、目不暇接、赞叹不已。这也说明了作为全球最知名的企业和在中国经营规模最庞大的企业,百胜全球餐饮集团在对餐厅经理这一中层经理人员的培养、管理、激励、提拔、重用等各个方面的确下了一番苦功,费尽了心思,其良苦用心令人赞叹。

楼面经理是餐饮企业的主要管理者。餐厅员工的主动性、积极性、创新性的高低、团队气氛的和谐融洽程度、服务质量、经济效益水平等,都与楼面经理管理的优劣有着密切的关系。通过考核楼面经理,可以持续提升餐饮企业的整体管理水平和经营业绩。因此,餐饮企业对楼面经理的定期评估考核有着重要的意义和作用。

对楼面经理的评估考核应在学习借鉴行业先进经验的基础上,通过绩效考核,增进楼面经理与上级领导和下属员工的相互了解,使企业经营者把握每个楼面经理的工作执行情况与能力,从而有的放矢地进行培养与教育,实现企业人力资源的优化配置。

对楼面经理的评估考核,要成立绩效考核小组,由企业总经理或主管副总经理为主要负责人。评估考核应公平、公正、公开相结合,以量化指标优先,难以量化的指标通过民主评议方式进行。量化指标直接根据楼面经理完成情况给出考核分数。而主观评判成分较明显的指标,原则上应由绩效考核小组讨论确定考核分数,从而得出公平、公正的考核结果。

本节,从楼面经理的任期目标、考核指标、任期效果考核评估等方面进行阐述,使楼面经理掌握企业对自身评估考核的方法、步骤和具体要求,以便在日常管理工作中,经常对照相关项目和标准检验自己的实际状况、工作效率和管理水平,在职业生涯中不断取得成功业绩。

一、楼面经理任期目标责任标准

(一)楼面经理任期目标责任的评定方法

(1)评估对象:餐饮企业楼面经理。

(2) 考核频度:每半年或每年考核一次。

(3) 评估统计方法:100 分制。

(二) 楼面经理任期目标责任标准

(1) 部门销售额。以逐月计划营业收入为标准,完成应达到 100% 或超过 100%,不得低于 90%。如连续 3 个月低于 80%,视为失职。

(2) 成本额与成本率。部门食品成本率以计划为基础,如二星级饭店餐厅部门的成本率不得高于 45%,不得低于 55%;饮料成本率不得高于 35%,不得低于 40%;综合成本控制在 45%—50%。具体标准应根据各企业的实际情况确定。

(3) 毛利率与毛利额。根据各企业具体情况确定,如三星级饭店部门毛利率不得低于 55%,食品毛利率不得低于 65%。

(4) 座位利用率。餐厅座位利用率(午餐和晚餐)一般不得低于 100%,平均每餐上座率不得低于 50%,宴会厅不得低于 30%。

(5) 部门优秀品质服务率。直接为客人服务的餐厅、宴会厅优秀品质服务率不得低于 95%,合格率应达到 100%。

(6) 设备完好率。直接使用的设备完好率应在 98% 以上,趋于 100%。

(7) 客人满意程度和投诉率。客人满意程度不得低于 85%,客人每月投诉不得超过 5 次。

(8) 安全无事故率。楼面管理与服务无人为责任事故发生,月度安全无事故率在 98% 以上。

(9) 楼面管理工作顺利程度。楼面每天各餐厅、各环节、各岗位的工作能够顺利开展。无晚开餐、提前打烊、互相扯皮、互推责任等影响工作效率的现象发生。

(10) 楼面团体气氛。楼面管理思想工作扎实,工作安排调度得当,员工主动性、积极性高涨,团结协作。有较强的凝聚力和向心力,各岗员工均能按时、按质、按量完成工作任务,无推托、拖拉、顶着不办等不良现象发生。

(三) 楼面经理任期目标管理标准

(1) 领导能力。具备管理才能,善于领导员工,激发员工工作意愿,圆满完成任务。

(2) 表率作用。工作积极勤奋,遵守企业制度,能够为本部门员工做表率,被评为当地餐饮业优秀管理人员或店级优秀管理人员。

(3) 工作责任心。工作责任心强,对工作负责,无因管理不善的事故发生。

(4) 工作效率。具备高效率,能在上级要求的时间内提前完成任务。

(5) 工作成就。超过100%,质量考核得分大于95%。

(6) 制度执行。不仅100%严格执行企业制度,而且不断完善企业制度。

(7) 协调合作。协调考核得分大于95%。

(8) 工作方法。很有工作方法,能够事半功倍、顺利完成任务,被企业推举为学习榜样。

(9) 专业指导能力。具有丰富的餐厅管理经验,从业3年以上。能全面指导餐厅部门各项工作,全面完成工作任务。

(10) 开创意识和能力。能够系统管理、系统策划,有独立性,能主动创新,使企业在当地保持领先。

(四) 楼面经理任期目标素质要求

1. 个人素质

(1) 敬业精神。爱岗敬业,恪尽职责,锐意进取,积极改进工作,能设法解决问题,不推诿,不等待,不计较个人得失,主动、圆满完成各项工作任务,成绩突出。

(2) 领导能力。有较强的决策计划及组织控制能力,对下属工作安排得当,知人善任,敢于严格管理,督导有方,注意培养人才,楼面工作井然有序,有活力,客人与上级满意程度在企业最佳。

(3) 业务知识。精通本岗位业务和管理知识,具有丰富的实践经验,勤于学习,刻苦钻研,业务及管理水平不断提高。

(4) 创造能力。锐意改革,努力创新,能不断以高标准改进工作,提出合理化建议,在实践中有所突破,成绩突出。

(5) 全局意识。热爱餐厅,从全局出发,以全局利益为重,想客人之所想,急客人之所需,能积极主动为客人提供优质服务。

(6) 纪律规章。模范遵守各项规章制度,以身作则,自我约束力很强。

(7) 人际关系。办事公正,严于律己,宽以待人,团结、合作能力强,对内有较高威信及良好的人际关系,对外有较好的社会交往关系。

(8) 沟通能力。全局观念强,沟通协调主动、快捷、有效,能做到部门之间关系密切,相互支持。

(9) 仪容仪表。严格执行仪容仪表规定,行为举止符合要求,能监督下属执行仪容仪表规范。

(10) 表达能力。逻辑思维及分析判断能力较强,语言、文字表达准确、流畅而精练,能独立对外洽谈业务,沟通信息,独立起草计划报告和其他文件、表格档案。

2. 管理素质

（1）员工管理。严格管理，奖惩分明，下属员工仪容仪表、精神风貌、服务规范、操作技能及团队精神在企业表现最佳。

（2）客人反应。楼面管理因服务优秀而受到客人表扬，基本没有重大投诉事件发生，投诉处理及时、良好。

（3）现场督导。营业期间现场督导到位，70%以上时间在现场，主动征询客人需求和意见，有重要活动在现场组织指挥，督导协调有效。

（4）工作效率。能按时、按质、按量、创造性地完成工作任务。

（5）环境卫生。制度健全、措施具体、得力，责任落实，经营及工作环境卫生达标。

（6）员工培训。有计划，有措施，落实到位，考核达标，综合培训率达到100%。

（7）差错事故。下属员工无违反厅规、厅纪或操作规程，无差错事故或损失发生。

（8）设备管理。能按计划清洁、保养设备，餐厅设备台账齐全、规范，家具、设备、服务器械完好，能保证为客人服务，报修及时。

（9）表格档案管理。按照操作规范填写各类表格，文档收集及时，立卷有序，归档整齐，有专人管理，借阅手续齐全。

（10）部门合作。有主动配合意识，能顾全大局，服从调配，积极合作，不计较个人和部门得失。

3. 其他任务完成情况

（1）能创造性地圆满完成全店例会下达的其他临时性任务。

（2）能创造性地圆满完成上级临时下达的特殊紧急任务。

（3）个人或所管部门受到行业或市级以上嘉奖，或受到管理公司、企业表彰或通报表扬。

二、楼面经理任期目标考核方法

餐饮企业对楼面经理的业绩考核，以效益指标考核为中心，以管理质量指标考核为重点，以工作任务目标考核为保证，以半年和年度为考核期，定期组织进行，记录在案，考核结果与奖罚挂钩，责、权、利相结合。

（一）考核宗旨

餐饮企业对楼面经理进行考核评估，目的是提高楼面经理的素质和餐厅管理的水平，以适应市场经济发展，发挥竞争机制，确保楼面经理完成任期目标。因此，要建立自上而下和自下而上相结合、公平公正的考核体系，做到考评与培训相结合，考评与奖金发放、晋升提薪相结合，以更好地开发人才资源，发挥楼面经理的积极性、主动性和创造性，不断提高餐厅品牌效益和经济效益。

（二）考核内容

对楼面经理的考核要与岗位职责相对应，按照考核要素和项目进行综合性考核。其内容一般由五个部分组成：① 个人素质；② 经营管理绩效；③ 部门管理；④ 其他任务完成情况；⑤ 加、减分。其中，考核要素和项目可根据各餐厅功能特征增减设置。考核内容与标准详见《楼面经理考核内容与标准》表格。

（三）考核方法

考核以楼面经理的工作表现及业绩为依据，以量化形式，对照考核标准，通过逐项打分，逐次累计结果。考核每半年进行一次，年终为总评考核。

（1）考核计分标准。考核按照百分制加奖励评定。各要素评分比例可视餐厅管理要求的具体情况进行调整。计分分配方法是：① 个人素质 20 分；② 经营业绩 40 分；③ 楼面管理 30 分；④ 其他任务完成情况 10 分；⑤ 另增设奖罚分项目 10 分。

（2）考核时间。半年考核时间为每年 7 月 10 日—15 日，年度考核时间为次年的 1 月 15 日—25 日。

（3）考核评分。考核业绩按综合得分高低排列。结果分为四个等级：

A 级（优秀）：综合得分 90 分（含 90 分）以上者。

B 级（满意）：综合得分不低于 80 分（含 80 分）、不足 90 分者。

C 级（一般）：综合得分不低于 60 分（含 60 分）、不足 80 分者。

D 级（差）：综合得分低于 60 分者。

（四）考核程序

1. 自我考核

由楼面经理根据考核标准，对照自己的工作表现和业绩进行自我评估、打分，报告直接上级。

2. 逐级考核与复核

楼面经理的直接上级对楼面经理进行考核，主管副总经理或人力资源部经理进行复核。有条件时，可对楼面经理进行多角度考核，例如请下级或同级对楼面经理进行考核。

3. 考核分数统计

（1）按自我评估占 40%、上级评估占 60% 的权重加总；若有下级参加，则可按自我评估占 30%、上级评估占 40%、下级评估占 30% 的权重计算，得出楼面经理的考核结果。

（2）复核人如果对考核结果有异议，可同考核人交换意见，也可将自己的意见反映在考核表上。考核结果以上级裁定为准，并将裁定结果同被评估的楼面经理见面。

（3）被评估的楼面经理同意考核评估结果，可签字确认；也可以提出异议，要求修改考核结果。考核人或复核人听取后认为合理可以修正，也可说明理由不予改正，以考核评估结果为准，明示被评估的楼面经理。

4. 考核结果处理

（1）考核完成后，考核人要将考核结果填写在评语栏内与被考核的楼面经理见面。评语要肯定成绩、提出希望和要求，以达到激励和促进楼面经理进步的目的。

（2）半年考核结果是奖金发放或调整浮动工资的依据。奖金、扣除奖金或浮动工资的额度由楼面经理的上级确定。

（3）半年考核结果是奖励和惩罚或晋升和降职的主要依据之一。被评为 A 级（优秀）者，在餐厅组织内给予公开表彰；连续两次被评为 D 级（差）者，餐饮企业总经理或上级主管部门可派人调查；如确属楼面经理工作责任心不强、能力低下、管理混乱等失职行为造成的，给予免职处理。

（五）考核表格

（1）半年综合考核表格。半年考核是对楼面经理工作表现及业绩的评估，表格格式如表 8-1 所示。

表 8-1　楼面经理半年综合考核表

被考评人姓名：＿＿＿＿＿＿

被考核时间：　　　　　　　　　　　　　　　　年　　月　　日

总分：		等级：	
项目	自我评估		考核人评估
个人素质			
营业指标			
楼面管理			
其他任务			
奖惩分			
合计			

（续表）

考核人意见：

签名：　　　　　日期：

复核人意见：

签名：　　　　　日期：

主管总经理：

签名：　　　　　日期：

备注：

（2）年度综合考核表格。年度考核在半年考核的基础上进行，每年进行一次。考核时间为次年的1月15日—25日。表格格式如表8-2所示。

表8-2　楼面经理年度综合考核表

被考评人姓名：　　　　　　　　　　　　　　　　　年　月　日

项目	自我评估	考核人评估	实际得分
完成指标			
部门管理			
领导关系			
部门协调			
年度总评			

考核人意见：

签名：　　　　　日期：

复核人意见：

签名：　　　　　日期：

主管总经理：

签名：　　　　　日期：

备注：

三、楼面经理考核标准

(一) 个人素质

个人素质分为敬业精神、领导能力、业务知识、创新能力、全局意识、纪律规章、人际关系、沟通能力、仪容仪表、表达能力十个方面,总分为20分,详见表8-3。

表8-3 楼面经理个人素质考核标准

	A(优秀)	B(满意)	C(一般)	D(差)	备注
① 敬业精神	爱岗敬业,恪尽职责,锐意进取,积极改进工作,能设法解决问题,不推诿,不等待,不计较个人得失,主动、圆满地完成各项工作任务,成绩突出	比较爱岗敬业,比较尽职尽责,比较积极解决问题,不推诿,不等待,不计较个人得失,能较好地完成各项任务,成绩显著	在岗尽责,工作较努力,能一般完成工作任务,成绩一般	工作主动性较差,推诿、等待,患得患失,不负责任,不能完成上级交代的工作任务	
② 领导能力	有较强的决策计划及组织控制能力,对下属工作安排得当,知人善任,敢于严格管理,督导有方,注意培养人才,楼面工作井然有序,并且有活力,客人与上级满意程度在企业最佳	有一定的决策计划及组织控制能力,下属工作分工合理,安排有序,能够严格管理,督导有方,注意培养人才,客人与上级满意程度在企业较好	决策计划及组织控制能力一般,下属工作安排基本有条理,但缺乏活力,客人与上级满意程度在企业一般	缺乏计划、组织、控制能力,工作安排无条理,不能严格管理,也无具体督导,部门士气较低,下属表现在企业最差,受到客人投诉或上级批评	
③ 业务知识	精通本岗位业务和管理知识,具有丰富的实践经验,勤于学习,刻苦钻研,业务及管理水平不断提高	熟悉本岗位业务和管理知识,实践经验比较丰富,努力学习,进步显著	掌握本岗位业务和管理知识,能应付工作,表现一般	对本岗位业务知识一知半解,不努力学习,也不虚心求教,影响工作	
④ 创新能力	锐意改革,努力创新,能不断以高标准改进工作,并提出合理化建议,在实践中有所突破,成绩突出	具有改革与创新精神,能够发挥主观能动性改进工作,能提出合理化建议,在实践中进步显著	较为保守,创新精神差,按部就班完成工作,工作不求有功,但求无过	因循守旧,满足于现状,不思进取,工作消极被动	

(续表)

	A(优秀)	B(满意)	C(一般)	D(差)	备注
⑤全局意识	热爱餐厅,从全局出发,以全局利益为重,想客人之所想,急客人之所需,能积极主动为客人提供优质服务	能以餐厅和客人利益为重,比较主动地为客人排忧解难,能提供较好的服务	一般能维护餐厅全局的利益,为客人解决困难,提供常规服务	不能顾全餐厅和全局的利益,不能及时为客人解决困难、提供好的服务,引起客人投诉,损害餐厅声誉及利益	
⑥纪律规章	模范遵守各项规章制度,以身作则,自我约束力很强	能自觉遵守规章制度,自我约束力较强	通常能遵守规章制度,自我约束力一般	自我约束力差,有违纪违规事件	
⑦人际关系	办事公正,严于律己,宽以待人,合作能力强,对内有较高威信及良好的人际关系,对外有较好的社会交往关系	办事公正,能较好地处理各种关系,合作能力强,有一定威信,人际关系较好	办事较公正,有一定的合作能力,但尊重下属不够,人际关系一般	合作能力较差,不尊重、关心他人,人际关系较差	
⑧沟通能力	全局观念强,沟通协调主动、快捷、有效,能做到部门之间关系密切,相互支持	全局观念较强,与他人沟通主动,能协调好部门之间的关系并且相互配合,支持较好	全局观念一般,与他人沟通主动性不够,部门之间工作协调存在一定难度	全局观念差,小团体主义观念较强,不能同他人和部门沟通、协调,以至影响工作	
⑨仪容仪表	严格执行仪容仪表规定,行为举止基本符合要求,能监督下属执行仪容仪表规范	较好执行仪容仪表规定,行为举止基本符合要求,能监督下属执行仪容仪表规范	能执行仪容仪表规定,但部分内容不符合要求	不能遵守仪容仪表规定,举止行为产生了不良影响	
⑩表达能力	逻辑思维及分析判断能力较强,语言、文字表达准确、流畅而精练,能独立对外洽谈业务,沟通信息,独立起草计划报告和其他文件	有一定的逻辑思维及分析判断能力,语言、文字表达清楚、有条理,能对外洽谈业务,沟通信息,起草计划和其他文件	逻辑思维及分析判断能力一般,语言、文字表达能力一般,能完成本职要求的讲话及文件起草工作	逻辑思维及分析判断能力较差,语言、文字表达词不达意,致使下属不能正确理解指令,影响工作	

第八章
餐饮企业楼面经理的成效考核与职业发展

（二）经营指标考核标准

经营指标分为营业收入、综合毛利率、食品毛利率、平均上座率、人均消费、营业费用、餐厅促销活动七个方面，分月合计，半年考核，年度总评，总分为40分，详见表8-4。

表 8-4　楼面经理经营指标完成情况考核标准

	营业收入 （10分）		综合毛利率 （6分）		食品毛利率 （3分）		平均上座率 （4分）		人均消费 （4分）		营业费用 （6分）		餐厅促销活动 （4分）	
	预算	实际	预算	实际	预算	实际	预算	实际	预算	实际	预算	实际	预算	实际
第一月														
完成率														
第二月														
完成率														
第三月														
完成率														
第四月														
完成率														
第五月														
完成率														
第六月														
完成率														
合计完成率														
合计得分														
项目总分	40分		总计得分率				总计实际得分							
备注														

说明：(1) 总计超额完成预算 1%—3%（含3%）为 A 级（优秀），得分不低于项目总分的 95%，超额完成预算 3% 以上，列入特殊贡献，每超额完成 1% 加 4 分；

(2) 总计完成预算为 B 级（满意），得分不低于项目分的 90%；

(3) 总计未完成预算 1%—5%（含5%）为 C 级（一般），每不足 1% 扣 4 分，未完成预算 5% 为 D 级（差），每不足 1% 减 6 分。

（三）楼面管理考核标准

楼面管理分为员工管理、客人反映、现场督导、工作效率、环境卫生、员工培训、差错事故、设备管理、表格档案管理、部门合作十个方面，总分为 30 分。详见表 8-5。

表 8-5　楼面经理部门管理工作考核标准

	A(优秀)	B(满意)	C(一般)	D(差)	备注
① 员工管理	严格管理,奖惩分明,下属员工仪容仪表、精神风貌、服务规范、操作技能及团队精神在企业表现最佳	严格管理,奖惩分明,下属员工仪容仪表、精神风貌、服务规范、操作技能和团队精神在企业表现较好	管理较严格,有奖惩,下属员工仪容仪表、精神风貌、服务规范、操作技能及团队精神表现一般或有一两项问题	管理松懈,奖惩无力,下属员工仪容仪表、精神风貌、服务规范、操作技能及团队精神在企业表现最差,或因管理不善,使企业遭受损失	
② 客人反映	楼面管理因服务优秀受到客人表扬,没有投诉事件	因楼面服务优秀受到客人表扬,客人一般投诉在2次以下,且善后处理较好	有客人一般投诉3次,处理后没有遗留问题	有客人一般投诉4次以上或重大投诉,经分析属于责任事故	投诉确因楼面管理或员工因素引发
③ 现场督导	在营业期间现场督导到位,70%以上时间在现场,主动征询客人需求和意见,有重要活动在现场组织指挥,督导协调有效	在营业期间现场督导到位,在现场时间占到60%—70%之间,能够征询客人需求和意见,遇有重要活动在现场组织指挥,效果较好	能够进行现场督导,在现场时间少于60%,较少征询客人需求和意见,管理效果一般	较少进行现场督导,或者检查不细,督导不力,出现差错	在现场督导的时间可根据具体情况调整
④ 工作效率	能按时、按质、按量,且能创造性地完成工作任务	能按时、按质、按量完成工作任务	能按时、按质、按量完成一般工作任务	未能按时、按质、按量完成工作任务	
⑤ 环境卫生	制度健全、措施具体得力,责任落实,经营及工作环境卫生达标	制度健全、措施具体,责任基本落实,经营及工作环境卫生基本达标	经营及工作环境与卫生标准有一定差距,经检查、督促改进能达到卫生标准	责任未落实,环境卫生较差,秩序较乱	

(续表)

	A(优秀)	B(满意)	C(一般)	D(差)	备注
⑥员工培训	有计划,有措施,落实到位,考核达标,综合培训率达到100%	有计划,有措施,落实较好,综合培训率达90%以上(含90%)但不到100%	有计划,落实一般,综合培训率达85%以上(含85%),但不到90%	计划不周,无措施,落实不到位,综合培训率不到85%	综合培训率为各类培训项目落实率、出勤率、考核达标率的项目平均值
⑦差错事故	部门员工无违反厅规厅纪或操作规程事件,无差错事故或损失发生	个人或员工有人为责任,违反厅规厅纪或操作规程2次,造成差错损失500元以下(含500元),无遗留问题	个人或员工因人为责任,违反厅规厅纪或操作规程,造成差错或事故苗头3次以下;无遗留问题;损失500—1000元(含1000元)	个人或员工因人为责任,违反厅规厅纪、操作规程导致差错事故损失超过1000元	差错事故等级应视餐厅和企业声誉在社会上的影响而确定
⑧设备管理	能按计划清洁、保养设备;餐厅设备台账齐全且规范;家具、设备、服务器械完好,能保证为客服务,报修及时	按照计划清洁、保养设备;餐厅设备台账较齐全;家具、设备、服务器械完好,能保证为客服务,报修及时	有设备清洁、保养,但未达标;餐厅设备台账不够齐全且规范;家具、设备、服务器械状态一般,报修不够及时	没按计划清洁、保养设备;餐厅设备台账不全;家具、设备、服务器械不好,影响了为客服务,报修不及时	
⑨表格档案管理	按照操作规范填写各类表格,文档收集及时,立卷有序,归档整齐,有专人进行管理,借阅手续齐全	按照操作规范填写各类表格,文档收集、立卷、归档、存放及借阅较规范	表格填写较规范,文档收集比较及时,但立卷、归档、借阅不够规范	文档收集、立卷、归档不及时,借阅手续不齐备,资料不完全,影响工作	
⑩部门合作	有主动配合意识,能顾全大局,服从调派,积极合作,不计较部门和个人得失	顾全大局,能主动配合其他部门完成工作	有全局观念,能按照要求配合其他部门工作,未发现因合作不善而影响工作的情况	全局观念差,计较部门及个人得失,推卸责任,配合不利,影响工作	

（四）其他任务完成情况考核标准

其他任务完成情况分为例会任务执行情况、特殊紧急任务完成情况两个方面，总分为10分。详见表8-6。

表8-6　楼面经理其他任务完成考核标准

	A(优秀)	B(满意)	C(一般)	D(差)	备注
① 例会任务执行情况	能创造性地圆满完成例会下达的其他临时性任务	能按时、按质、按量完成完成例会下达的其他临时性任务	对例会下达的其他临时性工作任务完成情况一般	不能按时、按质、按量完成任务	
② 特殊紧急任务完成情况	能创造性地圆满完成上级临时下达的特殊紧急任务	能按时、按质、按量完成上级临时下达的特殊紧急任务	对上级临时下达的特殊紧急任务完成情况一般	不能按时、按质、按量完成上级临时下达的特殊紧急任务	

（五）奖惩得分

根据实际情况增减分，不属必得分项。详见表8-7。

表8-7　楼面经理奖惩考核标准

	加6—10分	加1—5分	减1—5分	减6—10分	备注
① 特殊贡献	个人或所管理的餐厅受到行业或市级以上嘉奖	个人或所管理的餐厅受到管理公司或企业表彰或通报表扬	—	—	
② 特殊处分	—	—	个人或所管理的餐厅受到管理公司或企业总经理通报批评	个人或所管理的餐厅受到企业的处分，或受行业、所在地区主管部门通报批评	

第三节　楼面经理向高级管理者的职业发展

麦当劳经理的成长

麦当劳餐厅1979年进入法国餐饮市场,在斯特拉斯堡开设了第一家餐厅。短短的12年,它就扩大成为遍及三十多个城市、由一百多家餐厅组成的庞大体系。如此的发展速度和规模,必然需要一个相当成熟的中级管理阶层。在麦当劳,这个阶层主要是由年轻人组成的。

(1) 源泉。人才的多样化是麦当劳普通员工的一大特点。麦当劳公司员工毕业于饮食服务学校的占30%,其余由大学生、工程师、商业学校、农学家和中学毕业后进修2—5年的人员组成。公司还拥有一支庞大的年轻人才后备军,这些人员在校期间定期到餐馆打工,他们中的50%的人员将有机会成为公司未来的高级管理人员,担任公司的各种职务,同在公司工作的有文凭的年轻人一起担任餐厅经理。人才的多样化与庞大的后备力量使人才成为麦当劳管理阶层的稳固基石和新鲜血液。

(2) "零"起点。在麦当劳里取得成功的人,都有一个共同的特点,即从零开始,脚踏实地。炸土豆条、做汉堡包是青年人在麦当劳走向成功的必经之路。当然,对于取得了各式文凭、踌躇满志想要大展宏图的年轻人来说,开始往往不能接受。但是,麦当劳通过教育,要求这些年轻人必须懂得,脚踏实地、从头做起是在麦当劳成功的必需条件。没有经历过各个阶段的尝试,没有在各个工作岗位上亲自实践过,如何以管理者的身份对下属进行监督和指导呢？在麦当劳,从收款、炸土豆条到制作冰淇淋的每个岗位都造就出了未来的餐厅经理。

(3) 将军之路。"不想当将军的士兵不是好士兵"。在公司高级管理职务人员的背后,一些年轻人已崭露头角。麦当劳力求向每位员工反复灌输的基本技能是管理餐厅。平均在25岁左右,一名青年就可以成为一家管理100来人的中小型企业领导人。麦当劳教会他们当老板。法国麦当劳公司实行一种快速晋升制度:一个刚参加工作的出色的年轻人,可以在18个月内当上餐厅经理,在24个月内当上监督管理员。晋升对每个人都是公平、合理的,既没有特殊规定,也没有典型的职业模式。每个人主宰自己的命运,适应快、能力强的人能迅速掌握各阶段的技术,从而更快地得到晋升。这个制度同样避免滥竽充数,每个级别都有经常性培训,只有获得一定数量必要知识的人员,才能顺利通过阶段考试。公平竞争和优越的机会使大量年轻人实现了自己的理想。

(4) 美梦成真。在进入麦当劳 8—14 个月后,有文凭的年轻人将成为一级助理。同时,他们肩负了更重要的责任,在餐厅中独当一面。他们的管理才能日趋完善。这离他们的梦想——晋升为经理已经不远了。有些人在首次干炸土豆条之后不到 18 个月就实现了梦想。但是,在达到梦寐以求的成就前,他们还需要跨越一个为期 15 天的小阶段,这也是他们盼望已久的:去芝加哥汉堡包大学进修 15 天。这所大学也是国际培训中心,接待来自全世界的企业和餐厅经理,教授管理一家餐馆所必需的各方面的理论知识,并传授有关的实践经验。麦当劳公司的所有工作人员每年至少可以去一次美国。这个制度不仅有助于工作人员管理水平的提高,而且成为麦当劳集团在法国乃至全世界范围极富魅力的主要因素之一,吸引了大量有才华的年轻人加盟。

一个有才华的年轻人升至餐厅经理后,麦当劳公司为其提供了更广阔的发展空间。经过一段时间的努力,他们将晋升为监督管理员,负责三四家餐馆的工作。3 年后,监督管理员将升为地区顾问,成为总公司派驻其下属企业的代表,成为"麦当劳公司的外交官"。作为公司下属十余家餐馆的顾问,他们责任重大,是公司标准的捍卫者。此时,从炸土豆条做起,经历了各个岗位和阶段锤炼的地区顾问,对各方面的管理标准游刃有余。一个由麦当劳公司创造的高级管理人员还是麦当劳哲学的保证。作为"麦当劳公司的外交官",其主要职责是往返于麦当劳公司与各下属企业,沟通传递信息。同时,还肩负着诸如组织培训、提供建议之类的重要使命,成为总公司在这一地区的全权代表。成绩优秀的地区顾问还会继续得到晋升。

(5) 企业文化。一套与众不同的人事管理制度,必然产生一些独特的企业文化。首先是团体观念。麦当劳公司的合作者们首先是"队员",其次才是雇员。团体观念在一个工作条件艰苦的行业中是十分重要的,在麦当劳,艰苦的工作条件和激烈的竞争,要求每个人有必要的谅解和容忍精神、竞争和团体精神。广泛而公平的竞争体现在公司的各个角落,团结友爱的观念也是十分必要的,身体健康同样是十分必要的。最后,麦当劳公司与众不同的重要特点是,如果人们没有预先培养自己的接替者,那么他们在公司里的升迁将不被考虑。公司的一项重要规则强调,如果未培养出自己的接班人,那么

第八章
餐饮企业楼面经理的成效考核与职业发展

无论谁都不能晋升。这就犹如齿轮的转动,每个人都得保证培养他的继承人并为之尽力。麦当劳公司因此而成为一个培养人才的大课堂。

综上所述,麦当劳公司在法国的成功,同样也是它们人事制度的成功、企业文化的成功。它们不仅仅为麦当劳公司带来了巨大的经济效益,带来了公司规模的飞速发展,更重要的是,它们为全世界的企业创造了一种新的模式,为全社会培养了一批批真正的管理者。

麦当劳取得的成功是20世纪商业史上一个成功的典范,是一个奇迹!论发展速度,几乎没有哪个公司能与麦当劳相比。它仅仅以汉堡包这种如此简单的产品起家,在世界各地——欧洲、美洲、亚洲等均获得了巨大的成功。今天,麦当劳已经在全球120多个国家拥有29 000多家餐厅,居全球知名品牌的前十位。

由年轻人组成的中级管理阶层为麦当劳的不断发展壮大立下了汗马功劳。案例中重点介绍了麦当劳对培养年轻的餐厅管理者所采取的一套与众不同的管理制度和激励机制。这个激励机制通过人才的多样化与庞大的后备力量使人才成为稳固的基石和新鲜血液。脚踏实地、从零做起是人才成功的必经之路。麦当劳教会年轻人当老板,力求向每位员工反复灌输必须掌握的基本技能。麦当劳实行快速晋升制度。这种激励机制对每个人都是公平、合理的。每个人都能够主宰自己的命运,只要适应快、能力强、迅速掌握各阶段技术,必然能够更快地得到晋升。

随着我国市场经济的深入发展,从餐饮行业职业经理人的职业发展的角度来考察,麦当劳年轻人发展的今天,就是我国餐饮行业中层经理人员职业发展的明天。一位优秀的员工,只要表现出你的能力和忠诚,就可能在半年至1年内当上餐厅主管,然后经过2—3年,能够当上楼面经理或餐厅部经理,成为中层职业经理人。如果你的能力很强,成绩突出,5年内即能当上独立型餐饮企业总经理或餐饮企业总监。总之,在市场经济和人才竞争的条件下,餐饮企业楼面经理(餐厅部经理)的职业发展是大势所趋。为此,本节在阐述楼面经理的成功标志和业绩考核的基础上,介绍楼面经理职业发展的努力方向,为餐饮企业广大楼面经理把握自身发展提供参考。

一、楼面经理职业发展要树立的创新理念

创新是企业在市场竞争中立于不败之地的法宝。餐饮企业楼面经理只有树立创新理念，善于在自己的工作岗位上不断创新，才能不断进步、不断发展，做出更大成绩，为职业发展和地位提升创造条件。为此，楼面经理重点应从三个方面做出努力：

（一）根据餐饮企业的时代特点树立不断创新的经营理念

随着我国市场经济的深入发展，餐饮企业规模经济的形成和迅速扩大，人才竞争的局面已经形成。餐饮企业管理已进入以人才竞争为主的转型阶段。餐饮行业的时代特点逐步显现出来。这种特征必然为楼面经理的职业发展和地位提升创造了广阔的空间，提供了发展的机遇和舞台。其主要表现是：

（1）单纯依靠厨艺、出品制胜的技术时代已经过去。在人才广泛流动、网络信息运行速度极快的今天，没有什么配方和手艺是不可破译与复制的，"一招鲜，吃遍天"只能是昨天的梦想。因此，楼面经理要立足经营创新、产品创新、管理创新、服务创新。

（2）餐饮业的投资时代已经到来，资本大鳄游弋于餐饮商海，让那些靠原始积累的小鱼们朝不保夕。行业外巨资的不断涌入，使中国餐饮业原本很低的门槛陡然增高，成为越来越难以逾越的龙门，由此显现出餐饮行业越来越激烈的竞争局面。楼面经理必须要审时度势，深刻了解不断发展变化着的商业趋势，与时俱进、更新经营观念。在企业管理中要适应社会化大生产、社会服务需要，破除传统的小生产方式下师傅带徒弟的手工工作方式的管理思想束缚。

（3）楼面经理职位作用的发挥越来越重要。随着行业进步、产业升级，所有权与经营权分离，餐饮管理人才越来越抢手。可以说，"得良将者得天下"，未来的中国餐饮界将是楼面经理大显身手的新时代。

（二）根据资源理论树立不断创新的经营理念

经济学通篇讲的是资源。运用现代许多餐饮企业经营成功的经验，可以得出一个重要的结论：凡是成功的餐饮企业，无不占有独特的优质资源；凡是成功的餐饮企业家，无一不是开发和利用资源的高手。因此，楼面经理应根据资源理论树立不断创新的经营理念。那么，现代餐饮业除了必须具备资金、技术、场所等，在资源开发与利用方面应有哪些创新呢？

（1）人才资源运用创新。在以人为本的今天，经验丰富的职业经理人才、

具有开拓精神的营销人才、综合素质良好的服务人才和不断创新出品的厨艺人才等,永远是成功的餐饮企业的第一资源。楼面经理只有树立善于创新的观念,在管理中善于发现、培养、使用人才,并在适当场合、适当时机恰当地显示出自己的能力,才能求得自身职业地位的提升。

(2) 餐饮文化建设创新。大凡成功餐饮企业的楼面经理都擅长开发文化资源,把文化要素融入企业的软硬件之中,乃至业务活动的方方面面,使企业具有持久不衰的独特魅力。

(3) 市场营销创新。市场需求既是企业导向,也是企业资源,餐饮企业楼面经理除了要满足顾客的物质需求外,还要尽可能研究并满足他们内心深处的精神需求,从而赢得竞争优势,增加产品和服务的附加价值。因而,楼面经理要善于在餐饮市场营销方面大力创新。

(三) 要运用创新观念将资源转化为资本和财富

资源和资本是企业运行的基础,善于运用创新观念整合资源,运作资本来创造价值和财富才是企业管理的目的。为此,楼面经理要取得职业发展,需要从三个方面树立创新观念:

(1) 要擅长资源整合。从某种意义上讲,任何企业都是"组装"的,只有在研究企业发展趋势的基础上进行清晰的定位、确定明晰的经营管理目标,用优秀的企业方案整合资源,充分发挥高效、优秀的团队合力优势,才能使企业具有强大生命力。

(2) 要擅长资本运作。在资本时代,人才、文化、创意、知识、品牌等都是资本,都要进行深度开发;菜点、服务、技术甚至企业都是商品,都可以拿去销售。连锁经营和包装上市是餐饮企业资本运作的两个亮点。

(3) 要形成有形财富与无形财富的良性互动。无形资产就是无形财富,它具有在使用中不断增值的特性。同时,它还是有形财富的催化剂,在独特的资本环境下,无形财富完全可以催生出新的有形财富。所以,在许多杰出的企业家眼里,无形财富比有形财富更加重要。

二、楼面经理职业发展的十大要领和需要克服的不良行为

(一) 楼面经理做好本职工作的十大要领

"管理是把目标和实现目标的手段有效地结合起来的一门艺术",这个定义涵盖了所有涉及管理的行为,也是楼面经理应该具有的管理行为。楼面经理要想获得职业生涯的成功。必须牢记做好本职工作的十大要领:

(1) 确认"员工"是餐饮企业中最重要的财产。

（2）创造最佳经济效益，谋取经营利润，争取企业能够永远保持发展。

（3）以团队精神和积极、主动、创新精神推动企业业务发展和品牌建设。不能单靠运气，不能总是摸着石头过河。

（4）明确企业经营战略、长期目标和计划任务，并以此为依据制定餐厅部门任务目标，逐级分解，落实到各个服务岗位和每一位员工。

（5）做好培训，在全体员工中贯彻经营战略和经营目标，确保实现。

（6）做好日常工作检查督导，使每一位员工都能够了解其岗位职责、职权范围以及与他人的工作关系。

（7）做好日常考核和定期评估，准确认定员工的工作绩效及个人潜力，使员工个人得到成长和发展。

（8）培训、指导、协助员工不断提高素质，为企业发展建立稳固的人力资源基础。

（9）建立和完善内部管理机制、激励机制，对员工进行及时鼓励和奖赏，提高员工和企业的工作效率。

（10）使员工得到满足感。实现企业价值最大化的同时，实现员工价值的最大化。

（二）楼面经理需克服的不良行为

（1）不能诚心诚意地对下属进行培训、培养和指导、教育；不能正确认识和充分理解下属的行为；忽视或视而不见下属的失误；硬性给下属安排不合理的工作。

（2）工作能力、经验、管理技巧、威信不如下属，对下属没有影响力和感召力。

（3）对来自下属的报告不闻不问、没有任何反应；无原则地袒护部分下属的失误；对下属的失误过分迁就；对到处诽谤他人的人无动于衷。

（4）不信任下属，对下属不会批评、只会大声训斥。

（5）向上司汇报不实事求是；奉承上级；只会唱赞歌或与下属一起中伤上司或同事；热衷于搞宗派活动。

（6）不能自我控制，感情用事，明显表示出对上级或下级的憎恨；对女员工过分温柔，过分偏袒和照顾个别女员工；生活作风有问题。

（7）不能坦率承认自己的过失，把自己的过失推给下属；或让小家庭缠住手脚，不能正确处理家务与工作；迟到、早退或缺勤。

（8）无雄心大志，意志脆弱；工作没有信心；不考虑最坏情况，不知道节省资金和用品；经常半途而废，完不成任务。

第八章
餐饮企业楼面经理的成效考核与职业发展

（9）经常用"我年轻的时候如何如何"来自我吹嘘；只知道工作，不注意锻炼身体，不懂得消遣；不会按正确程序进行工作；抓不住工作重点；工作无目标、计划，不总结工作和计划完成情况。

（10）不能正确理解企业经营方针；只考虑自我利益，不考虑企业整体；只考虑增加人员，忽视提高工作效率。

（11）决策时优柔寡断；对餐厅出现的任何事态不关心，对任何事情都不讲策略，任其发展；办事邋遢，认识不到自身工作的重要性。

（12）开会发言不做准备；在重要会议上缺乏语言表达能力，数字统计和计数能力差，或一言不发、沉默寡言。

（13）缺乏独立工作能力；只会传达上级指示；对上司部署虽然能提出意见，但拿不出具体方法；没有预见性和独立见解。

（14）不接受新思想、新观念；缺乏开拓创新的勇气和自信；没有挑战精神，只知道保职位；整天叫苦连天，叫嚷困难多，又不想办法。

（15）不能身先士卒、以身作则，只会指手画脚，不身体力行；发现问题时，不能站到最前沿或最危险处。

（16）不能顾全大局；泄露企业机密；不能诚心为本企业工作；完全不读书。

（17）在交际场所，给人第一印象是过分严厉；因有才干和学历而骄傲自大。

（18）不会幽默，也不理解幽默；考虑事情过分认真；用甜言蜜语迷惑对方，过于世故；勒索、欺诈客户。

（19）随意褒贬和嫉妒其他企业；公私不分，工作时间脱离岗位；随意私自使用餐厅设备或动用钱财。

上述各项是楼面经理应该经常对照、引以为戒的。只要正确认识自己，严格要求约束自己，楼面经理就能够朝着正确的方向、沿着正确的路径向前迈进，逐步提升自己，在职业生涯中顺利发展，最终取得意想不到的成功。

三、楼面经理职业发展必须做好下属培训

培养下属是楼面经理最重要的岗位职能之一，也是楼面经理的职业生涯能否得到快速发展的途径之一。有些管理者非常善于培养下属，进而创造持续攀高的绩效；而有些管理者则缺乏培养下属的基本技能，从而既影响了团队绩效，也影响了管理者本身的进步。的确，有效培养下属是一件比较困难的事情，它需要楼面经理因人而异地采用不同的方法和技巧。楼面经理应从

两个方面重点探究如何培养或改变下属的行为习惯。

（一）有针对性地做好员工培训，从而创造自身管理业绩

人类的行为是知识、技能和态度综合影响的结果，要改变一个人的行为，需要改变他们的知识、技能和态度，让知识、技能和态度的"交集"尽可能变大。

员工一般分为四种类型：能力高、意愿高；能力高、意愿低；能力低、意愿高；能力低、意愿低。针对这四个层次的员工，需要施行不同的培养方法。对能力高、意愿高的下属，楼面经理只需要给予一定的引导就可以了；对能力高、意愿低的下属，需要重点解决他们的思想问题，调动他们的工作积极性；对能力低、意愿高的下属，楼面经理要重点培养他们的知识和技能；对能力低、意愿低的下属，需要同时培养他们的知识、技能和态度。据统计，这种类型的下属大约占团队总人数的5%—10%，他们往往培养难度较大，楼面经理可以采用适当的办法让他们离开团队。

从以上的分析我们不难知道，楼面经理需要认真对下属进行分析，然后有针对性地"因人施教"。有些楼面经理只关注员工知识和技能的培养，这也许就是为什么收效甚微，甚至适得其反的原因。

（二）充分运用"领导力"、"影响力"和"人格魅力"培养员工良好的行为习惯

楼面经理具有一定的职权，但一些楼面经理往往喜欢利用自己的职权去改变下属的行为。实际上，这种做法不但没有效果，而且是不可取的。其实，楼面经理要改变下属员工的行为，应善于运用自己的领导力、影响力、人格魅力去实现。

楼面经理应将权力作为领导下属的基础和保障，要尽量避免将职权作为强行改变下属行为的"武器"。经验表明，试图利用权力来改变下属的行为都是徒劳的。楼面经理需要学会运用自己的领导力、影响力和人格魅力来实现对团队的和谐领导，有效改变下属行为。经验表明，一个领导力、影响力和人格魅力超强的楼面经理，往往能更轻松自如地"驾驭"下属的心。

根据有关学者论断，改变某种行为所付出的代价是培养这种行为需要付出的代价的五倍。因此，楼面经理要尽量在培养下属良好的行为习惯上下工夫，而不是在下属养成了不良习惯后再努力去改变它。

楼面经理应该明白，培养员工养成良好的行为习惯，受益最大的还是自己。因此，楼面经理应该致力于培养和改变下属行为习惯的做法。马斯洛说，心若改变，你的态度跟着改变；态度改变，你的行为跟着改变；行为改变，

第八章
餐饮企业楼面经理的成效考核与职业发展

你的习惯跟着改变;习惯改变,你的性格跟着改变;性格改变,你的人生跟着改变。楼面经理应从马斯洛的论述中来启迪自己。

四、楼面经理的职业发展需要不断提高处理问题的能力

楼面经理要提高解决问题的能力,方法是多种多样的,关键是要在以下方面下工夫:

(一)增强责任意识

责任意识就是对社会、企业、客人、员工高度负责的使命感,树立加快企业发展的忧患意识、奋斗意识,归根到底是服务意识。这一意识树得不牢,复杂问题就不可能得到解决,就会使企业和客人的利益遭受损失。楼面经理肩负着餐厅部门管理的重任,必须牢固树立责任意识,履行自己的责任。

增强责任意识,一要自觉充实、提高自己的素质,求知于书本,问计于同事,创新于实践,做学习的表率;二要怀着对社会、企业、客人、员工负责的真诚态度对待工作,认真抓好服务质量管理;三要勇于面对问题、敢于担当责任,尽职尽责。

(二)提高知己知彼的能力

大到一个国家,小到一个企业、餐厅,都存在不同的复杂问题。解决复杂问题,必须坚持具体问题具体分析。列宁说过,具体之所以具体,表现为过程,表现为综合,表现为质的多样性。掌握具体情况是解决复杂问题的基础和前提条件。

掌握具体情况,就是要知上情、知下情、知己情、知实情。知上情,就是了解领导决策和重要工作部署、工作思路和意图;知下情,就是对企业管理层的具体工作情况、全体员工的愿望、情绪以及新发生的情况全面了解;知己情,就是要明确自己的优点和缺点;知实情,就是要得到真实的情况。

在工作中,只有做到了知己知彼,才能针对现实情况做出正确的决策;才能认识自己的不足,尽量减少失误;才能放眼长远,把握管理的全局。

(三)提高把握本质的能力

要善于在全面工作中去粗取精、去伪存真,把握事物的真相与本质。要能够从纷繁复杂的问题中把握好工作重点,抓住大局、要害和关键环节,避免纠缠于一些细枝末节、陷入繁杂事务而不能自拔。也就是要坚持唯物辩证法,用辩证方法分析问题,在诸多矛盾中善于分析和抓住主要矛盾和矛盾的主要方面,从关键环节入手,重点突破。提高把握本质的能力,需要长期的磨炼。在日常工作中要不断加强政治理论和业务技能学习,加强客户观念、市

场观念、经营观念、人才观念,加强实践锻炼,以真正提高解决问题的能力。

(四)建立高效率的组织系统

解决复杂问题需要资源、战略、团队、文化等要素支持。如果这些要素没有完全具备,或者其中的某些要素没有达到相应的要求,复杂问题就很难解决。这就要求建立一种高效率的组织系统作保证。

加强组织系统建设。一是确立组织结构。根据市场竞争形势、企业经营目标和管理目标,利用本餐厅的优势,明确职能、确立机构、配备人员,不断完善组织结构。二是完善各项制度。随着社会的发展和企业经营需要,对过时的制度随时要废止,同时根据需要制定新的制度,使员工行为受到规范约束,提高工作效率。三是加强人才培养。要建设一支为客人提供优秀品质服务的高素质员工队伍,特别是要努力缔造团队领导核心,培养优秀员工。四是弘扬企业文化和企业精神,这种企业文化和企业精神往往包含着企业管理的丰富内涵,是保证企业经营成功必不可少的重要因素。在具体工作中,楼面经理要采取多种形式,弘扬企业文化和企业精神,营造和谐的工作氛围,充分调动全体员工的主动性、积极性和创新精神。

五、楼面经理把握辞职及追求职业发展的方法

(一)市场退出的时机掌握

根据日本有关部门的调查显示,在成功退出市场的案例当中,60%以上的人都在30—40岁之间。可见年纪越轻,成功率就越高。我们通过所有的招聘信息可以看到,30岁以下的年轻人到处受欢迎,而只要一超过35岁,就业机会便相对减少了。这里面有许多因素,比如:老板本来就很年轻,他们当然愿意使用比他们更年轻的伙计;年轻人无家无业,能投入更多的时间为企业拼命工作;年轻人思想转变快,不受老套,能自觉接受新事物、新主意、新方法,能随时按照老板的意愿更弦易张;改革时代要求领导队伍要体现年轻化、知识化、专业化等。餐饮企业为树形象、招揽客源,在前线工作的管理人员到服务人员普遍都是20—30岁的年轻人。

年轻时候转业或跳到另一个单位,目的在于找到新的工作,薪金得到提升。就算不尽理想,也不会感到有什么压力,能轻松地享受人生。但是到了35—40岁这样的年龄,有家庭的负担,此时不但要考虑职业生涯的成功追求,还要承担养家糊口、发家致富、培养儿女的职责。因此这个年龄段的人,不能再有姑且一试的想法而草率跳槽。

因此,楼面经理如果真的想退出现有的岗位,最好选择在30—35岁之间。

应在 30 岁之前亲身体验不同餐厅的工作环境,提高自己的工作技能,磨炼自己的工作毅力,尽可能培养熟悉专业趋向的头脑和眼光,强化自己的工作实力,使自己更具信心和睿智。

楼面经理若欲自立门户,应以 35—40 岁为转折点。因为这时,各方面的知识、经验、体力甚至财力已具有相当的基础,尤其是此时的创新意识、开拓精神和胆识、智谋正属高峰时期。然而,要使自己的事业完全稳步走上正轨,至少也需要 5 年的时间,因此创业也需选择适当的时机。

(二) 市场退出的谋略

1. 辞职理由

如果打算离开现在的餐厅就必须下定决心,明确自己想要辞职的理由。楼面经理可以从如下 10 个理由中找出辞职的原因:

(1) 餐厅属于家族企业,任凭自己再努力,也绝无晋职的机会和成功的希望。

(2) 企业老板无意扩大经营规模,继续干下去也是徒劳无功。

(3) 企业向来不注重开发新产品,使餐厅经营成果难以突破,所以要转业、跳槽来另谋发展。

(4) 餐厅经营情况不佳,几乎濒临赤字,薪水无法再提高。

(5) 待遇比自己想准备入职的单位低了 20%,没有调整的机会。

(6) 优秀人才相继离去,留下的都是缺乏转业或跳槽自信心的人。在这种缺乏前瞻性的餐厅中,只要自己仍有积极进取的信心,不如另谋高就。

(7) 整个餐厅缺乏活力、暮气沉沉,再继续待下去,就会被感染,成为一个缺乏斗志的人。

(8) 无论怎么干,薪水待遇都一样。继续留在这种地方,没有任何前途可言,不如辞职。

(9) 整天的工作就像泡在温水里不冷不热,继续留在这里,太枯燥无味了。

(10) 如果继续留在这个餐厅工作,恐怕会使自己的能力越来越差,将来好的工作就更不好找了,因此应该离开这里。

以上都是不得不辞职的理由。楼面经理在做这些归纳的同时,必须尽量站在客观的立场上,不带有丝毫的成见,才能找出问题的所在。另外,不妨征询一下具有丰富经验的亲朋好友的意见,使他们站在第三者的立场上进行客观分析,确保自己不会失去转变人生的好机会。

2. 辞职程序

辞职的程序可按:决定辞职──→选定辞职的日期──→申请辞职──→整理未完成的业务──→办理工作移交──→归还文件及办公用品──→辞职──→领取必要的文件证明书──→转移劳动保险手续──→转行活动进行。

(1) 申请辞职,必须履行餐厅的规定。在餐厅约法三章的规定中,一定有"辞职必须在××天前提出"的规定,千万不可忽略。否则,出其不意地向上司提出马上辞职的要求,使上司措手不及,最容易破坏原本相处融洽的劳资关系,引起一些不必要的纠纷。

(2) 保持有始有终的负责态度。餐饮服务业都有旺季、淡季之分;工作的繁忙时段也如浪潮一样,有高有低。如果楼面经理在餐厅最繁忙的时候提出辞职,不免会使上司和下属认为自己是个不懂人情世故的人。所以辞职的时刻,最好选择餐厅淡季,保持有始有终的负责态度。

(3) 以书面形式提出辞职。楼面经理一定要递交书面申请,填妥辞职的日期和姓名,向上司提出辞职,以显示自己正式、谨慎、谦逊的态度,同时也避免后续纠纷与冲突。

(4) 工作和物品的交接要尽职尽责。离职前处理餐厅的职务应有头有尾,不要过于苛刻和随便推托。应抱着负责、敬业的态度,坚持站好最后一班岗,给继任者一个方便,把经手的事务一一交代清楚,并将向餐厅借用的物品和现金列成清单,即刻归还,要给同事留下深刻、美好的印象。

(5) 圆满达成辞职的过程。最后一项是把所有的要点、重点都处理完毕。如果有一两项做得不彻底,或者不小心被忽略掉了,对于转换工作多少会有些影响,甚至会因为仓促紧张或漫不经心,发生意想不到的问题。总之,遵守与企业达成的约定,妥善办理各项交接与辞职手续,圆满完成辞职过程,是一名楼面经理的职业道德所在。

3. 转移新职场后的开拓

楼面经理的职业生涯中可能要经历一个又一个新的职场,每进入一个新职场就是人生的又一个新开端。因此,要有充分的迎接挑战的心理准备,要精心做好就职前的备课,要给新的上司与同事、下属一个工作有素、业务精练、知识渊博、经验丰富、技能娴熟、品德高尚、形象优美的深刻印象,使自己在新的职场中更能发挥能力、更有进取精神。原则上讲,应在以下方面打好进入新职场的基础:

(1) 尽快熟悉新职场的特色与要求。

(2) 尽快建立与新的上司、下属、同事之间的良好人际关系。

（3）尽量不要与新职场的上司、下属、同事谈论以前的管理方法。

（4）扭转被动立场,把暂时不适应新的环境和新单位一些老员工的排斥作为达到新的目标的动力。

（5）再次确认自己的新目标。"初志不可忘"是所有想成功者的座右铭,为了日后的成功,必须要下决心树立坚强的意志,再次确认新的目标。要励精图治,在新职场有所作为。

六、楼面经理行业展望

展望未来,能够预知自己的发展轨道,从而有方向、有目标地充实自己的知识面、提高自己的业务技能,全面提升适应未来发展的综合素质,这是楼面经理不断发展和成功的秘诀。一名有责任心、上进心的楼面经理应该特别看重个人职业生涯的成功,而企业经营的不断发展是个人职业生涯成功的必要条件。如果一个人总是不断地从这个企业跳到另一个企业,总是忙于熟悉新环境、适应新环境,那么他就无法取得进步,他的职业生涯便总是忙碌的和盲目的。因此,为了个人职业生涯的成功,也为了企业的顺利发展,楼面经理应该随时了解餐饮业未来发展趋势。

（一）当前国内消费的主要发展趋势

1. 注重有机原料的使用

近年来,亚健康群体开始出现并在人们的观念中广为流行,糖尿病、心血管病、肥胖症等疾病群体开始逐年较大幅度地扩大,使得人们的健康观念大大加强。人们开始对餐饮产品中的脂肪、热量、添加物等比重、含量关注和重视起来。餐饮业为适应这种科学健康的消费理念,将传统的餐饮产品色、香、味、形的表体感官标准拓展为色、香、味、形、养、器、质、量和内在的质量标准,从而使餐饮产品的评判标准发生了质的变革,这是人类生活水准显著提高的一个里程碑。在具体表现上,逐步推出体现营养、健康的餐饮产品,如低脂肪、低热量、低胆固醇、低盐和低糖的餐饮产品。这些产品在味道上不像传统食品那样浓郁,尤其是甜味和咸味,但它们却能保障消费者身体健康的心理和生理需求,体现了时代发展的要求。由此,也推动了健康餐厅的兴起,并在众多大都市CBD和商业繁华区域开始发展。

目前,健康餐厅的经营理念普遍得到推广,主要有中、西两种形态。中式餐厅强调低盐,不加味精、低添加物,使用天然原料,维持原味的简单烹调;西式餐厅则以"沙拉"为重要食品,增加新鲜时令蔬菜供客人选择,并采用进口健康原材料。健康餐厅的兴起掀起了我国健康饮食的潮流,对促进餐饮业进一步兴旺发展、全面提高我国人民的生活水平起到了非常重要的促进作用。

2. 外食人口越来越多

随着我国国际化都市建设的快速发展，大都市人员的流动幅度急剧上升，从而激发了餐饮业的大幅度增长，使餐饮从业人员大量增多，也导致了外食群体的大量涌现和增加，促使餐饮市场迅速膨胀。因此，餐饮业的经营规模在过去十多年来持续发展的基础上，近年来又呈大量增加的态势。在外食餐厅类型中，需求量最大者当属可迅速填饱肚子的中、西式速食餐厅和提供全家人用餐的家庭式餐厅。

3. 对品质的要求越来越高

新一代的消费者见识广、消费观念更新快、新知识接受快，对消费需求提出的新主张日渐增多。他们通晓餐饮产品价格与享受服务价值之间的关系。同时，各餐饮行业面对市场竞争愈演愈烈的形势，为提升餐饮产品品质、提高健康消费水准，纷纷推出以优秀品质服务赢得客户的新举措。此举推动了健康消费观念的不断提升，也进一步刺激了消费者追求更高享受、更新服务品质的需求。物美价廉的餐饮产品只能满足低消费群体，而追求卫生、营养、环境、服务等综合品质享受的消费群体日渐成为餐饮业的主流。

4. 追求美食的趣味性和精致性

随着国际餐饮产品不断被推向我国市场，其特有的食品的精致性风格极大地吸引了国人的注视和青睐，也使我国消费者的心理需求由爱吃发展到美食，由色、香、味、形的传统标准扩充为色、香、味、形、养、器、质、量的甄别标准。其中，香、味显示了食品的口味，色、形展示了食品的精致性，而融合色、香、味、形能够从多方面深层次体现餐饮食品的趣味性，吸引了人们的眼球，增进了消费者的食欲。趣味性的概念并不仅仅表现在餐饮食品上，而是在餐厅装修风格、家具配备、餐具提供、服务方式与整体气氛烘托中更能使趣味性体现得淋漓尽致。因此，应运而生的新美食者在追求食品享受的前提下，引申到追求食品的精致性，进而发展到追求进餐的趣味性。也正因如此，在国际上甚为流行的趣味性餐厅开始在我国兴起、流行。

（二）餐饮业未来发展趋势

1. 快餐业潜力无穷

西式快餐业自20世纪80年代进入我国市场，很快便进入蓬勃发展期。今天，西式快餐在我国已进入高峰期，其业绩空间开始呈现有限状态。因此，各西式快餐行业都在不断拓展新地域，刺激业绩增长。媒体广告费用的逐步增长使西式快餐业必须提高广告预算费用才能达到广告效果。

2. 外卖食品业将迅速发展

城市的经济发展使市面房价高涨、交通拥挤,也使得餐饮外卖业务迅速发展。因为不需要卖场,可节省厂商负担;同时,也省去了消费者的外出时间,减免了家务负担。快餐将成为外食、外带、外送最多的食品。

食品外送的风潮在美国等西方国家已盛行多年,国内要经营此项业务仍有不少难点,最突出的问题是要解决人力和交通。目前国内餐饮业的人力短缺极为严重;就交通而言,在一些大城市,一公里的路程可能需要半小时,交通不便的严重性将导致餐饮成本提高,使食品外送业务在一定程度上暂时还难有太大发展。

3. 连锁化经营和团膳服务增长迅速

连锁经营的优点是可因大量地进货而降低食品原材料单价,可使广告费用由所有连锁店分别承担。在开辟新店时,连锁店还可借已经形成的知名度而快速扩大影响,快速发展扩张。因此,连锁化经营仍将是餐饮业规模扩大后的必经之路。

团体膳食与一般外食本质上的区别在于:前者以特定多数的客户为对象,而后者则以不特定客户为对象。团体膳食市场可分为学校团体膳食、公司团体膳食、医院团体膳食、社会福利机构团体膳食四大部分。公司团体膳食有自助式、分餐式、盒装式多种类型,而学校学生的团体膳食则很少使用自助用餐形式。

4. 导入国际化经营带来标准化作业程序

与外商合资或技术合作,是餐饮产业的新形式。目前,美式、日式、欧式餐饮均纷纷借此深入餐饮市场,成为投资者、经营者备受瞩目的焦点。与此同时,许多先进国家的连锁餐饮企业均致力于尽量以数字化方式来建立品质管理标准,以此形成标准作业程序。餐饮业管理的标准作业程序涵盖食品原材料的标准作业、食品处理流程的标准作业、厅面环境布置的标准作业、人员服务的标准作业以及各种行政管理的标准作业程序。建立标准作业程序的优点表现在:

(1) 品质稳定。可降低客人对餐厅的不确定感,提高餐厅商业荣誉、强化客人信心,同时增加员工、客人对本餐厅的认同感。

(2) 降低成本。餐厅可利用成本控制及管理稽查。

(3) 有利于工作人员招聘。因标准作业程序的建立,使各岗位、各级别人员的用人资格得以具体确立。同时建立经营管理技术及训练标准,不仅有利于餐厅各类型人才的遴选招聘,而且餐厅的服务品质也不会受到人员流动的影响。

（4）有利于自动化的建立。餐饮企业的标准化,首先是要建立标准作业程序,做好人员培训,使各项规章制度的建立与执行能够确实保持一致。

5. 管理手段自动化发展趋势

餐饮业电脑自动化应用程序目前已深入到台湾地区、香港地区,其软件开发的价格正趋于合理,软件应用的普及开始进入成熟期。如今,电脑化应用的程度体现在如下方面:

（1）**整体电脑化**。整体电脑化的主要功能体现在连接总公司、各连锁店（或分公司）、配销中心及客户资讯,使人力得到节省、时间得到节省、失误率降低、品质与安全管理强化,在餐饮企业经营、管理、服务、品质建设的方方面面都收到显著成果。

（2）**行政管理电脑化**。行政管理电脑化涵盖会计、财务、订货、库存管理、销售分析等。使用电脑随时收集营业数据,制作统计分析报表,可严密监督餐厅正常运营,更可为餐厅管理决策做参考依据。

（3）**餐厅作业电脑化**。可利用自动点菜电脑系统帮助客人点菜,在人力节省、减少时间、降低失误、提高工作成效方面获得益处。

（4）**引进中央厨房处理观念**。中央厨房的建立,在于有效地集中加工食品,以减少人力、时间的浪费,维持品质与安全水准。但是中央厨房的建立牵扯到规模经济的问题,只有连锁店数量达到一定规模,中央厨房才有建立的必要。

餐饮企业自动化的导入,尽管效益较大,但投资金额相对也较大,人员培训非短时间能够达到规定的标准,因此具有风险性。为降低资金负担及风险程度,餐饮企业可采取与经营性质相近的企业共同出资合作,引进国外先进的餐饮自动化技术,或委托国内专业技术研究单位开发可转移的技术,再由出资合作的双方依据本行业的适用状况,适当调整、完善后应用。

以上所述餐饮业发展趋势只是一种探讨,随着科技发展的进步和人们追求饮食享受的不断变化,将会有新事物、新趋势不断涌现,这对于每一个餐饮从业者,尤其是本书主要论及的楼面经理的业务深造、职业发展和未来职业选择都是一个不可缺少的研究课题。

主要参考书目

1. 南兆旭、滕宝红编著:《如何做一名优秀的餐饮经理》,广东经济出版社2005年版。
2. 华瑞创业管理咨询公司主编:《创造成功的餐饮品牌》,民族与建设出版社2003年版。
3. 后东升主编:《餐饮服务现场管理》,广东经济出版社2005年版。
4. 徐虹著:《饭店企业核心竞争力研究》,旅游教育出版社2004年版。
5. 狄震鹏著:《中层经理核心技能》,北京大学出版社2006年版。
6. 梁干华、尹强编著:《打造一流餐饮店》,海天出版社2004年版。
7. 胡志强主编,任海波副主编:《巴国布衣中餐操作手册》,四川大学出版社2003年版。
8. 陈觉、何贤满编著:《餐饮管理经典案例及点评》,辽宁科学技术出版社2003年版。
9. 张然著:《开一家火爆酒楼》,中国轻工业出版社2003年版。
10. 蔡万坤、魏小安主编:《中国旅游服务质量等级管理全书》,经济管理出版社1995年版。
11. 蔡万坤主编:《餐饮管理》,高等教育出版社2005年版。
12. 蔡万坤编著:《新编酒店餐饮管理》,广东旅游出版社2004年版。